U0898442

《中国诠释学》编委会

山东大学“学科高峰计划”（哲学）、山东省“泰山学者”人才工程专项
暨山东大学“诠释学与儒学经典诠释”自主创新青年团队项目资助

中国诠释学

【第16辑】

主　编　傅永军
陈治国
副主编　杨东东

山东大学出版社

图书在版编目(CIP)数据

中国诠释学. 第16辑/傅永军,陈治国主编. —济南:山东大学出版社,2018. 8
ISBN 978-7-5607-6279-1

Ⅰ. ①中… Ⅱ. ①傅… ②陈… Ⅲ. ①解释学-文集 Ⅳ. ①B089. 2-53

中国版本图书馆CIP数据核字(2018)第299194号

责任策划:陈海伟
责任编辑:陈海军　郭凯迪
封面设计:张　荔

出版发行:山东大学出版社
社　址　山东省济南市山大南路20号
邮　编　250100
电　话　市场部(0531)88363008
经　销:新华书店
印　刷:济南巨丰印刷有限公司
规　格:720毫米×1000毫米　1/16
16印张　327千字
版　次:2018年8月第1版
印　次:2018年8月第1次印刷
定　价:58.00元

目录

伽达默尔著作集汉译与研究

诠释学与儒学经典诠释

伽达默尔与西方诠释学

诠释学与神学

诠释学与中国

柏拉图未成文的辩证法*

[德]伽达默尔/著** 刘 康/译***

I

一些属于夏德瓦尔德(Schadewaldt)的蒂宾根学派(die Tübinger Schule),并有意识重新强调柏拉图哲学的间接传承物对其思想解释具有重要意义的作品,所牵涉的乃是一个即使在古典语文学内部也没有一致定论的问题。最显著的例子如切尔尼斯(Cherniss),即使关于亚里士多德的报道呈现在所有人眼前,他也不愿承认其正确性。而在哲学这边,重建那些通过间接传承物而发现的柏拉图学说的尝试,也发现了矛盾,并且有着多种原因。一方面,从蒂宾根学派的重建意图而来的成果,看起来太像18世纪的学院哲学;另一方面,在重建之路上所能做出的关于柏拉图学说的东西相当粗略且贫乏。

在此领域中发生的这种争论有着长远的历史。这一历史的主要根源是:我们在最近50年内通过那种由古典语文学(die klassische Philologie)一再运用更精密方法对柏拉图诸对话所做出的形式分析已经走得太过头了,但形式分析也意指一种更重视直接传承物而非间接传承物的自然倾向。最终的目的是要返回施莱尔马赫,即使他处在与赫曼(Hermann)的争论中,但由于受到浪漫主义对话原则的启发,因而对柏拉图哲学阐释的重心仍放在其对话之上。

此外,对于现存的争议还有另一个很重要的动机系列,那就是起源于浪漫时代晚期,特别是由克尔凯郭尔(Kierkegaard)所代表的对体系思想的原则批判。新康德主义(Neokantianismus)在第一次世界大战之后便崩溃了,此后他又再度扮演了一个

* 该文译自《伽达默尔著作集》第6卷,图宾根,1987年;另见伽达默尔:《短篇著作集》第3卷,图宾根,1972年,第27～49页。该学术翻译系国家社科基金重大项目"伽达默尔著作集汉译与研究"(15ZDB026)阶段性成果。

** 伽达默尔,德国哲学家。

*** 刘康,辅仁大学哲学系助理教授。

重要角色，并且在德国的柏拉图研究中也有影响，特别是作为语文学的研究将所谓的政治柏拉图推向台前。这主要源自威尔莫维茨（Wilamowitz）关于柏拉图的有学识的著作。这部著作从其真实性再度得到承认的第7封书信的政治内容出发，且收获了许多追随者，如库尔特·辛格（Kurt Singer）、保罗·弗里德伦德尔（Paul Friedländer）、库尔特·希尔德布特（Kurt Hildebrandt）及其他。从哲学层面来看，它属于一种对像保罗·纳托普（Paul Natorp）和尼古拉·哈特曼（Nicolai Hartmann）致力耕耘的柏拉图哲学的系统性解读的背离。尤里乌斯·斯腾策尔（Julius Stenzel）关于柏拉图的辩证法研究虽然算是对这两个极端的某种调和，但他也特别注意到了柏拉图对话中的文学形式，并最终仍在哲学的解释中停留于新康德主义的地基。这就导致了注重对话形式及其无可限量的开放性，在哲学层面不断走向反对执守于某一种柏拉图的"学说"（Lehre）。最终，这也走向了某种极端。在此，我必须把我自己的著作也算进来。那是在20年代末期借由现象学的方法从苏格拉底对话中导引出的柏拉图的辩证法——在其背景中并不是没有一种柏拉图的"学说"作为指导思想。①

我们现在必须对此种震撼我们的争论作进一步的澄清。

在此，为了能事先取得某种安全并找到一条合理的方向，我们想将诸如"秘传学说"（esoterische Lehre）或"秘密学说"（Geheimlehre）从讨论中完全排除。这些表述错误地强调了我们问题中的争论点。对于表述，我们应该可以有如下一致性：一般而言，柏拉图只让他的学说通过口头的方式传授给那些生活圈属于他的"学派"（Schule）的人，并且只和这些人交换思想。毫无疑问，柏拉图大多数的文学性对话与此有所区别，因为它们正试图获得更广泛的圈子。正如他自己所意识到的：被写出的作品，由于无法像口语（Mündlichkeit）对话那样得到正确理解，因而必然会无助地遭到误解及滥用。作为著作家的柏拉图，他对由此种观点发展出来的对话形式驾驭得极佳，并给予书写（Schriftlichkeit）独特的法则，但口述学说则另有法则。口述学说主要是自身有更广泛的连贯性，即使涉及的并不是一些相互关联的学说内容。实际上就"演讲"（Vorlesung）一词在此关联中被使用的情况而言，我们对于演讲形式只给予了非常有限的有效性。如果"文学性的苏格拉底"——充满对话艺术气息的创造者和长篇演说（μακροζ λογοζ）的批评者，不是更喜爱教学对话的话，那确实是非常值得注意的。如果曾经有过相互关联的教学演说的话，如论善（ηερι ταγαδου）的例子所示，其中包含了柏拉图的真正学说，那我认为，这也是在持续多年的共同生活的诸教学对话中形成的。

但无论如何，对这点的看法应该是一致的，即在柏拉图教学的诸内容中与我们在文学性对话形式中所拥有的东西之间有一个巨大的、类型方面的差异。现在，与此有关的问题是：我们要从哪里出发？如果我们真的想通过解释来阐述柏拉图哲

① 《柏拉图的辩证伦理学》（*Platos dialektische Ethik*）新版，1968年（译按：此书是伽达默尔于1928年向马堡大学哲学系提交的教授资格论文，现在收录于《伽达默尔著作集》第5卷，第38页以下）。

学的话,那么我们该怎么做才能有最大的进展?这是一个所有人已从亚里士多德那里知道答案,并从方法的角度而预先提出的提问(这一答案也凑巧与柏拉图直接有关):我们必须从我们已知道的东西开始(《尼各马可伦理学》,A2,1095)。我们必须从我们已知道的东西开始,这应该是无可争论的。同样地,诸对话也有一个并非由我们负责,而是因流传状况而导致的方法上的优先地位。它们的确存在,而并非一种重构的结果。

这当然不是说,诸对话的直接传承物是我们唯一应注意的传承物。我们当然必须援引每一个传承物,哪怕其中只有某一部分是可信的。尤其是鉴于二三十世纪德国柏拉图研究的片面性,我们的确该感谢蒂宾根的古典语文学家们的著作。他们着重强调,在诸对话中所有要传达的东西都是有意识地被抑制的。这其实应该是柏拉图对话录这本教材教给每一个人的观点。问题是,这一有意识的压抑意味着什么。难道它仅意味着对那些要教给在小圈圈内已准备好的学生的"学说"(Lehre)的保留和压抑吗?或者,此一压抑自身也存在于像论善(Das Gute)的诸演讲中,甚至在口授的教学对话中也有影响吗?蒂宾根学派的学者们已经从根本上且令人信服地阐明了,依据文学的种类而分,柏拉图的诸对话属于劝说或劝导类(Genos protreptikon)。[①] 长久以来,这对于我个人而言,已是个不证自明的确定。正因为此一观点如此重要,从方法上来看,它也让此一问题得到开放,也就是,人们在关于诸对话的深入的、反思的诠释中,对于其中透过文字表达的陈述(verbis expressis Gesagte)能够超乎其外多远去思考,且必须超乎其外多远去思考——同时第7封信的禁令是否对整个柏拉图的思想有效。

由此,我来到那有着不可动摇的优先性的诠释学真正问题上,此一优先性为那些文学形式的对话理型对于由间接传承物所建构的学说所拥有:它们是话语的真正整体。这一传承物的优势有着如一个简短的诠释学思考所能教导的深刻的方法上的意义:哲学认知就如所有认知一样,是识别(Identifizieren)且包含再认知(Wiedererkennen)的。但哲学的对象并非像经验科学(Erfahrungswissenschaft)的对象那样,是被给予的;相反,当人们尝试用思考去实现它时,它总是最先被重新建立。但这意味着每一个间接传承物原则上总是低一等的,因为这种建构对象的行为如思想者进行这种行为一样,在间接传承物中是不能找到的,并且也不能从中构造出来。在我看来,对于柏拉图学者们而言,有一件事几乎是无须证明的,那就是只有被攀谈的人(Angeredete)才真正了解。谁说过这样的话?即苏格拉底,不论他开始时说些什么,到最后总是逼迫眼前的对话者说出其理由?文学形式的对话对于柏拉图的哲学解释所拥有的方法上的优势,也正基于同样的原因。在这些对话中,由于柏拉图对话诗的那种时至今日仍有影响力的艺术,我们发现自己就是被攀谈的人和被要求说话的人(der Zur - Rede - Gestellte)。我们之所以会理解,是因为人们给予我们某物去理解。

---

① 请比较康拉德·盖泽尔(Konrad Gaiser)的书《柏拉图对话中的说服和劝说》。

这当然不是说间接传承物与我们无关，但是它们只有在我们已知的意义中被理解，有如我们刚才所解释的。如果哲学只是因为人们在思考中构造它自己的对象而让自己理解，那么我们必须用我们所知的东西从苏格拉底的对话术中去探究理想的目标，即对间接传承物——如果我可以用这样一种图像的话——用活生生的血肉去包覆，也就是说，去填满这“咯吱”作响的骷髅。如果我可以暂时继续使用此一图像的话：那么对每一个人来说其实都很清楚，骷髅对于活生生的事物其实只能传达很有限的观点。因此，柏拉图的哲学学说应该也是如此，可重建的骷髅并非其学说中活生生的东西。

对于去了解柏拉图的哲学思想此一哲学任务而言，在我看来其中一个问题具有重大意义，这个问题经由蒂宾根学派对柏拉图间接学说的重新建构而再次被推到聚光灯下，也就是所谓的柏拉图的发展问题。此处有一个我们之中有些人也同意的传统观点，按照这一传统观点，存在一个早期柏拉图以某种形式教导理型说，只是后来他发现自己所传授的理型说是有问题的，并且在《巴门尼德篇》中由老巴门尼德向少年苏格拉底提出批评。按照这种观点，这个理型说有个危险，它与其经由数学和道德的诸理型而向普遍（Universelle，共相）的扩张相关，并且晚期柏拉图的二分法（Dihairesis）的辩证法也是从它发展出来的，甚而这种理型说或许蔓延到了理数论（Idealzahlenlehre）。

贯彻这一观点是斯腾策尔的功劳。从那时起，他就统治了德国的研究。[①] 与这个发展架构相应的还有另外一个课题，那也是我自己30年来所主张的，并且我——当然只是作为一个假设——想要使其有效，亦即从一开始在柏拉图的诸对话中就有关于那——用一个词来说——“Logos”的数字结构（die Arithmos - Struktur des Logos）的指示。这主要是由J.克拉恩（J. Klein）在他的论文《希腊逻辑学与代数学的诞生》（*Die griechische Logistik und die Entstehung der Algebra*）[②]发展出来的，也早在我与J.克拉恩（J. Klein）共事的马堡岁月中已对我自己的研究指出了新方向。在我看来，那是克拉默（Krämer）和盖泽尔的著作的功劳，从他们对于间接传承物的解释中赋予此一反题以新的现实意义。我自然相信，我们在对此关联的哲学理解中发展得更多，从柏拉图的诸对话中才能以全新的光芒照亮间接传承物。

间接传承物需要诸对话录，这应该无须争论。无论如何，波斐利（Orphyrius）已知道这点了。[③] 他曾经把柏拉图关于“善”的讲演——我们全部间接传承物的依据——的抄本说成是谜样难解的，并且承认，若非借助斐利布篇的话，他一个字也不懂。现在，若是没有《大希庇阿斯篇》，或《斐多篇》，或《政治家篇》第6卷的帮助

① 尤里乌斯·斯腾策尔：《柏拉图辩证法发展之研究，从苏格拉底到亚里士多德》（*Studien zur Entwicklung der platonischen Dialektik von Sokrates zu Aristoteles*），1917年。这本书有个富有特征的副题《德性与二分法》（*Arete und Diairesis*）。这描述了其中提出的发展假设。

② 《数学史的源流与研究》（*Quellen und Studien zur Geschichte der Mathematik*），《天文学与物理学》（*Astronomie und Physik*）B部第3册第1本，1934年，第18～105页；第2本，第122～235页。

③ 在辛普里丘（Simplicius）对亚里士多德《物理学》（*Physik*）的注释中，见453页以下。

的话，我们对间接传承物可能也是一个字也不懂。就算对我们只能由间接流传得知的理数论而言，也可断言，由上述诸方法的理由来看，经由诸对话的路，才是了解柏拉图的王道。

在此，关于我将怎样连接直接传承物与间接传承物之间断裂的问题——这也是我们的任务——我想先提出两个观点。第一个是亚里士多德相对于所有其他间接传承物在方法上的优势，只要亚里士多德的报道作为唯一的间接传承物与那明确说出其自己的诸问题的一种哲学思考的整体相遇。他那关于两个原则的报道所描述的并非完全远离柏拉图的架构，在我看来这也可以让柏拉图自己来证明。就"αρχη"（始基）这一词最初所指涉的而言，它在柏拉图那里还不是一个已知的亚里士多德的概念。若我们将目光投向《智者篇》《斐利布篇》与第 7 封信的话，我们可以推测，柏拉图惯用的表达方式可能是"τα πρωια και ακρα"（最初与最高）（344d）。我不能相信，"ια μεγισια ηερι ωνσηουδζω"（我所追求的至高者）（341bc）这个表述具有 H. J. 克拉默（H. J. Krämer）所接受的技术上的狭义①。同时，在例如《篇》（政治家）285d 以下的位置所教导的更是这个表述的目的是指向"ασωμαια"（无形体）所包围的领域，也就是理型。反之，"ταπρωια"（最初）足以证明，而且的确客观地符合亚里士多德关于双重"始基"（Archai），即"ἕν"（一）与"αοριστοζ δυαζ"（不定之二）的报道中所意指的东西。

"ἕν"（一）概念在柏拉图的诸对话录中很早就被证实与"αγαδον"（善）概念紧密相连。它主要是出现在"Arete"（德性）的问题中，如德性从《普罗泰戈拉篇》以来被解释以及在《政治家篇》第 4 卷中得到一积极的阐明那般。对此，我已在我的论文《反思的原型》（*Vorgestalten der Reflexion*）②谈了一些。在此，我只重复一下就行了，即四大德性问题在迄今为止的研究中大多只是本末倒置。一个有名的例子是威尔莫维茨曾将一行埃斯库罗斯（Aischylos）的诗句（Sept. 610）删除，因为他相信，在柏拉图以前不会有关于此四大德行的讲话。之后多亏温纳·耶格尔的工作，这种见解才被放弃。事实是，如我试图指出的，刚好相反：柏拉图已经消解了传统的四大道德，他以苏格拉底的意义对其重新解释，并使它们相互限制。柏拉图在《政治家篇》第 4 卷中指出，这些古典德性概念基本上都意指同一个东西，即"知识"（das Wissen），而这个知识是指"关于一"（das Eine），也就是"善"（das Gute）的知识。据此，柏拉图从早期就已提出"一"（Einheit）与"多"（Vielheit）的问题。在《政治家篇》里提出的庞大的国家设计模型中，这个问题也是真正的课题：在那里不是把三个阶层互相区别开的差异，而是它们之间的和谐统一，才构成一个有秩序的国家的本质。与此相应，灵魂的真正本质是在所有的多中仍保持为一。"和谐"（Harmonia）、"一致"（Homologia）以及所有为此而被使用的表述都一样，都是指向这

① H. J. 克拉默：《柏拉图与亚里士多德的德性——柏拉图本体论的本质与历史研究》，海德堡，1959 年。

② 《主体性与形而上学——W. 克莱姆祝寿论文集》（*Subjektivität und Metaphysik, Festschrift für W. Cramer*），1966 年，第 128～143 页。

一方向。

在我眼中这是很坚实的出发点，从这一点出发，我们就能够思考了解，"ἕν"（一）的观念是如何与作为"μεγισιον μαδμα"（至高学问）的"善"（Gut）联结起来的。① 这当然不是说，当一的观念在柏拉图早期对话录中被提出时，如在《普罗泰戈拉篇》（329C 以下），这个"一"的观念可以与亚里士多德对于柏拉图的原则（Prinzipien）的报道等量齐观。其中该注意的是，所有"一"成为问题之处，"多"也是问题。对此《普罗泰戈拉篇》就是第一个证据。现在我想提出来讨论的课题是，"多"的问题从一开始就是"二"（Zweiheit）的问题。

在我看来，《大希庇阿斯篇》对此是个明确的证明。那里提出了在者分有理型的著名关系，据此关系，理型是个别者共同具有的东西，而个别者依不同的程度分有（teilhaben）这种作为共同东西的理型，由此，他们才是他们所是者。除此之外，《大希庇阿斯篇》还发展了另一种由不同的"小一"（Einsen）所构成的"共同的"（gemeinsamen）数。

与一个种类的共性比较起来，"总数"（Anzahl）对"共性"（Gemeinsamkeit）与"统一"（Einheit）表现了另一种完全不同的意义。那里有一些最特别的性质，这些性质属于这个总数，而不属于总数由之而生成的诸小一。它们构成了这些数的种类，如偶数与奇数以及有理数与无理数。这显然是数的性质，属于数的统一——与那些总数由之而生的诸小一不同。人们可能会自问：话语的统一相对于其个别的话语部分——字母、音节、字——难道不是有它自己的规定吗？而这难道不是关键所在吗？在《泰阿泰德篇》（泰阿泰德）的结尾处所发展出来的关于 Logos 的诸难题，即这个 Logos 应该指出一个东西的诸组成部分，并因此而成为知识。这些难题发展成一种可能，按此可能，音节或者来自其诸字母的整体所构成，或者他本身就是一个无部分的单位（203ef.）。那种建构了 Logos 的一与多的真实关系，对照于音节的无意义及它所提供给我们的可能，如同对照一反面教材那般清楚。

当然，很明显的是，那构成种类的共性也可以述说该种类的所有成员，因此一即是多。柏拉图一再强调，如果人们正确理解的话，那使得多分有（teilhaben）一个理型的一性（Einheit）与多性（Vielheit）不会导致对于虚假矛盾的无益纠缠。但是认识的统一，在 Logos 中被说者与被意指者的统一，可由此得到确认？人们会认为，这其实更可以与共性的其他形式，与总数的结构作比较。这一结构并不因其为共性就可述说给其所有的内在成分。被计算的总数根本不是某种能述说给每一个计算部分的东西，正如一个话语的意义不能述说给其音节或字母一样。

以上的论述在《大希庇阿斯篇》中尚未提及。但在该篇中对种类的共性与总数

① 此中并无新柏拉图主义的太一思想，多德（Eugen Dönt）的最新论文也指向类似的方向。他引用《法律篇》指出，"一"的概念是如何用《法律篇》的内容让自己解码的。见多德：《柏拉图后期哲学与学园》（*Platons Spätphilosophie und die Akademie*），《奥地利科学院年鉴》（*Jahresbericht der Österreichischen Akademie der Wissenschaften*）1967 年第 251 卷第 3 部分。在此，我不讨论真实问题。若这篇对话录不是柏拉图所作，也必定是他的一个学生所作。而他同样想指出那些我不只从文本中找到的东西。

的共性所作的区别,是完全偶然的吗?对话中的问题与美(das Schöne)有关。如果对于美(对于善也一样!)仅仅只是将它看作在共类(κοινον γενοζ)的意义下的一普遍者(共相),那岂不是太令人不满意了吗?而对于存在(ον)以及所有的"最高的种"(obersten Gattungen)难道不也是如此吗?它们并非内容范围的总括,而是像元音那样,使所有的言说成为可能。我们称这个为"反思概念"(Reflexiousbegriffe)或"逻辑的形式概念"(logische Formbegriffe)或"形式逻辑的概念"(formallogische Begriffe)。很明显地,它们真的有作为"物质的"(materialen)理型之在场(Parusie)的另一种方式。在我看来,有许多点表明柏拉图已察觉到这点,[①]尤其是在关涉美作为主题的地方。无论如何,狄奥第玛(Diotima)所指示的"αυιο καδ αυτο μεδ' αυτου μονοειδεζ αει ον"(因其自身也与其自身而成为永恒单一的在者)这一真爱之路,与那在每一个概念建构中所发生的东西,即"συνοραν ειζ εν ειδοζ"(看成一个理型)是不一致的。因为对美而言,总是一种对某种只有一次且独一无二的美的东西的体验。这只有在所有超越身体、灵魂、制度、知识的东西里才能被经验到,我们不能摈开它们而"掉首它顾"(αηιδειν)。它其实与苏格拉底在《巴门尼德篇》中作为比较而引用的白日的存在(Anwesenheit des Tages)是一样的。而善与美的相互交融,如《斐利布篇》(65a)所示,不正是在美、均衡或对称与真理这三者上与它相符吗?对美与善而言,此处看起来有数字与规范的特点——而这却暗示,此处没有一个种类的共性。

最先与美之理型可能有关的,或许正就是这个:本质无部分的小一(Einssein)并不是那最终者——而数正是为此而作为模范。因为数的真正神秘处是,一和一相加等于二,其中并没有一个是一的东西是二,也没有一个二是一。阿里士多芬的同时代人Theopomp,已在一行喜剧诗中就此嘲讽过柏拉图:

> 因为一根本不是一
> 那二呢?二也很难是一,如柏拉图所说。
>
> (狄奥根尼·拉尔修:《名哲言行录》第3卷第26章)[②]

这个谜,如果我的理解是对的话,最初出现在《大希庇阿斯篇》,但未从那里发展出任何积极的结论。它只是对一个定义尝试的批评。难道我们不该由此得出结论,柏拉图借由数的特殊结构在暗示某种在其他的关联中是有意义的东西,而这难道不是当时他已想到的Logos的数之结构(die Arithmos – Struktur des Logos)吗?很明显,只是对理型的分有,仍不是知识。我是说,如果把理型说看作与原子论的爱利

---

① 如果在《智者篇》225e关于差异所说的是,它贯穿一切(durch alles)且每个事务并非因其本质而"是"(sei)相异,而是因为有了差异这个相。那么,每个并无差异的事物则是因为这个差异之本质是作为一个相而现身的。相反地,相异(das Verschiedene)在其每次的反思的视野中,并未看到此一差异之本质。

② 此外,这个论据对于时序的问题说明了什么?他难道不是说,数的谜题作为一个柏拉图爱好的课题,在当时就已很有名了,以至于人们可以在雅典的戏院中了解这段喜剧诗的暗示吗?而人们就真的应该这么认为?是例如在此处的《大希庇阿斯篇》或《斐多篇》中的著名段落的诸文学暗示,才使得这个变得有名的吗?或者难道不是相反地,由柏拉图对他的读者群暗示一个广为人知的东西?

亚学派(ein atomistischer Eleatismus)相类似的观点,那它始终只是个不成熟的理型说理论。柏拉图似乎很早就认识到这点。[①] 只有当人们了解,为何一加一等于二以及为何“二”(die Zwei)是“一”(Eins,译按:指二这个数是一个数)的时候,人们才会了解何谓认知(Erkennen)。

二的性质(Zweiheit)及其与一的关系,这个问题现在时常出现在柏拉图那里,并且一再出现在那早就规定了柏拉图思想的动机关联中。我想到了那个二如何生成的谜题,即是否借由相加,或借由切割一(durch Teilung der Eins)来产生二,这在《斐多篇》中迫使苏格拉底改变了自己的想法,并引发了那个著名的向 Logos 的逃避(*Phaid.* 96e 以下)。那里针对二是什么的问题,发展了一个理型的假设。那个对柏拉图而言有核心意义的感觉的相对性的问题,也与二有关。它出现在《斐多篇》(96d/e)的这个关联中,而在《政治家篇》第 7 卷中这个问题被明确提出,是否对那个介于中指和小指之间的指头同时(gleichzeitig)都适用的“大”和“小”是二个或一个,而答案是:在思考中我们必须将对其进行区别。因为很明显地,每一个对自己而言为一,合起来则是二(*Rep.* 524b – c)。多琐碎啊!或者,它是对于后来作为“大—小”或者“多—少”(μεγα και μικρον μαλλον και ηττον)而出现的“二——一”结构(die Struktur des Zwei – Einen)的第一个指示吗?因为——在此处指向一与二的关系,并由此指向“εν”(一)与“ δυαζ”(二)的起源(Archai)的相对性(Relativität)的问题,是有名的“唤起思考”(Weckruf zun Denken)。由此开始了整个走向理型说的历程。对于在感觉陈述中呈现的矛盾,我们只能通过在同一个东西中区分大的本质(Gorß – Sein)和小的本质(Klein – Sein)在思想中来克服。此处不仅是说,不同层面(Hinsichten)处于同一对象并不是真的矛盾,而且其中更深一层的意思是,那些只能在思考中被区分的层面,如诸理型,其实都是互不可分且相互联结的,有如在《巴门尼德篇》中它事实上明确成为主题那样。在我看来,研究中有一个仍未被充分承认的事实,即感觉的相对性(die Relativität der Sinneswahrnehmungen),而这意指:柏拉图诸对话录中最古老的谜题之一,早已暗示了后来那些被解释成理型之相互分有,并导向我们称之为“理数论”(Idealzahlen – Lehre)的数字模式(Arithmos – Modell)的全部内容。

但是,多数事物分有一个理型的问题也会导致理型的多数及其相互属于。在《巴门尼德篇》中发展出来的从一到多及从多到一的内在过渡中讲的就是这个问题。多的存在基本上意指什么?但请先注意这点,理型的纯粹存在,如它的分离以及为其自身那般,它在多之中只是很模糊的存在。而这暗示:原型(Urbild)在多之中的显现并不纯粹,因为还有他者(anderes)在此原型上。但这个多之中的他者,其

---

① 参阅我对 G. 普劳斯(G. Prauss)的《柏拉图与逻辑的爱利亚派》的书评,《哲学丛书》,柏林,第 20 卷(1974 年),第 292 ～294 页(现在收入我的《著作集》第 5 卷,第 346 页以下)。

自身并非无(Nichts),而是有(Sein):ταλλα του ενοζ(一的他者)。[①] 并非只有一个理型在那里,而一切其他的都不在,相反凡是单一理型应该在的地方,他者必须也在。他者不只是多,也是那所有溶入单一现象的内涵。但存在(Sein)应称为:作为理型的存在(Idee sein)。因此,在 Philibos 篇中关于如何安置一个理型所暗示的问题就是,一如何能够同时又是多时,并未就诸事物的未定的多性(Vielheit)继续讨论,而是指出辩证法家必须学会看出诸差异(Unterschiede),也就是说,分辨出那些让其自身在一中被区分出来的不同的单元层次(Einheitshinsichten)。而这意味着,多(das Viele)是理型的多性(Vielheit)。字母系统与和谐间奏(harmonische Intervalle)系统的经典范例显示,数的功能是如何有效地阐明了分有的问题。经由数而确定了的不定,(Unbestimmten),对"μεταζυ του αηειρου τε και του ενοζ"(无限与一的分有的确定)(16e1),被标识为辩证法的真正意义:"εασατε αυτο τε και το μετριον εν τη του μαλλν και ηττον και σψοδα και ηεμα εδρα εγγενεσδαι"(让它与标准在多与少、动与静之中有一席之地)(24d)。

当然,这点是对的,即分有问题(Methexisproblematik)直到《巴门尼德篇》和《斐利布篇》才发生根本性的转变,即从诸多事物对一个理型的分有转变成诸理型的相互分有。但早在《斐多篇》中对理型的假设所提出的论证,就已暗示了这个解决。那里提到,灵魂总是与生命,而非与死亡同在;二总是与"偶数",而非与"奇数"同在;热总是与火,而绝不与雪同在。在《巴门尼德篇》和《斐利布篇》中,总是最先开展那分有(Methexis)的"老"问题,也就是多对单一理型的分有,会导致无解的辩证法,这是为了之后让理型的相互分有作为解答而出现。因为只有这个解答才使什么是知识以及什么是 Logos 的问题成为可理解的。

为了迈向正途,人们应该从根植于黑格尔与费希特系统思想的并自 Natorp 以来统治着关于柏拉图晚期对话的新康德学派解释的定见中解放出来,即个体化(Individuation)的问题应由理型的相互分有来解决。在此意义下,尼古拉·哈特曼提出了一种下降式的分有理论。[②] 结果那种"ατομον ειδοζ"(不可分理型)问题被认为是一种独断论的束缚,直到柏罗丁才认识并克服它。但是人们在此忘记了,科学在古代主要是数学,而并非经验科学,也就是纯粹的本质知识(reine Wesenserkenntnis)。分有的问题并未解决,而是变成了另外一个问题,并且也是作为那另一问题而被解决的,我于 1931 年在《柏拉图的辩证伦理学》(*Platos dialektische Ethik*)一书第 78 页(现在我的《著作集》第 5 卷,第 71 页)中如此写道。今天我还会补充说,这个解答暗示了数的结构(Arithmos – Struktur),这种数的结构的要素不仅在亚里士多德的报道中作为两个原则而出现,而且也是《斐利布篇》中

① 《巴门尼德篇》157b。这个改变暗示了这个反对(Gegen-Einen)的相之特点,这在 158c 就非常明确了。当他在那里讲道,相的另一本质:对于一个相的自身,就属于其本质而言,这个自身无限的他者(Andere)在其自身中是相互区分的。

② 《柏拉图的存在逻辑》(*Platon Logik des Seins*)(1909),如同纳托普在《柏拉图的相论》(*Platos Ideenlehre*,1921)一书所明确指出的那般。

的四个种的基础。

《斐利布篇》中四个种（vier Gattungen）或“Eide”很明显并非从理型的整个范围随意选取，而是从根本上制约（决定）了理型的内涵。如果当年[①]我能够证明，《斐利布篇》中关于作为界限的种与作为被界限物的种的区分是如何复杂困难的话，那么今日我想要补充的是，在这个区分中可以认识到柏拉图最重要的思想贡献之一。[②]普罗泰戈拉的有限（Grenze）与无限（Unbegrenztem）的范畴对柏拉图以前的思想而言，是对在者的规定以及对数学的规定，而没有在两者之间作出区分。界限（Grenze）的本质完全不同于它所界限的被界限之物（Begrenzte），这是一种只有当人们认识到，像数（Zahl）与标准（Maß）这样的构成物与其所规定的东西有着不同的存在形式（von anderer Seinsart）时，才能赢得的洞见，而这正是如我们从《政治家篇》和《泰阿泰德篇》中所认识到的，乃是柏拉图思想的重大贡献。作为 Pythagoras 数论（Arithmologie）基础的朴素的存在同一（naive Seinsidentifikation）[③]，在此分别以数、标准和现象世界的理想顺序出现，而这些东西乃是为此一存在同一所把握和规定的。现在，这个来自有限与无限的混合终于可在有限者的理想世界之外显示为存在（Sein）的一种真正的形式。在我看来，《斐利布篇》的目的乃是通过对原因的思考（Aitia-Spekulation）给予相互分离的存在秩序以本体论的论证，而这一点随后在《蒂迈欧篇》则有更详细的说明。那“对我们而言”（bei uns）在技术的最终的成就（Tun des Techites）中所证明的也就是“精神的”（geistigen）秩序的生成，则开启了相反的结论，也就是对那超越所有世间秩序的宇宙秩序而言，必然也有一个“精神的”（geistig）起源。当《斐利布篇》区分了例如“在我们中”（bei uns）的火的混合了的本质与火的纯粹存在（reinen Sein）时，他也同时结合了经验世界的实在与理想的宇宙秩序。柏拉图在此发展的诸多观念，很明显地，应该摧毁了那种作为一个不可跨越的鸿沟而横亘于“理念世界”（Ideellem）与“可感世界”（Sinnlichem）中的错误表象。如此的观念却并非意指从理型说的退却，而是一种我们从其中也能够认识其他解决方案的理论解释之尝试。这种尝试与亚历山大（Alexander）留给我们的报道中所记载的欧多克斯（Eudoxos）的理型说有着值得注意的相似性。对此，我已超越诸对话中的陈述而直接去掌握间接传承物了。我认为，这种掌握，就算有与之相联的许多风险，但在方法上也是有必要的。对柏拉图思想的客观理解，是不能放弃考虑那在他的诸对话中只是暗示却未明言的东西。不过，这种必要性决不能与对话的内容要尽可能精确的理解这一要求相违背，实际上，这一要求只有通过这种方式才能得到实现。

---

① 《柏拉图的辩证伦理学》（*Platos dialektische Ethik*）第 5 章，1931 年，第 103 ～ 113 页。

② 下面可参阅《柏拉图与亚里士多德之间的善的观念》，海德堡，1978 年，第 69 页（现收入我的《著作集》第 7 卷）。

③ 这种表述出于 J. 克拉恩：《柏拉图与亚里士多德之间的善的观念》，海德堡，1978 年，第 68、70 页以及其他各处。

Ⅱ

我认为,我们在方法上应该做的,就是用柏拉图思想在学园(Akademie)中的随后发展来解释那些从柏拉图诸对话中所琢磨的东西。在重建柏拉图的口述学说时,尽可能地把人们可以归于柏拉图自己的东西以及由他的学生们,尤其是斯彪西波、克塞诺克拉底、亚里士多德从中发展出来的东西加以区分,这确实是一项重要的语文学任务。但在最后,用柏拉图学说的内涵来阐明如此的一种发展,乃是另一种不可避免甚至有某种优先性的任务。如果我们通过对康拉德·盖泽尔关于亚里士多德的《论灵魂》(*De anima*)篇中的证据(404 b16～27)[①]的仔细斟酌而被导引到下面这一结论,即此处作为世界灵魂(Weltseele)的数论解释的证据而被引用的是柏拉图自己,而非克塞诺克拉底,同时,如果由这个原因我们可以冒险地得出柏拉图的口述学说的话,那么这仍留有一个更重要的问题,即克塞诺克拉底如何让他的自动的数(sich sel bst bewegenden Zahl)的理论(残篇 60)在那贯穿《蒂迈欧篇》的光照下被理解。因为,自动的数的理论可回溯至《蒂迈欧篇》的世界灵魂,这是不会被错认的。那直到《蒂迈欧篇》中仍在闪耀神话色彩的学说中才能彰显其自身的实际动机,其实有着更古老的源流。他所指示的是那个例如被阿那克萨戈拉所传承的努斯(Nous)学说。在那里,努斯同样是运动的根源,且因此也是一切形形色色的事物的区分的根源,它们从原始的混沌(Urbrei)中被分出来的根源,有如那种察觉到、认识到并掌握到诸被分离者区别的"精神"(Geist)一样。根据亚里士多德,区分(κρινειν)与推动(κινειν)这两者(《论灵魂》,AⅢ,411a4)构成了灵魂的本质。这两个功能的链接早在阿那克萨戈拉的努斯学说中就已暗示过了。而对其内在关联的理解,则是对柏拉图灵魂学说的解释之钥匙。[②]

克塞诺克拉底用世界灵魂,或更正确地说,用自动的"数"(Arithmos)所意指的东西,我们必须放在这个背景中来考察。只要在数中,一个多数(Vielheit)是被组合成一个独一无二的一体(Einheit),"数"就是一个谜样的构成物,而这正是总数(Anzahl)的著名定义的基础,如我们在柏拉图和欧几里得那里所发现的:"ηληδοζ μοναδων"(诸多单子所构成之多,欧几里德:《几何学》第 7 卷,定义 2;柏拉图,《巴门尼德篇》,144a;《理想国》,525a)。诸多小一的群体,同时也就是杂多的统一体。因此,在总数概念中所蕴藏的含义就是,诸数是一个相互开展的杂多,虽然此一杂多是向无止境延伸的,但在每一个特定的总数中却被组合成一个统一体。如果人们将贯穿于计算中的不连续序列想成这样,并且将之从计算的过程中抽离出来的话,那么人们就是将总数想成诸被计算的小一向计算者的综合(Vorüberziehen)。由此,我们就有了一个精确的、在柏拉图看来是构成星空的运动—结构(Kinesis -

---

① 请比较斯托拜马斯(Stobaios)的回答。见盖泽尔编的残篇 67 VIII。

② 请比较我在《主体性与形而上学——W. 克莱姆祝寿论文集》中的论文,特别是第 138 页以下。

Struktur）。天体的秩序把诸神的最大礼物即数的知识赋予人类。① 这是《斐利布篇》(16c)所讲的真正的普罗米修斯之火(Prometheusfeuer)。它也给我们阐明了克塞诺克拉底对于灵魂的定义的意义。"灵魂"(Seele)是天体的运动,或更准确地说,灵魂是那在天体运动中展开其自身并自身总是与其自身相连的数之序列(Zahlenfolge),而这种数的序列同时也就是时间。

由此,我们可以回溯柏拉图《蒂迈欧篇》中的世界灵魂的意义。我们的出发点是,灵魂,在更古老的希腊传统中最初被认为的是,说出生命的本质。但这意味着什么?首先是:灵魂与可见的身体的差异在于它是不可见者。这在《斐多篇》的理论中恰好被当作不证自明的前提。这不可见者就是灵魂,是有生命者可借此被统合成一个本质的可见的整体。正如灵魂是那肉体的分散的多样性之统一者(das Einende)一样,灵魂的消失也正是肉体消散的开始。但其次就是,灵魂扩散及肉体的一切部分——至少在这个意义上,也就是包覆肉体所有部分的最敏感的皮肤,是直接属于灵魂的。因为皮肤正是用它的五种感官将其所感受到的东西传达给灵魂。因此,在《泰阿泰德篇》(182d)中灵魂借由感官去认知的观念,就被当作反对以前的一些学说而提出。按照这些学说,认知(Erkennen)被认为是与在者(Seiend)的相遇、相同者与相同者或不相同者的相遇。所以,灵魂的本质是向所有的面延伸,这点很有启发性。即使就我们的人类学观点来看,动物的本质至少就动物能完全回应感官所受的刺激这点上,与植物的本质不同。就此而言,《蒂迈欧篇》把世界灵魂作为弥漫在一切事物之中的东西的描述,就不足为奇了。

关于灵魂是自我运动者(das Sichbewegende)这点,当然也无须多作解释。因为,很明显由此区分了活着的肉体与留在死亡里无灵魂的身体。正是这个古老而又令人信服的观察区分了有生者与无生者或死亡者,因为它把"灵魂"当作"αρχη der κινησιζ"(运动的根源)。由此就很清楚,为何柏拉图(《法律篇》,892c)会把灵魂称作"自然"(Physis)的真正本质。因为自然从其深具启发的秩序中所构成的本质,就是它自身贯穿于它的所有变化中并且能保持其自身,这对每一个有灵魂的在者而言,显而易见,就是有机体(Organismus)。灵魂(Psyche)的这一规定在更高层次中,用存在之循环(Kreislauf des Seins)指涉了所有在者(alles Seienden)的内在联结性。

从这个观点看,《蒂迈欧篇》中世界灵魂的意义就更容易确定了。因为,就算人们只能坚持一般的主张,即灵魂"先于"(früher)肉体,那么对《蒂迈欧篇》的解读而言,其方向也已被指出了。在一切可感所与之后,有一个看不见的统治秩序,如同天体的数字和音乐将整体分类,同时万物的运动进程也是建基于此秩序的。这在《蒂迈欧篇》中有直观的表述,也就是灵魂扩及一切,包裹一切,并穿越一切。

因此,对《蒂迈欧篇》的整体图像而言有着建构意义的是,柏拉图以混合(μιζιζ)概念来解释世界灵魂的本质。这是一个灵魂应从其所出的混合(Gemisch)。

① *Tim.* 39b, *Epinomis* 976e 以下。

这对认识《斐利布斯篇》或《政治家篇》的人毫不意外。混合是柏拉图用以思考存在(Sein)的基本模式,甚至那由尺度所衡量的或由数所固定规定的东西,在《斐利布篇》中也称作"有限与无限的混合"(aus Grenze und Unbegrenztem gemischt)。混合在《蒂迈欧篇》中也有相同的基本模式,在那里论述了世界灵魂的三个组成部分,这三个成分被称为"存在"(Sein)、"相同"(Selbigkeit)与"相异"(Verschiedenheit)[①]。这乍听起来非常特别,因为这些是逻辑概念,也就是说,它们是说出 Logos 的本质的概念。逻辑概念具有这样一种性质,无论它意指何种事物,所意指的东西都与自身同一,同时又与其他事物相异。在一切存在者与被认识者中,相同与相异总在其中。

只有在相同与相异的结合中,个别的陈述(Aussage)一般才是可能的。在此结合中,那自身与其自身相同者,与他者结合,无须因这个与他者的相异(Verschiedenheit)而失去其自己的相同(Selbigkeit)。这样,存在(Sein)与这些逻辑组成部分的混合就让其自身很好地被理解为一种 Logos 的结构,当然是以一种隐喻的方式。

但是真正的问题在于,我们的宇宙的运动秩序,如同它在人们眼中所展现那样,也是由这种混合所描述的。那由相同与相异混合交织而成的著名的"气"(shi),应该是某种完全真实的东西。它的起源与存在并不在我们的思想或说话中,而是反映于宇宙自身的运动秩序。它反映了黄道,也就是地球绕日运动的倾斜位置。这个倾斜位置的意义很明显早已为希腊人所认知。地球所产生的潮汐与形状的多样性,都是以之为基础的。如亚里士多德所说:就季节节奏的原因而言,它是生成与毁灭的原因。

当《蒂迈欧篇》说,作为自我运动的万有的真正本质的灵魂在相同与相异的结合中所产生时,这个背景令人联想起我们从《法律篇》中所认识的那个普遍的运动学说。在那里,陀螺围绕其轴心旋转而处于静止的运动被形容成此一种运动方式,即它看起来像是完全被相同所决定,以至在这站立的陀螺上完全看不出区别,甚至连运动中该有的区别都没有。[②] 相反,如《蒂迈欧篇》所形容的宇宙的运动,则是由于其结合了倾斜而不是如此,而是在其中可看到运动和最宽广的区别。

存在者的恒定(Konstanz)与变化(Wechsel)的不可见基础——柏拉图称之为灵魂——应该同样也是具有认知能力的灵魂。这在《蒂迈欧篇》中的灵魂论里同样明确地要求我们:存在(Sein)、相同(Selbigkeit)与相异(Verschiedenheit)的混合,若其趋向是在自身上(am Selben)发生,则会导向理智(洞见)与科学的知识形式;若其趋向是在相异上(am Verschieden)发生,则会导向观点与信念(δοζαι και ηιστειζ)以及知觉的知识形式(《蒂迈欧篇》,χ37b)。这意味着,相同与相异对"存在"(Sein)与"认识"(Erkennen)而言,都同样有着根本的意义。现在的问题是,存在(Sein)之中的差异以及那完成灵魂的差异(das Unterscheiden)将要如何结合。

---

① *Tim*. 37ab.

② *Soph*. 256b 也暗示这一"站立的"(stehende)运动。

《蒂迈欧篇》中的阐述解释了我们宇宙中的天体运动的恒常秩序为什么同样也带来了那推动我们世界的诸现象与诸过程的多样性。因为诸星座在不断的变化中,仍然重复着有规则的回归,则很容易地把控制星球运动的复杂的数学模式认作世界的真正本质。很明显地,人们将那个以此方式而到处都在的现状(Gegenwärtige)——它贯穿一切,如同生命的现存(Allgegenwart)贯穿于生命的有机的构造那般——以同样的字称为"灵魂"(Psyche)。因为,有生命物的存在,它的自我运动的统一以及其有机的运动整体的恒定,很明显地都依据于这个赋予其生命的不可见者。有生命物的循环与天体的循环有着相同的运动形式并指向相同的原因(Grund)。

如何从这里过渡到那不仅作为运动者,而且也是认知者的灵魂的另一规定?这要从柏拉图关于Logos的学说的背景去掌握。如果我们仍然由阿那克萨戈拉所引导,那我们必须要分析"区别"(Unterschied)的本质,区别依据于某物与某物的自我不同(Sichunterscheiden)。但这种自我不同却总是意味着从区别中而出,这种区别在这种不区别中并不存在。这可以被想作是一种存在的过程(Seinsvorgang),例如,在液体的分解中,其诸组成部分的分离有如Heraklit关于啤酒(Gerstentrank)所说的。[①] 但我们也可以从另一角度来描述此一过程。从中而得出的区别,同时也总是从中被挑出的区别。从区别中而出,也就是指,区别如此这般地相互被提出(abgehoben),也就是,它们作为它们所是者从中而出。所以自我分离(Sichscheiden)同时也总是自我区分(Sichunterscheiden),并且暗示一个它们为之而区别的某物。因此,当我们作区别时,我们也可以说,"被区分"称作"被认识"。

在我看来,这一证据正是柏拉图在关于一与多、相同与差异的结构关联的分析中所跟随的,并且是他整个思想的基础。区别也就是可能的关系。如此提出这种区别如它们所是那样——就像一个其关节被拆解得的诸部分那样,就构成了认识,也就是柏拉图辩证法的本质。而如此被提出者(Herausgehobene)则是"真"的。另外,知识本身也无非只是如此被提出者的此在(Dasein)。从这里人们就了解,在什么意义上认识的运动乃是一个包罗万象的总概念(mitinbegriffen)。只要总是不断地有以此方式被提出的别的区别,也就是在它们的无蔽(αληδεια)中被聚集,那么那种感受它们的认识(Erkennen)就总是另一种不同的东西。因此,《蒂迈欧篇》中关注相同领域与关注相异领域的理论,就赢得了一明确的意义。认识乃是作为被认识东西的自我呈现(Sichdarbieten)而发生的。这种自我呈现是一个充满运动的过程。它转变存在物的各个方面,也就是说,它改变了它所提供的种种观点,同时也改变了人类灵魂自身所形成的诸观点,因为人类灵魂是从不同的观点来谈论存在物的。

如果我们现在问自己,柏拉图能够用何种概念工具去掌握能够以这种方式进

---

① 《残篇》第125则(Diels)。译按:原文是"啤酒若不被搅动的话,也会分解"。参见H.狄尔斯(H. Diels)编:《前苏格拉底学派残篇》(*Die Fragmente der Vorsokratiker*)第1册,1951年,第178页。

行认识的灵魂的特征，那么看来最理性的回答就是，他对此承认总数（Anzahl）才具有真正的模范功能。我们只需回想，亚里士多德在他的时间分析中是如何将时间定义为运动的被计算的总数，以及如何在一个相关的指示中补充说，那作为时间的运动的被计算的多样性是依据于灵魂的（《物理学》，Ⅳ14，223a21 以下）。从根本上说，柏拉图早在《斐多篇》中就已在同样的基础上提出了理型与灵魂的关系。在我们看来，理型与数的关联在柏拉图思想中很早以前就已存在了。因为我们如在《大希庇阿斯篇》中的例子中就已经看到，柏拉图对数的神秘性深有所感。这当然不是说，早在这篇早期对话录的背后（当然以其真实性为前提——在柏拉图的著作集中，它是属于最后的篇目）已经蕴含了数是从一和不定的二的原则中产生这一按柏拉图间接传承物说是柏拉图教导的观点。但是，这里确实可以发现一些初步的痕迹，表明柏拉图已经看到他关于认识和逻各斯的分析中所遇到的连续性的谜题与本体论上的迷惘。作为太一（Ein）的理型说——此太一相对于分有它的在生成与毁灭中的杂多现象而言，是作为真正的在者（das eigentlich Seiende）——并不足以阐明，知识究竟是什么。这种对理型的注视只不过是所有知识的先决条件与前提。在其中诸现象被吸收到那共同的理型之下，或许说得更好些：诸现象与它们的理型普遍性的同一。这就是假定理型的意义。但很明显的是，对于柏拉图而言，重要的不是人们在哪些概念中，例如“分有”（Teilhabe）、“共有”（Koinonia）、“同在”（Synousia）、“伴随”（Parousia）、“混合”（Mixis）、“结合”（Symploke）或其他诸概念，去思考诸现象与它们的单一理型之间的关系。他真正的问题根本就不在那里，而在于我们的思想中一如何能成为多，而多又如何能成为一。述说一个事物的东西应当与那个事物不同，却应当归属于它。那对于一个事物应该是真实的东西，也应当归属其诸现象中的每一个现象，而这些现象的总和则不同于事物本身。在柏拉图看来有迷惑之处，他则是举数字为例来说明。数字出自一，每一个数字就其自身而言都是一，而其自身，尽管根据数字大小由诸多的一所共组而成，却非多，而是某一个特定的多少（ein bestimmtes Wieviel），是一个被组合的多数之统一体“αμψοτερα δυο εκατερον δε εν”（合起来是二，个别却是一，《泰阿泰德篇》，185ab）。每个 Logos 都有这样的形式结构，不论此一结构有多么神秘。

柏拉图关于书写的例子可说明这里的状况。我们有字母、音节、单词与句子，即使是单词意义与字母意义的简单的差别就已经充分地说明了这种现象。每一个字母，就其自身而言具有其意义，但当它与其他的字母组成一个语词时，它就不再有原来的意义了。因为这个语词的意义，不是来自那些它所从出的诸字母意义的总和，而是作为一个与整体。正如柏拉图时常所做的那样，这一架构现在被应用到辩证法与言谈的本质上，并且正如《斐利布斯篇》所一再强调的（16c），所有技术（Techne）的秘密也就是就先行的熟知（Bescheidwissen）意义而言的一切真正知识的秘密，就在于对一与多的问题的正确解答。在每一个 Logos（命题）中都有一个意见的统一，而这种统一是由那在 Logos 中被组合的语词及概念中的多而产生的。

《智者篇》中给出了一个例子“泰阿泰德在飞”，尽管关于它的讨论已汗牛充栋、墨流成河，但最终仍只有当人们以总数的模式来思考该句的本质时才能被解释。这里语境所要求的是，此处必须处理诸理型的不兼容性。在“泰阿泰德”这个名字中隐含了人这个共同理型，而它排除了飞这个理型，因此，在这个命题中所主张的事实意见的统一性，也就是在语法上是由主词与动词的结合而构成的统一性，就必然是一个错误的主张。这两个理型不能相容。反之，一个主张的正确性是与这一条件相关联的，即相互被陈述的诸理型之间是兼容的，也就是能相互被陈述的诸理型之间是兼容的，也就是能互相在对方之中——就算此一条件对于一个陈述的真理无须是充分的，例如，对于感觉的判断①。这符合数的模式功能，即在这样的例句中，那作为亚里士多德的逻辑与范畴论基础的判断之称谓结构，根本就不在视野之内。此处被凸显的并非那作为前提的假设，此一假设被赋予了作为谓语（Prädikat）的附带内涵。对柏拉图而言，Logos 的本质更是只被当作一个共同在此（Zusammen-Da-Sein），是一个理型与另一个理型的共在（Mit-Sein）。两个作为二（Zweiheit）的分离的理型，经由其组合而构成被陈述的事实之统一。这对于知觉判断来说也是适合的，只有当那在事物中被联结的东西也能在 Logos 中被一起思考时，此一判断才能是真的。但是，凡涉及本质的陈述，亦即定义的命题的地方，“属—种”的规定（Gattung-Art-Bestimmungen）之“结合”（Geflecht）对它才是决定性的，此点却是很明白的。

在柏拉图那里，定义是通过二分法（Dihairesis）的过程而得出的。正如斯腾策尔在数十年前所认识到的，这里有着数的主导的范型功能的间接证明。② 因为每一个二分法就是一分为二（在《斐利布篇》中也提到了三分法，显然是指专门的理性体系）。具有定义功能的 Logos 被柏拉图当作那些贯穿二分法中的诸规定之被一起计算的总数来建构，也就是作为一个多数的集合，这种集合正好能开启某一特定事物统一的本质。如此看来，定义就很清楚了，因为它是在分化的过程中所产生，而这正是数所起的作用。所有属的规定之间的相互可容性（Miteinanderverträglichsein），或者更彻底地说，所有属的规定之间由于最终的共同规定而必要的相互共存，造就了一个事物统一的本质，也就是说，“λογοζ ουσιαζ”（存在之 Logos）是所有贯穿的本

---

① 我认为，如先就解决了最近仍在洛伦茨（Lorenz）和密特斯特拉斯（Mittelstrass）的文章中（*Archiv für Geschichte der Philosophie*，1966 年）［译注：文章名称是 *Theaitetos fliegt*：*Zur Theorie wahrer und falscher Sätze bei Platon*（*Sophistes*，251d～263d），见该期第 113～152 页和普劳斯的研究（*Platon und der Logische Eleatismus*）］所讨论的困难。人们在此不能将那由符合主词与动词之间的文法上的诸区别而构成的判断理论作为前提。最近由帕齐希（Patzig）所提出的关于令人困惑的例子“Theätet 飞翔”的解释，并不能说服我（*Neue Sammlung*，8，I，第 54 页）［译注：文章名称是 *Platon und das Problem des Irrtums*，现在收入于 4 卷本作品集 *Gesammelte Schriften*，Göttingen，1996 年，第 3 卷，第 73～92 页］仿佛一个感觉判断的不正确性一定只能经由一个不可能的状况的架构才能被辨识出来。反之，会飞的人作为不可能的状态的例子看起来却是很传统的：塞克斯图斯（Sextus）在《反对数学》一书中提到的高尔吉亚（Gorgias）的看法（*adv. Math.* Ⅶ，79）。卡姆拉（Kamlah）说得正确（*Platons Selbstkritik im Sophistes*，第 26 页），柏拉图仅用虚构的陈述反驳智者们，他所解决的，其实和人们让乌龟在虚构的竞赛中赢过阿基里斯一样得少。

② J. 斯腾策尔：《柏拉图和亚里士多德的数和形式》，莱比锡，1924 年，第 15 页。

质规定的被集中的总数,而这样的 Logos 有着数的结构。

关于理数论(Idealzahlenlehre)的间接传承物如何与那在柏拉图诸对话中暗示的数之范型功能相一致,在我看来已大致地澄清了。在数与 Logos 之间存在普遍的平行结构。在我看来,关于理数论专门内容的报道所缺乏的明晰性,也可以通过如下的思路来解释:我们的出发点是,Logos 的真正的问题在于,它是一个由与它自身相异的诸要素或总数所组成的意见之统一。众所周知,Logos 也是一个数学术语,在那里它被称作"关系"(Verhältnis 比例)。托培里茨(Toeplitz)[①]已经指出了在 Logos 概念中有关系的意义,他从《智者篇》251a 的段落出发,那里明确指出,要寻求存在(Sein)与不存在(Nicht - Sein)的正确概念,应该通过它们之间的相互关系被导引出来。事实上,Logos 开拓存在的力量(die seinserschließende Kraft des Logos)就来自存在与非存在这两者在 Logos 中的内在结合,有如在相同与相异概念中的结合那样。这就是来自爱利亚(Elea)的陌生人所要传授的学问。但这个学说包含了数的结构。我指的是《泰阿泰德篇》, 185ab。那里关于那在思想中仅只与其自身有关的灵魂的谈论(185e, 187a),除了存在与不存在、相似和不相似、同一和差异之外,也提到了关于存在的数字观(Zahlverfassung des Seienden)。"ετι δε εν τε και τον αλλον αριδμονζ"(而且也是一与其他数)(185d)。这暗示了数字谜一般的特性,也就是当两者合起来看是二,而二中每一个却只是一(185b2)。

但还不仅只于此。那是这样的一种关系,即其数学价值与其中诸因素无关,就算它们每一次也只能拥有同样的关系。单一且同样的关系可以成立,即便构成此一关系的诸因素是不同的。这样的一种关系具有无比的普遍性。当我们发现柏拉图理型数学说的内容规定是多么贫乏并充满矛盾时,我们应该对此印象深刻。借由点、线、面、体的维度组合(Dimensionsfolge)所构成的数学科学架构,如盖泽尔的卓越研究成果所指出的那般,只能是对于理型及其形体之间更普遍的数字关系的一种个案描述。同样的理型数形体结构模式(Idealzahlenfiguration),很明显也可以应用于其他的序列,如《论灵魂》(*De anima*)一书的证据所示,知识种类的序列是"努斯"(Nous)、"知识"(Episteme)、"意见"(Doxa)、"感觉"(Aisthesis)。[②]

如果亚里士多德和我们其他的间接来源无法明确指出,哪些数字从属于哪些理型的话,我们就不能以这种不确定的流传为证据。亚里士多德显然有很好的理由宣称此一数字符合(Zahlenentsprechung,译按:即数字与诸理型之符合)是有效的(《形而上学》,1090b24)。在此一思路下,亚里士多德将其限制在数字 10 (《形而上

---

① O. 托培里茨:《柏拉图的数学与理型说的关系》,《数学、天文学和物理学史的文献与研究》B1, 1931 年, 第 3 ~ 33 页。

② 在《论灵魂》I, 2, 404b, 13 ~ 30 中,以"ομοιωζ"区分的两段报道,可回溯至《蒂迈欧篇》。"αυτο το ζωον"(生命自身)——或者竟然完全不是表述世界魂吗?——《蒂迈欧篇》中也与身体混合,此处只是三个面向都被算进去而已。灵魂的知识能力在那里也同样被区分的,即相同圈与相异圈,只不过在那里提出了两个集合,而此处则是从一计算到四。对于这样的报道——根据《理想国》中的线喻——人们果真能怀疑其为非柏拉图的吗?

学》,1084b12)。这只是毕达哥拉斯式的(Tetraktys 四层结构)。十分清楚的是,按照十进位制系统,其他一切数字的构成都只不过是此第一序列的一种重复罢了。也正因为如此,所以此一总数便使自己成了存在秩序与理型秩序的原型,并且显然除了成为这一原型外,不再要求别的了。理型与数之间相互配列关系的不确定性正根植于这样的一种事实,即人类认知的构成无法凭借单一的直觉(uno intuitio)就能掌握整个的存在秩序与理型秩序,而是只能在关于理型的讨论中发现有限的秩序序列,然后再让它们沉淀为看起来像一个整体那般。这正像数学运算一样。

在理型的认识与数字的产生之间的类推(Analogie)也可以用以下的方式阐明:无终止性(Unabschließbarkeit)显然不仅属于在认识时对理型的讨论(Discursus),而且也属于在计算时数字序列的产生。两者都是通过一和不定的二此一原则而产生。辩证法的无终止性绝没有为亚里士多德所报道的原则学说(Prinzipienlehre)所限制,或为任一教条所取代。或许真正的关键点在于,柏拉图的数字生成论其实是想凸显其无穷延伸的特性(unendliche Fortsetzbarkeit)。尽管每一个数都是确定的,而计算却能"无限地"进行,"二"(δυαζ)与"一"(εν)以同样的方式分享了这一点。所有想要在另外一种更广泛意义下导出数之二分生成(dihairetische Erzeugung)的尝试,如斯腾策尔、贝克尔①和其他人所做的那般,在我看来都只是陷入了一种武断的建构罢了。我认为,这根本不涉及要在一个二分生成模式中建立统一系统的任务,而只是想指出,一与二的原则能够产生所有的数列(正如它们使得一切言说成为可能那样)。《巴门尼德篇》143df 说,不论加还是分,在数字演算中都是允许的。所有数列,不管是偶数还是奇数,皆可如是显示——就算不是用严格的二分法。在著名的亚里士多德段落中,赋予一与二以原则特性的这一特殊地位,是用"εζωτων ηρωτων"(在第一之外)而被暗示的。②

如果我们在柏拉图的学说中无法找到固定的推导体系(Ableitungssystem),只能相反地发现他的不定的二(seine Lehre von der unbestimmten Zweiheit)的学说其实想要建立此一体系无终止性的话,那么表示柏拉图的理型思想(Ideendenken)正是一种普遍的关系理论(eine allgemeine Relationstheorie),而辩证法的无穷尽特性(die Unendlichkeit der Dialektik)正是其令人信服的结论。这种理论的基础是,Logos 总是要求一个理型与另外一个(理型)同在。光是考察单一的理型这件事还不能意谓着那就是知识,只有当一个理型因为与另一个(理型)有关系而"被侦测到"(angepeilt wird)时,它才显示其自身作为某物。海德格尔(首先在他的《智者篇讲演》,马堡,1924)已指出了此一诠释性的"作为"(Als)的建构意义。亚里士多德在《形而上学》

---

① J. 斯腾策尔:《柏拉图和亚里士多德的数和形式》,莱比锡,1924 年,第 30 页以下;O. 贝克尔:《柏拉图理型数的二分生成》,《数学、天文学和物理学史的文献与研究》B1,1931 年,第 464 ~501 页。

② 在"ηρωτων"(第一)之后当然应该补充"αριμων"(数)这个字。但柏拉图关于原则即"ηρωτα"的语言用法,仍在亚里士多德的报道中发生影响。无论如何在我看来此处的意指者为原则,而非如亚历山大所认为的是奇数,或是今日人们通常认为的质数(Prime Zahlen)。现在科技对于质数在科技意义上所做的解读,其实是因为误解二分法的数字生成模式(《形而上学》, A6, 987b34)。

θ10(第7卷,第10章)中已提出了与之完全相应的结论,单纯本质(αηλα ασυνετα)不容许错误(在其中),而只是能否在思想中被碰撞(διγειν)。这表明,每一个理型除了与那个它与之共同被表述的理型之外,也可以与其他理型共在。从亚里士多德关于谓项结构(Prädikationsstruktur)的分析来看,我们可以从不同的观点,即使是范畴上不同的观点也行,对于一个对象作出陈述(Aussage)。每次陈述的东西,将在其之所以被陈述的基础上,经由所选取的视角而被提出,并同时藉由陈述而被带进意识之中。只有如此这般被提出来的关系才真正是那种将那些隐藏于认为(Meinen)和认识(Erkennen)之中的现存者公之于众的关系。柏拉图在他的诸对话中之所以与虚假(Pseudo)问题没完没了的纠缠,在我看来,其实是此一普遍关系理论的必然结果。因为"虚假"并非只在于人们把某物说成另一物,而是在于把某物说成它所不是的东西。在《智者篇》中所证明的,藏身于差异(Verschiedeheit)中的不在者(Nicht - Sein)的存在(译注:柏拉图在《智者篇》指出,不在者并非表示空无一物,而是指差异,也就是不在者并非真的不在,而是指差异。所以在五项通种之中并没有不在者,因为它为差异所取代了),其所展示的只不过是一种形式上的前提。理型的存在也正是结合了"存在"(Sein)与"不存在"(Nichtsein),而使得其自身显示(Sichzeigen)并存在于逻各斯之中。在其中尚未有隐藏性(Vorgeblichkeit)以及随之而来的虚假的本体论的根据。①

真正的原因其实在于,理型的领域及其相互关系无限的结合,在其中就有着一个"非存在"(Nichtsein an sich)的真正环节:人类思考在本质上的不可完美性(die wesenhafte Unvollendbarkeit)。

对二分法(Dihairesis)亦然,同一事物之中的不同源流,使得其本质规定(Wesensbestimmung)成为可能。这当然不是说,由之产生的共同点(Gemeinsam),亦即类(Gattung),是可以随意选取的,而那个有争议的对象也正是借此而被引导出来的。但这也不是说,存在着一个可以预先规定定义的明确的分类体系。每一场富有成效的对话所必然具有的那种根本的一致意见,可以有一种非常不同的面貌。在对于秩序的视角的每一个选择之中,存在着先入为主,而柏拉图的对话引导通常是藉由发现已被接受的意见为误,而揭示了隐蔽的误解。柏拉图的诸对话,特别是《智者篇》和《政治家篇》,对此给予许多富有喜剧玩笑的证据。柏拉图《论善》的演讲难道不也受到了辩证过程在本质上的无法完美的特性之影响吗?当柏拉图尝试去定义(bestimmen)他从一与不定的二这两个原则所导引出来的事物时,很明显,在其中就有不确定的环节(ein Moment der Unbestimmtheit)同时被想到。在我看来,这就意谓着在这两个确定的环节中有一个是不确定性。一个关系系统(Relationssystem)的确可以如此被建构,即每一种自身状态能成立的关系虽然可以被用来表述被提出的存在(Gehobensein)和法则存在(Gesetz - Sein),但一种法则存

① 参阅我在《海德格尔之路》(图宾根,1983年,第70~80页,现收在我的《著作集》第3卷)关于柏拉图与海德格尔的论文。

在和现场存在（Präsentsein）要同时展现一切关系则基本上是不可能的。柏拉图很难以莱布尼茨的中心单子（Zentralmonade）的风格在理型领域中配置一个神性的精神，在其中一切在场的（Präsent）都是存在的，亦即都可能是真实的。在我看来，这可以从他所谓的原则学说与诸对话中多所粉饰的陈述之中看出来。柏拉图想到了探究着的人相对于认识着的神所具有的距离的有限性，并且他的论点除了具有宗教意义外还具有其辩证法的特点。但是，人们的认知和思考以及一切尘世的存在物与生俱来的不可完美性，却无法抹杀那总是会被公开呈现的人类认识之路的光明伟大。

有许多证据表明，柏拉图的确这样想过。在《斐利布篇》中无限（Apeiron）的起源对于人类生命的成就很显然是在这样一种意义下所确定的，即此一成就（Gelingen）绝非一种绝对的成就，而总是冒着失败（Mißlingen）的风险，并陷入无节制的状态，直至沉沦于像牡蛎般的无意识的麻木的生活。人类生命的使命看来就是不断地用节制去限制纵欲（用尺度去限制无尺度）。“必然性”（Notwendigkeit）在《蒂迈欧篇》的世界之精神建构中所扮演的角色，在我看来，指向同一方向。这种必然性就是那种使得模仿理型而被建构的存在秩序通过如下这一点而能够成立的实在证据（das Unterpfand des Realseins），即此一秩序必须经受一种与之对立的反抗。如果柏拉图想要超越毕达哥拉斯派关于无限的观念，并在“二”中看到一种对于此一毕达哥拉斯观念的新的范畴表述的话，那么他所需要的就不仅是另一个新词，而是更好地理解 Logos 根本上究竟是什么。通过二（die Zwei）他将理型和数的可理解世界像感觉现象那样与人类认识结构恰当地结合成一个巨大的对应秩序（Entsprechungsordnung）。因为，尽管它所具有的不确定性，这个二仍然是一切差异（Unterscheidung）与一切区别性（Unterschiedenheit）的原则，而这意味着它共同构成了存在的规定（sie macht die Bestimmtheit des Seins mit aus）。

因此，向我们报道柏拉图原则学说的间接传承物并不是关于一种隐藏于柏拉图文字著作背后的学说——据说此学说竟然可能颠覆我们关于柏拉图辩证法的观念——的证据，它其实是阐述并证实了一切人类认识的有限性，并且论证了此一事实的合法性：人类认识的最高可能性仍然只能被称为“ψιλοσοψια”（爱哲思智慧），而非“σοψια”（哲思智慧）。

库萨的尼古拉与当代哲学*

[德]伽达默尔/著** 田书峰/译***

库萨的尼古拉是我们的历史意识的一个晚期的发现。这种有意识的随着德国浪漫派而兴起的对传承的回归运动在那些极为精彩的有关哲学史的讲演中——这些精彩的哲学史讲演录我们要归功于黑格尔,将直至今日都未能企及的有关我们的哲学传承物的哲学表述和整理的榜样赠予了我们。但是,黑格尔对这位库萨人却一无所知,同样地,施莱尔马赫对此也是知之甚少。在他们之后不久,随着施莱尔马赫的学生里特尔·亨利希(Heinrich Ritter)作为首位参与其中的学者,这种对历史意识的传播才慢慢开始,其中包括尼古拉。但是,这些昔日的历史声音只有在当今日的问题是针对它们而提出来的时候才会真正地被听到。[①] 19 世纪的历史兴趣在尼古拉身上所感受到的绝非如下事实,即尼古拉借此在我们的世纪激发起人们的一种别开生面的思辨兴趣。19 世纪对所有的思辨哲学都怀有敌意,而唯独向在自然和历史中成功得到传播的经验科学伸出了双手。由此,这个世纪的任务也就被放在哲学思想面前。这项任务只能在欢庆的对所有的思辨性的概念艺术的弃绝中才能感受到,在果断的"回到康德"的口号中被感受到,有如奥托·利伯曼(Otto Liebmann)在 19 世纪 60 年代所提出的,尤其如马堡学派的创建者赫尔曼·柯恩(Hermann Cohen)重新拾起并对其进行阐明那样。这就是新康德主义,它是首个怀揣着一种真正哲学的和问题史的兴趣而走向这位库萨的哲学学派。但是,这种兴趣却是指向现代自然科学的兴起及其哲学基础的。新康德主义认为,它的原则和榜样在于产生思维中的运动,就如微积分的方法将这种思维运动推向完满的极致那样。[②] 早在 1883 年,柯恩就认识到这里存在的使命,他这样写道:"这会是对一个

---

* 该文译自《伽达默尔著作集》第 4 卷,图宾根,1987 年。原文曾以西班牙语首次发表于 *Folia humanistica Ciencias*, Artes, Letras, 1964, Nr. 23. 该学术翻译系国家社科基金重大项目"伽达默尔著作集汉译与研究"(15ZDB026)阶段性成果。

** 伽达默尔,德国哲学家。

*** 田书峰,北京师范大学哲学与社会学学院讲师。

① 那让库萨倍感兴趣的现代精神的首次阵痛并不能表达库萨思想的原本核心,这一点是不容置疑的。

② 马堡学派的建立者清楚地意识到这种具有危险的且潜伏在这个方面而伺机而动的时代倒置的错误。

重要的和具有吸引力的研究的责难，去证明对于无限的神学兴趣如何能够与科学复兴的这种基本概念相互联系在一起，就像支持库萨的尼古拉和布鲁诺有关微积分的讨论一样。”

柯恩独具慧眼，他看到了这是另外一种“神学”兴趣，这种神学兴趣恰恰迎合了他的兴趣，即“科学复兴”的兴趣。但是，这并没有改变什么，他所提出来的任务从一开始就处于这样的先兆之下，即感受到这种在神学的兴趣关联中的现代的准备及其无意识的预设，而将新康德主义的前历史，尽管不会追溯到柏拉图，但是会延长至中世纪盛期。这项任务已经由恩斯特·卡西尔（Ernst Cassirer）用其超凡脱俗的敏锐和令人赞叹不已的渊博学识而大功告成了。尽管如此，今日存在的一些其他哲学兴趣使库萨的新康德主义的镜像显得很片面。

库萨的尼古拉与那些现代科学所奠立的伟大发现和决定以及哥白尼的天文学、列奥纳多和伽利略的机械论之间的联系得到了很好的阐释。尼古拉取消“地球在宇宙的中心地位”这种观念的方式，尤其是他关于地球与所有其他天体的同类性的学说，实际上是新兴天文学与物理学的精神性准备。但是，这些是神学的形而上学的描述，这种描述句子以一种令人惊奇的方式迎合了一种彻底改变了的、让形而上学安稳不动的科学设想。并不是为了求得关于自然的知识的缘故，而是为了求问关于上帝的知识之缘故，尼古拉才苦苦思索认识行动以及认识的条件和界限。他解释说，所有的知识都是建立在度量上，而所有的度量都是一种在尺度与所度量者之间的对比。如此，他想借此强调那无限者即神性的、绝对的非可比性（Unvergleichlichkeit）以及所有在有限的、通过对比和度量而产生的知识领域中的规定性都是建立在对立命题（Gegensätze）上，并在对立的统一原则（coincidentia oppositorum）上得以保存（aufheben）。这是一种否定神学的古老原则，它作为柏拉图的影响而贯穿于阿瑞欧帕基特派（Arepagiten）以及经院科学所编织的架构中，在这里，逐渐被提升到一种新的辩证法的高峰。

但这对现代科学的精神来说，似乎显得异常陌生。现代科学在所有情况下最大限度地赞同的东西是，斯宾诺莎的“神或自然”（Deus sive natura），但是，这个原则的基础是，自然的自然性建立在它的严格的因果关联与理性的被规定性上。反之，尼古拉的无限者神学的清晰结论则是，尽管自然是无限的上帝的造化，但自然永远只能被不精确地，即“impraecise”认识。这不仅是因为人类精神的有限性以至他的知识不能足够远地得到扩展，而且也因为感性的可见的事物自身之本质是不确切的，即变化莫测的，永远可能成为别样的。这个柏拉图式的信念构成了我们所阅读到的尼古拉的那些令人激动不已的精彩名句的背景，比如：“manifestum est terram moveri”（明显地，地球被推动），或者“terra est non sphaerica, licet tendat ad sphaereicitatem”（地球不是球，而只是接近球），还有“est igitur terra stella nobilis”（地球是一颗尊贵的星体）。这些名句表达了哥白尼或者乔达诺·布鲁诺的学说合法性。当可见之物的本性是不精确的，那人类经验只能是一种对客观实在的趋近，这容许一种无限的前进，而人类经验越是承认对那精确者本身具有一种原则性的无知,那么它就越会做出更大的前进。事实上,这就是那些新事物得以酝酿而成的关键点。这位库萨的哲学家教导说:那代表着事物之真理的“quidditas”(本质)在其纯粹性上是人所不能企及的。这句名言在现代的科学理念的光耀之下获得了其基础性的含义。尤其是古典的认识论基础由此被人抛弃。认识的过程不再是人的灵魂对种(species)的接受。因为这种所有感性存在都具有的摹本特征(Abbildcharakter)从此以后都包含着一种彻底的非相似性。知识也许能够实现一种对事物本质的上升式趋近——但是,这种存在于精确者与非精确者之间的本体论意义上的裂缝是知识永远都无法弥合在一起的。这是一种原始意义上的柏拉图心中的意图,这在柏拉图的《巴门尼德斯篇》中已经被提升为一种难以走出的困境(Aporie),根据这篇对话,其中应该存在着一种属于神灵的科学以及一种属人的科学。这位库萨的哲学家是如此坚决地强调这种柏拉图的哲学动机,以至于他在一种不知情的情况下成为“现代的”。就他摇动了亚里士多德主义的教条式的物理学来说,他不仅创造了一种具有限制性的前提条件,在此条件上现代科学的大厦得以拔地而起,而且也摧毁了种种来自教条式的本体论的羁绊,并为扬弃这种教条式的本体论铺平了道路,基于这种扬弃,对于自然的新胜利才得以崭露头角。伽利略也意识到了这一点,他对于事物的“实体”一无所知,而仅仅满足于“affezzioni”(状态,偶性)。当库萨的哲学家这样讲授:我们所有的认识只不过是一种猜度(coniecturari),因此一种经验之路、讲述之路、度量和称重之路便开启了。这样一来,这种对认识的理解也就迎合了新康德主义关于现代科学之奠基的兴趣。

事实上,正如尼古拉所教导的,柏拉图在生成和变异世界与真实的存在世界之间所做的区分是柏拉图哲学的高峰行动。这种区分行动同时显示出一种与现代科学之间的距离,这在尼古拉的数学中特别明显地表现出来。在柏拉图的哲学精神看来,他的数学浑然是一种通向那无限者的攀升工具。尼古拉用来表述对立命题的统一(coincidentia oppositorum)的不同表达形式具有神学之旨趣,比如,他将那无限者引入数学的对象世界。自从奥古斯丁的《论三位一体》以来,通过有限的类比来重新演绎(umspielen)启示真理就成为基督教哲学的思想工具。数学类比的适用性早已为人所熟识。然而,正是尼古拉赋予这种古老工具以一次新的转折。尤其是后来,当他在《论博学的无知 》的第一卷中继续推进象征性的数学研究时,他同时在进行数学内部的完美化。他无处不在地使用这种作为数学思维的固有完整性的转换(过渡)沉思(Uebergangsbetrachtung),并在这条路上使恒定性、相继性的精神直观成为可能的,且先于所有计算掌控的理念。这种精神直观作为真理存在于所有的区分和判断之后(Distinktionen und Diskretionen),凭借这些区分和判断,这些摇摆于对立命题之间的感官世界得以清晰地表述,而且这种精神直观表现了一种本体论的保证,即经验的进步是无止境的。

库萨的尼古拉处处都在遵循“论博学的无知”中的这个极富启发性的思路,但是这仍然离大胆的抽象成果很遥远。借着抽象成果,伽利略将数学的合法则性视为原本的真实世界,同时,他深谙将那在“纯粹事例”的非真实性面前作为真实的,哪怕是作为非纯粹的而显现者在关系的法则性的无限的架构中带入法则的“纯粹事例”。由此，如若没有纯粹者与非纯粹者的、一元和多元的、相同性与相异性的内在互属性，那库萨的尼古拉是不会思考任何事物的。即，相似性就是非相似性，摹本（Abbild）就是相异性（Andersheit）。所有的有限者都是非精确性的、或多或少都是相对的。但是，那种出自真实而永恒的上帝的无限性而被置入无限的宇宙的非精确性的生成过程（Hervorgang），我们称之为“创造”。这不仅是人无法理解的奥秘，而且这奥秘的根源就在上帝的明智谋划中，对于我们人的理性来说，这奥秘又显得好像是存在者的偶有性（Kontingenz）一样。这种作为出自无限者的有限者的生成过程在人的精神中能够找到与它的对应，在来源于这种精神的数学中找到它的保证。我们的这种从设立界限的、沉思对立的理智的知性到对于所有对立者在没有进行区分的一体性中的相合（Zusammenfall）的理智直观的攀升超越了所有的纯然对存在者的不同形式的模仿和思考，并不存在什么天生的理念（notiones），但存在着一种具体的判断（iudicium concreatum）。那在杂多事物中所展现出来的东西单纯地存在于在进行判断的精神的一体性中。人的精神是“创造性的”。这尤其是对人的精神能力有效，因为它能建构数学对象的理性世界、数字的世界、几何图形等，并且能凭借思维思接千载。这对于所有艺术和人的技艺或技艺性的东西的创造来说也是这样。艺术不再模仿自然，它按照自己的筹划建构着某些新的东西，发挥着那存在于人的精神内的和人手的潜能。古人说得好，自然事物本身是按照一个无限的神圣理性的理念被建构的，因此对于人的精神来说只是接受，并在估量的路上进行量度。

但是，机械的技艺性范围总是越过自然的东西而扩展其范围，而且用这样的方式来理解我们能够制作的一切——当然是为了在生活的理念中发现一个界限，康德的知识批判通过认为“草叶上的牛顿”（Newton des Grashalms）是不可能而停留在这种界限中，难道这一点不是清晰可见的吗？19世纪下半叶，对库萨的尼古拉的思想重新审视时，康德也得以重新发现。这种对康德的重新发现强调了或过分强调了那可能作为一个神学期望（theologische Antizipation）以及在康德意义上的对科学哲学之理念的准备而显现的东西。

第一次世界大战之后，以这种方式进行的库萨的尼古拉研究重新启动，卡西尔、雅希姆·利特尔以及其他一些名家的有关尼古拉的新作，比如包括范斯廷贝格（Vansteenbergh）的鸿篇巨制的历史研究先后涌现出来。如此，新康德主义不再对后来与之附和的哲学圈儿（philosophische Resonanz）具有毫无疑问的主导性作用。这种内在的必然性曾引导了从康德到费希特、谢林，再经施莱尔马赫一直到黑格尔的哲学思路。同样地，它在我们的世纪再现，就如当时克尔凯郭尔和卡尔·马克思发展出来的批判唯心主义的反命题那样。20世纪20年代末，有人在海德堡倡议出版篇幅宏大的带有文本批判的版本，霍夫曼在他的学生科里邦斯基（Raymund Klibansky）的倡导下，开始着手由海德堡的科学院所吸纳的版本的最初几卷的编辑批判工作。伟大思想家的镜像必须通过不同的方面而获得补充，它将会向我们显示并详述。这是他在形而上学史上的立场,如今已有很多人对他产生了新的兴趣并对其进行新的阐释。1940 年,霍夫曼便不再被描述为一位康德的先锋,而是一位通过莱布尼兹和斯宾诺莎对德意志的观念论(Idealismus,或译“唯心主义”)以及歌德那与泛神论为邻的世界观产生巨大影响的人物。

如果我没有看错的话,尼萨的尼古拉致力于寻求的首先是关于如下三种形而上学的问题的回答,这些问题在今日也与我们相关:泛神论问题、精神的上帝肖似性以及实是(Sein)作为言(Wort:话语)。

恩斯特·霍夫曼已经完成了对第一个问题的勾勒,而最新的研究——我首先是指寇赫(Josef Koch)与瓦克擦坡(Herbert Wackerzapp)——为这个问题的最新阐释做出了决定性的贡献,尤其是在与艾克哈特大师的泛神论问题的相互关联之下。在今日看来,库萨的尼古拉似乎肩负了这样的使命,即以无可指责的方式确立艾克哈特神学的基督教正确性。他为“omnia in omnibus”(一切在一切之中)和“deum omnia esse”(上帝乃一切诸是)进行辩护,将其视为创造的本真含义,但又毫无歧义地强调创造者和受造者之间的差异。这恰恰是教会最关心的问题。但是,在斯宾诺莎主义的术语名词下也隐含着一种巨大的猜疑和活生生的张力。自费希特以来,这张力就使德意志的观念论(Idealismus)面临着它从其所源出的基督宗教传统的挑战。在泛神论的自由频频示好以及新康德主义的观念论开始挑战新的批判之后,霍夫曼更加强调在尼古拉思想中的柏拉图哲学的分有(methexis)学说,即分有(Participatio,参与)的理念,以这种方式赋予个体性这种概念鲜明的表达,就像无限者在有限者那里象征性的再现一样。事实上,这与莱布尼兹的单子论很是相近,单子论是在整体发展的原则上从形而上学的角度和观点建构了思辨观念论的基础,这种观念论能在精神的自发性里看到实是(Sein)的本质。在泛神论面前的焦虑导致霍夫曼认为,观念论的发展高峰不在黑格尔那里,而在谢林和施莱尔马赫那里。

这个问题同时关联着第二个问题:人的精神与上帝的肖似性(Gottebenbildlichkeit)。在这里,我们确实站在非常现代本质之开端。我们只需要想象一下这个“中央透视法”(Zentralperspektive)、这个时代的伟大发现,便可发现它对西方绘画艺术的影响一直延续到我们这个世纪的门槛。中央透视法不仅是一个绘画艺术的发现,也见证了一种思维方法。有关方位的思想,即有限的、变化不定的和可被替换的方位的思想给个体的或个别的思想带来了一种全新的意义。个体的概念成为对于普遍概念的一个补充概念。事物所提供的不同视角、图像尽管总取决于不同的位置,就这点来说,它不是那整全者和真实者本身,但是,所有的位置同时表述着全部观看视角(Ansichten)。如此,就是这样的一个宇宙,它的真实存在不仅在全部视角中得以呈现,而且就存在于这些不同的视角之中。库萨的尼古拉凭借罗吉尔·凡·德尔·维登(Rogier van der Weyden)的一副被人遗忘的图像以一种十分微妙的方式向人阐明了这样一个道理:这个图像是这样被规定的,从任何一个可能的视角出发,画中人物的视线总是安稳地停在某个人或物(auf einem)上,就像神的无限的一元性在与神性者相关的无限的多元性中作为那同一者而呈现一样。就那从某个位置而来的可见事物的相关性属于方位的本质来说，显示为存在的规定，是原本（Bild）（而非仅仅是摹本 Abbild）。但这也说明，观看者在观看中与自身相遇，每个观看的原本本质以及每个图像也是精神的自我相遇。这一切并不是现代的主体主义和角度的相对性的预先提出，如果是这样，这将会在西方的神学形而上学传统的最末阶段激起世界观的权利之战；这里更多的是主体与“我”被嵌入进彼此相对的事物的关系性架构，主体对于彼此相对的事物的超越以及那允许他从其精神的根基来建构世界的图像的创造力量（vis creativa），并不使他成为上帝，而是导引他在道成人身的耶稣基督那里理解自身。尼古拉的人学就是基督论。

库萨的尼古拉是一位基督教的思想家，他生活在一种安全的意识内，即尽管他利用希腊哲学的思想府库，但希腊哲学在关于无限的上帝和他的启示真理方面具有一个无法消除的局限。在我看来，这是第三个难点，当今哲学对尼古拉的诠释工作的兴趣就是在这个难点上提出了尚未完全解决的任务。对于圣言的聆听，不只是对于可见的或者精神的形象的观看在今日赋予哲学思想以视域。在对于圣言的聆听视域下，不只是旧约研究，也包括一些学者如斐迪南·艾伯纳（Ferdinand Ebner）、弗里德里希·郭噶腾（Friedrich Gogarten）和马丁·布伯（Martin Buber）以及诠释学的问题和圣言神学，抑或是海德格尔提出的关于“实是”（Sein）的意义的根本问题，提出了他们的标记，这个问题域就处于这些标记之中。尼古拉属于这个领域之内。众所周知，相对于经院哲学的核心问题，或者相对于柏拉图主义者和亚里士多德主义者，更好说在亚里士多德主义内部有关共相的存在方式的争论来说，他择取了一个彻底而批判的立场。他说：总体来说古代哲学家没有正确地理解动词（verbum）或者话语的本质，因而也就没有正确地理解创造的本质。因为动词（verbum）是具有创造力的言词（verbum creans），并不仅仅是所有存在形式（Seinsformen）和诸种可能性的相连，如同古代哲学中的“世界灵魂”那样，源自意志的具有创造力的话语。古代哲学家只能将世界的生成最终理解为一种必然性的发展——这就是他们所不能超越的局限，哪怕是自阿那克萨戈拉以来，他们是那么强调世界根基的“精神性”。

令人疑惑不解的是，库萨的尼古拉是否真的借着他的阐明（explicatio）和不明（complicatio）的概念而与希腊哲学的逻各斯（Logos）概念所开辟的宇宙论的进路决裂。哪怕他曾赋予精神的归入一的开合以及精神趋向杂多的展开一种结构的创造性意义，哪怕罗马拉丁概念“意愿”（voluntas）对于旧约的创造者上帝以及上帝的位格的一体性允许一种比精神的选择能力、决断（Prohairesis）等希腊哲学概念更为适宜的规定——难道库萨的尼古拉也不能在上帝的意志和上帝的行动的不可知性（Unbegreiflichkeit：不可理解性）那里寻求单纯的逃避，脱离希腊的形而上学之不适宜性（Unangemessenheit）的僵局吗？

毋庸置疑的是，库萨的尼古拉所使用的概念都是对希腊哲学的经院哲学改造。但是，那受到亚里士多德主义影响的经院哲学之大成并没有穷尽它的概念的可能性。他深谙如何使柏拉图主义或新柏拉图主义哲学传统在其原生思想活力的方式下为他关于基督教真理之言的思想所用。我们认识的新柏拉图主义哲学是一种“流溢说”的体系。如果这种流溢说体系就如普罗提诺所描绘的那样,可以被看作一种新奇的宇宙论意义上的灵魂戏剧,那么流溢的思想隐含着一种使普罗提诺与其他古典哲学区别开来的本体论观点。这种本体论观点很适合如下主张,即它能够打破希腊思想的宇宙论轨道。尼古拉对这一点心知肚明。根据新柏拉图主义学说,存在的生成过程是从一而出,经过努斯(Nous)和灵魂而向下流溢到自然,为的是之后能够在回忆起自己从上而出的根源的灵魂那里经验到他的返回过程(Umlenkung)。这种学说并不在一种古典的、巴门尼德斯式 - 柏拉图式的关于当下的思想的意义上来理解实是(Sein)。这个生成过程并不是一个过程、一个行走者离开某物的运动过程,或者那生产者同时造成一种罅隙、一种在他处的存在的降低或削减(Seinsminderung)。流溢更多地表示,那生成存在或赋予存在者,并不会因此而减少。这根源或者源泉(ἀρχὴ καὶ πηγή)是纯粹的流溢,纯粹地成为更多的生成。因此,当我们将创造理解为出于虚无的生成时,这便是一种从希腊的否定精神的角度来理解的对创造之生成的形式描述。

创造(creare)的本体论结构,或那具有创造力的事物的本体论结构却是另外一种。它的本体论结构呈现为言的本质。因为这是言的奇迹,即在不需要任何存在者的情况下能够重塑存在者,将其陶铸成一个新的形式,使其成为现实的,并让其得以存在。同时,这个“创造的”(schöpferisch)语词具有这种意义,即并不只是表示在创造着的(schaffend)或者能够进行创造的(zum Schaffen fähig),而是表示一种存在状态或实是架构(Seinsverfassung),这种实是架构既不是“已经是”(Schonsein),也不是一种存在者的储存,而是一种能(Können),即它是一种还未是的实是(Sein),但并不是虚无的。无论如何,这里所要强调的是,阐明(explicatio)和不明(complicatio)这两个概念只是不完整地表述了这个事实,而尼古拉非常清楚地意识到了这一点。他并不喜欢传统的“纯粹现实”(actus purus)的表述方式,在这个概念中,所有能力或潜能在纯粹的在场中消失得无影无踪,他在实是本身里面寻求潜能或能力(das posse)。因此,他勇敢地使用了一个大胆自创的词语“他能”(possest),用它表示能力与实是的彻底的合一。对于他而言,在沉思的顶峰,或者作为沉思的顶峰的能力自身(posse ipsum)呈现为无终的和无限的实是的条件。在所有的实是中将这种能力内在化,这是人的精神的最大可能性。这就是理智(intelligentia)。对它自身的内在阅读(intus legere)可以被理解为“能在”(Seinkönnen),但与此同时,它能够在所有的存在者(Seienden)中意识到这同样的进入实是的持存(Sich - ins - Sein - halten),这就是“能”(das Können)。

这是新时代的开端,出自一种对崭新的生命感受的激情,一个本体论真理如置日中,豁然明朗起来,这真理甚至超越了现代最为极致的表达,因为本体论真理最终将所有的实是的变易局限在可行的(Machbar)范围之内。因为能力的所有根源就是那能在的实是(Könnend - Sein),它在所有的所是的事物中,在上帝以及他的受造物那里,抑或是在人的创造性的自由那里都是同一的。

这就是面向的变换，这变换向我们提供了一个回视的视角，我们仿佛看到伟大的库萨的尼古拉的思想通过上一世纪的问题而得以阐释。新的面向相继出现。尽管我们与他相隔五个世纪，但我们与他的对话已在路上。所有这些诠释的多样性都存在于这对话中。他当之无愧地属于西方思想的经典大家，是他们在时代的变迁中为我们守护着这“一”与“真”。

概念史与哲学语言*

[德]伽达默尔/著**　邓安庆/译　洪汉鼎/校***

在哲学领域内，语词史和概念史的研究所起的作用，一般被看作是附属的，但我们对鲁道夫·奥伊肯(Rudolf Eucken)大约于1879年出版的《关于哲学术语历史的研究》所具有的启发力却惊讶不已，并从那时起，在同样的方向上又有了一些新的有益之举，我们正以迫切的心情期待在雅希姆·利特尔(Joachim Ritter)的《哲学概念词典》①的伟大工程中见到其成果。但是，作为一种历史研究或哲学事实思考的辅助工具，它虽是如此不可估价，但还不是哲学。的确，这样一种概念史的旨趣还不曾表现出一种能够赋予哲学史以哲学重要性的方法思想。

这样一种方法思想曾经是所谓的"问题史"(Problemgeschichte)，在新康德主义中，这种问题史可以被定为哲学对其历史的兴趣的合理性证明，并且它把文德尔班那本著名的、被海姆塞斯(Heinz Heimsoeth)认为迄今仍有生命力的《哲学史教程》视为方法论的基础。当然，还有那些马堡学者，首先是尼古拉·哈特曼(Nicolai Hartmann)，他在马堡学派较年轻的体系哲学家中最为敏锐；其次是伟大的博学多识的哲学史家恩斯特·卡西尔(Ernst Cassirer)，他们都是从问题史角度确定方向的；此外还有理查德·荷尼斯瓦尔特(Richard Hönigswald)，他特别喜欢从问题史角度来称呼他对于哲学史的机敏透彻的研究。问题史的方法论要求具有某种显而易见的东西。如果那些在整个哲学史中作为人类思想而不断更新的基本问题的同一性能够得到保障的话，那么这种问题史研究就会相对于历史相对主义的失落而赢得一种坚固的基础。

上个世纪后半叶曾对这种问题史立场进行过尖刻的批判，这种批判与其说受到了狄尔泰对新康德主义的抽象先验主义的反叛的启发，毋宁说是由海德格尔对狄尔泰反叛的吸收和转化而引起的。当海德格尔在他认为是由李凯尔特和胡塞尔

* 该文译自《伽达默尔著作集》第4卷，图宾根，1987年。该学术翻译系国家社科基金重大项目"伽达默尔著作集汉译与研究"(15ZDB026)阶段性成果。

** 伽达默尔，德国哲学家。

*** 邓安庆，教育部长江学者特聘教授，复旦大学哲学学院教授、博士生导师；洪汉鼎，山东大学哲学与社会发展学院暨中国诠释学研究中心兼职特聘教授。

① J. 利特尔主编：《哲学的历史词典》，巴塞尔—斯图加特，1971年。

所代表的新康德主义意识概念中发现其中具有存在论的关联时,他教导我们说,在哲学思维的技术中,对思维在其中得以表现自身的概念性要进行批判地思考。哲学概念不是通过一种任意的记号选择,而是从哲学思维在其中得以运动的概念本身的历史起源和意义形成过程中获得意义规定性的,因为哲学思维总是业已在语言的形态中产生。

表面看来,这种新的批判立场能够表现为一种彻底的和完美的历史主义。因为新康德主义认为在诸问题的同一性中所具有的坚固基础到现在仍被证明为不稳定的和不可靠的。此外,这种立场也未能避免人们对问题史的批判性异议。在问题概念中不是存在一种秘而不宣的独断论吗？一个例子可以说明这种怀疑:当谈到自由问题的同一性时,不是有一种看法认为,这个问题对思想而言,似乎无非总是在不断更新的现实的动机里被理解,而这种不断更新的现实的动机使得自由的可能性或现实性总是在一种不断更新和不同的意义上提升为问题吗？柏拉图有一句著名的格言“αιτια ελομενου”(责任在于选择)[①],虽然柏拉图并不是以这句话让人看见行动自由,但他在完全神秘的意义上证明了自己生活的可负责任性(Zurechnenbarheit),并把握到一种不同于斯多噶派退回到我们内心生活中(το εψ ημιν)的自由的意义。[②] ——显然,无论是柏拉图派、斯多噶派的自由问题,还是基督徒们的自由问题,都与现代自然科学的决定论问题无关。这里要结算不同的思想家对于同一个自由问题所产生的“成效”(Errungenschaft),便明显超出了所有的历史动机。在这里,神秘的独断论者所起的作用将是特别可感觉到的,如果我们想到哲学文本的翻译实践的话。例如,我们可以想想叔本华后继者在翻译印度文本时系统地运用了康德概念。正是鉴于自由问题,实际上这正是“自由是自己精神的主宰,而时代正是映现在此精神之中”。只有在概念史的研究那里涉及历史主义的彻底化时,这种现象才可出现,因为人们试图批判地克服这种朴素的自我映现,有如在“问题”的实体化过程中所出现的。[③]

此外,还涉及别的方面。“问题史”的合理动机是在历史中重新认识自己的问题,这是一直被承认的。同一性问题的瓦解并没有导致哲学史上展现的任何观点和学说的完全动摇。概念史的反思常常意味着对于其历史传承物的一种强化的批判意识以及赢得它们的实际内容。通过这种批判反思并不抛弃认识总是重新认识(Wiedererkennen),认识并不是同一种陌生意见的单纯游戏。尼古拉·哈特曼对柏拉图回忆说思想所令人信服给出的解释[④]对于一切哲学思想都是有效的,但只有在诠释学意识中才能获得真正的彻底性。重新回忆(Wiedererinnerung)这种神秘的思想,正如柏拉图所召唤的,赋予那构成一切哲学认识之本质的重新认识以其独特无

---

① 《理想国》,617e。

② SVFII,272,4;295,1;尤其在 Epiktet, *Diatr.* I. 1, 23; III. 6, 6.

③ 参阅附录2。

④ N. 哈德曼:《柏拉图哲学中的先验主义问题》,《短篇著作集》第2卷,第48～84页,尤其第62页以下。

二的特征。当然,重新认识在这里指的不是对某个已经认识的事情的再认识,这种事情在人们通过哲学文本与它照面之前就已经熟悉了。我们宁可说,哲学认识只有在这种意义上才算是重新认识,即它被理解为对一个由文本的陈述所唤起的问题的回答。

问题于其中产生的问题域是不断更新自身,也就是说,这里产生的东西是在每一问题(提问)中产生的,也就是说,自明性的东西被显露出来了。但是这种自明性东西的显露也破坏了人们所知的诸问题的先给予性(Vorgegebenheit)。因为事实上,主宰所有问题之提出的概念性本身也因此被批判地意识到了。提出一个问题就是对问题进行概念的加工,并且是如此广泛,以至它使回答得以可能。但这也包括使问题得到一明确的方向意义,在此方向上才能确定一个答案。就此而言,古代的科学理论智慧是安全健康的,以至科学中重要的东西不是成果,而是提问(探究)——并且在这里天才并不在于去学会,而只在于去发现。正是因为这是正确的,所以问题史就丧失了它误认为是如此安全的坚固基础。因为可以表述为自身同一的坚持到底的思想基本问题的哲学问题,一般说来都不是那种每次所提出的并使得一种回答得以可能并富有意义的问题。毋宁说,哲学问题是这样的一些有如亚里士多德所认识到的问题,它们是作为敌人被抛掷到路上并且作为不可逾越的障碍而不可解决的问题。① 我们在哲学上所说的那些问题明显具有这样的性质,即它们并不可能构成合适的提问,因为它们缺乏合适的概念系统来把握并提出问题。

然而这并不完全意味着,关于哲学问题是无意义的那种怀疑是合适的,有如维特根斯坦或波普尔在所有这样的场合里所说的那样。相反,在我看来,这位思想家关于哲学问题的意义标准是不适用的,因为我们得以提问的那些显而易见表现出来的概念,由于我们的哲学反思已提升为一种可通用的疑问性。我们概念的显而易见性需要这样一种批判,以及这种显而易见性表现了我们似曾相识的偏见的最大力量,这乃是一个我们要归功于培根偶像崇拜的古老的见解。正是培根在其他偏见之外揭露了语言的偏见在此起了决定性的作用。因为所有的提问(Fragestellung)都与语言的各种可能性并因而与我们所讲的语言的图式化强制力联系在一起。凡在现代科学意义上关于多产性的经验和提问意义能被断定的地方,才有诱使通过语言确立一种肯定的界限。没有物理学家会把精神丰富的隐喻认为是某种不同于单纯隐喻的东西,即使核物理的理论家可能用这些隐喻使自己以及我们这些门外汉理解其研究成果。他们认识的精确内容是在一种不同的明确的语言中表达的,这种语言的意义元素包含了实验测量的确认。在这里,那种隐喻的权力和界限得到了证明。反之,在哲学中却没有求助于这样一种与语言相对抗的当局,因为思维是在语言中运作的。我们只能在语言之内才可控制语言所从事的诱导。

① 参阅附录4。

那么，这就意味着哲学无非只是语言批判（Sprachkritik）吗？当然，它也是语言批判，这是肯定的。但是，哲学还是别的东西。它也是语言发现（Sprachfindung）。这一点应当确立。

这里我们必须讲一下术语（Terminologie）在哲学中所起的作用。鉴于哲学的问题域相对于一切所谓的实证科学所表现出来的特性，我们将其称为术语的含义也在其中发生了改变。在科学中，如果一个术语与一种精确被描述的事态联系起来，其明确的规定性，我们通过表达式的使用而明确地指称出来，其合理性不断地在随后的经验脉络得到检验，那么当所有检验都只有在随后的语言形式中才能得到时，那么情况就发生了改变。哲学中的情况就是如此，它所涉及的"事情"无非只有作为语言的才能被给予。约翰纳斯·洛曼（Johannes Lohmann）[①]曾指出，数学的概念形成之所以具有那种先驱意义，是因为它把语言的词语，例如古希腊文"膝盖"（Knie）这个词，从其感性的范围转换到一种以前一般并不存在的事情领域，因为这个事情领域只有通过理性的构造才能获得它的数学的理想性。像"角"（Winkel）这样一个概念的形成，由于脱离了其起源上的一切隐喻性而获得了一种明确的含义。虽然数学上角的理想性是"完全在头脑中"，就像哲学家所谈论的那些东西，但是构造的规定性却使这个术语的有可能具有完全的单义性。

与此相比，哲学术语不仅是对语言的感性使用的超越，而且它也不断地坚持其起源的意义。对于现代哲学的诸概念——这些概念存在于一种固定的哲学概念性传统之中，并且多方面按照数学符号化模式来理解自己——来说，可能很少听出自相矛盾。我们将难以承认，"主体"（Subjekt）这个术语的含义事实上也参照了它的本源之意，即古希腊文的主体（υποκειμενον），这个主体回指工场（Werkstatt），即手工工场或作判断的理智的工场，这个工场把现存之物（Vorliegende）标志为偶然遇到之物（Vorfindliche）。但是，正是在这种情况下，概念史的哲学合理性就被展示出来了，因为哲学教导我们通过历史的意义生成去批判地理解和使用这些概念自身的意义。掩盖和没有意识到近代哲学这些概念所涉及的联系，绝不是对哲学概念史起源规定的创造性的反抗。相反，正是从这种掩盖中产生了下述例子中所存在的那种假问题："主体"——在这里被处理为一类实质性存在——如何走出其自我意识范围而跃进客观世界中？我认为，通过唯心主义同一性哲学的杰出的预设和胡塞尔与舍勒的现象学分析的精细描述这样一些准备工作，海德格尔才在这些情况下达到清晰性，因为他对形而上学传统的意识概念作了本体论批判。意识（以及自我意识）不是存在物，不属于一种实体的存在方式，不是"在自身中的存在"（in-sich-Sein）那种存在类型，虽然"意识"概念的先验要求包含这种理解，并且胡塞尔在证明意识的意向性结构时以清晰的自明性表示这一点，但正如总是在思想中出现的那样，尽管它是错误的理解，但能使完全的自由的洞见有可能的反抗的消除。在这种意义上出现这种诱导，即把意识思考为一种与"外部"相关的"范围"，若不是

① 《音乐科学档案》XIV，1957年，第147～155页；XVI，1959年，第148～173页。

海德格尔对主体进行概念史解构,把这种意识概念在本体论上的不恰当性彻底弄清楚的话,那对意识的这种误解是不可消除的。

概念史的启发性成就,在那些并不涉及那类掩盖着语词与概念之关系的根深蒂固的遮蔽的地方,自然很少会显露出来,而在通过术语上的固定化而经验的关于语词与概念,语词范围与它的界限之关系的地方,则是显而易见的。这得首先归于德模克利特、柏拉图和亚里士多德的希腊哲学语言,对此库尔特·冯·弗利茨(Kurt von Fritz)①曾作了重要的研究,此书对卡尔·莱因哈特②和布鲁诺·斯纳尔(Bruno Snell)③的继续发展观点以一种富有价值的方式作了补充。在古希腊的哲学语言中,日常语言用法仍居主导地位。之所以如此,是因为在那时还可不受干扰地继续保持与活生生的语言的关系,从而能够使概念史的分析展现其自身的启发力。因此,现在概念史的启发性成就正在于,通过重建在概念语词与自然的语言习惯之间持续存在的那些联系,使概念的陈述性含义具体化,甚至从歪曲的教条化中解放出来。在这方面,前苏格拉底研究处于完全的运动之中。④

但是,正如艺术话语同自然的语言习惯之间总是可能有很大的距离一样——对于概念的意义来说,与活生生的语言的关系却经常带有根本性。因此,我们有一切理由要从根本上探究这种关系。在修辞学的语言中,我们把这种概念话语的意义特性称为“隐喻性的”。在这里我们自己意识到,我们是在一种较大的关系里整理哲学概念形成的特殊现象。从赫尔德以来,语言的一般隐喻性越来越多地得到根本的承认。隐喻的认识功绩,对原初话语用法的特殊语境(这种语境在所有语言建设中都有作用)所进行的抽离,都在另一方面与原初意义域的继续聆听相符合。这实现了话语的诱发成就。现在,我的看法是:正是话语的这种双重功能以特殊的方式进入哲学概念语词的意义构成。

当然,因此已经不能证明我们需要批判地意识到这种转换关系,甚至这种意识是否与一种正在被使用的语言的深不可测的自我遗忘容易相处的。概念史提问的任务很难存在于这样一种历史的整体阐明中,这种整体阐明以完全的自我意识抛弃了语言的自我遗忘。相反,正是通过这种自我遗忘才为这种阐明的界限找到了合法性。我们以例子来检验这一点。

---

① 库尔特·冯·弗利茨:《哲学与德模克利特、柏拉图和亚里士多德那里的实际表达》,柏林,1934年(达姆斯塔特,1963年)。

② 卡尔·莱因哈特:《巴门尼德与希腊哲学史》,波恩,1916年(法兰克福,1959年)。

③ 布鲁诺·斯纳尔:《前柏拉图哲学中知识概念的表述》,柏林,1924年;《精神的发现》,哥廷根,1947年(第5版,1980年)。

④ 对此可参阅W. 耶格尔(Jaeger):《早期希腊思想家的神学》,斯图加特,1953年;J. 克尔辛斯坦(Kerschensteiner):《宇宙论》,慕尼黑,1962年;C. 康恩(Kahn):《古代希腊文中的动词“be”》,多德雷赫特,1963年;H. 弗朗克尔(Fraenkel):《早期希腊人的诗与哲学》第2版,慕尼黑,1962年;U. 霍尔席(Hölscher):《初始的问题》,哥廷根,1968年;W. 夏德瓦尔德(Schadewaldt):《希腊哲学开端》,法兰克福,1978年;D. 布伦默(Bremer):《早期希腊诗中的光明与黑暗》,波恩,1976年;C. J. 克拉森(Classen):《开端——早期哲学理解文集》,沃兹堡,1986年。

这里并非自在地存在有概念史提问的特殊性。在讲话和话语习惯用法自我遗忘性中明显表现出的一切意识性的界限，事实上一般表现了一切提问的动机基础，而不仅只是概念史情况。成问题（Fraglichwerden）、奇特性、突然生疑和自我惊奇的反叛性，都是一切主题化之基础，这种主题化不仅是针对哲学概念的提问，而且也是针对所有认识的提问。这就是一切知识欲望（Wissenwollen）的起源，柏拉图曾正确地把“φιλοσοφια”（哲学）引回“θαυμαξειν”（惊异）。但是，这在哲学问题的情况里有其特殊的语言后果。在我们称之为“哲学的”的知识欲望中的错乱，必然脱离惯常的经验图式化——这种图式化由语言所提供并与语言相联系。哲学的思维总是出自这一根基并必然是一种在最明显的语言困境中的思想。因为自然的“生活世界”的习惯语言认为，在哲学思想突然生疑的地方，语言总是不复存在。

当希腊的思想不再满足于神话的世界，并着手思考物理的世界时，也就是把那世界看作源于自身并由自身出发而运动着的东西时，这虽然给予了“Physis”（自然）一词以其完整的意义域，但仍然需要一种漫长的、由柏拉图和亚里士多德所完成的抽象化过程，直到“Physis”一词被逐渐成长为关于一般“世界—存在”的哲学概念词。[①] 普遍的看法是：正如莱因哈特和斯纳尔教导我们的那样，只要希腊语言对于概念构成是特别有用的，特别是由于其第三冠词的命名力量——但这里什么是原因？什么是结果？——那么这种语言也正是通过其特殊简易的抽象而把可指示的和可思维的东西，中性名词中感性在场者和普遍特性，综合在意义功能的统一体中。谁都想处于巴门尼德的立场，即他完成了从复数“存在”（Onta）到单数“存在”（On）的巨大转变，但谁能说，这个单一的“On”意指什么：是一个充满其感性在场的世界？或者是在同非存在的不可思想的和无思想的东西相对立中的一切存在者的“存在”？正如吕兹勒（Riezler）[②]在其《巴门尼德》一书中所指出的，芝诺误解了巴门尼德，因为他把存在理解为存在者的宇宙，并提出这个折磨人的问题：这个存在是在“什么东西之内”（worin）？或许当巴门尼德把存在比作一个球体时，他误解了自己？要回答这些问题是不可能的，然而去思考所有这些不可回答的问题，又是不可避免的。因为这不仅是为了正确理解巴门尼德哲诗，而且也是为了正确理解我们自己，如果我们想要说或思考“存在”的话。多亏了那些流行的概念，哲学的问题才能在其中表述出来，这些概念总是具有一种既能引起怀疑又富有成果的多样性。

我们可能继续以这种方式把概念史展示为哲学。在此，我只能作几点简短的提示。如果柏拉图在《智者篇》中把“静止”（Statis）与“运动”（Kinesis）、“同一”

① “φυσισ”没有起决定作用的第二格的绝对用法是从何时开始的？依据有名的赫拉克利特片断残言（123）——其原文我们并不知道——对于我来说似乎是有疑问的。面对智者派的解释，也是有困难的。参阅 D. 霍尔维达（Hollwerda）的 *Commentatio de vocis quae est φυσισ*，第 78 页以下。现在可参阅我的论文《希腊哲学的自然概念》，载 A. 维尔纳（Werner）主编的 *Filosoficirkelen*，3（1986），第 39 ～70 页以及我的《著作集》第 7 卷。

② K. 吕兹勒：《巴门尼德——翻译、导论与解释》，法兰克福，1934 年（第 2 版，1970 年），以及我的《著作集》第 6 卷第 3 篇论文。

(Tauton)与"多样性"(Thateron)紧密交织起来去描述"On"的逻各斯,那么他难道没有认识到,他是在把不可统一的东西、宇宙论的东西与反思概念相互并列和相互混淆吗?或者,如果他在《蒂迈欧篇》的神话中把同样的反思概念以宇宙论功能加以应用,既谈论自我的轮回,又谈论多样性的轮回,并把它们配列于人类意见和思想世界的轮回,那么这难道不是随意虚构的玩意儿吗?或者说,这难道不是反过来表达这样一种困境吗?即为真正的意见和思想的东西找到一个"位置",使之接近于被意指之物和被思想之物,这就是接近于运动着的世界的显而易见性?要在思想中去掉语言的预知,正如门外汉设想自己有思想一样,并非易事。

当亚里士多德——其最终目的是为了解释和阐明柏拉图的思想洞见——创造"Morphe"(质料)和"Hyte"概念以便思考存在者的存在时,他因此应对"形式"(forma)和"质料"(materia)概念负责,甚至对整个经院哲学关于存在秩序的图式以及直到在基督教和后期古希腊的亚里士多德主义中占统治地位的"第一质料"(materia prima)图式负责。无疑,他其实是把"Hyte"理解为"种"(Gattung),并通过种与特殊(即构成 Eidos 的东西)的差别来定义存在者的本质![1] 有人可能会提出异议:不正是他本人在那个特有的方向上把再思考(Weiterdenken)这样合法化,以至在他自己的学园中就已经完成了第一步?在这里,概念史的分析不可能给我们预示一个明确的答案,但却可以使这样一个疑问公开可见,这个疑问不仅一般主宰着对于亚里士多德文本的解释,而且也主宰着整个古希腊思想中"physis"和"Logos"的关系。

"Hyte"从建筑木料到种的这种转变之路,最终不多不少,正好就是那条从产生自身的"自然"到把一切自然物朝向人的目的而加以改造的技术的转变之路。或者来自亚里士多德的第三个例子:解释者都乐于知道的与那个思考自身的思想一同出现的东西究竟是什么?这种思想的被思想之物本来应当是什么——是它自身所拥有的一切思想,还是一切被思想的东西?

为此,我们在这里提出最后一个后希腊时期的例子:人们在普罗丁那里没有发现的东西是什么?从普罗丁那里得到的又是什么?那个在由太一流溢出来的宇宙戏剧中所形成的并如一个天使合唱队的等级秩序是为失去自身而又追寻自身的灵魂而形成的"实在世界"(Hypostasen)的等级秩序——它是一个神灵事件或一个关于存在的新概念的展开过程,这个"存在"不是在它的在场中出现,而是脱离了古希腊的存在视域,作为太一而存在,这难道不是从自身中突现出来吗?

例子是够多了。在这方面原则性的东西是非常清楚的:谁不去考虑哲学思想的语言表达是否合适,谁就不会同情思想的语言困境或不会超出所说的东西去思想,代替享受自身出现的矛盾或把这些矛盾通过历史的发生学的假定而从世界中

① 参阅附录 4 的详细说明和我最近的论文《存在有物质吗?》,载《宇宙论坛》(*Convivium Cosmologicum*),巴塞尔,1973 年;我的《著作集》第 3 卷,第 293 页以下。另外,黑格尔关于思辨命题的理论也能说明这种关系(参阅我的《著作集》第 3 卷,第 65 页以下的论文《黑格尔辩证法》)。

创造出来，他不会跟随哲学思维的明显问题，而总是停留在封锁了的、封闭了的学术观点前，这种学术观点没有它自己的问题也就无话可说。就历史主义曾经离间哲学使它成为学术意见和系统构造而言，概念史分析却遵从了思想的实际运动，这种运动虽然是一种历史的运动，但正好不是他人的冒险，并且永远不是他人的思想意见。

更为困难之处在于从古希腊概念向拉丁语言的转化。古希腊概念向一种如此不同的语言的转化，似乎是一种完全走样的映现过程，在此过程中，那存在于语词和概念之中间领域的思想的原初运动便荡然无存了。然而还是出现了一个奥古斯丁。在他那里，由于他思想的那种唯有他才具有的修辞炽热，拉丁语的概念结构才能成为好像阵痛的，并由于新的流畅性，新的思想形式才能成为可塑的和可说的。当然后来越来越多地形成了一个仅由诸如托马斯或司各脱这样的中世纪最伟大的思想家直到他们自身边缘来测量的思想的秩序世界和哲学的概念工具：经院哲学的拉丁语。但是，正如由这种人造的语言工具可以重新产生语言一样，这种语言在库萨的尼古拉（Cusaner）的思想里也达到了那种人文主义运动和运动性，即从“non aliud”（神不是别的，只是创造性的世界）经过“possest”（神是有能力的存在）到“posse ipsum”（神就是能力本身）。

在近代诸民族语言时代中的哲学语言情况还更为复杂。除了一切概念构成的生命脉络、母语的生动表达力外，迎面而来的总是有学识的拉丁语的艺术语言，其词语作为外来语在近代语言的生命中开始成长起来。关于这种情况，我们可以在黑格尔那里引出许多例子，其中之一就是实体概念。这个概念在黑格尔那里完全立足于其希腊—拉丁语语源，却在一个全新的关系里运动，因为黑格尔授予此概念的是对支撑东西的存在方式的原始描述，而不只是对主观精神的存在方式的原始描述。这种用意就与黑格尔首先描述的逻辑学的概念语言中的德语构成接近了。构成如：存在和此在，某物与他物，直到存在在本质中的扬弃和本质在概念中的扬弃，都从其生动的德语语言用法中获得其概念意义的规定性。

这些概念从其历史中生长出来的创造性的语义双关性，其最好的例子也许就是黑格尔的合理性的东西（Vernünftigen）概念。黑格尔曾说过，合理性的东西仅仅是现实的东西。如果偶然性的东西乃是逻辑学的一个必然的思想规定，同时又不是值得从自身去加以观察的诸如存在的碎片之类的东西，那么合理性的东西在这种偶然性东西的问题上就找不到明确的界限。

最后，还有一个例子来自我们这一世纪。海德格尔那种难以置信的语言困境、语言暴力、语言强制性特别出现在那些涉及他最根本事情的地方，即讲到不是存在者的存在的“存在”时，总是一而再地陷入同语反复和矛盾，根本没有讲到那个元始基“εισ αλλο γενοσ”。当海德格尔最后求助于诸如涂改过的存在或“Seyn”这样一些文字描述形式时，众所周知，他是在忍受着他的语言困境。

这样就出现了在《什么是形而上学?》第4版和第5版之间后记中被多次讨论的改变，这种转变被那些断然拒绝共同思想的批评者们评论为海德格尔的思想缺乏根基并稀奇古怪的标志。在第4版那里,他说存在是不包括存在者的,但在第5版同一地方,他又说,存在不是"不包括存在者的"①。哲学史的行家懂得为何对于相同的思想任务得出了这种动摇不定的表达,这种表达甚至转向它的反面。这里有很多类似例子,从古代文本的争论不休的解读到否定性神学的内在概念域以及诸如爱克哈特大师那里出现的哲学神秘主义的语言困境,一直到康德或黑格尔的文本批评的公开问题。我认为下面这点是重要的,即在哲学的概念语言中,这样一些矛盾性和"不精确性"只要不背离其思想内容,它们就既不会损害逻辑清晰性理想,也不会被带到矛盾辩证法的独断论之路,有如黑格尔所做的。黑格尔的笛卡尔主义以及他与普罗克洛(Proklos)的否定性功能的联系——这种功能外在地统治了他的辩证法的方法论前后一贯的构造——遮盖着他自己的思想,正如一切哲学思想努力和一切辩证方法的思想一样早已在一种隐藏的方式是就是辩证法的,也就是说,它接近于语言的那种拒斥单义性的生命并把自己交付于语言的隐喻性张力和召唤力。

最近,有人通过区别主题概念与功能概念而描述了语词与概念之间所表现出来的混淆,并且突出了那种对所谓功能概念本来就有的根本性遮蔽。所以欧根·芬克(Eugen Fink)曾指出②,那个被胡塞尔作为严格科学的现象学之构造之基础的支撑一切的构成性概念,在胡塞尔本人那里,从未被现象学地阐明过,而是纯粹起着功能性的作用。这是哲学的语言永远要对之加以思考的一个基本事实。主题化总是遮蔽着那些尚未成为主题的东西。因此,概念史的意识也不愿自以为有权进行整体的阐明,而是把自己限制于揭示那些隐蔽的含义并消除那些歪曲的作用。主题概念与功能概念的区分,在我看来,是一个正确的结论,因为它接近于让哲学的概念语言保留生动的言语(讲话),或者更恰当地说,这个结论来自一切言语(讲话)本有的基本的和不可抛弃的语言遗忘性。亚里士多德可以证明这种区分。他,作为第一个这样做的人,在著名的《形而上学》第5卷中系统地追踪了哲学概念的印记(特征),并通过对生动的语言用法的分析而推导出这些印记。他感觉到,他在那里所处理的概念以及他所遇见的那些概念的区分,都未曾妨碍他在他的思想中完全自由地听任语言表达的生动运动性。甚至康德对于超验的(transzendent)与先验的(transzendental)所作的著名区分——这种区分扼要地概括了他的哲学探索的一个重要特征——既没有为他本人,也没有为生动的语言用法所遵循和坚持,当然,新康德主义的学术大师除外。

如果我们要从上述关于语词与概念之间的混淆的概观引出一个结果,那么我们就可以更贴近规定什么是概念史解释的有效范围和要求。无论如何,这是显然的,即这种概念史解释的要求并不包含:它不从事由概念语词的历史——这种历史把概念的精确内容范围由其历史的起源带到完全的规定——对概念进行推导。在

① 对此可参阅我的《著作集》第3卷,第210页(《海德格尔之路》第4篇,第42页)。

② 参阅欧根·芬克:《意向性分析……关于现象学现实问题》,1952年。

哲学概念的使用中由概念史提问所要求的批判意向，确实走的是哲学研究之路，但并不是在这种研究的成果中完成的。因为它必须深入哲学概念随时的实际使用，并且不是作为一种独立的认识当局反思地与这种批判意向发生联系。因此这种意向处于向自我遗忘状态的持续过渡中，在这种自我遗忘状态中，语言的实现才能提升到其真正的完善。

概念史所要做的工作，正在于往返地走在从语词到概念的这条路上，并保持其畅通。因此，它对概念的意义做了共同构造的工作。因为一个概念的概念史来源从属于概念，正如某个泛音从属于一种声音一样。正如音乐在一种声音系统里（这种声音系统是以人为的方式在无泛音的情况中制造出来的）是不可思议的一样，哲学的概念语言也只有通过各种泛音的共振才能说出来，这种泛音反过来把一个概念所限定的和突出的意义域与存在于语言生命中的一切概念构成的自然能力联系起来。因此，概念史的提问本身融入了诠释学提问的更宽泛的方法联系。在这新的批判意向中，我们学会了转向哲学的语言性，但我们并非徒劳地使用“概念性”这一集合表述。因为并不是单个的概念以及在各种不同的语言中与此概念相对应的语词构成了概念史意识的对象，它的对象乃是一个相互依托和相互支撑的概念性整体。这种概念性，从其自身方面来看，就像从我们语言的世界定向中所突现出来的语言整体一样。但是，我们的语言的世界定向是作为一种交往沟通过程而产生的，这种交往构通过程使得那些由它所形成的孤立的语言单元，即语词及其意义，反过来融入达成相互理解的运动。正如语言在谈话中有着其本来的存在过程一样，哲学的概念性在思想中也总是以这种方式展示自身，即它在对语言的习惯和流行的意义的追问中，破坏一切术语的固定化，这种固定化是在语言使用的自相形成的约定俗成中建立起来的。因而体现出哲学思想的这一过程的无与伦比的榜样就是柏拉图的对话艺术，这种对话艺术在“意见”（Doxa）的窘迫的自我破坏中发掘并保留哲学的问题视域。

如果这些观点是正确的，那么在哲学的领域内，逻辑学和哲学在思想的学科分化中相互占有的份额便以一种特有的方式确定了。任何概念的使用都是语词的使用。每一语词使用也总是接近于在它之内所认为的概念关系的逻辑分析。但是思想就是“共思”（Mit-denken）。所要探究的不只是通过逻辑上无法反驳的证据来作出主体间性的证明——它早已是一种共同的东西，因为它不是在纯粹的记号中，而是在多方言说的话语中产生的。

附　录

1. 确定无疑的是，即使在“实证的”的科学中，概念史也会是一种令人感兴趣的提问，正像它在哲学史中早已起作用那样。这篇讲演的题目，我还想多说几句。概念史应当从哲学语言的特性中获得其合法性。应当指出的是，对于自己的一些概念同时给予历史的辩护，这属于合理的批判性哲学思维。

2. 在讨论中，尤其要指出马堡学派问题史所显示的那些不可否认的巨大成就，我们可以想到这些人的名字，如恩斯特·卡西尔、理查德·荷尼斯瓦尔特、尼古拉·哈特曼、海恩兹·海姆塞斯。在此，有人或有理由问，概念史是相对于什么方面而被确立的？或者可以这样问：概念史一般来说终究是某种新的东西吗？它最终难道就不是一种解独断论的，即从新康德主义哲学的系统框架中解放出来的问题史，即所谓其真正的真理吗？事实上，问题史乃是我们历史地自我理解的任务，正如一个人从他自己的问题出发去理解一位活着的对手和历史的对手，并大概还期望他那里有某种他根本未如此说的东西。因为要从自己的立场出发弄清楚，这完全取决于所涉及的共同事情。这是从问题的诠释学中得出的一个合理的结论。认为问题史没有意识到这个结论，这大概不是公正的。

在讨论中，有权强调的是，我们可以把"问题"理解为某种总是起着决定性作用的思维模式或结构，并且这与完全承认语言表达的可变性是一致的。所以我们确实不应否认例如卡西尔所承认的哲学成就的历史性的细微性。但这涉及别的事情。我们称之为哲学史的多变的思想事件，通过对"核心"问题的重新认识而成为可支配的，或者说——用否定的评价——在结构上被破坏，乃是争论的焦点。这里是历史细微性的最宽阔的空间。在作为哲学的概念史中并不涉及哲学的历史。概念史不想成为一种历史描述的新方法或对系统提问的一种单纯的历史导论，而是想成为哲学思想运动的一种综合要素、一条出示自身概念性的道路。

我认为，科学中似乎并不需要这一点，尽管在科学中也不言而喻地存在着一种合法的历史兴趣，即追踪被使用的概念的来源。它们历史来源的踪迹当然在一切语言的概念表达中是可识别的。但是，科学的概念内容完全可以由其经验关系来加以规定，并且一个概念所引起的那种历史的赞同也正是避开这种经验关系的。我们可以想到例如物理学的力的概念，关于作用力和反作用力的人类经验根本没有使力概念获得科学的规定，甚至也使精确的科学含义变得模糊不清。

3. 与之相反，哲学的概念构成却把它与语言中所具有的意义普遍性的关系一直维持到一种确定的程度。这甚至能具有完全自由的形式，因为人们不得不自问，如果没有一种服务于方法上的抽象过程的真正的概念构成，哲学的陈述是否就不可能呢？不仅仅是诗歌可以以它的方式说出一切，而且哲学的概念努力也在说的途中。反之，我们必须看到远东和近东的某些利用譬喻性讲话的言说形式，事实上与我们称之为哲学的东西特别接近。他们的思维方式好像与亚里士多德传统的"确然性逻辑"(apophantische Logik)的推论性构成了极端对立。但是，即使黑格尔的思辨新方法在本质上也依赖于，概念中的结合完全是由那种在思想自身内进行的思想的运动接受其实际的规定性。①

4. 亚里士多德的"hyle"(实体)的例子可以解释这一点。在这里，这个概念语词的来源——完全像"Morphe"(质料)的概念——可以从"技术"(Techne)的领域

① 对此可参阅我的《著作集》第3卷第7篇论文《形而上学语言》。

来把握。然而真正说来，这个概念在亚里士多德的哲学中还不是对于制作和被制作物的语言表达，而是对“Usia”（本体），也就是对柏拉图理型论（Eidos－Lehre）的解释。——当然它是以一种批判意图这样来规定存在者的存在，它没有把自己淡化为数学本质类型的一种意向性的存在。无论如何，这里并不涉及技术，而是涉及本体的逻各斯（Logos Usias）。所以我认为可以正确地说，“hyle”这一概念，对于解释存在者来说，意味着它的逻辑的未规定性和可规定性，因而亚里士多德在《形而上学》第8卷中把“hyle”描述为“种”，即在定义中通过“理型—构成”的差别而较近被规定的东西。因此，种不是“hyle”的一个类型，不被作为“hyle”来理解，相反，“hyle”的本体论意义乃是唯一和单一地是种。来源于其制作材料的这个“hyle”概念所一同带进哲学表述中的东西，本质上是这样的，即存在者的存在不只是它的理型规定性（Eidosbestimmtheit）。只要我们从逻各斯出发来解释“hyle”，并把它作为种来思考，即纯粹作为要规定着的东西，而不是作为已被规定的材料性东西（这种东西通过一种新的形式而被制作成某种东西），那么我们就能明白为什么会存在着一种不是“hyle”的实际的存在者：因为它的规定性丝毫未更多涉及未规定性，有如在经哲学关于纯粹理智的学说中所主张的那样。

5. 概念与其历史的关系——这种关系被作为哲学加以讨论，我认为似乎是批判哲学思维的需要——在此并不表示，它可能成为概念史的新的研究方向。我们所期待的雅希姆·利特尔的哲学的历史词典也不是作为这里所指的方向而实现的——即使它具有那种对词典经常是不可企及的完美性。我的意思是，在这里所积累的或进一步通过研究而获得的概念史的知识，在哲学本身工作中是存在的和起作用的。因此，我使用了“没有泛音就没有音乐”这一比喻。如果没有听到一个概念表达从其历史中产生的内蕴，如果没有那种共听这种声音的懂音乐的耳朵，那么哲学陈述就总被缩小在它自己的领域内。因此在我看来，哲学命题的逻辑分析以及那种把这种缩小提升为方法论基础的论证关系，只能起一种次要的作用。例如，在对柏拉图笔下的苏格拉底的对话运动的结论性审查中所能作的逻辑分析，就是这方面的一个特别明显的例子。那里还补充了柏拉图对话的模仿特征，这种特征所追求的不仅是在其逻辑关系中模仿思想推论，而且是指出在生动的对话中的人并通过参与这种对话而获得实际见识。但是，这不只是对柏拉图的文学艺术作品有效。即使不存在模仿目的的地方，而是思想追求其直接表达之处，也是有效的：一切哲学的陈述只是从未被说出的东西中获得其完满的内容。

6. 此外，在哲学概念的概念史证明的要求中绝不会存在一种新的概念理论。它只是要主张，引向概念构成和确定概念内容的这种抽象过程，在两个方面都是不可终止的：一方面，它并不是把一个概念引向终点，以至其内容能被精确定义并把由其起源的语言的意义域而获得的一切共同规定都去掉；另一方面，这个抽象过程并不始于一个所谓的经验直接性，而是早已并总是立足于对世界的语言阐释性，并因而总是已经在通向概念的路途中。概念构成抽象化所目向的东西，总是早已在语言的先行成就中在先规定了。

对越精神的兴起

——周公的"制礼作乐"

杨儒宾*

一、前言:作为事件的"制礼作乐"

周公"制礼作乐"是中国文化史上的一件大事。《尚书大传》记载周公的伟大事迹:"一年救乱,二年克殷,三年践奄,四年建侯卫,五年营成周,六年制礼乐,七年致政成王。"①这七项事件当中,"一年救乱""二年克殷""三年践奄"都跟武王逝世后,管叔、蔡叔联合武庚反叛,周公东征此一危急存亡的事件有关。"建侯卫""营成周"则是东征胜利后,周会制定的另两件体国经野、安定邦家的重要措施。第七项"致政成王",则指周公掌握政权,大事底定后,等成王年长再还政于侄子。上述六件大事,乃是大有功于周朝的伟大事业,姬周八百年的基业由此奠定。周公作为中国历史上数一数二的大政治家,从这六项措施多少可看出端倪。

周公的事业如果仅如上述所说六项,或者即使六项中的有些争议项,比如"致政成王"②也删掉不算,那他无疑仍是周朝八百年天下的奠基者,其功勋可以和文王、武王比埒。武王伐纣是中国上古史上的一件大事,这桩剪商的革命是殷周长期斗争下的高潮。伐纣成功后,由于殷商的统治根深蒂固,因此中原地区尔后仍有许多政治余震,久久未息。管叔、蔡叔联合武庚作乱,周公东征,更是继武王伐纣后的另一高潮。殷周之际的变革之激烈,局势之艰辛,在《尚书》多篇关于西周时期的文献以及《易经》等早期儒家文本中,都可以看出。这一出短说连绵十余年、长说连绵上百年的历史剧,对后世影响极大,周公居间扮演了重要的角色。

周公是武王伐纣的重要参与者,是管蔡之乱的主要平定者,是营建"天下之中"

---

* 杨儒宾,台湾清华大学中国文学系讲座教授。

① 伏胜:《尚书大传》卷四,《四部丛刊初编》缩本,(台北)台湾商务印书馆1965年版,第54页。

② "致政成王"的问题与周公是否摄政称王的争辩有关,顾颉刚、马承源、杨向奎等人各有说,相关资料参见郭伟川编:《周公摄政称王与周初史事论集》,北京图书馆出版社1998年版。

的成周(洛阳)的执行者,单单这些事迹,他已足以被列为国史上不世出的政治家。但如果他仅是在政治领域留下勋绩,那么他在中国史上的地位不会如许重大。周公之所以能在中国史上留下巨大的影响,为后世追慕不已,应当和上述所说的第六项之"制礼乐"紧密相关。周公后裔追溯先祖业绩时,即特别强调"先君周公制周礼"[①],礼乐并称,但礼广乐狭,礼可包含乐,因此"制周礼"其实等同于"制周礼乐"。如求周全,自可并举,《礼记·明堂位》即补充其语道:"周公摄政六年,制礼作乐。"这也是我们目前所见最早的关于"制礼作乐"之说之所从出。后世孔、思、孟、荀等大儒纂绪周公事业时,重点也在阐述其礼乐思想。创制者立下规模,祖述者善述创制者的业绩,这使得"制礼作乐"的历史效应越发丰硕,自然也是构成"礼乐"历史效应重要的环节。现当代学者,从王国维到当代瑞士汉学家毕来德(Billeter),都主张周初的政治设计决定了尔后中国史发展的方向,可说是三千年历史关键的奠基期。

然而,有关"制礼作乐"之说,传世的先秦两汉古书多有言及,其内容且有《周礼》《仪礼》等传说与周公制作相关之经典作见证,后人追摩想象,略可得其仿佛。但由于制度典礼之书的内容多为历代相承,新制加在旧礼上,旧礼混入新制中,后人很难确定何者足以代表周公之精神。因此,面对"三礼"(尤其是《周礼》《仪礼》)中那么多的礼乐内容时,却苦以认清周公精神之所在,加上前人的解释难免影响模糊,通常很难达成共识。王国维在《殷周制度论》此名文中特别具体化周礼的大纲领,并提出周公制礼作乐的意义在于透过制度的设计,以达成"万世治安之大计"。[②]王国维假说依然免不了争议,但他的问题意识强,论证举示明确,辨伪性也足,对厘清问题极有帮助。

《殷周制度论》假说虽然强调制度的重要性,但王国维并不是狭隘的制度论者,他的制度论假说和道德的养成息息相关。王国维说:周公制礼作乐为的是要造就"道德"世界,又说:"古之所谓国家者,非徒政治之枢机,亦道德之枢机也。"制度不仅是政治事,也是道德事,国家不是阶级的工具,而是超阶级的机制。周公所着重的道德是建立在制度典礼上的,西周时期的道德不是宋明时期那种无限心的道德意识所显现的道德,甚至也与孔孟时期的道德模式不同。笔者也接受周公所制订的制度有相当重要的道德突破的意义之假说,在国史上,"制礼作乐"很可能是孔子"仁"的学说兴起前最重要的一次事件;否则,孔、思、孟、荀诸儒不会一再言及周公之圣德。《殷周制度论》替我们开了一扇进入周文化的大门。

王国维的制度道德论勾勒出三千多年前早期儒家(或可说是前儒家时期)一种独特的道德论,这样的道德是建立在制度之上的,而制度又是见于青铜、玉器等器物上的,这种凝道于物的设想带给我们很重要的思想刺激。问题是王国维所说的周初制度论的道德是人伦的道德,但在周初,这些道德是怎么被想象的呢?类似的

① 左丘明撰,杜预注,孔颖达正义:《春秋左传正义·文公十八年》,李学勤主编:《十三经注疏整理本》册八一,卷二十,上海古籍出版社2001年版,第662页。

② 参见王国维:《殷周制度论》,《观堂林集·史林二》,《王国维全集》第8卷,浙江教育出版社2009年版,第3030页。

道德名目在不同的历史阶段,往往会表现出性质大不相同的意义。如"勤奋"这样的道德在资本主义萌芽期的欧洲和在资本主义晚期的当代欧美,甚至和同一时代的东亚国家相比,其代表的意义会很不一样。周公的礼乐制度确实有道德的内涵,但彼时的道德是否要依更根本的原则而确立?①

问题要回到殷周之际,礼乐概念的主要功能为何?如果殷周的礼乐制度会凝集在礼器上,那么其时礼器的一大功能则是宗教的用途,其礼乐制度大概也不能不具有这样的因素。"制礼作乐"这个概念的内涵到底要放在人伦的视野下还是宗教的视野下?或者其时的宗教是否为人伦的宗教,而人伦是否为宗教的人伦?这些问题不能不出现。面对王国维的假说,笔者觉得这个问题如果从天人之际的角度着眼,或许更可以突显这出伟大历史事件的核心因素,而本文的用心正在于此。在一个宗教仍是"国之大事"而历史又急遽变化的时代②,天人关系的调整是可以预期的,"天人之际"的着眼点可用以补充王国维的"制度说"。

笔者这里用的"天人之际"是中国传统的词汇。司马迁论史家责任时有云:"究天人之际",司马迁是汉代重要的史家,"天人之际"的消息与史家的关怀有关,这种联结很值得省思。"史"是中国文明最早的知识人之一,"巫史""祝史"联用的文字常见于先秦文献。笼统来说,巫、祝、史皆可称作巫,巫是掌握宗教知识,也可以说是掌握"天人之际"关系的神职人员。司马迁论及史家的责任,其说乃是继承古老的职业传统而来。因此,他论中国通史的演变,也就是探索"古今之变"的意义时,即将之和"究天人之际"的关怀联结在一起。

笔者将周公"制礼作乐"此一业绩放在"天人之际"的视野下定位,意指"制礼作乐"这项伟大事绩做的是重新调整"天"与"人"的关系。周公当时做这项工作,既是对时局的修正,也可以说是对殷商文化的整顿。本文使用的"礼乐"概念显然超越了制度的框架,而成了殷周时代的主流理念。但假如我们接受殷商文化的主轴是巫文化的话,那么周公的"制礼作乐"的精神应该就是对巫文化的整体性批判。他的批判中有继承,继承中有批判,就像孔子说自己"述而不作",其实是述中有作。

关于西周思想的特色或周公制礼作乐的意义,人文精神的解读是很主流的模式。笔者并不认为"人文精神"的解释有误,但由于此词汇的含义甚广,不同背景的读者的理解可能会相去甚远。循名责实,笔者毋宁选用"天人之际"此一词汇。如果"天人之际"的整编可视为中国文化进程中的主线索,那么或许自有"历史"的意

① 本文的论证主张周初道德的核心义是与对天和鬼神的重新理解紧密联系在一起的,这样的提问方式近于韦伯在《新教伦理与资本主义精神》中的提问,最关键处在于社会的道德规范与宗教信仰的关系。

② "国之大事在祀与戎",此话为春秋时期周朝大夫刘康公所说(参见《春秋左传正义·成公十三年》卷二七,第867页)。祭祀在国家体制中所占的地位,一般而言,乃是愈古愈重要。因此,我们如将刘康公此话上移之至殷周之际,应当依然管用。

义以来，中国思想的演变即沿着这条线索而展开的。[①] 周公制礼作乐，则是这个演变过程中重要的事件。他所要达成的“道德的团体”的“道德”，放在“天人之际”的演变所产生的效果这个角度下定位，应该更可切进现象的核心。

二、“相因说”的检证

“礼乐”是社会的词汇，是有制度的涵义，因此“制礼作乐”不能没有制度的设计。有关周公制礼作乐的内涵，《十三经》中的“三礼”《周礼》《仪礼》《礼记》颇有相关的内容。其中，《礼记》一书多发挥礼乐思想大义，但其着成年代大多在孔子之后，内容超出本文的范围，此处姑且不论。与周公礼乐设想相关者不能不推《周礼》《仪礼》两书。先秦古籍大抵都有成书年代争议的问题，而且由于撰成年代与写成定本年代的差距是普遍性的、体制性的，作品的作者及年代问题的争议也很难避免。因此，《周礼》与《仪礼》两书作为周公“制礼作乐”说的见证，从根源上说其合法性即有某种程度的含混，但我们也不能不容忍这样的含混。

《仪礼》的问题较小，此书的编成总在孔子后，孟、荀之前，具体地说，则“上限是鲁哀公末年、鲁悼公初年，即周元王、定王之际；其下限是鲁共公十年前后，即周烈王、显王之际”[②]。然而，礼的实践与成书必有差距，《仪礼》的内容不能不含有西周甚至更早时期的习俗。《周礼》的问题较大，《周礼》的作者、着成年代以及与周公的关系乃是经学史上的一大问题。今日的经学家大抵已不接受刘歆伪造说，而且大抵也同意此经不少内容的源头很早，其官制、官名多见于西周金文，很难凭空伪造。但由于对此书的传承与内容有疑虑者不少，因而此书到底反映了西周的礼制，或者反映了周公的思想，也有相当大的争议空间。整体而言，对于这两部与周代礼仪相关的经典，我们如不作具体的曲仪细节之研究，而单以两书所显示之内容为线索，应该还是可以看出周代礼制的大方向。

《周礼》被视为周公致太平之书，其结构特显严谨。此书将设想中的周公所制订之制度分成天、地、春、夏、秋、冬六官，冬官后来遗佚了，因此以《冬官考工记》代之。全书每篇的起头，皆以“惟王建国，辨方正位，体国经野，设官分职，以为民极”开端，接着再言及各官之职能及隶属之结构。比如，言及首辅之功能道：“天官冢宰，使帅其属而掌邦治，以佐天均邦国，治官之属。”又如，对于与本文礼乐教化相关之春官，此经道：“春官宗伯，使帅其属而掌邦礼，以佐王和邦国，礼官之属。”如是云云。由于六官实统辖于天官冢宰，因此冢宰的使命从广义上来讲，可以总揽六官的职能。《周礼》言及大宰之职有六，一曰治典，二曰教典，三曰礼典，四曰政典，五曰刑典，六曰事典。大宰之职能横跨各部会，有如今日之总理，《周礼》一书直可视为

① 笔者不是不能接受人文主义的解读，但也相信中国思想，尤其是儒家思想的主轴是在“天人之际”此纵贯轴上展开的，从三代、秦汉以至宋明儒学，莫不如此。儒家的“人文主义”一词不能不将超越的内涵包含在内。

② 沈文倬：《宗周礼乐文明考论》，浙江大学出版社1999年版，第54页。

有周一代的组织法。

《周礼》除组织严密外，对官职之运作亦有枢要。孙诒让在其一生代表作《周礼正义·略例十二凡》中，特别标举"要以大宰八法为纲领"。所谓八法，即官属、官职、官联、官常、官成、官法、官刑、官计。透过了这八法，大小官吏的运作也得到了掌握。

在三礼之中，《仪礼》关于节目的内容特别详细。此经如定位为西周时期的经典，则未免推得太远，但不无可能反映了西周时期曾实施过的部分仪礼制度。前人或言此经为士礼而立，实未必然。此经共十七篇，"《士冠》《士昏》《士相见》《乡饮酒》《士丧》《士虞》《特牲馈食》为士礼者八。《燕》《聘》《觐》《大射》《公食大夫》《少牢馈食》为天子、诸侯、大夫礼者六。其《既夕》即《士丧》下篇，《有司彻》即《少牢馈食》下篇，《丧服》则通上下言之。"[①]《仪礼》详于士礼，但非仅为士阶层而设，实乃为周代贵族而施。由于《仪礼》记载的细节曲目特别详细，我们自然很难居间一一讨论。然而，单独观其节目，略可知《仪礼》乃依当时所关心的道德而立的制度，或者说它记载的是当时实施的礼节。

《周礼》与《仪礼》两书，一则特显制度面向，一则显示具体的施行细则。两书的侧重点不同，但可以相信它们都是依托于宗法制度上所实施的制度建设与行为规范。宗法制度下的法或制度之意义，自然和宗法的礼分不开，周公的礼乐制度依宗法而生，其意义也就是政治场域的法的判定要建立在社会的习惯上，而不是依抽象的法则而立。比如，以藤尼斯"共同体"的与"社会"的两种社会形态作区分，《周礼》所依赖的团体自然是共同体的社会，凝结此团体的图案是浓厚的宗族的情感，也就是今人所说的"宗法"社会的伦理情感。然而，宗法制度一向被视为中国文明的特色，不仅是自有文明以来即承续不断的传统，而且于周为然。《周礼》与《仪礼》内容虽繁，但其不同于前朝往代者何在，反而模糊了。而且正因《周礼》与《仪礼》两经的内容甚为详细，真是"郁郁乎文哉！"但人入其中，反而不见得可以看出大义，尤其不见得可以看出周公所订之礼乐大不同于前朝的仪礼者何在。

王国维的《殷周制度论》即由是而兴，他论及周公制礼作乐之大者有三，此三项创制虽然仍不离宗法制度的范围，却带来以往各代未曾有过的道德效应。王国维细述其义如下：

> 一曰"立子立嫡"之制，由是而生宗法及丧服之制，并由是而有封建子弟之制，君天子臣诸侯之制；二曰庙数之制；三曰同姓不婚之制。此数者，皆周之所以纲纪天下。其旨则在纳上下于道德，而合天子、诸侯、卿、大夫、士、庶民以成一道德之团体。周公制作之本意，实在于此。

周公立的制度具有政治的含义，但政治与道德分不开，政治的也是道德的，这就是王国维所说的："周之制度典礼，乃道德之器械，而尊尊、亲亲、贤贤、男女有别，四者

---

① 姚际恒之言，见《仪礼通论》，中国社会科学出版社1998年版，第8～9页。

之结体也，此之谓民彝。”从王国维的观点看，以周公为代表的“制礼作乐”其实是一场精神的革命。

王国维此一名文面世已百年，由于百年来地不爱宝，三代器物文献大量出土，今人对三代的了解多有王国维当年所未及知者。王国维所论在史料上或许未备，论断未免过重，因此不免引来修正之议。最大的争议在于殷周之间的制度是否如王国维所说的那般的不同，立嫡立长、大小宗统属关系，此制度恐怕是殷商之旧法，而不是姬周之新制。尤其是在1977年周原出土西周甲骨之后，周初祭祀制度之延续殷商者，尤为明显。周原甲骨中甚至有祭祀“成汤”的文字，殷周之间的连续性由此可见。李学勤、裘锡圭、张光直等人纷纷提出修正，他们的修正说 和孔子的“周因于殷礼”之说，恰可互相呼应。

王国维的殷周变革说可说是“制礼作乐”论的新说，但此新说虽然高度赞美周初先王的贡献，但它首先遇到的难题就是来自周初圣王的挑战。我们看到目前较无争议的周初文献中，最可代表西周精神的文献，当是《尚书·周书》中的诸多篇章，比如《洛诰》《召诰》《无逸》《君奭》《多方》《多士》诸篇。这些篇章都是皇家档案，代表着周初立国之精神，而且多与周公有关。我们如以这些文诰为准，衡量周公与周初先王理解的殷周文化观，应该是很有说服力的。这些篇章几乎毫无例外地将殷周文化视为具有连续性的，周公在《多方》篇中告诫殷商臣民时说道：“乃惟成汤克以尔多方，简代夏，作民主，慎厥丽，乃劝；厥民刑，用劝。以至于帝乙罔不明德，慎罚，亦克用劝。要囚，殄戮多罪，用劝；开释无辜，亦克用劝。”换言之，殷商六百年只有末代天子商纣是暴君，商纣以前的君王都是有道之君，都有“明德”，这是典型的周初先王的殷商文化观。在他们看来，商周两民族同样讲究伦理教化，同样视民若伤，同样地将国家看作家族的扩大。王国维所说的周公制礼作乐的特色，亦即“国家为道德的器具”“尊尊、亲亲、贤贤、男女有别”，同样也被周人视为殷商文化的特色。

殷周文化相因说不但是周人的理念，而且也深藏在先秦儒家的传承中。三代的文化都被视为具有连续性的，三代的政治都是道德政治，三代的国家都是“道德的器具”，这种理念深刻地体现在经书的传承方面。在被视为先秦文献总结的“五经”系统中，三代对照的论述不时出现，“三代”之语虽属后起，但内涵却已经成了一个代代相传的套语，夏、商、周三代的文化虽有差异，但三代的连续性则更为明显。这种三代相因的叙述最明显地体现在《尚书》中。在现行的《今文尚书》中，其书的结构是以《虞夏书》《商书》《周书》的面目依序出现的，《虞夏书》第一篇，也就是《尚书》的第一篇是《尧典》，《尧典》的破题曰：“曰若稽古帝尧，曰放勋，钦、明、文、思、安安，允恭克让，光被四表，格于上下。克明俊德，以亲九族。九族既睦，平章百姓。百姓昭明，协和万邦。黎民于变时雍。”此篇所设想的帝尧时代的时局颇有文明肇基期黄金时代的气象，它与周人设想的夏禹时代、商汤时代的气象相近，也和周人对道德政治的想象基本上相似。整部《尚书》呈现了由伦理法则贯穿的天下精神，从个人以至“万国”无不笼罩在伦理的润泽中。我们甚至可以说，儒家的政治设计基本上即奠立在《尧典》的基础上。

《尧典》是否真是帝尧时期的作品？帝尧的年代为何？这恐怕永难有定论。《虞夏书》及“商书”的著作年代，恐怕也难免陷入这种年代不明的困窘中。但如果我们认为《虞夏书》及《商书》的内容至少反映了西周人对之前文明的理解，那也大体上应当不差。后世儒家一直将尧视为仁君的代表，尧天舜日则被视为文明的景象，这种“永恒回归”的追忆即反映了一种强而有力的中国文明连续说的精神。根据周人的理解，三代的政治精神应是一致的。

这种三代相续说应当在周初即已确定下来，后由孔子所继承。孔子对殷周文明性质的解读，持的正是相因说，“殷因于夏礼，所损益可知也；周因于殷礼，所损益可知也”（《论语·为政》）。孔子对尧、舜、夏禹是非常赞美的，这些先王是他仁政思想中具体的历史人物形象。孔子虽是殷商后裔，且是殷商后裔中最杰出的代表，后来又开启儒学一脉，成为百代不祧之至圣、儒门永恒的典范，但他特别尊重周公，极力宣扬周文化的礼乐价值。他的开放性的解读，对商周文明的相因性质几乎起到了一锤定音的效果。子思的“仲尼祖述尧舜，宪章文武”；孟子的“夏曰校，殷曰序，周曰庠，学则三代共之，皆所以明人伦也”（《孟子·藤文公上》）；荀子的“大儒”“先王”之说，延续的都是孔子的相因说，他们都强调三代政治的道德性质。他们的言论如此一致，隐然之间，已可见出后世“道统”说的模型。

王国维的《殷周制度论》面世以来，往下说它要面临当代古文献学者的质疑，往上说则要面对孔子以下顽强的殷周“相因”说的理论的挑战。在当代，另有一支以张光直为代表的人类学家的观点也支持了相因说。此说所重恰好与前说重在“人伦、道德”方面者不同，但彼此可以互补，他们重视的是商周皆继承巫教（萨满教）文明的连续型的思考方式而来。张光直以博雅的知识与激进的眼光，提出“马雅—中华”文明假说，毅然在全球性的早期文明的分类中，竖立起一支足以抗衡一神论文明类型的“马雅—中华”文明类型，并使之成为普世文明架构下的一种形态。此外，他还依此模型，解释中国上古（包含殷周）文明连续性思维的特色。身为当代重要的人类学家，张光直对人类学理论以及中国考古事迹的熟悉自不在话下。但比起其他人文学者，张光直对古美术提供的讯息则更加关注，他频频引用玛雅的古雕塑、周代的青铜器（如住友泉屋博物馆藏的虎食人卣），交相诠释；也频频借着当代神话学论点与古文献（如《楚辞》）的记载彼此参照，借以解读萨满教文化中人兽一体、交相变形的主题。上世纪下半叶后期，他透过商周美术解释商周巫教文化的特色，给华文世界带来了一种重新看待三代文明的眼光。对照当时当令的美学解释，张光直的观点无疑更贴近商周美术的功能。

张光直论商周文明时，很强调美术的巫教功能。相较于秦汉以后的艺术，商周美术的宗教性确实很强，很能代表这两个绵延一千四百年的朝代的文化的特色。如以商周美术大宗的青铜器与玉器为例，即可看出这两个时代的艺术主题有很紧密的相续关系。商周青铜器多有纹饰，其中不时可见到云纹、蝉纹、龙凤纹、饕餮纹，若抽离了这些纹饰，商周铜器的魅力将会黯然失色。这些纹饰该如何解释，确实有不同的意见。[①] 但笔者倾向于主流的解释，即它们有实质性宗教功能，指向的是弥漫于萨满教文明的飞翔的神话。

商周玉器是一个足以抗衡青铜器的重要礼器，它的延续性也很明显。这些玉器中有人兽合体的题材，它们通常是人龙合体或人凤合体，或多种动物与人的合体。这种神话题材的玉器相当多，是商周玉器的典型器[②]，也是典型的萨满教文明“巫师与助灵”的图案。巫师借着这些具有魔咒力道的动物登天远游，完成巫师的职能。周代玉器继承下来的这种巫风之浓，令人惊讶。事实上，这种人兽同体、升天远游的题材到汉代以后仍继续发挥着作用，我们在其时的画像砖、铜镜、玉器中，不时可见。飞翔的遐思在中国文明史上似乎一直未曾断灭过。

礼乐的相续说由来已久，不只孔子以下的儒者如此解释，当代人类学家张光直站在不同的学术领域也作了类似的宣誓。他们的论点虽然不同，但同样在三代之间看到文明风格强烈的连续性。但礼乐文明是具有特殊时代精神的设计，它的建立和周公关系极为密切，儒教文明在相当程度内也可视为礼乐文明，周公在儒教史上的地位不能不由“制礼作乐”之说所决定。如果我们只着重商周礼乐观的连续性，那“制礼作乐”这个历史事件的意义恐怕就会被模糊化了，周公作为儒学史上承先启后的关键人物的意义也难免会跟着黯淡了。

回过头来，还是不得不重新反省孔子的“相因”说究竟所指何意。他虽然说周因于殷礼，但也说其间颇有“损益”。他固然强调相续说，却也为周初的突破说留下了空间。面对着这种两行的解释，我们还是不得不面对“周所损益者为何”的疑问。在轴心时代古文明地区的诸圣人当中，孔子特别重视传统的连续性，也可以说相对的保守性较强。孔子这种温和的态度可能和中国上古时期的多元种族局势、他身处殷周文化交错的特殊背景，以及他出身殷商天潢贵胄而又向往文质彬彬的周文明的个人认同有关。然而，孔子的温和，述而不作，并不妨碍他以述代作，以温和的姿态完成历史的开创。他对周公拳拳服膺，以久梦不见周公为忧。周公成为大圣人，制礼作乐被视为划时代的一桩大事业，乃是晚周诸子共证的说法。周公“制礼作乐”的精神何在，孔子不可能没有考量过。王国维说：“制礼作乐”的规模要扩充到制度的设计，而这种制度的设计不可能只是纯粹的出于一时的政治考量，而当有更宏观的精神世界的想象。王国维的解释着眼点甚高，其说可容修正，但窃以为“突破说”的论点未必过时，也未必与相因说冲突，其论点恐仍须严肃看待。

三、巫教礼乐与飞翔之鼓

“相续”与“突破”的关系，用孔子的话语来讲，即是“因”与“损益”的关系。如

① 罗越（Loehr）认为，商代铜器的纹饰只是单纯的图案，没有宗教的含义。（引自张光直：《商文明》，三联书店 2013 年版，第 30 ～ 31 页）

② 参见震旦文教基金会主编的《周代玉器》（台湾财团法人震旦文教基金会 2005 年版）一书的图片与说明。

上节所述，周有很多制度都是承继殷商而来的，这当无可疑，但西周先圣先王对殷商文明有关键性的突破作用，此亦为事实。笔者认为，这种既继承又批判的情况恰好具体地反映在“制礼作乐”这个概念上面。顾名思义，“周公制礼作乐”应当是周公创制了礼乐。就制度而言，周公曾在具体的曲节仪礼上有所更替，这应该是可以认可的说法。但“礼”如果意指行为的规范系统，“乐”如果指的是表达情意的声音系统，那么，就“礼乐”的概念本身而言，我们凭常识即可判断：周公不可能创造它们，礼乐应当是源远流长，与文明的兴起同样古老。任何民族的早期，大概都不能没有敬神娱人的乐，也不能没有正面表述的积极礼仪以及禁忌意义的消极礼仪，礼乐联手，与文明共生共化。中国文明亦然，礼乐应早在周公之前即存在于中原大地，我们这种设想应该是合理的。

笔者认为：正因礼乐源于更古老的文明阶段，是集体的性格，没有单一的作者可寻，所以“制礼作乐”之说的“制作”才特别值得省思。“作者之谓圣”，中国上古时期对“制作”有特别的想象，“制作”意味着文明的建立，人脱离了与大自然浑然同在的阶段，而进入另一个不同意义的历史行程。《世本·作》篇多言及创作之事，“禹作宫室”“化益作井”“芒作网”，等等。周公也是“作者”，但他的创作不是对个别事件之创作，而是对整体性的体制“礼乐”的创作。依“作”及“作者”的意义着想，周公的礼乐观显示了一个新时代的来临，它和之前的古老文明的礼乐观大不相同。

放在三代文明的阶段看，所谓更古老的文明阶段，笼统讲，也就是巫文化的阶段，巫文化也要建立在礼乐的表达上。周代以前的礼乐精神如不放在巫文化的角度下定位，那我们即无从划清殷周两代礼乐的区别；周代以前的巫教文明如果没有依礼乐的形式表现出来，那我们对殷周的主导精神也就难以具体掌握。巫文化下的礼乐入周以后，表现形式变了。作为集体精神的外显，礼乐形式的表现形式的改变不是一件小事，礼乐的转变意味着殷周精神的转变。转变的关键在于周公的“制作”，由此可说周公的“制作”乃是礼乐的革命。一个词语有两种历史的积淀，正好可以充当一个很好的问题切入口，我们不妨从“礼乐”的概念开始谈起。

《说文解字·示部》解释“礼”字云：“礼，履也，所以事神致福。从示从豊，豊亦声。”释“豊”云：“行礼之器也，从豆，象形”。“礼”与“豊”字下面的“豆”字被释为礼器中的“豆”，“豆”字上面的“曲”则未释。王国维接受许慎的“从豆”之说，至于“曲”字，则援引诸多古文字，将其释为双玉置放之形。因此，“礼”字是从“豆”从“玉”的会意字，而不是象形字。然后，王国维再从“盛玉以奉神人之器”的“豊”字着眼，推论道：“推之而奉神人之酒醴亦谓之醴，又推之而奉神人之事通谓之礼。”① 王国维之说突显了玉器在上古祭礼文化的地位。20 世纪下半叶的考古挖掘证实了中国的玉器文化源头极早，规模很大，中国文明很可能有独立于其他文明分期说的

① 王国维：《释礼》，《观堂集林》，《王国维全集》第 8 卷，第 190～191 页。

“玉器时代”此一阶段[①]。由此，王国维之说信而可从。

王国维《释礼》一文收于《观堂集林》，为其文集中的著名篇章。此文涉及比较专门的关于甲骨文的解释问题，“豊”与“丰”两字的异同更成了学界多年讨论的议题。由于“豊”与“丰”这两个字入秦汉后，每多相混，因而其本尊是同是别，遂有不同看法。然而，“豆”本是周代常见的礼器，用以盛物。而以玉奉神，在中国一直有很强的传统。上个世纪下半叶中国考古大兴，考古学家在红山文化、大汶口文化、良渚文化、龙山文化、齐家文化诸区域都发现不少精美的玉制礼器，其遍布之广，工艺之美，令人赞叹。高古玉现已成为上古文明史的一个专门领域，其文化内涵也日益受到重视。王国维释“礼”之文在当代更显重要，容易引起学者的共鸣，此文配合他的《殷周制度论》等文，构成了王国维的一种对中国古典文明的想象。

然而，自从郭沫若、唐兰等人提出甲骨文的“礼”字从“鼓”字之新说，且其字形与铜鼓造型相似之后，“礼”字的“豆”字部分是礼器用的“豆”，还是“鼓”字（“鼓”字金文作“壴”），遂不能不说是个问题。[②] 尤其是裘锡圭提出“豊”字从“珏”从“壴”而不从“豆”之说后[③]，“豊”字从“珏”从“壴”的构造似乎已日益受到肯定。至于作为“礼”字构件的“珏”字当意指双玉，学界对此的争议也不大。礼字从玉从鼓，会意而成，这个造字的原意在古代或许不太陌生，孔子曾说：“礼云礼云，玉帛云乎哉！乐云乐云，钟鼓云乎哉”。礼、乐并称，就像玉、鼓并称一样，同样是使上古礼制完整的环节。

“豊”字下半部的构件到底是作为礼器的“豆”，还是“鼓”字（乃由原型的“壴”字发展而成），不只是文字学的问题，这个文字学的问题还会涉及上古时期的对宗教经验的解释。林澐先生在一篇专门探讨“豊”“丰”两字异同的文章中举了相当多文字学的证据[④]，最后显示“豊”“丰”原为两字，前者为形声字，后者为会意字，而两字所从之“豆”皆是“鼓”字用的“壴”。此文还提到一个值得注目的殷商祭典，此祭典专门用鼓，例如：

> 辛亥卜，出贞：其鼓彡告于唐，一牛。九月。
>
> 己酉卜，大贞：乞告，其壴（鼓）于唐，衣，亡龙？九月。

此甲骨文的“唐”指的当是成汤，即商王朝的建立者。主神重要，礼器之鼓也就不可能不重要。卜辞指的大概是商人借鼓声与成汤沟通之意，成汤是殷商帝国的创立者，辞世已久，远居他界，但死而不亡，神魂仍灵，下民与之沟通需要借助法力甚大

---

① 张光直：《谈琮及其在中国古史上的意义》，《中国青铜时代二集》，三联书店1990年版，第67～81页；叶舒宪：《从巫教神话观看儒道思想的巫术根源》，《金枝玉叶——比较神话学的中国视角》，复旦大学出版社2012年版，第123～139页。

② 参见唐兰：《殷墟文字记》，中华书局1981年版，第63～83页。

③ 裘锡圭：《甲骨文中的几种乐器名称——释庸、丰、鼖》，朱东润、李俊民、罗竹风主编：《中华文史论丛》第14辑，上海古籍出版社1980年版，第67～81页。

④ 参见林澐：《豊丰辨》，《林澐学术文集》，中国大百科全书出版社1998年版，第3～70页。另参见郑杰祥：《释礼、玉》，田昌五编：《华夏文明》，北京大学出版社1987年版，第355～367页。

的鼓。

“鼓”在礼仪中的重要性其实很明显，“鼓”在上古时期遍布的范围很广，各古文明皆有鼓这种乐器，至今仍是遍布极广的一种乐器。《左传》中时常有这样的记载，国家面临重大天灾时，国君必须“用牲于社”，鼓动天听；国有大事之戎时，也要以牛血甚或人血“衅鼓”，助长士气。然而，最值得留意的乃是其时乐器上所记载的与鼓相关的文字。1976 年，陕西出土的西周青铜器𤼈钟，有铭文曰：“大神其陟降，严祜业绥厚多福，其丰丰㚘㚘，受余纯鲁通禄永令。”此铭文将礼乐与降神的作用联结起来，此钟铭之最后以㦮“其万年永宝日鼓”作结[①]，或非无意。

先秦文献中，“钟”“鼓”常联用，㦮钟最后以“其万年永宝日鼓”结语，可能也是此宗教祭典的一种反映。在西周文献中，类似“丰丰㚘㚘”此种以声音表达心意上通鬼神亡灵，其神来格的叙述不少。西周用钟鼓乐音沟通鬼神，可合理地推论为来自商代文明，甚至远至虞夏文明，或许还包含了其时四方的礼乐，即所谓的夷乐。但商周相承，商文明应该为周代提供了较丰富的制度与物质的遗产。殷商重声教，祭祀尚声，《礼记·郊特牲》云：“臭味未成，涤荡其声，乐三阕，然后出迎牲，声音之号，所以诏告于天地之间也。”[②]诸种供神的奉献中，声教优先。殷商的钟鼓之声就像虞夏的燎祭之烟，皆以介于幽明显微之间的中介物传达讯息，它们的重要功能当为与鬼神相通之功用。

从与鬼神相通的观点着眼，我们可观察“礼”字造型原意的“壴”字，具有何种性质。研究古文字与研究汉代绘画的学者从不同的角度观看其时的鼓，大约都看出其形上头都装有羽毛形状的饰物，《诗经》所谓“植其鹭羽”者是也。鼓上“植其鹭羽”的情景，从《诗经·周颂·有瞽》一诗可以更清楚地看出来。此诗曰：“有瞽有瞽，在周之庭。设业设虡，崇牙树羽。应田县鼓，鞉磬柷圉。既备乃奏，箫管备举。喤喤厥声，肃雝和鸣，先祖是听。”[③]这首诗当是祭祀先祖的诗，诗中描述盲眼的乐官摆设乐器、加以演奏的过程。在这场祭祀之礼中，鼓扮演核心的角色，“应田县鼓”的“应”是小鼓，“田”是大鼓。“鞉”是有柄可摇之小鼓，此乐器也可归为鼓类。我们注意到诗中提到“崇牙树羽”之语，“崇牙”是架设乐器的乐架，“树羽”则是指“乐”与羽毛之关系。为何要“树羽”？或许和美感的要求有关，但笔者认为宗教的功能更重要。“树羽”可能即指树羽毛于鼓上，“羽”自然指向飞翔的意象。鸟在商周之前，一直承担着重要的宗教功能，从史前的红山、良渚文化以至殷商，莫不如此。我们不会忘了，作为殷商先王中主要人物的王亥，他在甲骨文中的形象总是和“鸟”字一起出现。经由乐声的飞翔上扬，再搭上鸟这一载体，先祖终于听到了阳世

① 释文与图片参见马承源主编：《商周青铜器铭文释文及注释》册三，文物出版社 1988 年版，第 194 页。

② 郑玄注，孔颖达疏：《礼记正义·郊特牲》，李学勤主编：《十三经注疏整理本》册七五，卷二六，上海古籍出版社 2001 年版，第 952 页。

③ 毛亨传，郑玄笺，孔颖达疏：《毛诗正义·周颂》，李学勤主编：《十三经注疏整理本》册五九，卷十九，上海古籍出版社 2001 年版，第 1559～1562 页。

子孙传来的讯息。

春秋之后，鼓这种打击乐器的文化意义或许不见得比“琴”“瑟”等弦乐器来得重要。但由于打击乐器具有强烈的声波效应，容易达到情绪融合的效果，因此在以出神或降神为主导的宗教仪式中，鼓应当扮演过很重要的角色。我们从《有瞽》一诗所描述的乐官“有瞽”中，或许可得到一些线索。盲者听力特佳，常担任宗教性乐官的角色，这种情况不只见于中国，在印度、希腊、西亚等古文明地区大概都是如此。荷马（Homer）是盲目诗人。三代的音乐、诗歌几乎都由盲人所垄断，《国语·周语上》：“天子听政，使公卿至于列士献诗，瞽献曲，史献书，师箴，瞍赋，蒙诵，百工谏，庶人传语，近臣尽规，亲戚补察，瞽史教诲，耆艾修之，而后王斟酌焉，是以事行而不悖。”在这个多少有美化作用的朝廷大礼中，盲人占的比重不小①，瞽、瞍、蒙和瞽史都是盲人或是形同盲人的瞎眼之人，即使献箴的“师”也有可能是盲人。上天遮住了他们的眼睛，却为他们开启了更隐微精致的听觉。瞽师的听觉应当是没有选择性的，凡乐音皆可入耳。然而，诸音或诸乐当中，应注意到“鼓”的作用。我们不会忘了中国的盲人乐官被称作“瞽”，瞽字从“目”从“鼓”，当是形声兼会意字，“鼓”字既与“瞽”字同音，也表示盲人乐官的主要职能在于使用“鼓”这一乐器。

鼓在上古时期的“声教”系统中，占有重要的地位，甚至有可能被视为音乐的本质。《说文解字》云：“鼓，郭也。春分之音，万物郭皮甲而出，故谓之鼓。从壴，支象其手击之也。”鼓是使得万物披戴皮甲而出的春分之音，是春雷，是生命的使者，它催醒蛰眠的动物从大地破土而出。这种神秘化的解释固然反映了汉代儒学的观点，带有浓厚的阴阳家哲学的气息，“阴阳”成家虽实质地见于战国，定名于西汉，但其源头应当极早。哲学也有生物学意义的“返祖”现象，许慎之说应当来自古老的传统。

从“声教”的观点出发，如果原初之“礼”从玉从壴，那么“乐”的造字似乎也显现了某种平行的现象。罗振玉释“乐”言：“从丝坿木上，琴瑟之象也。”“乐”字从丝从木，于字有据。但中间隶定为“白”的圆形状为何物呢？我们不妨回到汉代，观看文字学的圣典是如何解释的。《说文解字》云：“乐，五声八音总名。象鼓鞞，木，虡也。”许慎认为，“乐”字其形乃是“鼓”的形状。整合许慎与罗振玉的意见，“乐”字的形构是将丝与鼓置于木虡上。如果他们两人之说可以成立的话，“礼”“乐”的构字原理都是从“鼓”字而来。礼、乐是上古文化体系之总称，两字的造型都需“壴”，由此可知“鼓”在上古时期的关键作用。当上古时期的鼓者（其人当为巫师集团成员）以手击鼓时，他不只是在表演音乐，也不只是在执行仪式，而是在催醒生命，转

① 更夸张的盲人乐师表见于《周礼·春官宗伯》：“大师，下大夫二人，小师，上士四人，瞽蒙，上瞽四十人，中瞽百人，下瞽百有六十人，眡了三百人。”一支掌握音乐的队伍，竟然有一半以上的人是盲人，这样的数量很难相信没有夸饰的成分，但这样的记载也很难相信没有特别的含义。

化乾坤。鼓隐然具有共同体的原理①,联系着声教与礼教。

祭典由礼乐组成,而礼乐的原始场合由“鼓”引导,祭典结束时的鼓声透天便可想而知。殷商时期的长篇铭文铜器,可谓绝无仅有,铭文有重要文化意义的青铜礼器入周后才显现,唯其时鼓在乐制中的地位已远不如巫教时期。然而,我们由其他乐器的铭文亦可稍加推测一二。故宫旧藏有宗周钟此重器,唐兰改释其名曰“周王㝬钟”,此中有铭文云:“𩐁𩐁𪔛𪔛,降余多福,福余仍孙永命”。“𩐁𩐁𪔛𪔛”乃是拟声字,形容声音之宏壮,唐兰云:“𩐁𩐁𪔛𪔛,乃双声叠语,犹云:蓬薄、磅礴,形容丰盛之词也。”②观《周颂》所言,唐说信而有征。但我们有理由认为,形容声音宏伟的“丰”字固然指涉的是音乐的声音,但从其字从“豆”不难猜测,其字不无可能是出于对鼓声的拟音。鼓声轰隆,上达天听或祖先之听的功能比较显著,前引《有瞽》有言:“先祖是听”,即此之谓。后来由鼓声的丰隆作响还引申出不少双声叠韵字。

鼓扮演达成“先祖是听”的功能之角色,问题是:何以祭典中的鼓要植上“鹭羽”?“鹭羽”加上“鼓”,这个组合将我们带进神话的世界。鹭羽是用于飞翔的。在上古时期,身躯植上羽毛者,何止鼓?我们观其时的神话怪兽,若应龙、穷奇,无不带有翅膀。虎豹熊罴在《山海经》中常联合出现,它们因能飞翔而被想象成带有飞翅,进而被视为“四鸟”。“四鸟”是个独特且独立的神话分类范畴。何止神兽,即使“四鸟”这样的准神兽也能腾云驾雾。我们观其时的遐方绝域之人,如羽民国、讙头国中的人物,皆是鸟身人面。鸟身人面或鸟面人身,在上古时期的文献记载中并不怪异,鸟面人身的东方大神句芒即数次降临人世,西方的佐神蓐收也是鸟面人身,论及鸟人共同体,最赫显者自然是扁鹊。史前文明的华夏世界是万物齐飞的世界。

在巫文化中,人与鸟兽的沟通是常态。我们从下列经书中的载,也可看出端倪。《周礼》载:“夷隶掌役牧人,养牛马,与鸟言”,又载貉隶可以“与兽言”。夷隶、貉隶相比之下,夷隶的功能更大,“夷隶”当是东夷之隶。依据郑司马的解释,此处的“与鸟言”实际上兼“鸟兽之言”。③ 前文言及“虎、豹、熊、罴”为“四鸟”之事,多见于《大荒东经》,亦即此叙述的背景不无可能是东夷族之事。两相对照,其文意更加豁显。天底下能识鸟兽之言者,严格说来,除了古代通灵的巫师外,很难想象还有其他的人可以胜任。《周礼》将来自巫教的神话传说史实化了,这种逆爰凡麦化的

---

① 在初民时代,“中”的追寻可视为文明构成的动力。参见 M. Eliade:《“中心”のシンボリズム》,前田耕作譯,收入《イメージとシンボル》(東京:せりか書房,1976),第 35 ~ 76 页。“中”因而可视为核心的共同体原理。“中国”的“中”字之意象应当也可追溯至远古时代“宇宙轴”的意义,但“中”字如何解,文字学家的意见颇分歧。瑞典汉学家林西莉(Cecilia Lindqvist)认为“中国”的“中”字乃从鼓而成,她的文字学的解说提供了我们很大的想象空间。林说可参见林西莉(Cecilia Lindqvist):《汉字王国》,李之义译,三联书店 2008 年版,第 347 ~ 351 页。

② 唐兰:《周王㝬钟考》,故宫博物院编:《唐兰先生金文论集》,紫禁城出版社 1995 年版,第 38 页。

③ 参见郑玄注,孔颖达疏:《周礼注疏 · 秋官司寇》,李学勤主编:《十三经注疏整理本》册六四,卷三六,上海古籍出版社 2001 年版,第 1131 页。夷隶、貉隶知晓鸟兽之言,阮元、王引之各有说,引见整理本同页。

现象并非罕见。①

神话动物史实化也见于经书中所记载的“龙”的故事，龙是中国文明中极重要的飞翔之兽。在萨满教的世界中，动物是人的灵魂伴侣，它们常是助灵，常能和人作非言语的沟通，助灵动物也包含神话动物。这种来自巫教文明的理念影响极为深远，它使神话变为现实——在“绝地天通”之前，甚至“制礼作乐”之前，或许神话本来就是现实。神秘动物或神话动物龙在经书中居然保留了下来，《左传》中载有“豢龙”及“御龙”氏，这两种驯服“龙”的职业居然官职化了。龙的宗教起源可以确定起得很早，河南濮阳西水坡考古挖掘的龙虎摆饰的年代之下限至少可定位在夏代时期。“龙”可豢可御，此义不好理解。如果我们将“龙”解作与之类似形象的爬虫物，如蛇或鳄鱼，那么问题自然就解决了大半，因为“龙”已变成自然界实际存在的一种大型爬虫类动物。② 但这种自然化的解释其实也意味着一种简化，至少从自然事件的鳄鱼转化为宗教象征事件的龙之过程被忽略掉了，了解龙的“真相”反而谋杀了龙的意义。如果我们不采取实证的解释，直接顾名思义，那么，我们或许可将这种官职解作承自巫文化中处理有关登龙升天的巫官。③ 濮阳出土的龙之造像很可能是巫师作法升天时的道具或助灵，此龙虽号称中华第一龙，但我们可以合理地推定龙出现的年代还要更早，应该与萨满教出现的年代一样古老。

飞翔的故事何其多！如果我们把“植其鹭羽”的鼓和普见于三代秦汉的羽人、飞天神兽、飞鸟主题合并来看的话，那么就不难理解这些“神物”都与飞翔的渴望有关。④ 鸟可飞翔，此义无诤。兽和人可飞翔，比较难以理解，但神话的一大特色正在于它对一切障碍的克服。不要说物种的界限可以克服，即使生死的界限也可以打破，而且这种打破不见得是巫师的主观编造，而是可以体验的。在巫师的幻觉中，人和动物都是可飞翔的。中国诗歌的经典之作，也是中国巫系文学的代表作《屈赋》，其中主人翁屈原和凤凰、龙、马、象等动物的故事都是在异质的天空展开的，他们常飞翔在以崑仑山为宇宙轴的混沌世界。屈赋的叙述不见得是隶属于文学领域的想象，而更可能是带有人类学知识性质的意识变形经验，神话意识会使陆行动物

---

① 巫教的流风余韵不只流向古代经典，它甚至渗进了儒门“圣经”的《论语》。《论语》的记载有公冶长其人，据后来注释家的解释，公冶长此孔门弟子居然可以读懂鸟兽的讯息。上述这两则有关人可以懂鸟语的记载是否经得起字字计较，确实有些弹性的解读空间。因识得鸟兽之音，也有可能只是人可和动物沟通的另一说法，而人和动物可以沟通，这是明显的事实。但什么层次的沟通，是否可以由情绪性的反应进一步伸展到非语言而带有认知内涵的心意的沟通，这应当是当代模式与巫教模式下理解的人与动物之关系的绝大差异。

② 何新即采取此解释，参见何新：《龙：神话与真相》，上海人民出版社 1989 年版。

③ 在巫教文化中，如何与神话动物打交道，此事不能不是巫的主要关怀之一。我们单看《左传》的叙述，其实仍可明确地看出此叙述是奠立在悠远的巫教传统上的。

④ 两汉六朝的石雕、玉器中多有飞兽的造型，这种造型可能承自中国三代的传统，但也有可能受到其时西域文化的影响，不见得直接承自三代。（参见李零：《论中国的有翼神兽》，《中国学术》2001 年第 1 期，第 62～134 页）但如果萨满教是人类最古老的宗教之一，则飞翔的神话不见得只见于古中国文明，它有可能在其他文明中也会显现出来，西域的飞翔神兽不见得不能追溯到萨满教的源头。事涉专门，无能追踪，姑妄一语。

转化为飞行禽兽。

神话意识的力道不仅能将凡人转化为羽人,将走兽转化为飞兽,而且还会将作为神兽载体的法器转化为飞翔之器,鼓即是典型的代表。鼓是萨满教常用的宗教乐器,在中国出现的年代最早可逆推至新石器时代。[①] "鼓"在萨满教教义中是通天的,在萨满教的世界中,飞翔之鼓毋宁是萨满教世界中的常项,而不是变量。耶律亚德有言:"在萨满教的仪式中,巫术的功能形形色色,鼓的角色特别重要。在萨满的召灵会中,它更绝不可少,鼓可带萨满至宇宙中心,或飞翔长空,它可召唤鬼神或拘禁鬼神。"萨满之鼓可驱邪,可占卜。在各种功能中,巫幻之旅可能最为重要。在Yukut、Buryat的语言中甚至将"鼓"称作"萨满之马",这种鼓马当然不是用于跑路的,而是用于行空的[②],很多乐器发出的声音都有魔咒作用,但只有萨满之鼓可以引人进入幻游之境。[③]

商代及之前的鼓出于材料的缘故,完整出土的并不多[④],因此我们对鼓的巫术飞行作用了解有限。但鼓与宇宙树的关系,我们从出土的汉代的"建鼓"图像中,或许可以得到一些线索。在出土的汉代画像石、画像砖中,不时可看到在图像中央立有巨树,巨树下设有巨鼓。萨满之鼓非同凡响,材质也非同凡物,萨满之鼓的鼓架通常是由巫师在幻游中从宇宙树取得枝干而作成的。在图像中占据中央的巨树当是建木,建木是立于天下之中的宇宙树[⑤];建木下的巨鼓即为建鼓,建鼓之名当取自此树,也是通天用的。汉代画像石、画像砖表现的内容是个神话当令的世界,它光怪陆离,不可方物,应当有相当古老的起源。如果我们把"植其鹭羽"的建鼓和普见于萨满世界中的飞翔之鼓作一比较,"礼""乐"之原始意义何以和飞翔之鼓有关,思过半矣!进一步说,如果"中"字从鼓之说可以成立的话,那么我们对早期中国的建国原理也可以有一种新的理解。

四、礼乐的转化:古层与今义

"礼"字是"豊"与"玉"结合的会意字,"乐"字乃由"丝"与"豊"扎于木器上而成,"礼""乐"密不可分,两字的构造都有"鼓"此一重要乐器在内。揭举"礼""乐"两字的原义,对我们了解"礼乐"的本来面目有很大的帮助,从中可以看出"礼""乐"的原貌与一种通天的宗教要求及飞翔的幻想有关。可以想象的是,如果上古

---

① 由鳄鱼皮制成的鼍鼓在考古遗址中多有发现,山东尹家城遗址153号墓即出现过。目前所知中国鼍鼓的最早记录当是陶寺文化时期出土的残件。

② 上述引文及说明参见 M. Eliade, *Shamanism*, Princeton: Princeton University Press, 1974, pp. 168-180.

③ M. Eliade, *Shamanism*, p. 174.

④ 目前出土的完整的"鼓",年代最早者当是曾侯乙墓出土的建鼓。

⑤ 《山海经·海内经》有言:"建木,百仞无枝,有九欘,下有九枸,其实如麻,其叶如芒,大皞爰过,黄帝所为",参见袁珂:《山海经校注》,(台北)台湾里仁书局1982年版,第448页。《淮南子·墬形》篇云:"建木在都广,众帝所自上下,日中无景,呼而无响,盖天地之中也。"

礼仪的重要功能在于与他界沟通，那么乐在其运作中，应该扮演着重要的角色。因为“礼”的本义是在奉神时用的，而“乐”通常也是在礼神时用的。《吕氏春秋·古乐》篇曾列出古乐的诸多神秘功能，如古朱襄氏治天下，士达作为五弦瑟，“以来阴气，以定群生”；颛顼帝令飞龙“作效八风之音，命之曰承云，以祭上帝。乃令鱓先为乐倡。”帝尧命质为乐，“以象上帝玉磬之音，以致舞百兽”①。若此种种，可想见地，这些说法并不是出自吕不韦个人的想象，而是远有所承。

周公制礼作乐之前的礼乐既然和巫教分不开，那我们或许可从“巫”的性质入手，找出一些线索。据《说文解字》，“巫”字乃“祝也。女能事无形，以舞降神者也。象人两褎舞形。与工同意”。“事无形，以舞降神”的形式有多种，笔者认为，我们如果以“萨满教”界定早先的“巫教”性质，那么不妨将事鬼神的巫分成两种类型：一种是出神（ecstasy）型的，另一种是凭依（possession）型的。出神型的巫，意指在祭典、斋戒等仪式中，巫者的灵魂据信可离体远游，幻入神鬼世界；凭依型的巫，则指巫者具有特殊的体质，恍若导体，鬼神凭依其体，可将异界的讯息带到人间。不管是出神型的巫或是凭依型的巫，他们都不可能在不使用巫教礼乐的情况下，进入意识变形的世界。我们且看《周礼》中所说的两条资料：

> 凡六乐者，一变而致羽物及川泽之祇，再变而致臝物及山林之祇，三变而致鳞物及丘陵之祇，四变而致毛物及坟衍之祇，五变而致介物及土祇，六变而致象物及天神。②
>
> 若乐六变，则天神皆降，可得而礼矣。……若乐八变，则地示皆出，可得而礼矣。……若乐九变，则人鬼可得而礼矣！③

在初民的世界中，音乐通常带有某种神秘的功能，甚至可用以召唤鬼神，此事并非罕见。以音乐召引各种类型的“祇”与“物”，天神、地祇、人鬼皆可礼遍、呼唤而出，也就是三界中所有的非自然物之神灵皆可礼遍。对此，我们不能不想到在中国史的范围内，大概只有殷商这种泛灵论充斥的时代，才会有这么多的鬼魅之物可召唤而至。如仅就礼乐本身而论，那周朝的礼乐也是要通天敬神的。但周朝礼乐的通天敬神却不能混淆此界与彼界的界线，不能蓄意召引天神降，地示出，人鬼显。上引这种具有强烈巫术力量的礼乐，应当是殷商时期的。

我们的材料出自代表周文化的《周礼》。《周礼》传说是周公体国经野，以为民极之书。但此书的材料很可能是集自古老的传统，而不是出自个人创作的著作，虽然个别章节所显示的年代不好判断其先后顺序，但像引文所说的致鬼神状态，比较难与周公的礼乐传统兼容，应该是出自古老的巫教传统。六变致天神，八变致地祇，九变致人鬼，这种天、地、人三才并立的架构也是巫教常见的模式。礼的内容很难说是由某位圣王创制而成，它通常都有所沿袭，《周礼·大宗伯》所说的这种神秘

---

① 参见陈奇猷校释：《吕氏春秋校释》卷五，学林出版社 1984 年版，第 284 ～ 285 页。

② 《周礼注疏·春官宗伯·大司乐》卷二二，第 687 页。

③ 《周礼注疏·春官宗伯·大司乐》卷二二，第 689 ～ 690 页。

的礼乐作用,有其古老的源头,它是传之后世,再由史官采集而成的。

在《周礼》中,我们除了可以找到以礼乐降天神,出地祇,显人鬼的记载外,关于礼乐和他界之“物”的关系,一样可以从中找到殷商礼乐的遗蜕,如“龠章:掌土鼓、豳龠,中春,昼击土鼓、吹《豳》诗,以逆暑。中秋,夜迎寒,亦如之。凡国祈年于田祖,吹《豳》雅,击土鼓,以乐田畯。国祭蜡,则吹《豳》颂,击土鼓,以息老物”①。“老物”当是老而成精之物,易作祟,需要在秋冬时节作法以安息之。这一则文字记载了以诗歌、音乐与季节沟通的情形,特别值得注意之处在于召唤“老物”的乐器是“土鼓”,也许管弦乐器之音太优雅了,撞击不了“老物”的精灵,因而需要借助打击乐器“鼓”。我们有理由相信,这段话所描述的腊祭的来源应该相当古老,或许和横亘欧亚大陆的古代农耕文明有关②,《周礼》所述应当来自“曰若稽古”的乡野传统。

“有没有广泛的致鬼神的巫术力量”可能是巫教礼乐与周公制礼作乐的礼乐的差别所在。同样是礼乐,同样是用以沟通天人鬼神,殷商所代表的巫教模式似乎像降灵会的模式,天人鬼神可以直接来往。周代礼乐的特色恰好要拉开距离,要敬鬼神而远之。殷商的礼乐制度与实施情况在目前可见的甲骨文中不易见到,但我们透过《周礼》等文献仍可揣测一二。我们如从后世巫风盛行地区的文学材料往上逆推,一样可发现类似讯息,笔者此处所说的后世材料,主要是《屈赋》。屈原《离骚》言及包涵降神情节的“巫咸夕降”一段时,其言曰:“百神翳其备降兮,九疑缤其并迎,皇剡剡其扬灵兮。”这是场规模不小的降神会,百神从天而降,九疑山神起而迎之,诸乐齐奏,色彩缤纷。彼界与此界在变形的仪式空间中,再无区别。这种灵幻闪烁的景象应当近于殷商的巫教,有如前引《周礼·大宗伯》所述及的“致”人鬼,而远于西周近人远鬼的宗教。巫教虽然自颛顼帝之后,天地相通之路断绝,即一再受制于“圣王”的压抑以及圣哲的转化,而逐渐被逼到社会的边隅,但它有极为顽强的生命力,理性也压抑不住。在殷商时期,即使迟至战国晚期,楚国这个长期称霸称王的国度仍然弥漫着浓厚的巫风。如果屈原的作品脱离了巫教的构造,那么便无从了解。

商代巫乐有引致鬼神的作用,此事不是周乐和商乐的区别所在,此二者的差异在于商代巫乐召引鬼神,通常会带来人鬼混杂、彝伦攸斁的后果;周代礼乐之引致鬼神,带来的却是“彝伦攸序”。我们还是以《楚辞》为例,逆推殷商的巫乐。在引致鬼神的《招魂》中,屈原描述其时礼乐的情景道:“二八齐容,起郑舞些。衽若交竿,抚案下些。竽瑟狂会,搷鸣鼓些。宫庭震惊,发激楚些。吴歈蔡讴,奏大吕些。士女杂坐,乱而不分些。放陈组缨,班其相纷些。郑卫妖玩,来杂陈些。”招魂祭典本来

---

① 《周礼注疏·春官宗伯·龠章》卷二二,第742～743页。

② 弗雷泽《金枝》提到遍布埃及、巴比伦、希腊等地的农耕文化的神话仪式,他们以“奥锡里斯、塔穆兹·阿多尼斯和阿蒂斯等名字表示生命(由其是植物生命)每年的衰亡与复甦,把它当作神的化身,每年死去又复生。尽管他们举行仪式的名称和细节各地不同,基本上都是同一性质。”(参见弗雷泽:《金枝——巫术与宗教之研究》上册,汪培基译,(苗栗)桂冠图书有限公司1991年版,第477页。细节参见第475～568页)

是严肃的，但禁忌与诱惑同在，哀乐相生，喜极而泣，如果没有更严格的伦理规范，死亡的仪式反而会对生之愉悦吊诡地产生刺激的作用，这是情感的“物极必反”现象，亦即休姆所谓的“两情相反而互转”。①《招魂》里说的“郑卫妖玩”的“郑卫”，恰好是殷商旧墟，战国礼乐“新声”荟萃之地，也是殷商巫乐盘踞的老巢。死亡是禁忌之区，却也是嘉年华销魂之窟，“郑卫妖玩”之“妖”之“玩”，即在于此诡谲现象。

论及郑卫新声，我们注意到《乐记》所记魏文侯听古乐则想睡觉，听郑卫之音则不知疲倦的著名故事。子夏对此解释如下：

> 今夫古乐，进旅退旅，和正以广。弦匏笙簧，会守拊鼓，始奏以文，复乱以武，治乱以相，讯疾以雅。君子于是语，于是道古，修身及家，平均天下。此古乐之发也。今夫新乐，进俯退俯，奸声以滥，溺而不止；及优侏儒，糅杂子女，不知父子。乐终不可以语，不可以道古。此新乐之发也。今君之所问者乐也，所好者音也！夫乐者，与音相近而不同。

《乐记》所记的这段对话，理论价值极高。子夏所说的“古乐”，其实当是西周的雅乐，其“古”只是相对于对话发生时的战国初期而言的；若相对于殷商音乐，那它该说是“新乐”。而郑卫之乐的新声虽新，但出自殷商旧墟，应是承自巫乐的流风余韵；相反，它们才是“古乐”。子夏身为孔门“正名”学说的继承者，对于乐的名称作了符合命名政治学的判断，他将符合伦理规范的音乐称为“乐”，将与伦理规范不相干的声音现象称作“音”。比较“古乐”与“今乐”或比较“乐”与“音”，再回想西周初年周公所作的事业，我们有理由认为周公是以一种“敬”的意识介入礼乐整治的，即所谓“进旅退旅，和正以广”。巫乐那种秩序不分、身体放纵的情况不见了，一种符合身心韵律与社会规范，也就是“修身及家，平均天下”的精神于是乎见，音乐成了贯穿身体、家庭与世界的原理。我们从子夏的言论中，可以读出典型的儒家的音乐政治学。

周公制礼作乐，是礼乐观的突破，不过却是建立在继承上的突破，他的创作带有浓厚的伦理精神。殷商巫文化下的鬼神无所不在，周文化对天地鬼神也是很尊崇的，殷商的巫文化与西周的礼乐文化在宗族祭祀这个领域上尤有交集。原始儒家对于宗族的连续性有着极为强烈的情感，这种强烈的情感否定了先人在死亡之后会有断灭的可能。如果孝子不忍父母死后即归于虚无，也不相信死亡即虚无，那么与他界的先人之魂的交涉很难不成立。殷人要与鬼神沟通，周人也要与鬼神沟通，但两者的沟通模式不同。我们且看西周初期的祭歌是如何歌咏文王与后世子孙关系的。

> 于穆清庙，肃雝显相；济济多士，秉文之德。对越在天，骏奔走在庙；不显不承，无射于人斯。（《诗经·周颂·清庙》）

---

① 参见钱锺书：《管锥编》册二，中华书局 1979 年版，“宣公十二年”条第 203～204 页；册三，“鹏鸟赋”条第 884～886 页。

西周的先王过世之后，其人会升到他界，伴帝左右，也会降福祸给阳世子孙，关于此事，知者甚多。到此为止，殷人与周人的鬼神观并没有不同。然而，回到祭典的场合，我们更应注意祭典时的神之“格”是如何被证实的，也就是祖先的精神降临之感是如何被感受的？《清庙》写得雍雍肃肃，与祭者在“于穆不已”的追思情感中，感受到祖先之德的庄严。整个过程中，我们不会联想到巫师离体出神的景象，但文王之魂与阳世子孙的沟通显然是畅通的，它是大剌剌地“显”、大剌剌地“承”，是光明磊落地体现两界感格的。这种“显承”或“感格”的模式异于殷商模式之处，关键在于仪式的庄严肃穆感，笔者将其称为“对越”的情感。“对越”的情感也是“敬”的情感，“敬”出现于国史上的意义，首先是以具有宗教精神的道德面目而出现的。

我们现在说的礼乐文化常指的是经过周公参与的“制礼作乐”这个大工程意义下的礼乐。以名物制度论，很明显地，殷商时期不会没有礼乐，从各种的记载与考古实物来看，我们只能说：殷商的礼乐相当发达。前贤论三代文化或三代礼制异同，或言颜色之异①，或言器物之别②，商周制礼之差别好像只是风格不同而已。然而，商周文化虽同重礼乐，但其礼乐所代表的意义却不一样。《礼记·表记》云：“殷人尊神，率民以事神，先鬼而后礼……周人遵礼尚施，事鬼敬神而远之，近人而忠焉。”“先鬼而后礼”应指商代的礼乐是巫教文化意义下的礼乐，鬼神拥有主导文化的力量；“事鬼敬神而远之，近人而忠焉”意指周代的礼乐是敬业意识下的礼乐，它遥奉鬼神，实质上也限制了鬼神，文明只能在人世中才能发挥它的作用。从巫教义的礼乐转到敬业意识的礼乐，这个转折的过程当是殷周换代此部“历史剧”的叙述主轴。

这个转折的大义还可深论，但我们留待下节再述，此处不妨还是从“礼乐”此词汇的具体细节讨论起。我们前文已说过，巫教文化中的主要乐器是打击乐器——鼓，鼓这种乐器入周之后还是很重要的，但它在整体乐制中所占的地位与扮演的角色已发生变化，“礼”“乐”两字的造字原理，也就是促使主体松动而飞升的巫术功能日益减弱，理性化的感通功能日益加强。这个转折的过渡地带在《诗经》中即可见出，“鼓”在《诗经》中的《风》《雅》《颂》都有出现，主要出现在《雅》《颂》两部分，“鼓钟于宫”“鼓瑟鼓琴”“鼓声渊渊”之言不断出现。这种分布不均是有意义的，《大雅》《颂》中的诗通常是宗庙祭典之诗，或是具有共同体意义的飨宴宾客之诗，其中描写的场面大，在天的祖先之灵莅临的场合较多，所以“鼓”出现的机会也就跟着增多。但鼓已不是主导的乐器，也不是促使祭祀者灵魂离体的魔咒之声；而是与琴瑟钟籥合作，八音和谐，以达成神人以和的中庸和谐之境。至于《国风》中的“鼓”字的宗教意义较弱，出现频率较少，更是可以预期的。

关于“鼓”在西周以后的作用，其在具体的乐制中的作用自然是仍旧存在的，但

---

① 如《礼记·檀弓上》所说的“夏后氏尚黑……殷人尚白……周人尚赤”。

② 三代所用器物各不相同，如《礼记·明堂位》言服饰：“夏后氏山，殷火，周龙章。”《明堂位》中特别喜欢并列三代器物习尚之不同，其排列尤繁。

巫教传统中那种魔幻之旅的作用却消逝了，于是鼓成了礼乐文明之物。关于“鼓”的转型，我们还可从此词语的历史效应着眼，它在后世比其他乐器具有更重要的象征意义，成了一种激励心性的力量。我们看上古文献，“鼓”字此时甚至可以由名词演变为弹奏乐器的动词，如“鼓瑟”“鼓琴”；也是一种用于激发人心血气的激励性动词，如“一鼓作气”“鼓之舞之以尽神”等。这些历史积淀显示：鼓在更古的时期，曾是引致鬼神的主流乐器，此时已转化为一种精神动力的隐喻。鼓的巫术时代过去了，其他乐器尤其是琴，可能扮演着更加重要的角色。由鼓到琴的过程，可视为乐的主要功能由共同体原理转到个人修行领域的结果。

礼乐意义的转化还可从著名乐官“夔”的性格转化谈起。在《山海经》中，“夔”是一足神兽，居于深山之中，类似山中一足神兽的传闻在东北亚各地流传亦广，这个传说的源头有可能相当古老。但“夔”这位半人半神半兽的乐官在《尚书·尧典》中却被理性化了，成了帝尧神圣朝廷中的乐官。《尚书·尧典》说：“夔曰：‘于！予击石拊石，百兽率舞。’”看到“夔率百兽舞”的记载时，我们几乎不用太费思考，便可看出其从巫教演变过来的痕迹。更有名的有关“夔”的神话英雄历史化的叙述，见于孔子对“夔一足”的理性化解释。据说，鲁哀公曾问孔子：“乐正夔一足，信乎？”孔子回答：“昔者舜欲以乐传教于天下，乃令重黎举夔于草莽之中而进之，舜以为乐正。……舜曰：‘夫乐，天地之精也，得失之节也。故唯圣人为能和，乐之本也。夔能和之，以平天下。若夔者一而足矣。’故曰夔一足，非一足也。”①“夔一足”变成“夔”一个人就够了。

“夔”是神话中的名人，它在传说中的黄帝、蚩尤之战中扮演着重要的角色。夔鼓雷声，风云变色，“声闻五百里，以威天下”②。蚩尤之所以失败被杀，可以说是拜夔鼓的法力所致。③ 夔既是独脚的山神，也是音乐之神。夔的神话也是鼓的神话，夔的魔力也是鼓的魔力。“夔”与百兽的故事是成套的，在巫教文化中，巫师与禽兽是可以心意相通的，禽兽与人的地位是相当平等的。一旦夔由神话变为历史，由神祇变为朝廷命官，巫教祭典中的百兽恐怕也会经由同样的历程，成为文明典礼中的一景。如此，有关巫教的叙述就文明化了，殷商巫文化也化为了周的礼乐文化。

殷、周的礼乐文化明显地既有继承，也有断裂。就继承而言，两个时代的礼乐都离不开天人鬼神的范畴，与天神、地祇、鬼神的交通是殷、周两代礼乐共通的关怀，而它们的不同处在于实践礼乐的主体的性格差异。巫教文化下的礼乐是为一种离体人格的文化而服事的，敬业意识下的礼乐则是为主体凝聚的过程做准备的。一个走向人格的解体，另一个走向人格的凝聚。关于两个朝代的精神演变过程，我们可从“鼓”在祭礼乐中扮演的角色之演变，以及“夔”此乐神的人文化可以看出来。周公“制礼作乐”的精神乃是透过理性的清明作用，减杀殷商巫文化的色彩。

---

① 参见陈奇猷：《吕氏春秋校释》卷二二《慎行论之六·察传》，第1526～1527页。

② 参见袁珂：《山海经校注·大荒东经》，第361页。

③ 吴任臣《山海经广注》引《广成子传》云：“蚩尤铜头啖石，飞空走险，以馗牛皮为鼓，九击止之，尤不能飞走，遂杀之。”（引自袁珂：《山海经校注》，第362页）

五、对越精神的兴起

王国维的《殷周制度论》一文提出，殷周之际的革命是国史上的关键性革命，周公透过宗族制度的设计，稳定了政治权力传承过程中容易发生的风险，也照顾了百姓的需要，因此影响了尔后三千年的政局。他所说的制度有三：一曰立子立嫡之制，二曰庙数之制，三曰同姓不婚之制。立嫡之制一成立，宗法及丧服之制便随之而来，由此而有封建子弟之制、君天子臣诸侯之制。三种制度中，立子立嫡之制的影响应该特别深远。不过，关于这三项制度是否为周公首创，当代学者多有不同看法。纵使周公不能居首创之功，这些制度却有可能在周代产生了大不同于殷末的影响。

王国维所说的周代制度之特色大抵为因贵族而设，同姓之国实施宗法制，于是“自国以至天下合为一家”。异姓之国不实施宗法制，但以婚媾甥舅之谊通之，天下诸国之间也都有兄弟甥舅之亲。说到底，仍是一家。周公的制礼作乐即建立在这些制度上，制度生典礼，经书所说的“经礼三百，曲礼三千”即此之谓。周公的制礼作乐基本上仍是在贵族制度底下行事的，即礼不下庶人，但这样的制度与典礼并不是不考虑人民的立场。王国维指出，百姓要求于国家者首先在于政权安定，没有争夺之祸，周公之制作使得天子诸侯卿大夫都“有恩以相洽，有义以相分”，即政治因体制而趋于稳定。

周公制作之惠及百姓者，另一个原因在于国家的性质与贵族的影响力。因为“古之所谓国家者，非从政治之枢机，亦道德之枢机”，所以天子与贵族阶层各奉制度典礼，行“亲亲、尊尊、贤贤、男女有别”之实，自然会带来上行下效之事，这是用人为政之精髓。如引申王国维之意，则不妨说周人“亲亲、尊尊、贤贤、男女有别”的理念虽然是制度的确立所引致的，但其有效性不能只限于贵族阶层，而是全民的，具有普遍性。

王国维的殷周论述突显了制度、伦理与道德的关系，洞见深邃，极富史识。王国维之说当然远有所承，儒家自孔子以下，凡论政治者，大概都很难不涉及“礼”与“政”的关系，所谓：“礼乐刑政，其极一也。”（《礼记·乐记》）后世儒者，如荀子、叶适、荻生徂来等人，论之尤精。然而，王国维身为当代人文学主要的奠基人，其视野之新、论断之精切，多有超迈前贤之处。在宋代以下的儒学流变史中，“制度论”一直是一股重要的思想潮流，理学或反理学者，皆有此类似的主张。大凡强烈主张“礼”之意义者，其思考背后都有制度论的考量。即使理学中人多以“天道性命”之说为思想核心，但也不乏正视制度论（礼论）的儒者，如张载、朱子所言、所作便尤为恢宏。

我们从今日的角度重思王国维的反思，不能不赞叹其说背后所涉及的关于人的主体性与世界的规范性的问题，极为深刻。如果我们从人的在世存有性的观点出发，那么便会发现人的存在原本即与世共在，因此世界的结构与人的主体间原本即有密切的关联。天地，我之天地；世界，我之世界，人的主体结构相当程度地反映了社会的构造。换言之，凡越是能体现其集体规范精神于自己一身之内者，其人即越能代表该地区或文化的精神。周公制礼作乐，安顿了社会秩序，同时也使得其时的周人的内在秩序获得了初步的澄明，使外在的社会秩序与内在的心灵秩序有了一种相呼应的关系。由于周公制礼作乐的核心在于确立宗法制度，因此，其制作精神不能不反映一种扩大化的家族伦理关系，也就是在周代礼乐文化中，孕育了一种大家庭的隐喻。然而，家庭隐喻的政治可以上下其讲：负面地讲，它可能沦为具有某种封闭性的家族政治或为亚里士多德、洛克所批判的家长政治[①]；正面地讲，它可能扩大为“天下一家”的精神。如实地说，这两种发展在中国史上都出现过的。

在中国的政治传统中，家庭的隐喻一直扮演着吃重的角色，这种格局在殷周之际显现得特别明显。周代的封建制度依家族的模式而展开，国的内涵即是家，周天子是大家长，此固不待论。殷商情况其实也是如此，殷商天子也是大家长，但殷商基本上是一个由部落组成的帝国，殷商是部落群组之首。我们看殷商卜辞，不管贞人所问者是关于农业、军事，其所问者大抵和祸福法则相关，没有道德的内容。周代殷兴，最明显的改变即是“上天”内容的变革，上天在上，周天子在下，这样的结构还是家庭式的，周天子仍是大家长。但周代的天已不是具有封闭意义的部落神祇的格局，而是带有普遍意义的至高神。

不管殷周制度的变革是否具有革命性，但制度所依托的“天”之内涵确实大有突破。因此，我们讨论“制礼作乐”时，不能不注意支撑其表现形态的背后精神的意义为何。我们如果从殷周的主导性文化的转承，亦即从巫教文化转至礼乐文化的过程着眼，那么恐须超越制度论的范围转而从“天人之际”的角度考量，如此，或许可以看出这场革命所具有的另一面的作用。如果商代文化的主轴是巫文化，周文化的主轴是对巫文化的克服的话，那么商周文明转换的问题就是不同类型的天人关系的调整的议题。王国维所说的“制度论”的道德或许可便利地用“人伦精神”称呼之，“天人之际”的道德我们不妨称呼为“对越精神”的道德。而在周初，对越精神是要透过礼乐制度下的人伦精神显现出来的。

“对越”一词如前所述，出自《诗经·周颂·清庙》，此词意指神祇与人维持一种超越性的差距，也就是不可逾越的差距。但这样的差距并不足以构成阴阳的隔阂，人可透过敬的意识和礼仪行为与天地鬼神沟通。天界的先人虽不直接降世，但透过礼仪，他界的鬼神可与阳世子孙沟通，这种礼仪提供了我们目前仍不甚熟悉的检证标准，不过其中应当蕴涵着音乐的某种神秘的穿透力量。《诗经·周颂·有瞽》：“既备乃奏，萧管备举，喤喤厥声，肃雍和鸣，先祖是听。”即显示了一种“肃雍”之乐与“先祖是听”的关联。对越精神代表着周初的精神模式，这种天人沟通的模式与巫教的狂恣精神迥异，下与后世心学所见者大不相同，但它却是周公制礼作乐的核

① 参见蒋年丰：《如何解消家长政治》，《海洋儒学与法政主体》，（苗栗）桂冠图书有限公司2005年版，第177～191页。

心,也是“礼”字根源所出的模式。

对越精神是对商人巫教精神的克服,两者虽然同样出于宗教的实践,但商周之间存在很大的断层或精神的飞跃。我们且举《君奭》篇所说的殷商的贤臣:伊尹、保衡、伊陟、臣扈、巫咸、巫贤、甘盘为例,以资说明。周公曾引这些殷商贤臣为例,以示周承殷商,彼此的文化是一体的,但他所举的例子似乎也可以有另外的解释。伊尹可能是殷商一朝最著名的贤相,关于他的传说特别多,据说他是“乘东维,骑箕尾,而比于列星”“乘云气,御飞龙,而游乎四海之外”的人物。① 以“保衡”作为比较的例子,保衡的事迹不详,但“保”字很容易令我们联想到“神保”“灵保”,以“保”字作为人名的应当是神巫之类的人物。“巫咸”“巫贤”之为巫,更无可议,“巫咸”可能是先秦时期最著名的一位巫师。本文前引《离骚》中一段类似降神会的文句即有“巫咸将夕降兮”之语,也就是巫咸会降临到那光怪陆离的坛场上,此时的巫咸当是他界的一位大巫。关于“巫贤”的记载较为罕见,但依据丁山的考证,“巫贤”当是以长寿著称的“巫彭”,“巫彭”在《离骚》中是位重要的神巫。“甘盘”其人不详,但观其名,应与先秦时期著名的占天之器“式盘”有关,“甘盘”或许是“抱一为天下式”的巫教人物。在上述诸臣当中,“伊陟”之名直接将其人带有“陟”的性质和盘托出,“陟”固巫师升天之谓也。比起上述诸人,“臣扈”之名可供我们联想的线索较少,但笔者怀疑此“臣扈”或许与《庄子》书中的“子桑户”之说有关,“子桑户”即“子桑扈”,其人“登天游雾,挠挑无极”。庄子的至人、神人总带有飞翔神话之蜕迹,子桑扈其人即是。“子”为殷商之姓,“扈”是农桑候鸟,②我们不会忘掉殷商文明与鸟的密切关联。

至于周公所赞美的殷商先贤,顾名思义,其人都带有升天远游的巫师体质的嫌疑。如果殷商的贤臣都是可以亲自感知“格于皇天”的贤臣,那么周代的大臣则显得更加脚踏实地,因为我们很少看到可以借着巫术的手段升天远游,等取得天界的秘旨后再折返人间的大臣。如果我们真要找出一位地位可以与伊尹比埒,且生命形态也有部分重叠的西周重臣的话,不出意外,应该就是周公。在《尚书·金縢》篇中,周公自愿以身代替病革的武王,因为他自言他懂天界之奥,善事鬼神,可见周公是我们所知的西周君臣中对鬼神知识极了解且善于打交道的重臣。身体飞不飞行,身体会不会被他界的神鬼凭身,构成了殷周两种文化的大防,而《金縢》篇中的周公显然还带有殷商精神的痕迹。③ 身为周初民族精神的更新者,周公并没有将离体远游的精神完全屏除在礼乐文明的殿堂之外,但无疑已作了大幅度限制。周公有可能是最了解殷商礼制的周人,了解之才能转化之。周公之后,两周诸国著名大

① 语出《庄子》之《大宗师》《逍遥游》。

② 桑扈为九扈之一,许慎认为九扈皆为“农桑候鸟”。(参见《说文解字》《隹部》四上)

③ 《金縢》篇里有这样的一段祷告词:“今我即命于元龟,尔之许我,我其以璧与珪归俟尔命;尔不许我,我乃屏璧与珪。”这种对待上天的态度很令人意外地,竟出自周公之口。祷告词中的上天显然依祸福法则,而不是依道德法则行事,有依祸福法则施命的上帝,即有依祸福法则行事的下民。《金縢》中的天人关系令人联想到《旧约》中的某种神人观。

臣中带有解体的体质且能遨游四海之外者，除了屈原等极少数人外，大概并不多见了。由殷到周的文化变迁的特色，简明地说，也就是由巫教文化到礼乐文化的演变。

只有确定了礼乐文明中对越精神的存在，我们才好解释何以在西周会兴起天命有德的思想。“天命”一词原本也是古老的语词，在殷商，“天命”是与祖先崇拜联结在一起的。殷人重祭祀，每事必卜。殷人的天空既有“帝”这样的至高神，也有在上的祖先神灵。管人间事者多是祖宗神灵，商人有疑时，多向祖先祈求问卜，而帝的活动性格不强。“存有而不活动（当说是少活动）”的天帝概念并不奇怪，在初民社会中颇为常见[①]，而《旧约》中活动频繁的上帝只是“上帝”的一种类型。20 世纪 80 年代有学者统计出卜辞中关于祭祀祖先者多达一万五千余条，占全部卜辞的多数，祖先神显然比至高神“帝”来得活跃。[②] 即使相较于殷商的帝，部落神的含义还是很浓的，他爱下界的子孙，因为其标准基本上是由血缘决定的，至高神仍是祖先神。

周代商而起，却在历史的大变动中兴起了一股天命无常的意识，进而形成了“天命有德”的理念。殷人的至高神为帝，周人的至高神为天。天与帝的关系如何，两者的使用情形是否可以彻底划分清楚，我们姑且不论。但可以确定的是，殷周的至高神的内涵是不太一样的：殷人的帝重特殊性的血缘，周人的天重普遍性的德。因为重普遍性的德，所以他的降福因世人的修养而定，无关乎血缘。就普遍性而言，他是无常的，不钟爱于一姓一家。西周文献中，“命不于常”“天命难谌”之类的话语反复出现，这些话语与其说是“人定胜天”说的宣言，或一种世俗的人文主义兴起的表征，不如说是另一种更为深刻的天命说之兴起。周人的天命无常说，不是对于天的否定，而是肯定一种超越于血缘之上的普遍性神格。上天爱世人，不再局限于偶然性的因素，而在于普遍性的“德”，“天命无常”恰好是“天命有常”。周初的戒慎态度与忧患意识，都是从天命有德新说中衍生的。[③]

六、明德与敬德

天命有德说的兴起意味着一位具有普遍性意义的至高神步入周朝的历史舞台，在后世，他的嫡系化身（太极、天理、干知、本心等）会接续成为监督中国历史发展的裁判官，甚至还会更进一步地化为人人心中的主人翁。天命有德说的兴起具体途径颇令人费解，但我们几乎可以确定它与巫教精神退出周初先王的精神圈，以及周初对于人的政治地位的新的想象与一种新的主体范式的兴起有关。换言之，“天”这一概念的变化同时意味着“人”这一概念的变化，“对越”之感既指向了彼

---

① 参见 M. Eliade, *Patterns in Comparative Religions*, London: Sheed and Ward, 1958, pp. 38-54。

② 参见晁福林：《天地玄黄——中国上古文化溯源》，巴蜀书社 1990 年版。

③ 周初天命说的重要意义参见傅斯年：《性命古训辨证》，收入傅孟真先生遗著编辑委员会编：《傅斯年全集》第 2 册，（新北）联经出版事业股份有限公司 1980 年版，第 279 ～ 299 页；许倬云：《西周史》，（新北）联经出版事业股份有限公司 1984 年版，第 95 ～ 106 页。

界,也指向了此界的深化。“人”这一概念的深化见于政治领域则表现为神人地位的翻转。周初的政局自然没有摆脱殷周两民族因斗争而产生的不平等状态,西周封建制度下的人民恐怕也无法达到梁漱溟所说的“伦理本位,职业分途”,但作为政治领域中关键的角色,“民”自此得以确立。武王伐纣、陈述纣王之恶时,同时指向神人两项,意指他既荒怠敬事上天、祖先,也暴虐下民,自认“吾有民有命”(《泰誓》)。武王的誓词意味着人民不是君王的财产,人民和君王的关系更像是家人的关系,国君理当像慈父一样,“元后作民父母”(《泰誓》),“父母官”一词也由此而来。纣王的行为既悖神也逆民,他已丧失了做一个天子的资格。

上天之于下民,就像国君之于臣民,也像父母之于子女,起心动念以及行事皆要“惠”。“惠”是周人非常重视的政治道德,“民心无常,惟惠之怀”(《尚书·蔡仲之命》)。这种“惠”的政策不只施于一般人,对于社会弱势者更需有特别的关怀,“鳏寡哀哉”(《大诰》)、“保惠于庶民,不敢侮鳏寡”(《无逸》),若此之言,屡见于《尚书》。这种普世的、平等的、损有余而补不足的救济精神,后成为儒家重要的政治思想的传统,孔子《礼运》篇的“大同”思想、张载《西铭》中的“民胞物与”思想、王阳明《大学问》中的“万物一体”思想,甚至连他们使用的言语,都可追溯到周初的“保民”“惠民”的理念。

“天”有德了,作为天之元子的“天子”也不能不跟着有德,处在“天”与“天子”慈惠抚育下的人民的地位与性质也不能不发生深刻的转化,天、天子、天下之民三者的关系也就不能不发生实质性的变革。天作为至高者的地位没有变,正因为天的普世的、甚至超越的意义形成了,所以在政治领域中的人的地位也跟着“水涨船高”,潜藏其中的政治性也被唤醒了。天意要透过民意才能显现出来,事实上民成了天的朗现原则,由此即有“民之所欲,天必从之”“天视自我民视,天听自我民听”(《泰誓》)这类光辉命题的出现。

西周诚然没有“主权在民”之类的思想,人民作为政治主体的制度也并未形成,但政治的制度要依民意而行这种思想已经十分发达,甚至可说成了主流。“天意”当然还是存在的,但在政治领域,“天”会暂行引退,“天意”须透过“民意”才能表达出来。“天意”与“民意”的关系或许比较像宪法与法律的关系,“天意”是正当性的保障,“民意”是施政的具体化依据;但也许更像虚君共和制中的国王与总理的关系,国王之为元首只是礼仪上的,实际的政策仍由总理拟定。不管上述两种隐喻何者较恰当,但这种思维或许都可以称为“天民合一论”。①

周初的人观的变化不只见于政治地位的转变,同样深刻甚至更深刻的变化则见于“人”这一概念的深化,一种新的主体范式在此刻兴起。在西周之前的夏商两朝,既然有了帝国,就不可能没有具体道德意义的规范意识。但由于神威强大,当时的道德意识很难以一个具有社会学意义的标目而出现。西周初期确实是一个突破口,当人认识到上帝也必须依循具有道德必然性的“德”而行事时,他自己也不能

① 参见陈来:《古代宗教与伦理》,三联书店 2009 年版,第 199 ～206 页。

不依循“德”而行事，认识上帝与认识自己是同一桩事件中的两个面向。“德”字的出现不能不说是一个重要的事件。郭沫若论及西周人文精神之发达时，曾言殷商并无“德”字，“德”这一概念由周人首创，这个论断受到古文字学家极大的挑战。但“德”字在周人手中发挥着重要的意义，这一点应当是可以肯定的。因为“天命有德”的概念出现后，人也就不能不依德行事了。

“德”字由彳、直、心三个部件组成，其文化史的意义或许由部落的图腾义演变而来，但此字在西周出现的意义和主体概念的显现有关。“德”字，古文作“悳”，《说文解字》云：“悳，外得于人，内得于己也，从直，从心。”从许慎的“外得于人，内得于己”，我们可推出后来的“德行”“德性”的概念之所出，“德”字的构造显示的是外在行为的规范与内在意识的规范。“德”字，从“心”之说与“得”声训之解，传达给我们的是出现了一种明确的规范性意识原理。许慎说“德”字有“外得于人”之意，但放在周初天人关系同时得到深化的历史时刻下考察，便可发现“德”字之“得”有可能同时是“上得于天”。后世郭店楚简中，许多德行字加上了“心”旁，这显示德行意识化的趋势①，而这些德行意识化的语词也可以说是一种“天心”。“德”字出现的历史情境也颇为相似。不过，两个阶段中的“心”字的内涵之异同，尤其是“德”的主体化趋势是否克服了封建制度下的宗法制的藩篱，仍待仔细检证。

“德”字道德意识化的表现集中于“明德”与“敬德”概念的出现。西周文献（包含金文化在内）时常见到“明德”此语。《大学》中的“在明明德”之语远有所本，此语后来成为理学的重要语汇。我们追溯“明德”一词的源头时，发现它很有可能源自遂古时代的光明崇拜，尤其是日神（太阳神）崇拜。② 这个作为宗教崇拜对象的“太阳”之重要属性“明”，在西周则变为人的本质属性，“明德”一词由此而兴，它意味着人的行事与意识也要像日神或天神般光明俊伟。“明德”一词显示的是由主体发出的或由主体透显的神圣德性，当它再度回到主体本身时，这种“内外辩证共显的回向运动”基本上是依循具有宗教情感的天人关系轴而展开的。

“德”与“明”结合，因而有“明德”一词，“德”与“敬”结合，因而有“敬德”或“敬其德”一词，此种语式中的“敬”字常作动词。作为动词的“敬”字是附搭在人的意识上的，明确地对主体范式作了新的规定。在周初兴起的这些道德词汇中，最重要者当是“敬”字。在孔门中，“敬”也是重要的德目，其义多主“敬事而信”，敬是行为语汇。在程朱理学中，“敬”是第一义，其内涵为“主一”，“敬”是贯穿身心动静的意识语汇。在周初的语境中，敬是跟着宗教对象的先祖、神祇而兴起的，《礼记·少仪》云：“祭祀主敬”，此说还保留着“敬”的情感发生的原始场景。“敬”是宗教情感语汇，意指一种面对圣之存在所生发的内聚凝肃之感。

① 参见庞朴：《郢燕书说——郭店楚简及中山三器心旁文字试说》，原载《燕京学报》1999 年第 7 期，后收入刘贻群编：《庞朴文集》，山东大学出版社 2005 年版，第 203 ～ 213 页。

② 参见杨希枚：《中国古代太阳崇拜研究（语文篇）》及《中国古代太阳崇拜研究（生活篇）》，两文均收入《先秦文化史论集》，中国社会科学出版社 1995 年版，第 738 ～ 783 页。另参见拙作：《时间形式、礼与耻感——火的原型象征》，《清华学报》（台湾）2013 年第 43 卷第 4 期，第 555 ～ 598 页。

“敬”是周初儒学的重要词汇,此说大体可为此领域学者所接受。《左传》载有“敬,德之聚也”“敬,礼之舆也”“敬,身之基也”“敬,民之主也”这些行于春秋时期的语言,从而显示其时“敬”字的显赫位置。我们如要溯源其义,皆可溯至西周时期。但或许它的重要性太清楚了,作为一种意识状态的语词之“敬”所指为何,反而不那么容易厘定。此时,或许我们可以考虑赋予“敬”字极高价值的朱子是怎么看的。朱子曾强调敬有畏的意思,他不仅强调,而且一再强调。① 朱子的界定很值得注意,我们看那些从“敬”的字,如“儆”“警”“憼”“惊”等,确实都含有戒惕小心之意,它们可以说都是“敬”字的引申义或转注字。我们回头看可代表周公言论的《召诰》所言:“王其疾敬德,王其德之用,祈天永命”“天亦哀于四方民,其眷命用懋,王其疾敬德”“王敬作所,不可不敬德”,这里的“敬”字都指上对天、下对民时,主政者戒慎恐惧的心境,所以王要“其”(应该),要“不可不”。在周初对越意识那么强的年代,敬字的出现使我们不能不想到“圣”之意识。

“圣”的意识即奥托(Otto)所说的“luminous”的宗教情感,“圣”原为儒学重要的德目,它既指向了人格的最高等第,也指向了道德意识的至高层级,但此字的本尊很可能源自精神发展史中的一种宗教情感。中文译本以“圣”或“神圣”对译luminous,窃以为颇得其要,“大而化之之谓圣,圣而不可知之谓神”,“神圣”之感已进入不可知之宗教场域。“神圣”或“圣”的意识(luminous)之所以重要,乃因为意识的出现会带来人与现实世界的分裂,会成为人与自然同一性的突破口,圣俗的对立由此形成,历史的张力所逼显的历史动力也由此形成。奥托在《神圣的理念》(*The Idea of the Holy*)此名著中,特别强调圣的意识在宗教生活中的重要性。我们现在将宗教界定为一种独立于文学、艺术、哲学、政治等领域之外的另一领域之特色,核心义不在神祇、组织、经典等之有无,而在有无“圣”的意识。“圣”的意识的内涵属于宗教心理学的范围,但它的意义可能更加重要,我们或许可将它提升为“宗教”此概念的核心义。奥托讨论“圣”之理念时,特别强调下民面对神圣者时,会升起一种难以类比的特殊情感,这种情感具有“神秘之畏怖”(msterium tremendum)及“神秘之亲和”(mysterium fascinosum)两股相反相成的作用。②

从“神秘之畏怖”及“神秘之亲和”入手,我们不妨反思《礼记·乐记》中关于“礼”“乐”两概念的著名定义:“乐者为同,礼者为异。同则相亲,异则相敬”,礼乐既是人与他界沟通的仪式,又分别代表着与他界神祇“合同”与“别异”的两种不同

---

① 如言:“敬,只是有所畏谨,不敢放纵,如此则身心收敛,如有所畏。”“敬不是万事休置之谓,只是随事专一,谨畏,不放逸耳。”“敬,只是一个‘畏’字。”以上诸条见《朱子语类》册一,卷六,中华书局1994年版,第211页。

② 奥托的“圣”之意识特别容易令我们联想到西方一神论传统下的宗教情感,奥托此书的叙述背景确实也是以耶教为大宗。但如果我们承认“宗教”这个领域有独立的意义,即使独立不代表可以从其他文化领域分离,如儒教的性质带有浓厚的圣俗相合的因素,“极高明而道中庸”(《中庸》)、“穷神知化,由通于礼乐”(程颐)、“不离日用常行内,直造先天未画前”(王阳明)之类的语言都显示了道在人间的意涵。“道在人间”所以人间即成了道的载体,即俗成真,道的超越性不能因此被抹杀掉。准此,奥托所说的圣之意识两股相反相成的属性即不能不是普遍性的,不只限于西方一神论宗教的范围。

的功能。我们再反思与周初礼乐概念一并出现的敬之意识，“敬”一样是周人与他界神祇沟通的一种凝聚专一的心态，这种专一带有面对超越者时的“敬畏”“谨戒”的心情，但“敬畏”“谨戒”之心也会带来与天相契的效果，其效果纵然不属于朱子学“豁然贯通”的证悟类型，但总有与天接近的宗教情感效应。“敬”的情感的极致可说是“圣而不可知”的神圣之境。周初礼乐制度的更新、天命有德说的出台、以敬为核心的道德语言的大量涌现，这些因素同时出现于同一时段的历史舞台，难道没有带给我们一些明确的讯息吗？

我们还是要回到先秦儒家精神史的脉络下进行反思，笔者认为周公“制礼作乐”最重要的意义乃是对巫教文化的再度批判，也是对颛顼的宗教改革事业的再度确定。依“三代”的论述，夏、商、周的文化是连续的，“连续说”是儒家传统与周代君子主张的理论，其说亦有理路。然而，殷商的巫文化气息甚浓，此亦是事实。在周公及周先王之圣更化天下时，他们找到一种跨越族群范围的普世理念。于是，一种新的礼乐制度取代巫教的礼乐制度，一种“有德”的天命观取代了封闭的天命观，一种“圣之意识”的新形貌“敬”之意识取代了恍惚离体的萨满意识，一种同时深化天人关系的对越伦理取代片面祈求的祸福法则。由此，祭司王（神巫）时代告逝，周公的时代翩然来临。

七、结论：天人相即的人文精神

周公“制礼作乐”是国史上重要的历史事件，这个事件如果从政治的角度解读，固然可以得到一些可供解读的线索，但作为具有深层生命力的精神表现而言，只从一时一地的政治社会学的角度切入，不能不受到限制，未尽其蕴。我们如果将这个重要概念的内涵放在长期的历史演变下考察，更确切地说，放在“天人之际”这样的早期文明的演变主轴下考察，或许比较容易定其位阶。

本文认为，对“制礼作乐”此概念合理的叙述要从“绝地天通”的后果效应此则遂古的传说谈起。自从太古洪荒、绝地天通以来，人与鬼神脱离了联系后，就得严肃地面对处在大地之上的自己的处境。在一个人与鬼神随时可以交流、“旦上天，夕上天，天与人，旦有语，夕有语”①的时代，人的人格或个体性、主体性都是不太能谈的话题。天与人可以朝夕相见相语，换成宗教语汇表达，也就是人可以随时处在离体神游或被鬼神凭依的状态。一个可以随时离体远游或被鬼神凭依的主体使得同时作为吸纳意义与展现意义的中心之人格不可能存在，一群随时可以被鬼神打断生活节奏的人则使得社会秩序的建制也不可能出现。一旦人与天上相通的管道被打断，灵魂安居于身体之内，身体、主体、个体遂得合一而定着化。混沌的世界因为此身体宇宙轴的出现而根着大地，定位清晰，意义的创生衍化才有附着处，身体

① 龚自珍：《壬癸之际胎观第一》，《定盦续集》卷三，《四部丛刊初编》缩本，（台北）台湾商务印书馆1965年版，第58页。

的基源诠释性格才可能建立。

"绝地天通"的叙事结构可以确定是神话事件,这种天地相黏的追忆见于许多民族的历史追忆中。但神话的追忆未必没有史实的成分,中国的"绝地天通"事件是被置放在帝颛顼的时代。颛顼是传说中的五帝之一,这样的历史显然不符合实证史学的要求,但这样的传说未必没有反映一种宗教革命,也可以说一种主体范式革命的痕迹。一种很容易被他界的鬼神所侵占的主体,或者说一种很容易脱离"个体—世界"的现实存在以参与他界鬼神的主体,随着社会组织化的过程,不能不凝聚下来。就像从海中初生的岛屿,不能不将水气溼性蒸发掉以成就岛屿的本性一样,人的特性也要在历史的变迁中,才会逐渐涌现。换言之,"绝地天通"以后才有"我",以前的"我"处在天人可以随时转换的绝对一体性当中。但我性的稳定谈何容易,我性的理解又岂是一时一地所能完成的,人与天地断裂所造成的离家状态是永恒的乡愁,这种分裂是主体内部有待克服的伤疤。人须离乡,也需返乡;人须"绝地天通",也须克服"绝地天通"。绝地天通以后的"我"仍在发展,也必须与以内在一元性为思维模式以及以出游灵魂为导向的巫教文化搏斗。

"绝地天通"的颛顼与"制礼作乐"的周公,可以想见,都不是一个人的代称,而是一个历史时刻集体智慧的象征。从颛顼到周公的年代很难确切地估量出来,不过据传统文献的说法至少历经了虞、夏、商三代。从颛顼到殷商,中原大地经历了由氏族、方国到帝国的阶段,这个长达数千年的历史阶段发生了巨大的民族融合、制度建立的事件,它带来了我们目前仍难以明确掌握的精神演变。但可以确定的是,一种逐渐强化人的特质的理性作用但同时又维系天地相通管道的历史进程仍在进行中,也就是"天人之际"的结构仍处在调整的演化历程中。"人"此时已不再能上天,但有一种宗教人从原始的混沌群体中分化出来,他既知人,也知天人之际的知识,能掌握这种时代精神的人即是其时的巫。

在历史断代不容易分明的后颛顼的先周时期,一种可名为巫教知识的宗教知识当是一切知识的公分母,而一种既掌握使理性化建构得以成为可能的巫教知识,又掌握使通天得以成为可能的技术的早期宗教人,也是早期知识人,即巫曾经扮演过重要的精神发展的角色,而这都是可以想象的。殷商已进入文明颇盛的帝国时期,宗教的知识便不可能不分化,巫的垄断的、神圣的地位也不可能不分化给人间的君王。殷商帝国中政权与神权的分工状态显然已成为事实,对此事实人们有各种考量点。但从理想类型的观点考量,如果殷商文化的主轴或主轴之一是巫文化,那么如何对待巫文化所显现的"天人之际"的关系,以适应新的时代或新的伦理的兴起,就不能不成为一个重要的时代课题。殷周之际就处在这样的历史时刻,周公的"制礼作乐"就是发生在此一历史时刻的伟大的历史事件。

殷商之际是国史上的关键期,关于殷周变革的特色,"人文精神"一词是常见的解释。郭沫若、钱穆、李泽厚论及早期文明时,皆从此着眼。徐复观先生的"忧患意识"说乃是"人文精神"说的扩大,其言信实有证,确实很能突显周人立国开基时的精神气派。王国维的《殷周制度论》一文其实也是一种人文精神的解释,但有更为明确的落实。在对具体的制度的解释上，王国维之说显然已有部分过时了，需要修正。但王国维认为周公制礼作乐的意义乃以制度凝聚伦理、道德，合众邦国甚至所有臣民为家庭成员，由此国家是政治的，也是道德的。这种建立在宗法制度上的国家依然受到尊尊、亲亲、贤贤、男女有别的法则的规范，周公之制礼作乐，正是以制度的改革作为伦理运作的基础。

比起郭沫若、钱穆、徐复观等人，王国维所处年代在前，但他在所谓的外部的制度与伦理道德间找到相贯的线索，不能不让我们赞美其说之深刻有据。但笔者认为，王国维之说对于“礼乐”一词的宗教来源着力不足，未尽其蕴。因此，对于“制礼作乐”所代表的精神模式之转移，未免轻滑过去。陈荣捷在《中国哲学文献选编》中有言：“中国哲学史的特色，一言以蔽之，可说是人文主义。但此种人文主义并不否认或忽略超越力量，而是主张天人可以合一。”①他这段话被放在全书第一章第一节的破题处，这既足以定位周公制礼作乐的意义——他这段话本来就是在西周文献的脉络下写就的，也足以当成一条贯穿儒家、道家哲学史的线索。窃以为，天人之际的演变乃是先秦儒家思想与道家思想演变的主轴，若这条主轴的线索不清，则后世思想演变的路径就难以找出。陈来教授的《古代宗教与伦理》一书论及西周文明的特色时，除论及师儒、德行外，也论及“礼乐”，并将“天命”“祭祀”的概念带进来，其说特为完备。事实上，我们只有找到从巫教礼乐到周代礼乐的演变线索后，再配合制度说的补充，也就是以“天人之际”作为叙述的轴心，周公制礼作乐的意义或许才可说得清楚。本文所说的“制礼作乐”，采用的是一种扩大化的界定方法，已越出后世“礼乐”概念的范围，但也可以说更符合殷周之际此历史时刻下的理念。

周公“制礼作乐”的意义建立在礼乐存有论的基础上，礼乐是调动人与天以及人与人之间关系的媒介。乐为同，礼为异，如前所述，一种神秘性的和同与别异之感乃是奥托“神圣”理念的两个核心属性。奥托的“luminous”一语译成“神圣”，洵属有据。礼、乐两者有性情论的依据，它们是“圣”之意识的进一步规定。礼乐在殷商，虽然起过巩固殷商政治秩序的作用，但也发挥过巩固殷商巫文化的作用，殷商时天子颇有早期文明的“祭司王”的性质，他界的神祇祖灵主宰了此世的人之事务。宗教处理的是永恒的议题，但宗教的表现则不能不是历史的问题，面对殷商这个大帝国的事务，巫教的内容显然会捉襟见肘，难以为继。马克思批判封闭停滞的历史时，曾说：“一切已死的先辈们的传统，像梦魇一样纠缠着活人的头脑。”②近代的“鬼魂”绊住了历史进步的脚伐，马克思使用的这种语言不是儒家式的语言，也不足以定位殷商时期礼乐的作用。但他发出这种语言的情感和周公当年所要从事改革的心态，却颇有桴鼓相应之处。周公使得天人各居其位，鬼神远住他界，他的宗教革命显现了一种独特的对越精神。

---

① 陈荣捷编：《中国哲学文献选编》上册，杨儒宾译，（高雄）巨流图书股份有限公司 1993 年版，第 29 页。

② 马克思：《路易 · 波拿巴的雾月十八日》，《马克思恩格斯选集》，人民出版社 1975 年版，第 603 页。

周公的制礼作乐就像在《周颂》中所见者，神、人是对照的两极，但也具有可以相互感通的家人般的关系，慈和清穆的家庭观是儒家对政治秩序的一种想象。天界的至高神"天"在东周后的演变基本上表现为人格义的日渐淡化，于是一种带有非个人人格义的而又有道德意义的天成了主流，至少成了儒家哲学的主流。天命有德，天命于穆不已，此类叙述成了早期天命观的主要内容。这种有德而生生不已的天命观是伴随主体的深化而来的，一种天人同根而生的思想蕴藏在西周早期思想的发展中。晚周孟子、《易传》的理念、宋明理学无限人性观的崛起，都可溯源至殷周之际这一历史时刻。

当他界的天与下界的人之关系发生了变化时，鬼神与阳世子孙的关系也就不一样了。阳世的子孙固然需虔诚侍奉他界的先祖，事死如事生；鬼神在彼岸也会欣然来飨，庇佑子孙如同生前。但人与天基本上不相隶属，而有了楚河汉界，他们遵守共同的伦理法则。阳世子孙不需其神出体，神游于天，侍奉先祖；鬼神在他界，也不会以带有个体性意识的作用者下降人世，指点江山。天人对越，界而不隔，人该做的事只是主敬恪穆，透过祭典，达到神人以和。

礼乐在西周的功用既重新划分了天与人的关系，也划分了鬼神与人的关系，此一划分奠定了后世儒家绵绵不绝的祭祀秩序。孔子说："敬鬼神而远之。"他对祭祀有着积极的态度，但对祭祀的对象却没有充足的知识。也许除了对父母等血亲，曾有透过斋戒数日，观想亡者生前言行、容貌、嗜好，以期"恍惚与神明交"之外，孔子在鬼神与人世之间划下了一道非常明确的红线。① 周公还善事鬼神，孔子则只是相礼之人。孔子对鬼神的态度可说是对周公制礼作乐精神更彻底的发挥，当然这又是另一个历史阶段的故事了。

---

① 参见拙作:《恍惚的伦理》,《中国文化》2016 年第 43 期,第 1 ～ 19 页。后收入《比较视野下的先秦儒学国际学术研讨会论文集》,新加坡南洋理工大学,2016 年,第 143 ～ 186 页。

心学诠释的当代视野*

景海峰**

方今心学大盛，贩夫走卒怀揣阳明之书，街谈巷议莫不以心学为要，学界谈论中国精神则动辄归宗于"致良知"一脉。一时间，心学成了最热门的话题和最为流行的学问，弘扬优秀传统文化首先便瞩目于心学资源，当代的儒、释、道各派似乎也在阐扬"心"的旗帜下汇聚到了一起，形成一股浩浩荡荡的文化潮流。面对这一热闹的场景，我们除了思考它兴起的缘由及其时代意义外，也需要从学理上来正本清源，厘清这其中的关窍和脉络，以期对全局有一个清晰的了解和把握。就中国传统文化的整体而言，当前的心学热潮中显然存在着诸多偏狭化理解的现象，有的过分倚重阳明学，甚至很多情况下简单地把阳明的思想视为心学的全部，因而讲心学就只关乎阳明学，其余的则不大过问，这显然是一种偏颇的状况。这种单一的进路和狭窄的局面，实际上不利于全面了解心学，也在一定程度上对于发掘和弘扬中国心学文化中的真精神构成了障碍。因此，本文试图打开一种心学现代叙述与哲学诠释的视野，从宏观的角度入手，将心学放在整个中国文化发展的历史脉络中来理解，也放在中西文化比较与互释的当代视野下来说明，以期对"心"的观念在中国文化中所扮演的角色的宏阔性、包容性和深刻性有一个更为全面的理解，从而更好地揭示出"心"在中国哲学思想中的意义。当然，心学的论域是十分广阔的，所涉及的问题也千头万绪，对于"心"的探讨可以从不同的视角、线索乃至流派和学科进入，我们这里只是本之于中国传统哲学的理解，试图从宏观上对心学问题做一点有限的说明。伽达默尔曾经指出：理解任何传统都需要一种历史视域，"但这并不是说，我们是靠着把自身置入一种历史处境中而获得这种视域的。情况正相反，我们为了能这样把自身置入一种处境里，我们总是必须已经具有一种视域"①。说清楚心学的来龙去脉，除了要爬梳历史线索和文献资料之外，更为重要的是要有一种当代的视域，尤其是要把心学的内涵揭示出来，就需要更为宏阔的理解与具有当代性的解释。从这个角度来看，心学话题就不只是关乎历史，而更关乎诠释。到底什么是

* 该文系贵州省 2017 年度哲学社会科学规划国学单列课题"岭南心学文献的整理与研究"(17GZGX08)阶段性成果。

** 景海峰，深圳大学人文学院院长、教授。

① [德]伽达默尔：《真理与方法》上卷，洪汉鼎译，上海译文出版社 1999 年版，第 391 页。

"心",心学在中国文化中究竟扮演着什么样的角色?尤其是结合当下的心学热潮,探究其来由,厘清其脉络,以回归正见,是有效发掘这一宝贵文化遗产的必由之途,也是古为今用、将古典文化创造性地转化为现代文明之资粮的重要前提。

一、"心"及心学

让我们先来看"心"这个字,"心"在中国的文字里面是非常独特的。它是什么意思?它本来是一个器官,是一个重要的脏器,在最早的甲骨文里,它就是一个象形字,像人和动物的心脏。王筠在《文字蒙求》里说:"心,中象心形,外兼象心包络也。"但后来的所谓"心学",显然不是生物学意义上的,不是研究心脏的,跟生理学、医学上的"心"的意思是不一样的。因此,我们要从另外的角度来考察,从别的线索来求解。《说文解字》里面说这个字"人心也,在身之中",这已经是东汉后期的理解了,实际上已经把"心"限定为人之心,显然属于一个较后的解释。我们再从字源上来寻索,其最初的类型还是属于象形字一类,但它的指向里面还含有一种会意,也就是包含了生发的过程,故《说文通训定声》里引例子来描述心的象状时,谓之"形如莲蕊",也就是说像个含苞欲放的花蕾。我们由此往前追溯的话,则可从经验可感的世界去理解,可能"心"这个字最早是来自对植物的一种观察,故《尔雅》释木,《广雅》释草,均言及于心。[①] 刘熙在《释名》中说:"心,纤也。所识纤微,无物不贯也。"此似乎也是在指那种比较纷繁的状态,或者那种有生发性的、丝絮状的东西。到了清代,有朴学家考证"心"这个字,指出其最早可能是指植物枝条上有尖刺的部分,那时的锐刺还处于萌发期,在其将生未生之际,顺着枝条抚摸的时候,会感觉到它的凸起状,遂有一种生长和坚硬的感觉,好像尖刺正待机而出,这可能就是"心"字最初的意思。[②] 对解读"心"而言,从生发、成长的意涵入手,显然更能切题,也对我们理解心的本真意义有极大帮助。事实上,到了春秋战国时代,这个"心"就慢慢地与我们的精神文化有了密切的关系,它早已经突破物相的、生理的意义,而赋有很多精神性的指向,故尔生机无限,意味无穷。正像唐君毅所说的,从中国文化的整体性而言,"心灵虽初是自然生命的心灵,而心灵则又自有其精神的生命;生以创造不息、自无出有为义,心以虚灵不昧、恒寂恒感为义。此乃一具普遍义究极义之生与心,而通于宇宙人生之全者;非生物学中限于生物现象之生,亦非经验心理学中限于所经验之心理现象之心也"[③]。也就是说,在中国文化的根源处,心的基本指向是精神性的,而不是拘泥于经验可感世界的物象,它很早就脱开了自然的、生理的框限,而具有了创发的意味,并且和生生的原理缠绕在一起。

从"心"的字源和根本义,我们大致能找到一个诠释的定向,虽然围绕这个观念

① 朱骏声:《说文通训定声》,中华书局1984年影印本,第85页。

② 参见阮元《释心》,《揅经室集》卷一,中华书局1993年版,第5～6页。

③ 唐君毅:《中国哲学原论·原性篇》,(台北)台湾学生书局1989年版,第13页。

而后续展开的思想线索是非常复杂的，但对于心的理解和解释还是有了一个基本的方位。对于心的认知和诠解，历史上产生了各种各样的学说，如果概而言之，这些关于心的理论便都是心学，可能儒、释、道各家各派都有自己的一套。但这只是泛解，跟我们所要说的心学不是一回事。从历史的实境而言，狭义的心学是指儒家思想中的一种特定形态，它是和儒学发展史联系在一起的。但从儒学的历史来看，"心学"这个概念的出现实际上又是比较晚的，我们现在常说的"陆王心学"或"阳明心学"，或者以心学与理学来对举，实际上都是一个比较晚的说法。有很多学者都做过考证，这些概念的流行实际上是晚近的事情。譬如在明朝的万历年间，当时朝廷要将王阳明入祀孔庙，但这件事情遭到唐伯元的抗疏声辩，他坚决反对的理由之一就是认为心学并非儒家的说法，所谓"心学二字，六经、孔孟所不道"。在《从祀疏》中，他说："夫六经无心学之说，孔门无心学之教，凡言心学者，皆后儒之误也。"① 从文献上来讲，这是一条很坚实的理由。到了清初，顾炎武在他的《日知录》里还引证了唐伯元的说法，并且做了进一步的申述，他是从"十六字心传"这个问题的考辨讲起的。顾氏引了《黄氏日钞》里面解《尚书》"人心惟危，道心惟微，惟精惟一，允执厥中"的话，来说明心传之语只是禅家玩弄光景的遁词，而并非"吾儒之学"②。尽管唐、顾等人的观点背后是有一个门户之见可寻的（后来方东树在《汉学商兑》一书中即指出过这一点），也存在着学术史研究方面的一些歧见，但"心学"概念在早期的确与理学中的"十六字心传"话题、禅学的"不立文字，单传心印"之说，有着某种明显的关联性。如果从这些复杂的线索来考量，心学是如何出现的，以及何为心学的问题，就变得含混不清、意指难明，从而也带来了长久的争论。

二、心的解释路径

还是回到历史，从中国思想的源头看最早的有关心的理解，其中大致有这么几个路向。我们最熟悉的可能就是孟子，因为要追溯中国心学的历史渊源，就得从孟子开始讲起，即使后来的阳明也主要是发挥了孟子"良知"的思想，所以孟子可以说

① 唐伯元，朱鸿林点校：《醉经楼集》，中华书局2014年版，第176页。

② 参见《日知录》卷十八"心学"条。（详见《日知录集释》中册，上海古籍出版社2006年版，第1048～1053页）

是中国心学文化、心学思想的鼻祖。① 孟子讲"心"是与讨论人性问题联系在一起的,他讲人性是善的。所谓"善",就是先要有一些根芽,或者按《周易》的概念就叫"几",就是一个起端、一个原发点;所谓"性善",就是本来有那么一种东西,这个东西是其他万物所不具备的,唯有人"最为天下贵",他有这样一种东西,也就有了所谓的"善端"、良知、良能,即有了人性趋向善的所有道德活动和道德行为的基础和出发点。孟子从人禽之辨入手,寻找人与万物不一样的"几希"之微,认为就是因为人有这种"善端",才脱离了纯物化的存在状态,而有了精神性的向度。孟子讲"四善端":"由是观之,无恻隐之心,非人也;无羞恶之心,非人也;无辞让之心,非人也;无是非之心,非人也。恻隐之心,仁之端也;羞恶之心,义之端也;辞让之心,礼至端也;是非之心,智之端也。"(《孟子·公孙丑上》)这样,"善端""四心"便把"心"从原有的生理意义或人体机理的存在状态转移到了道德的领域,把那种自然的生发意引申到了一种特殊的道德情感意义上,并且作了人文主义的升华,赋予"心"以充沛的精神气质,这种气质当然就是我们所熟悉的道德情感和道德理念。道德虽然依于人的身体,和物质存在的机理、机能有着某种关联性,但它又充盈着一种丰富的情感,是人所独具的东西,若再把它升华为一种道德的意志,那这个状态大概就是最早由孟子对"心"所赋予的意义了,也是后来儒家讲所谓"心学"最核心的意思。孟子讲人都有良知、良能,这种良知、良能是所有道德行为的根本,如果这个东西丧失掉了,或者被后天遮蔽掉了,人就可能成为一种"非人",或者沦为禽兽,便不构成真实的作为人之本质意义上的那种存在。这个思想,主要是从一种道德的视域来规定人、解释人的,它给人下了一个明确的、具有内涵的定义。所以我们说孟子的这一思想开了中国古代心学的最为重要的一种理路,即从道德的意义给"心"做一种界定,这是一种思路。

第二种思路,可能就是从《管子》到荀子。《管子》"四篇"讲"心"也是从身体的机理和官能入手的,所谓"心之在体,君之位也;九窍之有职,官之分也"(《管子·心术上》)。又说:"凡心之型,自充自盈,自生自成。其所以失之,必以忧乐喜怒欲利,能去忧乐喜怒欲利,心乃反济。"(《管子·内业》)然后又引申到感知的问题上,"心也者,智之舍也",即智虑辨识之功是心所特有的能力。《管子》的"精气"说和以感

---

① 从孟子开始讲起是通例,也是"具体"的讲法,如果泛讲,则需要往上追溯,至少要从孔子开始。明儒王启元(约1559～?)在《清署经谈》一书中说道:"自夫子以克复归仁语之,则心体不止于在心,而通身内外,自视听言动以及天下,皆此心一体之流贯矣。乃知心体宏廓,其发露于现前者如此,岂不快哉?此时雨之化一也。颜子虽不隘其心量,然第即现在为问耳。自夫子以四代礼乐语之,则心量又不止于现在,而通宇宙去来以及现在,皆此心一体之包括矣。乃知心量之无穷,即现前而已圆满者如此,岂不更快哉?此时雨之化二也。择乎《中庸》,服膺弗失,能守中矣,倘非时措之宜,犹未见其活泼。夫子以君子时中、用行舍藏、无可无不可语之,则中不为可与立之中,而为可与权之中矣,此时雨之化三也。无伐无施,若虚若无,亦可谓屡空矣。然以为一空即了,则犹未与天载合也。故夫子以'无思无为'、'寂然不动'、'无知无言'、'空空如也'语之,则空非一节偶合之空,而为全体究竟之空矣,此时雨之化四也。"(《清署经谈》,上海古籍出版社2017年版,第203页)从孔子到"四配"之颜子、曾子、子思,于心学皆有创举和贡献,只是到了孟子,成其大者,所谓"夫孔子有千古之知己,孟子一人而已"。(同上,第23页)

知来理解心的路径为荀子所继承。我们知道荀子是战国末期的儒学大师，他的一些思路跟孟子不太一样。荀子言“心”，讲“心之官则思”，因为“耳目鼻口形态各有接而不相能也，夫是之为天官；心居中虚以治五官，夫是之谓天君”（《荀子·天论》）。“天官”与“天君”是不一样的，耳目鼻口虽然有官能，但它们没有综合整理、判断成智的能力，心却能够将触接的感知和零碎的材料融合为一种整体性的东西，即知识。所以荀子解释“心”是从“知”或“智”的意义入手的。从感知或知识的角度来讲，“心”具有一种独特的功能，有其他器官所不具有的能力，它可以感知外部的世界，所谓“心有征知”，即心能够主动去感知、了解、掌握和解释外部的世界，这其实更多的是从认识论的意义上来讲的。关于知识生成的路径，荀子也作了比较完整的阐发，在《解蔽》篇中有大量描绘心“虚一而静”状态的文字，即“天官”与“天君”怎样接受和容纳属于外部世界的各种刺激，以及这些感官功能如何发挥作用，以增强人认识外部世界的能力和接受知识的能力，而这便构成了中国古代对“心”的意义的另外一种理解。

这两条路向，一个可能比较接近道德，另一个则接近所谓的知识，它们都是儒家有关“心”的学说里非常重要的内容。从汉代以后一直到宋明，所有的儒家人物在理解“心”的时候，都是在这两个方面做一个调适或者中和，当然往往也有偏袒处。陆王心学兴起之后，主要继承的是孟子的这条路向，后续的心学发展经历过复杂的变化，也逐渐狭义化了，后专指孟子一系，甚至成了陆王之学的代称。但在起头处，儒家思想包含了对心的两个层面的理解。

现在一般所说的“心学”，都是从宋明时代的思想系统入手的。北宋时代对心的理解就有新的思路，像张载讲的“大其心”和“无成心”①，尤其是程颢的学说里面有很多关于心的阐发。② 这些思想，可以说既开了宋明理学认识心、理解心的先河，又提出了一些非常重要的命题。这里面包含了许多本体论的问题，可能跟对人性的理解、对宇宙自然的理解都有一些结合，可以说是从各种角度深化和发展心的意义和内涵。后来一般讲心学，大多是从狭义的角度来说的。这是宋明时代与程朱理学不同的另外一路，是从陆九渊开始的。陆九渊的思想和朱子的思想有所不同，他们当时有“鹅湖之会”，在论辩中，不管是对知识的理解，还是掌握知识的入手处，两者都有很大的差别：一个讲“心即理”，一个讲“性即理”，于是就构成了当时理学中的两派。实际上，陆九渊和朱子思想的差异不像阳明学兴起之后那般不可调和，不像两个非常对立的派别；相反，它只是在宋代理学中构成了不同的致思取向以及存在于学问方式上的一种差异。在阳明学兴起之后，这种学派的对峙感变得越来越强烈，好像心学就成了整个理学的对立面，且陆九渊跟朱子的路向完全不同，是

① 《正蒙·大心篇》谓：“大其心则能体天下之物，物有未体，则心为有外。世人之心，止于闻见之狭。圣人尽性，不以见闻梏其心，其视天下无一物非我，孟子谓尽心则知性、知天以此。天大无外，故有外之心不足以合天心。”（见《张载集》，中华书局 1978 年版，第 24 页）

② 参阅郭晓东著《识仁与定性——工夫论视域下的程明道哲学研究》一书的第三章“性与心”（复旦大学出版社 2006 年版，第 88 ～ 108 页）。

另外的一种东西，但这其实是阳明学大盛之后，逐渐强化或加以比较之后给人们留下的一个印象。陆九渊之后，也有他思想传承的线索，一些重要的弟子继承了他的思想，比如说杨简这些人。但总的说来，这条线索和朱子所开创的学派并不是齐头并进的，其影响力也完全不能与之相提并论，陆学逐渐式微了，而朱子学却一家独盛。一直到明以后，情况才有了一个比较大的转折。明初的儒学有一个沉寂期，从元代以来便死气沉沉的儒学，要想从僵化走向复兴，除了继承和发展朱子学之外，还需要有一些新的因素的刺激，这个时候便有了所谓心学的兴起，它另辟蹊径，并且逐渐成为儒学中的一个重要的潮流。心学慢慢成了明代学术的主打产品，成了明代儒学最为重要的一种面貌。

关于这个新潮流的起头，我们一般是从陈白沙开始说起的。白沙是岭南大儒，崛起于江门，他并没有师承陆九渊这一系，学问出处也缺乏清晰的线索；相反，他在很大程度上是通过自己的人生体验，反思儒家学问而获得新知的，即所谓“自得”也，他的思想可以看作明代心学的一个开端。白沙之后，就是湛若水，此人是传他衣钵的弟子。同时，王阳明崛起于浙江，故当时就形成了所谓“浙宗”和“粤宗”两系，在浙江和广东两个地方同时出现了心学兴旺的状况，这也就是所谓甘泉和阳明“分主教事”的说法。在传播和弘扬心学的潮流当中，他们两个是主将，但后来实际的情况却是阳明的影响越来越大，尤其到了晚明，基本上是阳明学的天下。后来，黄宗羲作《明儒学案》，里面用了绝大的篇幅来表彰阳明一系的思想，对他的门徒分系及每个人的记述非常多，这样一来就渐渐形成了历史书写的定案。因为《明儒学案》的影响非常大，我们后来一般讲明代的哲学、明代的思想、明代的儒学都要看《明儒学案》，这样阳明学好像就成了明代最主干的东西。其实，这个过程跟整个中国文化入宋以后内敛化的走向、汉唐经学告一段落之后所构成的新的连续性之儒家思想里特别彰显心性一系的选择，有着非常直接的关系。再加上宋明时代儒学的大转型以及时代思潮变迁的问题，使得明代中后期，阳明学逐渐把心学的路向或心学的传承推到了一个高峰。到了今天，我们口中所说的“心学”，几乎成了阳明学的代名词，因为大家都以王阳明作为它的最主要的代表。这大概就是有关心学的一个来龙去脉。

三、心的多重意义

阳明有一句诗叫“抛却自家无尽藏，沿门托钵效贫儿”，意即本来是我心自足的事，却非要到外面去找。我们再回过头来看这个“心”，它在中国文化中实际上是一个涵容性很大的概念，上面主要是从道德主体和认知主体这两个层面去看的，但实际上还远不止于此。我们想，为什么明代以后“心”成为整个中国文化的主体性观念？为什么张扬心学的意识成了中国精神的一个核心，以及中国哲学中最高的本体论范畴？实际上，这个心包容的内涵是非常广的。在先秦文献中，儒家讲的很多道德节目，像仁义礼智信、礼义廉耻、忠孝节义、恭宽信敏惠、智仁勇等，从道德活动的过程来讲,它们的所指可能都有一个定向,都包含了一种具体性。也就是说,除了像“仁”这样的概念内涵很广之外,其他的大部分都是一种附属性的概念,是讲事物之性质的,且带有某种形容词的意味。“心”这个概念显然不属于这个系列,它本身就包含了一个主体性的意思。但我们刚才一再强调这个主语性的概念,不是一个物相实体意义上的概念,不是说有一种机能或者一个具体的存在,相反它深具一种扩张性和弥散化的效果,演变成为精神后,几乎无处不在。

如果我们用西方的观念来作一个比较,可能就会稍微理解得明晰一些,印象也会更深一些。在笛卡尔的身心二元论中,有一个“body”,有一个“mind”。“body”就是身体,相当于我们精神活动的一个机体或者基础;“mind”就是理智或心灵,是人类所独有的能力。“按照他在所有著作中对“mind”和“body”的定义,两者不仅仅是相异的,而且是完全不相容的两种东西:以其基本特征而言,它们是相互排斥的,因为“mind”被定义为非广延的和不可分的,而物质就其本质来说则是广延的和可分的”①。也就是说,“mind”是一种与包括人的身体在内的所有的物质存在都不同的形式,但它又为人所独具,因而我们不能用感觉经验的方式和解析物相的方法来把握它。西方近代哲学都讲人有理智,不管是科学知识或者一切精神创造的活动,都是本之于人的理智,所以这个“mind”是非常重要的,它是西方近代认识论的一个元概念。我们把西方哲学里面所讲的理智的内容,与中国古代的“心”相比照,我会发现这个概念实际上把“mind”的意思完全给涵容了,它既与物相的机体联系在一起,又包含了对反性的“理智”的功能。所以,人是理性的动物,人有理智,人的特征就是有这些理智的活动,而“心”的内涵则明显含具这些意思,或者具有这种功能。

西方还有一个概念叫“soul”,就是灵魂,它带有很强的宗教意味,是神灵观念和永恒意识的重要载体。我们中国人不太讲这个,尽管有灵的概念,但跟西方基督宗教建立在信仰基础上的灵魂观念是不太一样的。这个灵魂的意思就是说,在人神二元的分际当中,有一种不属于凡俗世界的存在,它是具有某种超越性的东西,那可能是一个神的世界,或者一个宗教里所描绘的未来的世界,是极乐之域或者天堂、天国之类,无论怎样,它跟凡间的世俗状态是很不一样的。所以,soul 等于是一种投射,在人的身体或人的存在意义上,它可以映照或者反射出一种本不属于世俗的、凡间世界的精神与气质来。这种观念显然有一个很强的宗教意义,这也是中国文化所缺乏的。虽然我们后来接受了佛教,也讲来世、地狱、极乐世界等观念,但它仍然是一个可以在生活的世界当中想象与描绘的对象,这跟西方那种纯粹宗教情感和信仰意义上的“灵”的精神还是不太一样的。但是,通过对“心”这个概念的深层意义的理解,我们又能隐隐约约地体味到它包含了“soul”的一些意思,也就是说它也具有某种“灵”的意味。因为它是超越物相实存状态的,是精神的一种张扬与想象力,可以触及另外的世界。比如在宋明理学中,张载说“大其心”,大程子讲“识

---

① 参见[英]帕金森主编:《劳特利奇哲学史——文艺复兴和17世纪理性主义》,田平等译,中国人民大学出版社2009年版,第260页。

仁”之心，后来阳明讲“致良知”，这种境况显然不是一种物相的，也不是从感觉经验和物的实存意义上来讲的，而是一种生命的体悟和精神飞跃的状态。它所具有的穿透性使它突破了物的阻隔与有限性，而具有无所不达与无处不在的、弥散化的状态和效果。在我们人类活动的任何表象当中，它都有可能会闪现出来，只要是人的活动、人的存有，就会有这种东西的印迹。所以，它不是一个具体性存在，更不是一种物化的形态，人的生命历程里的所有东西都可能跟它有某种关联。

西方还有一个概念叫“spirit”，现在一般翻译成“精神”，加语尾，有所谓“精神性”的说法。我想，“心”里面也含具 spirit 的意思，我们现在讲精神与物质，在这个现代语汇里面，那个跟“物质”对应的“精神”，实际上就是“心”，只不过我们用了“精神”这个词。这个意思强调的是人的一种超脱物欲和脱开物的羁绊的存在意义，人尽管是万物之中的一个，是自然界的一物，但这个物与其他的物是不一样的，它有一种独特性，而这种独特性的表现就是 spirit 这种状态。这也就是上面讲的，它本身跟我们的肉体、我们的物质性实存会产生一种张力、一种对抗性。理学家在讲“心”的时候，往往强调要破除各种外在东西的束缚，从各种有形的、物相的压抑和限制当中解放出来，因为物相把这种东西给凝固住了，或者给遮蔽了，甚至泯灭掉了。要把人存在的意义张扬出来，就需要扩大这种东西，像孟子所讲的“善端”，怎么样能使它发扬光大？发扬光大了就是“人”，就能成为大写的“人”，成为一个君子。如果这个东西慢慢地被销蚀掉了①，或者没有了，或者始终作茧自缚地出不来，那就沦为禽兽了。所以，人的生命意义就始终处在一种胶着的状态中，再不断地挣脱束缚，把精神性的东西发扬出来。对这种状态的理解与描述，都可以在对“心”的意义的体会当中呈现出来。正是对于精神的无穷想象与期待，成就了关于“心”的学问，也成为中国哲学思想的一个主体。

心学讲“心即理”，彰显“心本体”。但现代哲学家像熊十力，甚至包括牟宗三等都讲“心体”时，这个概念的内涵就不简单了，它成为整个中国文化之根本气质与精神的一个凝聚点。正像唐君毅所说的：“大率中国先哲之言心，皆集中于心之‘虚灵明觉’、心之‘知’，与心之‘神’三概念。只知心之知，用知以说服天下，而行兼爱之道，而不知心之虚灵明觉者，墨子也。知心之虚灵明觉，而致虚守静以观物之正反往复，而外表则和光同尘，处柔弱卑下之地，以宰制刚强者，老子也。使自己之虚灵明觉，为己所独用，而不使人见，而以法术之知识，控制人民者，韩非也。知心之能藏往，心复易为‘往者’‘故者’所蔽，故尚去智与故，以乘自然之化为依乎天理，而以神遇所直接之物者，庄子也。知心之有神，而重心之有知、有所藏；知重智，以知类明统，‘卒然起一方，则举统类而应之’，‘以类行杂’而‘变化代兴’以‘执神而固’

① 孟子在《告子上篇》中有一个形象的比喻与描述：“牛山之木尝美矣，以其郊于大国也，斧斤伐之，可以为美乎？是其日夜之所息，雨露之所润，非无萌蘖之生焉；牛羊又从而牧之，是以若彼濯濯也。人见其濯濯也，以为未尝有材焉，此岂山之性也哉！虽存乎人者，岂无仁义之心哉？其所以放其良心者，亦犹斧斤之于木也。旦旦而伐之，可以为美乎？”从牛山之木美到其濯濯的过程，恰似“善端”之销蚀与人性之陷溺的状态。

者，荀子也。而既重心之有知以藏往，而尤重神之统知以知来者，《易传》也。"[①]从心之"知"到"虚灵明觉"，再到"神"，实际上经历了一个不断升进的过程，而以《易传》作为重要源头的儒家心学思想，容括了这些不同的层级，表现出极大的包容性和不断向上的超越性，从而使"心"的观念一方面具有了无穷的含蕴，另一方面又最突出地呈现了人之精神性存在的祈向。通过对"心"这个概念的理解，我们可以体会到中国文化的博大精深，这个词的意义是广大无边的，它涵容了人的生命存在的根本意义，涉及了哲学论域中很多层面的意思。

四、心与三教

还有一个话题就是，为什么明代以后心学成了中国文化的主导力量或最为重要的文化形态？我们都知道，唐以后有所谓"三教"融合的问题，就是儒、释、道的相互激荡与交融。宋明理学正是在佛教的刺激下，吸纳了释、道很多的义理后，才成功复兴了儒家的思想和学术，而心学更是在融合各种文化因素方面达到了一个极致。在所谓"三教"中，佛教也讲心，禅宗在佛教中国化的过程中，最能把孟子一系的心学养料跟印度的思想融合起来，所以后来禅宗里面的很多东西实际上都是在讲心学。北宋张伯端的《悟真篇》所讲的"内丹"和明清以后道教里主流派别的义理旨趣，完全是一种精神性的"炼养"，也更接近广义的心学。我们说宋明理学的"心学"是陆王，这是儒家，但实际上从扩大了的心学意义上来讲，在佛、道里面，尤其是禅宗，也是在讲心学的，只是它的讲法与儒家的不一样。

我们以王阳明为例。阳明从 17 岁开始专注理学所讲的"格物致知"，大家都知道"格竹子"的故事，可以说阳阳是因"格"成病。后来，他又循着理学家好好读书的路子，走了一段读书穷理的路，也下了很大的功夫，但读来读去也没读出个名堂来，他想知道了那么多的道理又能怎么样呢？在快结婚的时候，他沉迷仙道，新婚燕尔，被一个道观的道士给迷住了，彻夜未归，洞房花烛都耽搁了，这后来成为一个很有名的故事。[②] 阳明有一段时间痴迷佛教、道教，但这些东西最后都没有跟他的生命追求以及他要体验得到的东西达成一致，所以他又回到了儒家。但这次回归是自我身心的体悟，也就是他在 34 岁时的龙场悟道，在那样一个穷乡僻壤、荒芜瘴疠之地，在一种九死一生的磨难境地当中，得到了他人生的大彻大悟，创造出一种心学之境。

我们看王阳明这一生的经历，实际上也是他在不断找心的过程。他通过不同的途径和不同的方法在找心，但最后找到的这个心，既非格物穷理之心，也非佛道仙学之心，更不是死读书的知识之心，而是生命体验之心。这个"心"是跟我们每个

---

① 唐君毅：《中国文化之精神价值》，（台北）正中书局 1979 年版，第 136 页。

② 《年谱》载："合卺之日，偶闲行入铁柱宫，遇道士趺坐一榻，即而叩之，因闻养生之说，遂相与对坐忘归。诸公遣人追之，次早始还。"［见《王阳明全集》（下），上海古籍出版社 1992 年版，第 1222 页］

生命个体的独特性连在一起,它不是在说一段公理,或者说一个普遍的规律,或者说一个人人都需要学习和掌握的知识,它不是这么一个东西;它融贯在我们生命活动的具体性当中,如果离开了生命过程中的具体情景,那你讲的所谓的"心"是没有意义的。这个心是活泼的,是生机无限的,是跟每个人的生命存在的具体性以及日常活动的精神状态紧密联系在一起的。我们常常说"心学"是体验之学,虽然我们每个人都在体验,但我们每个人的体验是不一样的,是千变万化的。就个人而言,在一个生命个体的成长历程当中,在不同的人生阶段,在不同的际遇和不同的环境之下,可能体验到的东西都是不一样的,所以它是一种活的存有,表现为非常活泼的状态。我们能把这样一个道理搞明白了,能把这样一种精神把握住了,才可能领悟到"心学"真正的意义。这个状态显然不是从书本上读来的,实际上是我们生命的各种阅历、各种体验的不断积累与聚合而来的,它可以说是一个无穷无尽的历程,只有在漫长的多种多样的情景状态之中,我们才能去体会这个心,去寻找这个心,这个心也只有这样才能够找得到。

再就心学与佛学的关系而言,实际上入明以后,它们有一个机理融合的过程。当时一些批评陈白沙的人,说他是"近禅",连带他的一些弟子也被批评是"近禅",在传统理学或者按照格物穷理的路向来看,他们的一些思想和行为好像跟禅宗和尚没有什么两样,二者在外形上非常近似。从心学诞生开始,有些人对陆象山的批评,对他的弟子杨简等人的批评,其实是把禅与佛混到一起了。后来对于王阳明的思想,包括他的后学,后人也有很多批评,也说他们是禅;尤其是阳明后学里面的很多人物,他们的思想就是处在一种禅与儒相互搅拌的状态之中,彼此难以剥离。对于这种复杂的情况,究竟该怎么看,从"心"的意义或"心"的内涵来说,实际上已经超越了某一种学派,甚至宗派的意义。这是在更高的普遍性上呈现出来的一些相似的东西,只不过其表达的路径或方式上有差别,儒、佛毕竟有根本的不同处。

这些儒家人物对佛教的吸收,包括对禅的容纳,显然不是一种严格拒斥的态度,不是所谓"辟佛老"的门户心态,而是具有相当的包容性,是把佛教的一些精神,包括禅宗的思想,尤其是一些非常深刻的义理内容做了一个接纳和消化,然后为我所用,把一些出世的精神放在入世的事业当中。后来王阳明之所以那么伟大,之所以能成为一个完人,我们都赞美他的功业,除了"致良知"的哲学之外,他的事功也非常突出,所谓立德、立功、立言集于一身,这样的历史人物的确不多见。而其事功的层面,显然不是禅宗和尚所能承当的,其对于社会的这种责任感,尤其是儒家所谓"内圣外王"的境地,显然跟禅宗的思想、佛教的理想,又相距了十万八千里。在出世与入世的根本点上,这些儒家人物又有了一个境界上的超越,既容涵了佛教的一些东西,又容涵了禅宗的一些东西,但又有超出的地方。像谭嗣同那种"我自横刀向天笑"的气概,就有佛家大无畏精神的影子,但他是在世俗社会里所迸发出来的灿烂光辉,或者在出世的意义上把这种精神发扬光大,而不是局限在一种个人身心的修养上,这种社会性的根本担当,当然表现了儒家的情怀。梁漱溟先生早年也学佛,但后来成了现代新儒家的代表人物。晚年他答客问,说你们都说我怎么又跑到佛家去了？实际上我从来也没有离开过佛教。[①] 在他的心学的容纳底下，儒也好，佛也罢，都有一个圆融的、相通的境地，关键是这种思想义理要怎么去运用，如果你只是做一个自了汉，持一种消极避世的人生态度，那就不是儒家的担当精神。像王阳明也好，梁漱溟也罢，他们那种"大丈夫"气概和"舍我其谁"的担当精神之所以为世人所景仰，就是因为他们把这些东西转化成了一种现实的、活生生的生命力量，才显得那么了不起。就"心"的表象而言，这里面又不是一个截然切割开的情形，它有一个生命内化的过程。

① 参见王宗昱：《是儒家，还是佛家？——访梁漱溟先生》，深圳大学国学研究所主编：《中国文化与中国哲学》，东方出版社1986年版，第560页。

从牟宗三先生的"天人合一"观看中国传统的实践工夫

翁正石*

一、引　言

"天人合一"是中国传统思想的核心概念，也是中国传统思想的一个独有特色，至今仍影响着中国人的生活，国学大师钱穆先生晚年甚至认为"天人合一"是理解中国文化的关键，亦是中国文化的归宿处。① 余英时先生亦谓："从先秦诸子到宋明理学和心学，'天人合一'在每一时代主流思潮中都构成了怀德海所谓'基本预设'之一。"②但对"天人合一"的具体解释，各个学派、各个领域的学者都有不同的把握。其实，在中国传统思想中，儒、释、道三家都承认"天人合一"这种理境的存在，只是各个体系展示不同的型态而已。要说明中国传统思想中"天人合一"的内容及特质，"内在的超越"型态是一条很重要的线索。因为在中国传统思想中，无论儒、释、道哪一家，在讨论"天人合一"时，虽表现型态不同，但都同样具有内在超越的特质，这在唐君毅、牟宗三、张君劢、徐复观的《为中国文化敬告世界人士宣言》中，早已与"天人合一"连在一起，被视为中国文化固有的特征，这似乎也成了当代学者的一个共识。有些学者从历史思想的发展层面出发，尝试说明中国儒、释、道传统思想在形成过程中如何塑造这些特质③，这其实对于进一步了解儒、释、道三家为何同样具有"内在超越"型态的"天人合一"很有帮助，亦有利于这概念的进一步开展。然而，对于三家"天人合一"理境内容的理解，以及三家之间的差异如何，却存在很多争论。笔者认为，在新儒学的哲学建构中，牟宗三先生所理解的儒、释、道三家"天人合一"观最为突出。本文主要目的有二：首先，笔者尝试说明牟宗三先生如何

* 翁正石，香港树仁大学副教授。

① 钱穆：《中国文化对人类未来可有的贡献》，《世界局势与中国文化》，(台北)兰台出版社 2001 年版，第 376 ～ 385 页。

② 余英时：《论天人之际》，(新北)联经出版事业股份有限公司 2014 年版，第 172 页。

③ 可参考余英时：《天人之际》，《人文与理性的中国》，(新北)联经出版事业股份有限公司 2008 年版，第 1 ～ 22 页；以及他的《论天人之际》，第 219 ～ 252 页。

理解或如何重构儒、释、道三家的“天人合一”观，既要充分说明其“天人合一”观，又不能脱离他的圆教体系中“圆善”的概念。因此，本文主要通过他的圆教体系中“圆善”的概念，重构他对儒、释、道三家“天人合一”的理解，说明其间的差异。这里所谓重构，主要是因为牟先生自己并未使用“天人合一”这个观念来讲“圆善”的问题。然笔者认为，从义理的层面看，他后期所讲的圆教的问题，其实大部分就是中国传统“天人合一”观所引生的问题。其次，在重构完牟先生对儒、释、道三家“天人合一”观的基础上，笔者尝试进一步归纳成就这些“天人合一”背后的实践工夫，指出其中基本的形态。

本文主要分为五部分，第一部分首先介绍佛家的圆善观念及从圆善观照下的佛家“天人合一”观。第二部分再说明道家的圆善观念及从圆善观照下的道家“天人合一”观。第三部分则说明儒家的圆善观念及从圆善观照下的儒家“天人合一”观。第四部分则是从圆善系统的观照下，说明牟宗三先生所理解的“天人合一”观有前后期之分，以及他后期的理解如何修订前期不足的，如何将儒、释、道三家“天人合一”的内容充分彰显出来的。在牟先生后期的“天人合一”观中，他并未明显使用“天人合一”的字样，但以他前期的观点衡之，笔者认为他后期所讨论的关于儒、释、道三家的圆善观念，其实可以说是他对三家“天人合一”观的后期展示。第五部分，是在重构完儒、释、道三家“天人合一”观的基础上，并将此作为中国式“天人合一”观的范例，尝试进一步说明成就这些“天人合一”的境界的实践工夫所具有的基本形态及特质。

二、佛家的圆善观念及从圆善观照下的佛家“天人合一”观

当今学界都认为，“天人合一”这个概念是中国传统儒、释、道三家思想所共有的，而且都是这三家思想中很重要的核心概念。因此，要说传统儒、释、道三家思想否定这个概念，基本上是不可能的。当然，传统儒、释、道各家的用词，并非完全使用天人的字样，所以要比较儒、释、道三家的“天人合一”观，必须具备一些相同的条件：首先，必须承认有两个世界的存在，一个是现实的世界，这是一个我们实际生活的世界，是一个可以通过人感官经验的世界；另一个是超越的世界，这是一个超越个人感官经验的世界，它既可以是神的世界，又可以是宇宙秩序，还可以是永恒规则。其次，超越的世界必须是现实的世界的存在根源、信仰根源、价值根源或最后真理的依归。① “天”这个概念就是泛指超越的世界，而“人”这个概念，就是泛指现实的世界、经验的世界。在儒、释、道三家中，不一定要使用天人的字样，有时也有不同的词汇出现。只要具有这两个世界，当要讨论这两个世界的关系时，我们都可

① 见 Charles Taylor, *Dilemmas and Connections*, Cambridge, Massachusetts: The Belknap Press of Harvard University Press, 2011, pp. 367 – 368. 泰勒在这里提出了六种对“超越”一词的含义，最主要的就是这两种意思，其他四种都是引申的可能意思，这里不作考虑。

放入“天”和“人”这两极的基本范畴中。这两个世界的关系如何,从哲学的层面看,便属于形上学的问题。厘清这些概念后,我们便可以正面探讨牟宗三先生的“天人合一”观。

牟宗三先生对于“天人合一”的观念,涉及他对形上学的看法,而形上学又必然涉及宇宙的根本存在问题,这个宇宙的根本存在处,既是所有宗教的根源,又是一切价值的最后根源。但中国人没有西方那种独立形态的存有论,对宇宙的根本存在问题,也并非从一种纯知识论的层面作探讨。他认为,中国人的存有论是要通过道德、修行或广义的实践才能显现,因为客观知识对比于道德、修行或广义的实践都是次要的,他称这种中国式的存有论为“境界形态的形上学”①,即先要具备道德、修行或实践的工夫,客观知识才有意义。从广义的层面看,中国传统思想中的“天人合一”观念,既可以包含修行工夫在内的主观精神层面的“天人合一”,亦可以指宇宙客观存有层面的“天人合一”,前者是一种主观精神的提升,后者是客观存在的整合。传统讨论“天人合一”的问题,主要是从主观精神层面作探讨,至于客观存在的“天人合一”,其讨论便比较曲折迂回,而儒、释、道三家都是通过一种境界形态的形上学来展示的。牟宗三这种境界形态的形上学,与他晚年提出的圆教观念是密不可分的,如果我们不限用词,单从义理内容来看,那么圆教观念的理境和“天人合一”的理境是非常相似的。他的“天人合一”观念要得到充分说明,就必须通过他的圆教体系。我们可以这样说,他晚年分析儒、释、道三家有关圆善的观念时,如果用中国传统的词汇,那便是“天人合一”这种观念在存有论方面的展示,也就是“天人合一”观念在存有论方面的客观展示,因此仍然可算是“天人合一”讨论的进一步延伸。

关于“天人合一”的思想,中国传统的儒、释、道三家都有,只是表现型态不同,但牟先生认为,如果从存有论如何得到充分的保证看,儒家的表现最佳。② 要充分说明为何儒家的表现最佳,便需要引入牟氏有关纵贯系统与横贯系统的分辨。他认为凡一个理论体系能够对现象世界提出一个最后存在的根源解释,那便是纵贯系统,而一个理论只能对现象世界提出经验的解释,那便是横贯系统。前者是一种对现象世界存在的最后根源说明,是从“无”到“有”的创造,涉及超越的层面;后者是一种对现象世界存在的经验说明,用一些已有的东西解释另外一些已有的东西,只涉及经验的层面,并不涉及存在的根本说明。前者的根源性说明,可以说是一种第一因的解释,用佛教的词汇来说,便是对现实世界各种存在作一种“究竟了义”的解释;后者的经验性说明,用佛教的词汇来说,只是用一种因缘和合的经验说明,解释各种经验现象的产生,但这些却非究竟了义的解释。因为儒、释、道三个系统最后都涉及超越的层面,亦即涉及终极存在的层面,通过超越的终极存在,说明现象经验世界存在的可能,亦即提供一种第一因的说明,所以都属纵贯系统,只是各自

① 牟宗三:《四因说演讲录》,(台北)鹅湖出版社 1997 年版,第 73 页。
② 牟宗三:《中国哲学十九讲》,(台北)台湾学生书局 1983 年版,第 422 页。

表达的型态不同而已。牟先生认为，从理论最后指向的最高理境上讲，三者都没有分别①，但儒家无论在理论的表达方面，还是实践的指引方面，都比道家及佛家完整。这其实是因为儒家是彻底的纵贯系统，它以创造的方式展现其纵贯系统，即宇宙万物都是由最后的超越根源所创造，道德具有从无到有的创造性，从人不具备善良意志到人生起善良意志，再由善良意志引生人的善行，这就是一种创造。用牟先生的说话，儒家是“纵贯纵讲”，道家及佛家虽然是纵贯系统，宇宙万物最终都不能脱离最后的超越根源，但两个系统的表达有所欠彻底，两家都未能以创造的方式表现其纵贯系统，即未能直接以创造的方式肯定宇宙万物的超越根源，因为道家与佛家都用一种很迂回曲折的途径展示宇宙万物的存在，两者“不言创生义而仍能说明一切法之存在或最后终能保住一切法之存在”②。道家只是以“不禁其性，不塞其源”的方法，让自然万物自生来保证它们的存在；而佛家则以宇宙万物的存在原于“无明”，用唯识宗的解释唯识所变的虚妄分别③；两个系统虽然最终同样肯定宇宙万物最终的超越根源，但是宇宙万物的存在，并不是由超越根源经直接创造来保证。④ 用牟先生的说话，两家都是“纵贯横讲”，故两个系统表达的形态不及儒家直接，而道德实践的力量亦比儒家较逊。⑤ 因此，牟宗三认为，纵贯系统应以儒家作标准。⑥

牟先生评价形上价系统的最高表达，基本上借用了佛家的圆教概念。圆教原是佛家判教中使用的概念，是指佛教理论最圆满的表达及最高的实践。牟先生的“天人合一”观念要得到充分的说明，我们只能通过他的圆教观念，而圆教观念又必须在佛教的判教中才能展现。牟氏认为，圆教中的圆有两个意义：一个是作用上的圆，一个是存有上的圆。前者是指般若的圆通无碍，这是指在修行实践上人主观精神达到的境界；后者则是指完满真实的存在，这是指客观存有上的描述及说明。⑦从传统印度佛教发展的历史看，佛教有空有二宗，即空宗及唯识宗两大系统。牟先生批评空宗没有清楚说明宇宙存在的根源，而唯识宗虽然通过识的转化，对宇宙存在有一个根本的主张，但对人成佛的依据，仍未能作出充分的交代，他在解释圆教的最重要特征时说：

> 讲圆教不可以从主观的般若智的妙用讲，因为这是大小乘共通的，我们必须从法的存在这客观面来讲圆教之所以为圆。这也就是顺着佛性的观念，以说明一切法的存在。为什么从佛性上讲呢？因为在修行的过程中，我们所关心的是：到底以什么方式成佛？又所成的佛，是什么境界的佛呢？像小乘自了

① 牟宗三：《中国哲学十九讲》，第421页。

② 牟宗三：《圆善论》，（台北）台湾学生书局1985年版，第329页。

③ 牟宗三：《四因说演讲录》，第104页。

④ 参考牟宗三：《圆善论》，第328～330页；《中国哲学十九讲》，第421～432页。

⑤ 为何佛、道二家道德实践的力量比儒家逊，可参考牟宗三：《圆善论》，第255～265页。

⑥ 牟宗三：《中国哲学十九讲》，第422页。

⑦ 牟宗三：《中国哲学十九讲》，第323～324页。

> 汉所证成的佛,并未函摄其他一切众生的一切法,也就是说,其他的一切法并没有进到自了汉的佛格内;而没有进到佛格内,即表示没有进到佛性之中,因此,此佛性就没有包括其他的那些法。所以从小乘要进一步讲大乘,大乘佛是以一切众生得度为条件,大乘佛必须不离其他一切众生的一切法,而将一切法完全吸收于佛格、佛性之中。①

这就是说,未到最后成佛阶段,一切存在的"一切法"都得不到充分保证。此外,他又说:"佛教是从佛性、法身这里来保住无自性的法。但是我们不要以为有了佛性、法身,一切法就有了自性。这是不对,一切法还是如幻如化、无自性,还是缘起法。"②

然而,不是所有形式的佛性、法身都可以很好地把一切法的存在保住,只有大乘最完满的佛性才可以。可见,不达到圆教,法的存在最终都无法保证,所以传统印度佛教的空宗及唯识宗都未能到达究竟,佛教必须发展到中国的真常心系统才能充分处理客观存有的问题。③ 佛教是从古印度传入的宗教,本是外来的,传入中国后,便有中国化的佛教出现,而中国化的传统佛教发展主要有三宗:华严宗、天台宗及禅宗。禅宗对存有论的问题并无直接讨论,而真正对存有论有详细的说明,只有华严宗及天台宗,这两宗都属于真常心的系统。牟先生认为,依真常心的系统经中国化后的华严宗主张,其所说的完满佛性才能保证宇宙一切的存在,这是指存有论上的圆满无尽,而且主伴俱足。④ 所谓存有论上的圆满无尽,指的就是宇宙一切的存在都得到肯定;所谓主伴俱足,指的是宇宙一切的人都是主宰自己行动的真正主体,而宇宙一切物的存在亦得到肯定,这便是宇宙完满真实的存在。但牟宗三认为,华严宗仍不是最高的圆教,天台宗的判客观可取,因此天台宗的系统才能达到真正的圆教标准。其原因将在下面再作进一步说明。

依牟氏的标准,天台宗的系统之所以为圆教,大略说来可以有三个层次:第一层是由个人实践向善的道德心成就道德主体,般若经所代表的般若系统要指出人具有般若的智慧,人在实现般若的智慧后,才能成就道德主体。换而言之,确立修行者本身的主体只是第一层。第二层是将第一层的道德实践予以形上学化,主体掌握般若智慧后,它的进一步作用将会透视真实的世界。而牟氏认为,般若的性格是"融通淘汰",融通淘汰的目的,是要将一切法归于诸法实相,通过实践修行的道德心的推扩及推进,使道德主体与宇宙的根源联系起来,形成一套"佛教式的存有论"(Buddistic Ontology)⑤。牟宗三先生谓:"本来佛教讲无自性,要去掉'存有'(Being),根本不能讲存有论;但是就着佛性把法的存在保住,法的存在有必然性而

---

① 牟宗三:《中国哲学十九讲》,第 358 页。

② 牟宗三:《中国哲学十九讲》,第 430 页。

③ 参考牟宗三:《中国哲学十九讲》第十四讲,第 283 ~ 308 页。

④ 牟宗三:《中国哲学十九讲》,第 323 ~ 324 页。

⑤ 牟宗三:《中国哲学十九讲》,第 430 页。

言，那么就成功了佛教式的存有论。”[①]牟宗三先生又称这种模式的存有论为“无执的存有论”[②]。第三层是建立于第二层之上，先对无执的存有论的体用分立表达模式，再进行开决。天台宗所宗向的最高经典《法华经》，其精神便是要“荡相遣执”，达到存在与作用完全一致的地步。从理论的表达层面上说，最后一层便是一种体用一如、即体即用的综合模式表达。《法华经》的这种“荡相遣执”与第二层般若智的“融通淘汰”在基本性格方面是一致的，其差异只是前者是依据客观存在来说的，而后者则是就精神修行来讲的。所以第三层不仅要达到精神上体用一如、即体即用的境界，而且必须从客观存在层面得到体用一如、即体即用的理论表达，这样才是最高的教义。天台宗将这种体用一如的综合模式表达为性具系统，而牟宗三认为，只有天台宗的性具系统才是最后的真正圆教，即无论就佛教理论或实践工夫看，都得到最圆满的表达。

从第一及第二层面看，华严宗及天台宗都能表达得很好，但从第三层面看，华严宗仍未能达致圆教境地。天台宗及华严宗的系统为何仍未达第三个层次？为何天台宗的性具系统才是最后的圆教？华严经说十法门、十身佛，其中的“十”就是无尽的意思，华严经将宇宙一切存在都通过佛的多种面向而作正面的肯定，这其实是就佛的法身及法界说圆教的。但这种佛只能显示其是一个隔离之佛，仍然未能开权，容易有偏执，亦未能显示佛与众生及一切存在的完全关系。牟先生在《圆善论》引了知礼解说天台宗“即”的二段重要说话：

> 应知今家明“即”永异诸师。以非二物相合，及非背面翻转，直须当体全是，方名为“即”。何者？烦恼生死即是修德，全体即是性恶法门，故不须断除及翻转也。诸家不明性恶（不明性德上本有的恶法门），遂须翻恶为善，断恶证善。故极顿者，仍云“本无恶，原是善。”既不能全恶是恶（全修恶即性恶），故皆“即”义不成。故第七记（荆溪法华文句记卷第七下）云：“忽都未闻性恶之名，安能信有性德之行。”

又谓：

> 今既约“即”论断，故无可灭；约“即”论悟，故无可翻。烦恼生死乃九法界。既十界互具方名圆，佛岂坏九转九耶？如是方名达于非道，魔界即佛。故圆家断、证、迷、悟，但约染净论之，不约善恶净秽说也。诸宗既不明性具十界，则无圆断圆悟之义。故但得“即”名，而无“即”义也。此乃一家教观大途。能知此已，或取或舍，自在用之。[③]

---

① 牟宗三：《中国哲学十九讲》，第362页。

② 牟先生最初用“无执的存有论”时，是与“有执的存有论”相对使用的，前者是指康德的物自身世界中的存在，后者是指康德的现象世界中的存在。他还认为“无执的存有论”不限于佛教的存有论，亦可应用于儒家及道家。（参考牟宗三：《圆善论》，第337～340页。此外，亦可参考林同奇：《牟宗三的精神理境：圆教如何可能》，《人文寻求录：当代中美著名学者思想辨析》，新星出版社2006年版，第7页）

③ 牟宗三：《圆善论》，第273～274页。

这里所说的佛教的十法界，其实就是天、人、阿修罗、地狱、饿鬼、畜牲六界，以及声闻、缘觉、菩萨、佛四界，若再配合三种世间：国土世间、众生世间及五阴世间，便能概括宇宙一切的存在。圆教最后能保证客观世界的存在，主要是在于"即"这个概念所建立的原则。"即"是指不离不弃的意思。大乘佛教认为，个人成佛必须以一切众生得渡为条件，也就是说成佛不能脱离一切法，佛就是众生，众生就是佛，两者是不能分开的。而天台宗所说的"一念三千"及其性具系统，便是通过"即"将佛性与众生及一切存在统摄起来的。天台宗所谓的"即"，牟先生认为这里是以一种非分析的方法表达出来的，也就是用一种诡谲的方法表示佛与众生及一切存在的关系。例如，前面知礼所谓"烦恼生死即是修德""全体即是性恶法门""魔界即佛"，便是用一种体用一如的综合模式，用天台宗的性具系统表达的。本身虽是系统，但无系统相，亦不会使人在道德实践过程中，执着于这系统相而成负累及障碍，能真正达到体用一如的境地①，这便是佛教的圆善观念。这种圆善的观念，如果用中国固有的词来说，就是一种"天人合一"的观念。在中国大乘佛教的天台宗里，当人修成佛果，主体可以在精神上与最高超越的真常道体合而为一，而且主体与万物的存在亦可以同时得到保证。如果我们将中国佛教真常心所把握到的最高超越道体都称作天，而不是形象化、人格化的天，则这种合一仍可以说是一种"天人合一"的佛教观，既是一种内在超越形态的"天人合一"，也是一种最高的实践工夫的展现。这种"天人合一"的佛教观，既指个人在修行的层面达到佛教真常心的境界，也指万物的存在得到客观保证的真实世界。

三、道家的圆善观念及从圆善观照下的道家"天人合一"观

在道家最重要的传统典籍《道德经》和《庄子》中，两者都对现象世界提出过一个最后存有的根源解释，而且都将其作为一切价值的最后根源。例如，《道德经》首章便谓"无名天地之始，有名万物之母"。依牟宗三先生的解释，"无"这里作为天地的开始，其实并不能作为一种真正的创生意义来了解。要了解"无"为何可以作为天地的开始，是要通过修行实践来把握的，即必须从接下来的"常无欲以观其妙，常有欲以观其徼"来了解。王弼注这两句云："空虚〔其怀〕，可以观其始物之妙。常有欲，可以观其始物之徼。"牟氏认为，这里的"其"是指道，而"徼，等于要，等于侥，三个字一个意思。徼向，就是要求有一个方向"②。当人在"无"的状态时，便可观道的无限妙用；当人在"有"的状态时，便可观道的徼向，"空虚〔其怀〕"及"常有欲"都是一种高度的精神修行状态。因此，牟氏认为，"无"只是"无为"的一种结果，"无为是高度精神生活的境界，不是不动"③。他总结道家的形上学特征时说：

① 天台宗本身虽是系统，但无系统相的详细说明，可参阅牟宗三：《圆善论》，第266～280页。

② 牟宗三：《四因说演讲录》，第64页。

③ 牟宗三：《中国哲学十九讲》，第89页。

> 道家从作用上透出无来，即以无作本，作本体，从这里讲形而上学，讲道生万物，这个生是不生之生。虽言“道生之，德畜之”，这个生不是实有层次上肯定一个道体，从这个道体的创造性来讲创生万物。它从作用层上看，通过忘这种智慧，就是说让开一步，“不塞其源，不禁其性”，万物自己自然会生，会成长，会成就，这就等于是一个“道生之”。①

所谓“不生之生”，不是一种从无到有的真正创造。为了说明道家所说的“不生之生”，牟宗三借用了亚里士多德的“实现”（actualizatuion）一词，用“实现原则”（Principle of Actualization）去描述道家如何从修行实践的层面，将潜能变为实现，进而说明客观的存在。他指出，道家所谓道生有、无，无生万物，这种“不生之生”的含义是：“创造 creativity，creation……不能用于道家，至多笼统地说它能负责物的存在，即使物实现。‘实现’更笼统，说创造就太落实了。所以我们不要说创造原则，而叫它‘实现原则’（Principle of Actualization）。”②

这是道家形上学的基本形态。明白了道家形上学的基本形态后，我们便可以进一步说明道家的圆善概念。道家的圆善问题，便是如何通过实践工夫，应用实现原则将隐藏的道表现出来。借用天台宗中的判教，道家对修行实践亦有高下的判别，例如“失道而后德，失德而后仁，失仁而后义，失义而后礼。夫礼者忠信之薄而乱之首”（《道德经》第三十八章）便是。其中“道、德、仁、义、礼”，以“道”为最高表现，依循礼的具条目是下下的表现。如果要成就道家的真人或天人，必须以一种无为无执的方式，经不断的修行实践，才能掌握最高的道。这种取向仍然像佛教般若智的作用，是一种融通淘汰的精神，不过道家称这种智慧为“玄智”。玄智可以融通消化各种形式表达的不完全，令万物各自都可以得到自己的存在，即万物各自归根复命而得到自在。如果说佛教的般若可以成全一切法，那么玄智亦可以成就一切德，如“仁、义、礼、智、信”等，成就这些德，同时亦可以成全天地万物，使其各归自在，使宇宙万物的存在有一根本说明或客观依据。

依道家的精神，要使实现原则得到最好的应用，其探讨方向应是方法层面的问题，即采取一种怎样的方式才能最有效地实现“圣、智、仁、义”等。但这种取向毕竟没有正面探讨“圣、智、仁、义”等是什么的问题，或进而探讨宇宙最后根源的存在是什么的问题。

上面说过，“天人合一”的观念可以从两个层面看：一是从主观的实践工夫的层面看，一是从客观的存在的层面看。道家“天人合一”的观念，讲求人与道结合的最高境界，虽然仍可以保留存有论的层面，但它所包含的存有论却没有正面独立的意思，所以牟宗三说：“假如把道家义理看成是一个形而上学，那它便是一个境界形态的形而上学（依境界之方式讲形而上学）。”③

---

① 牟宗三：《中国哲学十九讲》，第 145 页。
② 牟宗三：《中国哲学十九讲》，第 104 页。
③ 牟宗三：《中国哲学十九讲》，第 128 页。

前面说天台宗之所以为圆教,有三个层次的追求:第一层是由个人实践向善的道德心,成就道德的主体;第二层是将第一层道德实践予以形上学化;第三层是将第二层的存有论进行一种无偏执的开决。这三层都包含在实践工夫中。今将这三层的区分放在道家老庄的表述上,仍然具有这三层的含义。在第一层的讨论中,《道德经》以“致虚极,守静笃”(第十六章)为修行工夫的纲领,在静的工夫之下才能“观复”。主观的心能够静下来,宇宙万物也跟着静下来,恢复各自的存在,这便是归根复命。牟先生认为,“道家从心上做工夫,从性上得收获”①。所谓从心上做工夫,就是从外在世界转向个人内在世界;所谓从性上得收获,就是要我们养性,养性就是养生,养这个自然生命,自然生命本来是中性的,没有价值的意义,但通过“养”之后,它便成了最高价值的标准,因为它本是就符合道的自由自在的生命,只不过后天把它搞坏了,所以要“养生”,化除种种人为偏执。

这种道家修行工夫,可以成就一个与自然相配合的主体,这是前面圆教三个层面的第一层。将“致虚极,守静笃”作进一步的形上学化,接着用以联系超越的道体,便成就了第二阶段。当“致虚极,守静笃”达成后,人便可以与超越的道联合起来,宇宙万物亦可以恢复各自的存在,这是第二层的实践工夫。《道德经》第四十章曰:“道生一,一生二,二生三,三生万物。”对于这个道,牟氏认为,“王弼根据庄子,通过有、无、玄,来了解。一、二、三就等于有、无、玄。从无那里说一,到有出来,说二,有、无统一起来就是玄”②。前面说过“无”及“有”都是一种高度的精神修行状态,是对道的不同把握,“无”就是“一”,“有”就是“二”,“有”“无”统一起来就是玄,三者都是对道的不同描述。

庄子的《齐物论》也有“天地与我并生,而万物与我为一”的主张,这其实也是一种“天人合一”的境界。但对于这个最高圆教的化境,庄子并不喜作分解的说明,而更善于作诡谲的表达,这便是第三层的意思,是第三层的实践工夫。例如,庄子《齐物论》谓:“有有也者,有无也者,有未始有无也者,有未始有夫未始无也者。俄而有、无矣,而未知有无之果熟有熟无也。”这是使用一种诡谲方法的开决,但重心仍在工夫的层面着力,对存有论层面的讨论,仍没有正面独立的意思。《齐物论》又说:“俄而有无矣,而未知有无之果孰有孰无也。今我则已有谓矣,而未知吾所谓之其果有谓乎?其果无谓乎?天下莫大于秋毫之末,而太山为小,莫寿于殇子,而彭祖为夭。天地与我并生,而万物与我为一。”这便是庄子圆教之化境。当道通过这种诡谲的表达,将系统的形态去掉后,庄子这个对道的表达本身虽是一个系统,但无系统相,亦不会使人在修行实践过程中,执着于这系统相而成负累及障碍,真正达到体用一如的境地。郭象称庄子善作诡谲的表达系统称为“迹冥圆融论”。他认为,“道”是“冥”,宇宙万事万物是“迹”,但是两者并非截然二分,而是互相圆融在一起,“冥”要通过宇宙万事万物的“迹”才能显现,而“迹”亦须透过“冥”才能被我

① 牟宗三:《四因说演讲录》,第 88 页。
② 牟宗三:《四因说演讲录》,第 97 页。

们掌握，但是两者并非分开的东西。

郭象认为，虽然宇宙万事万物各有自己独立的存在，但又不会妨碍宇宙万事万物之间同时具有相济及相因的关系，万事万物各自独化，又彼此相互对待而存在。郭象所说的各种事物间的相因相济关系，不仅是指一种个人对外在世界的主观判断，而且包括客观世界各种事物亦确可产生相因相济的作用。他说："天下莫不相与为彼我，而彼我皆欲自为，斯东西之相反也。然彼我相与为唇齿，唇齿者，未尝相为，而唇亡则齿寒。故彼之自为，济我之动弘矣，斯相反而不可以相无者也。"（《庄子·秋水注》）这显示宇宙万物处于相互联系中，一事物既要接受他物的作用及影响，但同时又会对他物产生作用和影响，这表示每一事物既有自身性，又有非自身性，两者合于一身。然而这种相因相济关系，不是某一事物产生另一事物，而是某一事物是另一事物的先决条件。从现象表面看，唇为唇，齿为齿，两者完全不同；但从本质上看，唇和齿是双方存在的条件和依据。这种关系就好像天台宗所谓的"即"，虽然万事万物相互关联是对方存在的条件和依据，但万事万物各自背后没有根本的原因，也找不到根本的原因。于是，郭象便称这种情况为"独化"。这种万事万物相互关连，每一事物都是另一事物的先决条件，既是从修行者在实践过程中与万事万感通的主观层面上说的，亦是从万事万物的客观存在关系上讲的。

在郭象以前，王弼将道家的"道"视为主宰宇宙万事万物的法则。这样，"道"和宇宙万事万物便有了一种本末轻重之别。郭象认为，"道"是"冥"，宇宙万事万物是"迹"，但是两者并非截然二分，而是互相圆融在一起的，"冥"要通过宇宙万事万物的"迹"才能显现，而"迹"亦须透过"冥"才能掌握。这就是郭象的"迹冥圆融论"，也是前面圆教三个层面的最后阶段。这种迹冥圆融论，可以说是一种中国古代本有的一种"天人合一"观，也是一种内在超越形态的"天人合一"。

四、儒家的圆善观念及从圆善观照下的儒家"天人合一"观

圆教系统下表现的善便是最高善，亦即圆善。圆善概念包含"德"与"福"两部分。依儒家的标准，个人的德是由"良知"决定的，良知是个人本有的，完全由行动者控制；而福是行为的结果，行为的结果是由宇宙的物理客观定律所决定的，并非完全由个人自己控制。然而，儒家的道德实践并非以后果作为判别善恶的依据，当仁义与利益相互冲突时，必须以仁义作最后标准。但在道德实践中，我们总希望德与福有一恰当的配对，这样才是最可取的善。在圆善的标准下，两者的配对关系才能得到充分的保证。

道德实践一定涉及存在，但存在有合理性的，亦有不合理性的。儒家的道德实践是要从无到有地创造符合理性的存在，或改造现有不符合理性的存在。从孔孟开始，传统儒家都主张在道德实践的不断提升中，最后可以予以形上学化。因为道德心的发展，可以感通天地万物，最后甚至与天地万物合为一体。

从儒家的历史发展看，孔子在道德实践中提出，践仁是成德的依据，践仁可以

完全由个人自己控制，这就是孔子所谓“仁远乎哉？我欲仁斯仁至矣”（《论语·述而》）。这是道德主体的确立，依前面天台宗判教的三个层面判断，它具有第一阶段的成就，也是第一层的实践工夫。孟子在道德实践中，进一步指出“尽其心者，知其性也；知其性，则知天矣”（《孟子·尽心》），便是将道德实践的本心不断提升及推扩。因为这个本心是天赋予人的，人如能将本心不断提升及推扩，并予以形上学化，那么最后便可以把握形上学的实体“天”，也就是说可以“知天”了，成就天人相通。子思的《中庸》进一步提出：“唯天下至诚，为能尽其性；能尽其性，则能尽人之性；能尽人之性，则能尽物之性；能尽物之性，则可以赞天地之化育；可以赞天地之化育，则可以与天地参矣。”通过道德实践的诚，以通达超越的性体，最后“可以赞天地之化育”。清代张瑗的《天命之谓性》便谓：“《中庸》想“天人合一”之旨，即性、道、教而申其义”，指出《中庸》从追索德性的根源而提出“天人合一”之旨。《易传·乾文言》又曰：“大人者与天地合其德，与日月合其明，与四时合其序，与鬼神合其吉凶，先天而天弗远，后天而奉天时”，通过尊干法坤，圣人也可以通达超越的天，这是从穷尽自然生化的神妙以彰“天人合一”之旨。这些都是先秦道德实践形上学化的不同发展，后来经过宋明理学的进一步改造创发，这种道德实践的形上学化便得到了更充分的展现。张载说：“儒家则因明致诚，因诚致明，故“天人合一”。”（《正蒙·乾称》）这是第一个明确提出“天人合一”之语的人。他主张天道与人道都是阴阳之气的变化，而天是太虚，太虚是气，人是气中一物，所以天与人有着同构的关系，两者在本质上是没有分别的，这是从客观的气上说“天人合一”。王阳明的致良知系统，则是从主体的道德实践上言“天人合一”的，这个良知系统是宋明理学中，道德实践形上学化的最成熟表现。他认为朱子的讲大学有刺谬，认为朱子的格物穷理并非真正由道德的良知而来。良知本来是孟子原有的词语，但因王阳明针对朱子的讲大学，所以他要提炼心、意、知、物四个概念；而成就四句教的主张，亦称“四有说”：“无善无恶心之体，有善有恶意之动，知善知恶是良知，为善去恶是格物。”①

在道德实践的过程中，我们是从道德心开始的。道德心是一个绝对标准，本身并无善恶之别，属于超越层面的体；但这个道德心的开始，展现在推动行为的意念上，于是便有善意恶意之分，意念是属于经验层面的。良知是一种灵明的感觉，这种感觉是道德心在经验层面的应用，使意所及的物有一个合理的安排，亦即为善去恶。这便是“格物”，格物是要格人的行为，所以王阳明认为，“格物”的“物”，其实是指“行为物”。王阳明的良知系统套在前面天台宗判教的三阶段发展中，便属于第二阶段的成就，也是第二层的实践工夫。

从圆教的标准看，牟宗三认为，王阳明的四有说并不是儒家的圆教，儒家的圆教要到王龙溪的四无教才得到充分的展示。王龙溪的《天泉证道记》有一段重要的说明：

① 王阳明：《王阳明全集》，《傅习录》卷三《语录三》，上海古籍出版社 1992 年版，第 118 页。

> 夫子立教随时，谓之权法，未可执定。体用显微只是一机，心意知物只是一事。若悟得心是无善无恶之心，意是无善无恶之意，知即是无善无恶之知，物即是无善无恶之物，盖无心之心则藏密，无意之意则应圆，无知之知则体寂，无物之物则用神。①

其中，“无心之心则藏密，无意之意则应圆，无知之知则体寂，无物之物则用神”，便是王龙溪的四无说。与王阳明的四有说相比，四无说中“无自体相”的意思更为复杂，依牟先生的诠释，“四无”之“无”是指“无相”的呈现。这便是用一种诡谲方法的开决，表示体用一如的合一，这才是真正的圆教。这便能成了前面三阶段天台宗判教的第三阶段，万物存在而没有呈现存在的系统形态，使体用一如，体用无间，存在不受我们表达的形态所限制，虽有系统而没有系统相，这是最后一层的实践工夫。王龙溪这种四无说，可以说是中国古代本有的一种“天人合一”观，也是一种内在超越形态的“天人合一”。

五、牟宗三的“天人合一”观前后期的差异

“天人合一”的观念可以从两个层面看：一是工夫的层面，一是存在的层面。

从工夫的层面看，天和人如何在实践的层面合一？也就是从主观的精神层面，天和人为何可以合一？这是一个方面。从存在的层面看，天和人为何可以在理论的层面合一？也就是从客观的存在层面，天和人为何可以合一？这个合一为何可以得到说明？这是另一个方面。牟宗三先生的儒、释、道三家“天人合一”观，可以分为前后两期，前期的理解主要是从工夫的层面看，但后期的理解，除了主观实践工夫的层面外，更全面考虑了宇宙客观存在的层面，还从圆善的层面，整理了儒、释、道三家的“天人合一”观。

牟先生前期的观点，从圆教的角度看，主要集中在对前面圆教的第一层及第二层的前半部分的理解及说明上，主要表现在他的《中国哲学的特质》一书中。他借用徐复观先生提出的“忧患意识”这一概念，以说明西周立国后，统治者意识到了“天命靡常，惟德是依”。统治者想要保住天命，维持长久的国祚，必须“敬德”，即必须以戒慎虔谨的态度践履德政。徐复观提出这种“忧患意识”，就是要将它作为道德的源头。除了继承这种观点外，牟宗三更进一步指出，这不仅是一种负面的害怕感觉，而且是一种正面的行为力量，“它的引发是一种正面的道德意识，是德之不修，学之不讲，是一种责任感。由之而引申的是敬、敬德、明德与天命等等的观念”②。这种强调统治者履行德政的说法，其实是在说天的意志不能决定统治者能否保住天命，继续统治。因此，王朝兴衰的责任便落在统治者的身上，换言之，要维持长久的国祚，其决定的因素是人对天意的主动实践，而不是天意本身。后来，孔

---

① 王龙溪：《王龙溪全集》，《天泉证道记》，华文书局1970年版，第89～90页。

② 牟宗三：《中国哲学的特质》，(台北)台湾学生书局1980年版，第15页。

子进一步提出仁是所有礼制的依据，天子以至庶民都可以自己决定仁，也就是“为仁由己”(《论语·颜渊篇》)，这便是道德主体的确立。道德实践进一步发展，便是将道德实践予以形上学化，孟子“尽其心者，知其性也；知其性，则知天矣”(《孟子·尽心章》)，将“心、性、天”连合在一起，通过尽四端之心便可以与超越的天体联系起来，合而为一，甚至将主体与客体的对立消除掉。其后，《中庸》主张通过道德实践的诚，可以通达超越的性体，而《易传》通过尊干法坤，圣人的“与天地合其德”，亦可以通达超越的天体。以上都是先秦道德实践形上学化发展的结果。这是牟先生前期有关儒家的“天人合一”观，此种观点主要是通过人的道德实践，可以知人之所以为人的“性”，再进一步便知超越的“天”，其强调的是道德实践主观的精神层面，但对宇宙客观存有上的“天人合一”，并没有进一步深入说明及论证。牟先生对王阳明及王龙溪的论定，是他晚期思想的一部分。对王阳明思想的论定，用前面圆教的第二层的后半部分的理解及说明来说，即仍是将第一层的道德实践予以形上学化的结果，只是这种形上学化表达得更完全，将其良知系统表达得更完全。因为它不单从主观层面肯定道德主体与超越道体的精神联系，更从客观层面，通过格物穷理肯定万物的存在，万物的存在仍是以道德实践作为先决条件的，但其中体与用的关系，牟先生认为仍以一种分析的途径作说明及论证，所以它是属于第二层的后半部分的发展，只是理论分析得更通透，必然进致王龙溪的论定。先用无执的存有论的体用分立表达模式，再进行开决，使其没有系统的形相负担，这才真正属于圆教的第三层结果，也就是实践工夫的最后落脚处。

从儒、释、道三家的传统典籍看，三家有关“天人合一”观的说明，有些是从纯主观的层面作探讨，有些则是从客观的层面作研究。对“天人合一”的分析，从主观的层面及客观的层面，两者的关系具有很不同的特质，其中所谓“合一”，各自亦有不同的含义。如果从主观层面作讨论，这个“天人合一”是指道德主体与超越客体最终可以相通联系起来，这里所谓“合一”，是指其间主客对立关系的消除，主客融为一体无分彼我的精神状况。但从客观层面作讨论，这个客观上的“合一”，就是指经过实践的修行，我们不仅得到了纯精神的结果，而且存在的层面亦得到了保证。个人的实践修行与客观世界存在的关系，如果仅限于道德层面看，就是德与福的关系；如果从广义层面看，就是实践与客观存在的关系。这种存有论上的“天人合一”，我们不能将其理解为天等同于人，或人等同于天，它其实只是人的存在保证了天的存在，而天的存在亦保证了人的存在，两者有必然的相互依存关系，缺一不可。当然，这个天是指一切存在的最终超越依据。人和天的关系，就好像左右一样是连在一起的，左要存在，不能离间右，反之右要存在，也不能离间左，两者都是对方存在的先决条件。如果我们借用天台宗圆教的“即”去理解，相信是最合理的。如果我们不用中国式的内在超越形态来表达，而使用外在超越形态来说明，那便是在基督的天国里，人的德必然伴随福的出现，德与福具有必然关系。

牟宗三先生将康德圆善的概念，以及佛教圆教的概念，运用到中国儒、释、道三家在各自道德形上学的讨论中，对存有论的问题，并非完全不理会，只是三派都通过修行的形态来表达，用牟先生的词汇来说，它们都属于“境界的形上学”，即必须通过修行实践才能保有存有论的部分。牟宗三先生晚年有关儒、释、道三家的“圆善”观念，其实就是有关“天人合一”观的存有论说明。笔者认为，儒、释、道三家“圆善”观念的讨论，其实就是牟氏晚年对儒、释、道三家的“天人合一”观做的进一步的讨论，只是人们长期以来都以为“天人合一”观似乎只是一种精神上主观修行的结果，不能放在客观存在层面做讨论，而且对于圆善的说明，往往集中在道德实践者的“德”与“福”的关系上做分析。所以，他始终没有用“天人合一”来做总结，而只用了“圆善”或“德福合一”来取代中国传统的“天人合一”一词。其实，笔者相信使用“天人合一”似更符合中国哲学发展的传统。从董仲舒开始，“天人合一”一词一直都不限于主观修行实践层面的讨论。例如，为了展示人君的德行如何配天，当王莽在改朝换代时，便曾进行改制度、易服饰等造施，而改制度、易服饰等造施都不单是主观精神修行可以完全解解的。在儒、释、道三家有关“天人合一”的讨论中，除了涉及主观精神所达的理境外，还有很大部分的讨论都是涉及客观存有论，这在宋明理学的讨论中尤为突出。

六、从“天人合一”观看中国传统儒释道的实践工夫

在中国传统中，无论儒、释、道哪一家，在成就完美人生上，都有其各自的一套修行方法，它们呈现着不同的具体条目，例如儒家在《大学》中所提及的三纲领八条目等。这种修行方法，传统称其为“实践工夫”。这些实践工夫不同于古希腊的重智思的实践传统，因为中国传统工夫不同于西方希腊传统之实践，所以牟先生认为希腊传统以智为领导原则①，而儒、释、道都认为智不是最高的，仁心、真心、佛心才是最高的。在实践工夫上，古希腊以理性为主导，实践工夫主要是一种客观认知的过程，但儒、释、道将仁心、真心、佛心实践出来，却是一种主观实践之学，其具体实践工夫必现从个人内心开始，始终采取一种内在形的实践形态。这是儒、释、道的实践工夫的第一个最明显的特质。

此外，我们必须注意，虽然儒、释、道都采取一种内在形的实践形态，但我们如果说这是一种只重视道德心理的实践及掌握，也并非完全恰当。下面，我尝试作进一步的说明。前面说过天台宗之为圆教，有三个层次的追求：第一层是由个人实践向善的道德心，成就道德的主体；第二层是将第一层道德实践予以形上学化；第三层是将第二层的存有论进行一种开决。从第二层看，无论儒、释、道哪一家，实践工夫的进一步发展，都会将道德实践予以形上学化，将现实世界与理想世界关联起来，并通过实践工夫将人关联到天的源头去。儒、释、道三家各自的天，都指向一个超越的世界，它们有时以不同的名字出现，不一定都要使用“天人”的字样，只要具备这两个世界即可，而现实的世界最终都要以超越的世界作一切存在的根源、一切

① 牟宗三：《宋明儒学的问题与发展》，（新北）联经出版事业股份有限公司2003年版，第344页。

价值的根源或最后真理的依归,我们可以将这两个世界都放入“天”与“人”这两极的基本范畴中。“天人合一”在儒、释、道三家所呈现的实践工夫取向不同,例如,儒家在实践的过程中强调道德意识的提升,道家在实践的过程中则着力于对自然的天性的回归,而佛家在实践的过程中则关注于对般若的妙用的把握。这三家的“天人合一”说,在实践的过程中都关联到超越的实体,而且同样具有一种内在超越型态的特征,这是当代学者的一般共识。超越的世界(即“天”)与现实的世界(即“人”),都有一种不即不离的关系,即超越的世界和现实的世界常常是搏缠在一起的,超越的世界虽然不等于现实的世界,但超越的世界又不能脱离现实的世界,两者相互依存,共同构成一种不离不弃的情况。此外,它们虽然搏缠在一起,但要批判现实的世界,又必须诉诸超越的世界,使其具有批判的特质。从儒、释、道内向形的实践工夫看,这种内在超越型态的特征,使三家在“天人合一”的过程中,都紧紧联系着现实世界,但同时又明显具备相当的批判精神。

关心最高实体,将实践直接关联到最高的实体上,即使儒、释、道都是内在的超越型态,但三派的实践工夫并不依赖人格化的上帝作最高的实体,不过还是同样具备一种或多或少的宗教精神特质。

传统儒、释、道三家的实践工夫,都采取一种内在形态的进路,这种“内在超越”型态只有在“外在超越”的对比下才能清楚显示出来。“外在超越”型态的思想,明显的特征是超越的世界与现实的世界很清楚分别开来,这个超越的世界可以是人格化的神,也可以是一些不变的宇宙秩序或永恒的规则,然而现实的世界和超越的世界却很少纠缠在一起。前面说过,“内在超越”最重要的一个特质是超越的世界与现实的世界有一种不即不离的关系。为了解释这种不即不离的关系为何出现,余英时先生结合大量史料,勾画出中国思想在这场“超越”运动中,是如何形成“天人合一”说的,而这种“天人合一”说又如何在当时的环境中呈现出一种两个世界具有不即不离的文化特色的。他说:

> 为什么中国轴心突破后两个世界会具有“不即不离”的文化特色呢?……他们的最后的答案是:依赖“心”的媒介作用;“心”通过修炼(如荀子所谓“治气养心”)便可将“道”收入“心”中(如韩非所谓“虚心以为道舍”)。……在这一基本架构下,个人如果要接触“道”,第一步必须内转,向一己的“心”求索。①

这种解释说明中国式的“天人合一”的基本形态,都采取了一种“内转”向一己的“心”去求索的实践取向,但不足以说明中国式的“天人合一”,其所以为“内在超越”型态的理由。因为很多“外在超越”型态的思想,采取的也是一种“内转”的实践取向,其中最明显的例子就是奥古斯丁的“外在超越”型态。虽然奥古斯丁的思想深受新柏拉图主义的影响,但毕竟不同于柏拉图,他认为理型并非最后的真理,最后的真理应是基督教的神。但在追寻神的过程中,奥古斯丁迈开通往内在性的步

① 余英时:《论天人之际》,第228页。

伐，他认为最高的真理就在人心的内部，而上帝就是最高的真理。他在《论真宗教》（*De vera Religione*）中有一名言："不要走向外部；回归你自身。内在的人存在于真理中。"[①]他采取回归自身的方式去追求最高的真理，因为上帝并非如柏拉图的理型，不单是一种超越的客体，也是一己认识能力的基础原则，所以必须回到一己的"心"去作根源性的反省（radical reflection），只有这样才能找到神。[②] 虽然奥古斯丁完全转向内心追求最高的真理，且对内在与外在有一个清晰的区分，但他的整套理论仍然是一种"外在超越"，不能称为"内在超越"。所以，采取一种"内转"的方式去求索最高真理的实践取向，只是属于实践的方法问题。不过，"内在超越"的所以为内在，除了方法的内向实践外，还必须涉及超越的世界与现实的世界的具体关系，因为脱离了"天人合一"的具体关系，"内在超越"亦得不到充分说明。其实，余英时先生似乎意识到了这个问题：

> 从字面上看，"人和神的合一"是和中国"天人合一"最相近的观念，但两者之间的差异如此之大，显然不能相提并论。中国轴心时期的"天人合一"既是回到"生命之源"（"气"）和"价值之源"（"道"），即"人"和"天"交接的终极所在（"ultimate"），这里便根本不发生"自我"与"他者"互相对峙的问题。[③]

依这个标准看，他似乎认为"内在超越"的内容，除了指超越的世界与现实的世界具有一种不即不离的关系外，还必须加上另一个条件，即当"天人合一"出现时，"自我"与"他者"互相对峙的情况是不会出现的。这种看法，仍然是将"天人合一"视为一种纯精神层面的一种神秘经验。然而，笔者从前面重构的牟宗三先生的儒、释、道三家的"天人合一"观看，"内在超越"模型的标准，除了"天"和"人"的主观精神合一，以及没有"自我"与"他者"互相对峙外，似乎还必须包含"天"和"人"的客观存在意义上的合一。这种客观存在意义上的合一，除了在实践工夫的过程中去除唯我主义的问题外，三家还必须对个人自我反省能力给予绝对的信任，同时还必须肯定个人人性正面的特质，也就是三家的实践工夫都是内源的，无须向外寻求，也不必依赖外部条件，完全是自足的。而实践工夫的客观意义的呈现，便是对宇宙万物存在的肯定与保证。

然而，关心最高实体，将实践直接关联到最高的实体上，从另一个角度说，就是关心客观的存有，这其实是将主观实践之学进一步发展为客观实践之学的过程。对于这种客观实践之学，牟宗三有一精要的说明：

> 但依中国的传统，重点不在此内在的存有论。中国的智慧传统亦有其存有论，但其存有论不是就存在的物内在地（内指地）分析其存有性，分析其可能性之条件，而是就存在着的物而超越地（外指地）明其所以存在之理。兴趣单

① 转引自 Charles Taylor, *Sources of the Self: The Making of the Modern Identity*, Cambridge, Massachusetts: Harvard University Press, 1991, p. 129.

② Charles Taylor, *Sources of the Self: The Making of the Modern Identity*, p. 131.

③ 余英时：《论天人之际》，第190页。

在就一物之存在而明其如何有其存在,不在就存在的物而明其如何构造成。……故中国无静态的内在的存有论,而有动态的超越的存有论。此种存有论必须见本源……这种存有论即在明天地万之存在,就佛家言,即在如何能保住一切法之存在之必然性,不在明万物之构造。

……又朱子虽重视道学问,然光只顺其所说之道学问,既不足以成知识(科学),亦不足成内在的存有论;但其系统中气自身之凝结造作,自成一机栝,此中即含有物本身之构造之问题,此是内在的存有论之根芽,但朱子却亦未能顺此构造出一个内在的存有论,盖光只此尚不足够故也,无、范畴故也。①

牟氏在这里清楚地指出,中国传统中的这种客观实践工夫,不能成就客观的科学知识,因为这种对万事万物的根源性解释,并没有将万事万物的成分及各自的组成原则分析出来,只是交代了它们的超越来源和依据。借用亚里士多德的概念来说,它们只是提供了一种第一因的解释,而用佛教的词汇来说,便是对现实世界各种存在作了一种"究竟了义"的解释。这也只是从万物有其超越的"所以然"出发,使现实世界的"然"得到一种"究竟了义"的解释,但这种解释并不具备科学知识的客观性,也没有展示科学知识的解释力及预测力。这是从实践工夫的角度所呈现的另一个特征,这个特征也成为中国传统文化在开展科学知识上的一块绊脚石。

① 牟宗三:《圆善论》,第 337 ～339 页。

“君子所为必慎其独”
——论刘宗周《人谱》“为己之学”的逻辑向度及其工夫进路 *

张瑞涛**

《人谱》是明末大儒刘宗周(1578～1645,字起东,别号念台,浙江山阴人。因讲学于县城北蕺山,故后世学者尊其为蕺山夫子)先生生前出版的唯一一部著作,“凡三易稿”而成。蕺山之子刘汋(1613～1664,字伯绳)即指出:“《人谱》作于甲戌,重订于丁丑,而是谱则乙酉五月之绝笔也。一句一字,皆经再三参订而成。向吴峦稺初刻于湖,鲍长孺再刻于杭,俱旧本也。”①由此可知,《人谱》初撰于1634年,由蕺山弟子吴钟峦(1577～1651,字峦稚,号霞舟)于湖州刊刻、发行,至于鲍长孺所刻本,亦只是《人谱》的修改本,非最终定稿。《人谱》挺立“无善而至善”的心体,高扬“时迁时改”的改过工夫,立基孔门心法“慎独”,证心以证人,凸显了醇儒学“为己之学”的逻辑向度和工夫进路,为成就儒家“理想人格”提供了为学思路。

一、“大哉人乎!无知而无不知,无能而无不能,其惟心之所为乎!”

在蕺山先生的视界里,甚至可说在整个宋明理学家的视界里,“人”是天地间最灵、最秀者。比如,周敦颐《太极图》有言“惟人也得其秀而最灵”,程颐说“仁者以天地万物为一体”,王阳明讲“人者,天地之心,天地万物本吾一体”,蕺山先生《原心》有言“人,其生而最灵者也”②,《人谱・人极图说》首句即言“大哉人乎!无知而无不知,无能而无不能,其惟心之所为乎”,其《周易古文钞》亦言“人者,天地之灵、万物之秀也”③。固然“人”为天地间最灵最秀者,但人之灵秀特性却由“心”来展示。

---

* 该文系教育部高校示范马克思主义学院和优秀教学科研团队建设一般项目(17JDSZK100)暨中央高校基本科研业务费(14CX04072B)资助成果。

** 张瑞涛,中国石油大学(华东)马克思主义学院教授。

① 姚名达:《刘宗周年谱》,吴光主编:《刘宗周全集》第6册,浙江古籍出版社2007年版,第477页。

② 刘宗周:《原旨・原心》,《刘宗周全集》第2册,第279页。

③ 刘宗周:《周易古文钞》,《刘宗周全集》第1册,第238页。

或者说,之所以言人为天地间最灵、最秀者,根源在于本体之“心”。

《人极图说》首句“无善而至善,心之体也(即周子所谓‘太极’,‘太极本无极也’。统三才而言,谓之极;分人极而言,谓之善。其意一也)”[①]已明确指出“心之体”的实质。无善实为至善之“转语”,至善就是善。善著不得半点人为:“有善非善也,有意为善亦过也。”[②]善不是有意做出来的,所以说“无善”;善又无时不知、无时不行、无时不显,故说“至善”。蕺山先生有诸多关于“盈天地间皆~”的论断,如:“盈天地间皆道也”[③];“盈天地间一气也,气即理也”“盈天地间皆理也”[④];“盈天地间皆性也,性,一命也;命,一天也”[⑤];“盈天地间,皆物也”[⑥];“盈天地间,皆仁也,则尽人仁也”[⑦];等等。“盈天地间皆~”并不是要落脚于“某一物”,也并非要以“~”为“宇宙生成”的“本体”,而是要通过诸多并列意义上的“~”来消解先儒以某一固定的“~”为“本体”的“一元”本体论,凸显“~”与“~”之间的“共生”“共存”、“圆融”关系。这种“关系”是事事物物存在的“所以然之理”“所当然之道”,是事事物物存在和演进的“根本方式”。这就是“生生”之道。[⑧] 从根源意义上看,“善”是“生生”之道的体露,更是“心”的自然流显,蕺山先生的《学言》即指出:“一元生生之理,亘万古常存,先天地而无始,后天地而无终。……天得之以为命,人得之以为性,性率而为道,道修而为教,一而已矣,而实管摄于吾之一心。此心在人,亦与之无始无终。”[⑨]“生生之理”管摄于“心”,“心”则成为“生生”之义的体露,“心”彰显于“人”就是“善”,彰显与“天”便是“阴阳”,彰显于地乃是“柔刚”,所谓“盈天地间皆心”便是“盈天地间生生”而已。故而,蕺山先生有如此论断:

> 只此一心,自然能方能圆,能平能直。圆者中规,方者中矩,平者中衡,直者中绳,四者立而天下之道冒是矣。际而为天,蟠而为地,运而不已,是为四气。处而不坏,是为四方。生而不穷,是为万类。建而有常,是为五常。革而不悖,是为三统。治而有宪,是为五礼六乐八征九伐。阴阳之为《易》,政事之为《书》,性情之为《诗》,刑赏之为《春秋》,节文之为《礼》,升降之为皇帝王霸,皆是也。只此一心,散为万化,万化复归一心。元运无纪,六经无文,五礼六乐八征九伐无法,三统无时,五常无迹,万类无情,两仪一物,方游于漠,气合于虚,无方无圆,无平无直,其要归于自然而不知其所以然。[⑩]

---

① 刘宗周:《人谱》,《刘宗周全集》第2册,第3页。
② 刘宗周:《书·与履思九》,《刘宗周全集》第3册,第319页。
③ 刘宗周:《学言》,《刘宗周全集》第2册,第365页。
④ 刘宗周:《遗编学言》,《刘宗周全集》第2册,第479~480、480页。
⑤ 刘宗周:《四库本刘子遗书学言拾遗》,《刘宗周全集》第2册,第482页。
⑥ 刘宗周:《原心》,《刘宗周全集》第2册,第279页。
⑦ 刘宗周:《问答》,《刘宗周全集》第2册,第329页。
⑧ 参见拙著:《心体与工夫——刘宗周<人谱>哲学思想研究》,人民出版社2014年版,第382页。
⑨ 刘宗周:《学言》,《刘宗周全集》第2册,第374页。
⑩ 姚名达:《刘宗周年谱》,《刘宗周全集》第6册,第256~257页

“自然而不知其所以然”表明的正是“心”体之意蕴，“散为万化”之“心”与“复归一心”之“心”本质相同、内涵同指，其所表达的是“心”之“生生”无穷无尽、无始无终之义。《人极图说》首句“无善而至善，心之体”正是从本体论、根源义的角度凸显“心”的意义和价值，“确证人之所以为人的德性本体”，“只有浑然至善之心体，才是含万象、造万有的生生之主和价值真元”①。

既而，蕺山先生以“阳动”和“阴静”释“继善”与“成性”，凸显“心”作为“意义存在者”的价值和意义。在他看来，“继之者善”是“道体”之微机，“成之者性”是“道体”之实体。所谓“道”，就是“一阴一阳”之“流行不已”，也就是“生生不已”之意。“善”是“道体”之“微机”，“性”是“道体”之“实体”，“微机”与“实体”是“道体”的不同侧面，不是离开“道体”的两种“独立之物”。“继善”表明“心”生生不已之义由万事万物彰显，“成性”表明事事物物之中涵蕴“心”生生不已之义；“继善”是“从心而物”的展开，“成性”是“由物见心”的展开；二者虽然“路向”不同，但本质皆是在彰显“生生道体”之“心”的客观性与实在性。由此可言，事事物物作为可能存在者与现世存在者，都是天地间生生不已气象的自然而然过程，是“心”的自在彰显。当然，就“心”呈露出来而为“继善”、成就万物讲，“心”有动，乃为“阳动”；就“心”生生不已之意体备于万物而“成性”讲，“心”为静，乃是“阴静”。诚如《学言》所说：“心体本无动静，动静者，所乘之机也。有谓喜怒哀乐未感时属静，既感时属动。静焉而喜怒哀乐藏于无形谓之中，动焉而喜怒哀乐显于有象谓之和，则心体分明有动静可言矣。”②“动”与“静”是“心”之“动”与“静”，以“动而阳”说明“继之者善”，以“静而阴”说明“成之者性”，正凸显了本体之“心”生生不已之意，彰明了人与事物之间的“一体性”。“心”生生不已，“继善”而化育万物，“成性”而万物生，“心”与“物”圆融一体，“即心即物”，心由物显，物中有心，心物生生不已。由此表明，作为人、事、物之存在的“意义者”，“心”通过“生生不已”之意使得他们有了意义和价值。就“心”之“生生不已”之意而言，“心”天然、自然、自在蕴有如此之“理”；就人、事、物之意义和价值为“心”所赋予，“心”之“生生不已”之意蕴涵于人、事、物而言，人、事、物无不含蕴这样的“理”，无不透过这样的“生生不已”而实现自己的“生生不已”，无不从这样的“生生不已”之中挺立主体性、自觉性和能动性。这就是“万性，一性也。性，一至善也。至善，本无善也。无善之真，分为二五，散为万善。上际为乾，下蟠为坤。乾知大始，吾易知也；坤作成物，吾简能也。其俯仰于乾坤之内者，皆其与吾之知能者也”所体现的道理。

蕺山先生还提出“五性”说，用以明确人生本有之“五伦”的价值。“心”生生不已“化育万物”，但天下万物唯“人”最灵：“太极之妙，生生不息而已矣。生阳生阴，而生水火木金土，而生万物，皆一气自然之变化，而合之只是一个生意，此造化之蕴也。唯人得之以为人，则太极为灵秀之钟，而一阴一阳分见于形神之际，由是殽之

① 李振纲：《论蕺山之学的定性与定位》，《河北大学学报》（哲社版）1999 年第 1 期。

② 刘宗周：《学言》，《刘宗周全集》第 2 册，第 454 页。

为五性，而感应之涂出，善恶之介分，人事之所以万有不齐也。"[①]"太极"实落于人，阴阳互蕴、动静交错，从而在人身上化育出"五性"，即"五伦"：

> 人生七尺堕地后，便为五大伦关切之身。而所性之理，与之一齐俱到。分寄五行，天然定位。父子有亲属少阳之木，喜之性也；君臣有义，属少阴之金，怒之性也；长幼有序，属太阳之火，乐之性也；夫妇有别，属太阴之水，哀之性也；朋友有信，属阴阳会合之土，中之性也。此五者，天下之达道也，"率性之谓道"是也。[②]

人作为文化的产物，在成熟自己的自然生命之体的同时，必然要成熟自己的意义生命之体。人在人类所创造的这个"意义世界"之中，不断地实践和完善着人"怎样活""怎样活得更好"的问题，人生成之始自然是夫妇，其后便是父母、君臣、长幼、朋友。五伦伴随人生始终，人唯有在这个文化背景之下思考人性、体悟人生，方能够实现自我完善和成熟。因此，蕺山先生将五伦视为五性、五达道，是"心"这一"生生道体"的必然体现和应然要求，人的灵秀正是通过五性、五伦得以直接彰明的。

"人"究竟意味着什么？蕺山先生有言："人以天地万物为一体，非仁者以天地万物为一体也"；"人合天地万物以为人，犹之心合耳、目、口、鼻、四肢以为心。今人以七尺言人，而遗其天地万物皆备之人者，不知人者也；以一膜言心，而遗其耳、目、口、鼻、四肢皆备之心者，不知心者也。"[③]所谓"合"，《说文解字》曰："合，亼口也，从亼口。"其上半部分"亼"为古文"集"字，《说文解字》解"亼"为："三合也，从人一。象三合之形。凡亼之属皆从亼，读若集"[④]，意指将诸多元素采集到一块。而"合"下半部分"口"，像人体或容器的口形，意指质能或信息输入或输出的接口。"合"内有"潜存、无间、融通"之义。蕺山以"合"分析"心"与"耳目口鼻四肢"之关系，"心合耳目口鼻四肢以为心"表明"心"通由"耳目口鼻四肢"而显现，"耳目口鼻四肢"之功能、价值和意义自然是"心"的内在规定性、能动性和基本属性，"心"是"耳目口鼻四肢"多元要素的内在主体和意义主宰者。同样，蕺山以"人"来"合""天地万物"，"人"作为天地万物中最灵、最秀者，天地万物的价值、意义透过"人"加以显发；反之，"人"之价值和意义就是探求天地万物之价值和意义，"天地万物"之中自然内蕴着"人"之能动性、自觉性和必然性。既然"人"与万物有着这样的关系，那么"人"与"天地万物"自然不可分割。"人"与"天地万物"一体无间，"天地万物"通由"人"的能动性和主动性而彰显，"人"的意义和价值亦自然通过"天地万物"而彰明，这便形成了人与天地万物"本无间隔"的关系。因此，"人"无论如何都离不开"万事万物"，同样，"万事万物"彰明"人"的知能、意义和价值。明白此种道理，人"自然亲

---

① 刘宗周：《圣学宗要》，《刘宗周全集》第2册，第230～231页。

② 刘宗周：《人谱》，《刘宗周全集》第2册，第7～8页。

③ 刘宗周：《书》，《刘宗周全集》第3册，第312页。

④ 许慎撰，段玉裁注，许惟贤整理：《说文解字注》，凤凰出版社2007年版，第394页。

亲而仁民，仁民而爱物，义、礼、智、信一齐俱到”①。

“心”致广大，尽精微，既易知，又简能，“心”生生不已而造化事事物物；人“心”“以天地万物为一体”，万物皆备于我。人心至大，无知而无所不知，无能而无所不能；人心至微，无思无虑而能无善至善，好善恶恶而能本心常明，故“大哉人乎！无知而无不知，无能而无不能，其惟心之所为乎！”

二、“其道至善，其要无咎，所以尽人之学”

人行天地之间，人之日用常行虽有纲常伦则、名物制度，但个体之人的生存世界千万差异，生活习性、道德求索万千气象，个体人之“心”有善有恶、知善去恶、彰善抑恶。《人谱·人极图说》即言：“君子存之，善莫积焉。小人去之，过莫加焉。吉凶悔吝，惟所感也。积善积不善，人禽之路也。知其不善，以改于善，始于有善，终于无不善。其道至善，其要无咎，所以尽人之学也。”②这就表明，“心”虽为万物之本、人事之则，但其落脚地之“人”非全体皆将此“心”承当。人须“学”而成人，善于迁善改过，此为“尽人之学”。但，“心”本至善，何以个体之人有善有恶？人“迁善改过”，何以便证成为“人”？

人是世间最难以把握的“东西”。蕺山先生曾说：“有一种说不出的道理，又有一种形容不得的头面，一齐和合在这里，吾强而名之曰‘人’，是甚亲切。”“说不出的道理”构成“人”之为人的那个“所以然”，“形容不得的头面”构成“人”之为人的那些“容貌辞气”，人生活于自己所创构的文化环境之中，“随俗习非，因而行有不慊”，本来人“心”“廓然而大公，物来而顺应，终身不动些子”③，却为“私”所“欲”所遮蔽。在蕺山看来，人“每日间只是一团私意憧憧往来，全不见有坦然释然处，此害道之甚者”④，有“私”意便不能“廓然大公”。这样的心态，自然属争强好胜。“求胜之心”即是要“立着意见要与人异，即如外面周旋，却加些意在”，故“碍道”⑤。好“胜”便是“私”，“私”与“欲”又有关联：“私”是向“内”寻求，为“我”谋求，“向内向外皆欲”⑥，“欲”使人“心”动而不止。“私”“欲”皆是“为习所转，一切捱排是非计较凡圣，恐都是习心”⑦。“习”是后天而起，虽说有“习心”，实“心”并无不善，只是“习”有善有不善，“人生孩提知爱，稍长知敬，盖因幼时真性如八窗玲珑，四宇洞达，无所遮蔽。不知向后如何一转，便蒙蔽了。此一转甚是害人，大抵日转日甚，世故日深，真性日蔽，声色货利之场为所汩没者多矣”。人在不断成长的过程中，随着所接受

① 刘宗周：《书》，《刘宗周全集》第3册，第312页。

② 刘宗周：《人谱》，《刘宗周全集》第2册，第4页。

③ 刘宗周：《学言》，《刘宗周全集》第2册，第433～434页。

④ 刘宗周：《学言》，《刘宗周全集》第2册，第382页。

⑤ 刘宗周：《问答》，《刘宗周全集》第2册，第356页。

⑥ 刘宗周：《学言》，《刘宗周全集》第2册，第370页。

⑦ 刘宗周：《遗编学言》，《刘宗周全集》第2册，第476页。

的外界事物的增多，本“心”之“净”与“明”被逐渐遮蔽。只是，“心”被遮蔽，并不是说“心”被“磨灭”，本心依然常在，“人皆有本然之真心在，不曾把来理会，遽要与人公物，与人忘善，不知隔了几重公案。这本然的心原坐下完足，人自不体察耳”[①]。“真性”“真心”也就是“何思何虑之心”。

人之所以能够实现本体之“心”的常明与澄明，是因为与人对“心”“意”“知”“物”的体认密切相关。在四者关系上，蕺山先生指出：“有善有恶者心之动，好善恶恶者意之静，知善知恶者是良知，为善去恶者是物则。”[②]所谓“有善有恶者心之动”，表明人心具有可塑性。“人心”作为个性化的实存的个体之“心”，可以践行善行，亦可能行恶，甚至是本意行善行，结果是恶果。人的具体行为，会因主体的“想法”“观念”“目的”而体现出善性和恶性。这些“善”或者是善的念头，或者是善的效果，或者是善的过程。同样，这些“恶”抑或者是恶的念头，或者是恶的效果，或者是恶的过程。具体的人，只要是出于“目的”的、有所为而为的行为，自然就有善与恶的性质之区别。

所谓“好善恶恶者意之静”，是说作为内蕴人心之中的“意”，对人心之行为举止起到规范和约束作用。它是“心之存”：“人心径寸耳，而空中四达，有太虚之象。虚故生灵，灵生觉，觉有主，是曰意。此天命之体，而性道教所从出也。”[③]人心的表象虽为“径寸之肉体”，但其中自有“虚体”，有生生之意流行其中。从最根本的存在之必然性讲，心中有“性”理，“盈天地间一性也，而在人则专以心言，性者，心之性也”[④]；从性居于人之心、性为个体之“心”之能动性、主体性言，心中有意，“意者心之所以为心也。止言心，则心只是径寸虚体耳。着个‘意’字，方见下了定盘针，有子午可指”[⑤]。心与意的关系犹如盘子与盘针的关系，有了意，心才有能动性，才能彰明道德理性，故以“意”为“心之所存”。“人心”可行善与恶，或表现为善与恶，但是“意”却使得“心”有努力实践善行的举动。“意”之“好善”就是“恶恶”，“恶恶”自然就是“好善”。“意”时时活跃，又时时“销迹”，因为它是自觉，是主体性，是人内心的道德法则，故而可说，“好善恶恶者意之静”在本质上表现为主体的自主选择，“在好（喜好）恶（憎恶）的形式下，对善的肯定和追求和对恶的否定与拒斥，已不是外在强制的结果，而完全是出于主体的内在意愿”[⑥]，作为定向之意的“意”彰显出人的自我主体性和自主选择性。

有此“好善恶恶”之意，必有可“彰善抑恶”而无不善之心。但是，意又是如何做到“好恶”的呢？蕺山云：“就意中指出最初之机，则仅有知善知恶之知而已，此即意

① 刘宗周：《问答》，《刘宗周全集》第2册，第353～355页。
② 刘宗周：《学言》，《刘宗周全集》第2册，第391页。
③ 刘宗周：《学言》，《刘宗周全集》第2册，第409页。
④ 刘宗周：《原旨·原性》，《刘宗周全集》第2册，第280页。
⑤ 刘宗周：《问答·答董标心意十问》，《刘宗周全集》第2册，第337页。
⑥ 杨国荣：《刘宗周思想的历史地位》，《中国哲学史》1996年第4期。

之不可欺者也。故知藏于意，非意之所起也。”[①]能够使心自在、自主展开道德实践的是意，而意之“好恶”实质上是基于“知善知恶”之“知”的“行”。没有对善与恶的“知”，哪能有对善与恶的“自觉”的道德评价？在蕺山看来，知是行之基，行是知之实，“‘知行只是一事。知者行之始，行者知之终；知者行之审，行者知之实。’故言知，则不必言行；言行，亦不必言知，而知为要”[②]。因此，知善知恶之“知”，自然能“好善而恶恶”，故说“知善知恶者是良知”。就知善知恶之知的自觉能力讲，知的只是“善”，凡不“善”自然便知为“恶”。作为道德主体之心，“意为心之存主”而“好善恶恶”，“知为意之精明”而“知善知恶”，由“意”与“知”作用的“心”则自然“为善去恶”。同时，“知”与“意”圆融一体，互蕴互显。

终究来说，心、意、知自身就是“善”：千善万善，终归一善；知所有善，终归是知“善”。有善无恶而归之至善，蕺山名之为“物”。此“物”并不是“物体”之“物”，而是“事件”“规则”之“事”。“事”是人为所就，是人所普遍遵循的“规则”，具有“天理”的本性。[③] 作为群体生活、从事实践活动和接受各种伦理规范、价值规范、道德规范等约束的人讲，每个人都会面对属于“道德”评判的体系，都会经历由被动接受规范到主动实践规范的过程，并在对“事”的体思中体悟出“知”，践行“知”。故蕺山说：“就知中指出最初之机，则仅有体物不遗之物而已，此所谓独也。故物即知，非知之所照也。”[④]“物”是人成长与成熟的起点，亦是人走向自觉的起点。虽然有的人不见得从“物”中体思自己，反观生命，但人终究会走向自觉，即此可说“为善去恶是物则”。这就是蕺山四句教的道德哲学。总之，“心”是“意”之外显，“意”是“知”之施行，“知”是“物”之细则，“心”“意”“知”是“物”之“至善”的指画与推演。故而，蕺山有言曰：“一心耳，以其存主而言谓之意，以其存主之精明而言谓之知，以其精明之地有善无恶归之至善谓之物。识得此，方见心学一原之妙，不然未见不堕于支离者。”[⑤]“心无体，以意为体；意无体，以知为体；知无体，以物为体。物无用，以知为用；知无用，以意为用；意无用，以心为用。此之谓体用一原，此之谓显微无间。”[⑥]心、意、知、物四者一体融贯，即意即心、即知即意、即物即知。在这里，“心”是“有善有恶者心之动”之“心”，而非“生生道体”之“心”。从道体之“心”讲，“心”是“人极”。作为人，“本心”常明，“人极”常在，“人”乃成其为人。正是因为人有其作为人的“必然之理”，方可在意的主宰下，从“有善有恶”之中明晰“本心”之常明。

这样，以意、知、物融通、提挈心，个体之“人心”便有了能动性、自觉性和主体性，而人心的能动性、自觉性和主体性又与天命之性相通，故“心一也，合性而言，则曰仁；离性而言，则曰觉。……又总而言之，则曰心；析而言之，则曰天下、国、家、身、

① 刘宗周：《学言》，《刘宗周全集》第2册，第389页。

② 刘宗周：《人谱》，《刘宗周全集》第2册，第19页。

③ 参见黄敏浩：《刘宗周“四句”的诠释》，《中国文哲研究通讯》第8卷第3期，1998年9月。

④ 刘宗周：《学言》，《刘宗周全集》第2册，第389页。

⑤ 刘宗周：《书》，《刘宗周全集》第3册，第380页。

⑥ 刘宗周：《学言》，《刘宗周全集》第2册，第450页。

心、意、知、物。惟心精之合意知物,粗之合天下国家与身,而后成其为觉。为觉,其为人也。若单言心,则心亦一物而已。凡圣贤言心,皆合八条目而言者也,或止合意知物言"①。这样,"心"便有了"天人一路"的品质,"人心,浑然一天体也"②。此心是人的道德理性精神,是人开展道德实践活动的自在主体。依此心而展开道德实践之人一定是君子、贤人,有学者即指出:"(刘宗周)明确地提出心具有道德价值判断和选择的能力,指出道德理性和善良意志相互蕴涵、相互制约,这一思想与一个半世纪后康德在《实践理性批判》中所阐述的自律道德的原理颇为相近。这是难能可贵的。"③以"心"为客观存在和必然存有者,既为人之所以为人树立了客观理则,又为人"迁善改过"探索了客观依据。

三、"君子所为必慎其独"

《人谱》挺立"心"体,探赜人之为"人"的本根凝极所在。但有"心"并不一定能成其为理想的"人",因为由"心"而开显为"人"须有一个自我主体不断反思和体悟的历程。人既有对可能世界境界与理想的追求和铺设,又有基于意义世界和生存世界反思的工夫。"心"体与工夫圆融一体,才能造就真实的"人"、德性的"人"。而心体与工夫融通合一的承载者是"慎独",《人谱》已然指出:"学以学为人,则必证其所以为人。证其所以为人,证其所以为心而已。自昔孔门相传心法,一则曰慎独,再则曰慎独。夫人心有独体焉,即天命之性。而率性之道所从出也。慎独而中和位育,天下之能事毕矣。然独体至微,安所容慎?惟有一独处之时可为下手法。……君子所为必慎其独也。夫一闲居耳,小人得之为万恶渊薮,而君子善反之,即是证性之路。盖敬肆之分也。敬肆之分,人禽之辨也。此证人第一义也。"④慎独既是醇儒证心法门,也是君子工夫修养的始基,更是《人谱》为己之学的逻辑起点。

要体贴"慎独"之意,须即"心"言"独"。人为天地万物之最灵、最秀者,凭借"知"与"能"尽显"心"之本根意义和价值。"心"继善成性,实现天地事物之万化与万性的现实存在。《人谱》指出:"继之者善也。动而阳也。乾知大始者也";"成之者性也。静而阴也。坤作成物者也。"⑤"继善"与"动而阳"相对应,"成性"与"静而阴"相对应,"独"正是对"动静互蕴"之自然状态及其效果的真切表达。认定事事物物的意义和价值、功能和属性,都是在"心"的苑囿之中进行的,无"心"便无事事物物意义和价值、功能与属性的彰明。正是有了"心",所谓的事事物物才有了意义和价值、功能和属性,也才成其为自身,才被彰明起来。这就是"继之者善"。"心"生生不已,从而事事物物生生不已,事事物物之意义和价值、功能与属性亦是生生不

① 刘宗周:《学言》,《刘宗周全集》第2册,第388～389页。

② 刘宗周:《学言》,《刘宗周全集》第2册,第410页。

③ 马振铎:《王学的罅漏和刘宗周对王学的补救》,《浙江学刊》1992年第6期。

④ 刘宗周:《人谱》,《刘宗周全集》第2册,第5～6页。

⑤ 刘宗周:《人谱》,《刘宗周全集》第2册,第4页。

已、变幻无穷。只是，在一定条件之下，“心”生生而万物成，万物自然便有“性”，即“成之者性”。“继善”自然能够“成性”，“成性”是“继善”的自然效果；“继善”表明“生生不已”之动的过程，“成性”表明“生生不已”之静的效果。“继善”与“成性”为“心”之自然运动效果，是“心”之一元阴阳生气运行过程。“独”正是对此的表达。因此，离“心”说不得“独”，“独”是对“心”之生生不已之义的展示、描述，故须“即心言独”，而非“以独代心”。

“独体”无动静，但它彰明了“动静”之理。“独体”既是自在，又是自觉；既是隐微，又是显发；自在之中隐微“独体”之“无思无虑”，自觉之下显发“独体”之“吾之知能”。君子“独体”隐微，但却无时不显发，无时不影响他人、他事、他物。从而，隐微的状态之中自有显发、影响、彰显的过程，“知远之近，知风之自，知微之显”。当然，隐微与显发、黯然与日章圆融一起，“中以言乎其阳之动也，和以言乎其阴之静也，然未发为中而实以藏已发之和，已发为和而即以显未发之中，此阴阳所以互藏其宅而相生不已也”①。偏执任何一方都是对“独体”之蕴的曲解，蕺山即有此论：“一独耳，指其体谓之中，指其用谓之和。”②进一步可知，“独”之中有“动静”运动，而这样的运动并不体现为“时位”，即位置之移动意义上的“动静”，而是彰显为“寂然不动，感而遂通”之过程与状态意义上的“动静”，所谓“无极而太极，独之体也。动而生阳，即喜怒哀乐未发谓之中；静而生阴，即发而皆中节谓之和。才动于中，即发于外，发于外则无事矣，是谓动极复静；才发于外，即止于中，止于中则有本矣，是谓静极复动。一动一静，互为其根，分阴分阳，两仪立焉。若谓有时而动，因感乃生，有时而静，与感俱灭，则性有时而生灭矣。盖时位不能无动静，而性体不与时位为推迁，故君子戒慎乎其所不睹，恐惧乎其所不闻，何时位动静之有？”③

蕺山先生还即“性”言“独”。不仅《人谱》言“人心有独体焉，即天命之性”，他的《原性》也有言：“夫性因心而名者也。盈天地间一性也，而在人则专以心言，性者，心之性也。心之所同然者，理也。生而有此理之谓性，非性为心之理也。如谓心，但一物而已，得性之理以贮之而后灵，则心之与性，断然不能为一物矣。”④“性”并不能用什么“具体”之言语加以分析，并没有什么“具体”之内容，但它却因“心”而“名”，正是因为有了“心”，性才被赋予了价值和意义。“性”因心而名，离“心”无“性”，“性”是事事物物所具意义和价值、功能和属性的“统称”。“心”生生不已而“继善成性”，“性”便自然如此。因“心”之知、之能而赋予事物之意义和价值、功能和属性，事物之有“性”，体现出事物之意义和价值、功能和属性的客观存有。但“性”是否显明，却因“心”而主宰，唯“心”赋予事物特定条件下的特定的意义与价值、功能与属性。“心”是界定、体认“性”的基础，“性”也是彰明“心”的基本路径。正是有了多元的“性”的显明，“心”生生不已之义、“心”之知、能之能动性、主动性、

① 刘宗周：《学言》，《刘宗周全集》第2册，第392页。

② 刘宗周：《学言》，《刘宗周全集》第2册，第396页。

③ 刘宗周：《学言》，《刘宗周全集》第2册，第395页。

④ 刘宗周：《原旨·原性》，《刘宗周全集》第2册，第280页。

自觉性才得以开显。就“性”之客观存有讲,“心”生生不已之义而使之尽显,“心”赋予事物意义和价值、功能和属性便是事物之“性”的显明,但“性”并非因“心”而“始有”,只是因“心”而“得名”,故“性”为“天命之性”;就“性”之在事事物物身上显明讲,“心”之知、能得以发挥,根据不同的认识层面、认知对象和体认方式,赋予了事物意义和价值、功能和属性,“心”之生生不已之义通过“万化”“万性”开显出来,而“万化”“万性”之开显“心”的过程亦是客观存在、自然如此的。“心”不会因“性”是否开显自己而“始有”,只会因“性”开显自己的程度、深度和广度而说明自己之知、能的“广大”与“精微”。也就是说,“心”继善成性之“独”的生生运旋本身亦成为“心”自身之“性”,“独”之继善成性的历程便是“心”之知、能“名”“性”、“显”“性”的历程,亦是“性”开显“心”体的历程。故而,有“心”之知、能,方才有“万化”“万性”,但“性”乃“天命”之自然存有;有“性”之开显,“心”生生不已之义的意义和价值亦才得以显现。“心”生生不已之“独”运旋不止,为“心”本然如此,可谓之“心”之“性”本然如此。故而,“独体”自身是“性”之一种,具有天命之“性”之特性,为“心”所本有。

“独”不离“心”,唯在“心”中,“独”才有存在的意义和价值;“心”中之“独”,“动静无端,显微无间”,通由“继善成性”彰明“心”之知、能,成为“心”之“性”,为“心”之本然,故视为“天命之性”。何谓“慎独”?蕺山《学言》指出:

> 又读“潜伏”之诗,而知君子慎独之功焉。首从人所不见处杜其疚病之门,而犹虑其孔昭也。又读“屋漏”之诗,而愈知慎独之功焉。同是尔室之中,又向屋漏中讨消息,并已不可得而见矣。又读“靡争”之诗,而愈知慎独之功焉。当奏格之时,止有一湛然纯一气象,并喜怒且不可窥,而民已化。又读“不显”之诗,而愈知慎独之功焉。一理浑然,名言莫措,并其德且归之不显,而百辟已刑之。当此之时,内外两忘而化于道,只是个笃恭而天下平,慎之至也。又连咏“明德”之诗,而知君子慎独之功之至焉。由人所不见处,一步推入一步,微之又微,曰“不大”,曰“如毛”,曰“无声”且“无臭”。呜呼,至矣!无以复加矣。可见独体只是个微字,慎独之功,亦只于微处下一着子。故曰:“道心惟微。”①

“独体”之蕴为“暗然日章”,为“动静无端、隐微无间”,那么,“慎独”之功便是于“微”处下一“着”字,即对“独体”蕴意的“慎”“谨”“顺”。“独”者不自欺、率性而为,自然合道。“慎独”之工夫便是对“独”的谨从、随顺,是对“独体”之蕴的另一种表达。《说文解字》解“慎”为“谨”,解“谨”为“慎”,这表明“慎”之意在于“谨从”“严谨”“不离不弃”,“慎独”当被看作“谨从独体”。蕺山自身就有“谨独”之说:“人心如谷种,满腔都是生意,物欲锢之而滞矣。然而生意未尝不在也,疏之而已耳。又如明镜,全体浑是光明,习染熏之而暗矣。然而明体未尝不存也,拂拭而已耳。惟有内起之贼,从意根受者不易除;更加气与之拘,物与之蔽,则表里夹攻,更

① 刘宗周:《学言》,《刘宗周全集》第2册,第387页。

无生意可留、明体可觌矣，是谓丧心之人。君子惓惓于谨独，以此故也。"[①]"慎"的过程必然以"独"为主宰，"独体"虽自在、自然，但应由"慎"加以支撑。作为状态与过程的和合存在，通由"慎"之谨从、遵从、顺从，"独体"可明白运动起来，从而约束、规范"自我"，使个体人"心"合德符节、遵法守纪，实现"自我"的自然的道德践行。"慎独"将内在的道德省思与外在的道德践行实现自觉对接，达致"湛然纯一气象"，最终实现"知行合一""诚明合一""隐见合一""天人合一"。

四、"一迁一改，时迁时改，忽不觉入于圣人之域"

人于生存世界之中，难免会犯过错，《人谱》即归纳了六种"过（恶）"，即"独知"主之之"微过"、"七情"主之之"隐过"、"九容"主之之"显过"、"五伦"主之之"大过"、"百行"主之之"丛过"以及"成过"之"恶"，并深刻阐发"过（恶）"的产生缘由及思想实质。有过不可怕，只要善于迁善改过，便能做成圣人，"若未历过上五条公案，通身都是罪过。即已历过上五条公案，通身仍是罪过。才举一公案，如此是善，不如此便是过。即如此是善，而善无穷，以善进善亦无穷。不如此是过，而过无穷，因过改过亦无穷。一迁一改，时迁时改，忽不觉其入于圣人之域。此证人之极则也"[②]。因此，《人谱》强调"一迁一改，时迁时改"的改过工夫。

"心"有天命之性，即标示继善成性之生生不已之义的"独"。独知之地至微至危，稍有不"慎"，离"独"而生"妄"，由此滋生"微过"。静坐、读书成为谨独"心体"的必要手段，《人谱・证人要旨》"凛闲居以体独"章即云："静坐是闲中吃紧一事，其次则读书。"[③]首先，静坐悟心。静坐是"内自讼"修心法。人在生存世界中因条件限制和物质刺激而有"放心"："或以思维放，或以卜度放，或以安排放，或以知故放，或以虚空放，只此心动一下，便是放。所放甚微，而人欲从此而横流"，一旦"本心"之澄明被遮蔽，则要"复"其"本心"。静坐"从整齐严肃入，渐进于自然"[④]，是实现"求放心"的"亲切工夫"。通过静坐工夫修养人心，无一事思虑，亦无一心主张，只要是真真切切地反观自己，落脚于"心"至隐至微处，"无一切名相，亦并无声臭可窥，只是个维玄维默而已"[⑤]。其次，读书明心。静坐与读书非两阶程，同为证心工夫。《读书说》即指出："除却静坐工夫，亦无以为读书地，则其实亦非有两程候也。"静坐是人通过内心的自讼、自警而实现自我督察，读书则是通过通读儒家经典文献而达至对内在自我督察效果的体悟和巩固，为静坐悟心提供践行理据，"学者诚于静坐得力时，徐取古人书读之，便觉古人真在目前，一切引翼提撕匡救之法，皆能一一得之于我，而其为读书之益，有不待言者矣"。书是古圣先贤哲学智慧、道德思辨、精

① 刘宗周：《学言》，《刘宗周全集》第 2 册，第 429 页。
② 刘宗周：《人谱》，《刘宗周全集》第 2 册，第 9 页。
③ 刘宗周：《人谱》，《刘宗周全集》第 2 册，第 2 页。
④ 刘宗周：《静坐说》，《刘宗周全集》第 2 册，第 305 页。
⑤ 刘宗周：《求放心说》，《刘宗周全集》第 2 册，第 304 页。

神慰藉和实功实行的文字总结，是对过去的思想史、哲学史、道德史、文化史的历史概括，透视圣贤所著经典，可体悟君子、圣贤人格之所在，“圣贤之心，即吾心也，善读书者，第求之吾心而已矣。舍吾心而求圣贤之心，即千言万语，无有是处”①。书是“本心”之明的文字描述，“读”是“本心”的彰明进程，读书将“心”之明与澄明“本心”圆融统合。

“独”是对“心之体”动静无端、显微无间状态的描述，若个体之“心”不能专注于此，必动而生“念”，情离乎性，造成“隐过”之七情：溢喜、迁怒、伤哀、多惧、溺爱、作恶、纵欲。《证人要旨》“卜动念以知几”章如是言：“独体本无动静，而动念其端倪也。动而生阳，七情著焉。念如其初，则情返乎性。动无不善，动亦静也。转一念而不善随之，动而动矣。”②堵截七情之工夫即“知几葆任”，于“向外驰求”中挺立“反身之道”。人生而有仁、义、礼、智四端之性，亦有喜、怒、哀、乐四德之情，且情性圆融，“恻隐，心动貌，即性之生机，故属喜，非哀伤也。辞让，心秩貌，即性之长机，故属乐，非严肃也。羞恶，心克貌，即性之收机，故属怒，非奋发也。是非，心湛貌，即性之藏机，故属哀，非分辨也。又四德相为表里，生中有克，克中有生，发中有藏，藏中有发”③。有性则必有其情，情中亦自然内蕴其性。但人生受外物影响，于耳濡目染中，“本心”之明被遮蔽，《向外驰求说》有言：“动与一切外物作缘，以是营营逐逐，将全副精神都用在外”，四德之情流变为七情，出乎心而离乎性。为防止欲之过、情之生，蕺山为学人下一“顶门针”——“向外驰求”——“所向是外，无往非外，一起居焉外，一饮食焉外，一动静语默焉外，时而存养焉外，时而省察焉外，时而迁善改过焉亦外，此又与于不学之甚者也”④。“向外驰求”告诫人反求自己，当下廓清“性情”之隐微、显发、动静关系，并时时葆任“情以性定、性由情显、即性即情”之圆融境界。

天命之性不可见，但可通过容貌辞气之九容得以显像，“容貌辞气之间，莫不各有当然之则”，“威仪定命”⑤。但是，本来“诚于中而形于外”的九容(足容、手容、目容、口容、声容、头容、气容、立容、色容)因七情之病之呈现，个体之人不断“放心”，遂演变为九容之显过。⑥ 克治此病的工夫是“变化气质”。人只有“气质之性”，“义理之性”为气质之所以为气质者，“须知性只是气质之性，而义理者气质之本然，乃所以为性也。心只是人心，而道者人之所当然，乃所以为心也。人心道心，只是一心。气质义理，只是一性”⑦。气质因人的生存世界差异而有所不同，故为“习相远”；但气质背后的“善”性却相同，不管气质如何，其内心深处总有“本心”之诚明。气质有病不可怕，只要善于“变化气质”，自能从病中“复性”，气浮当治之以沈，气粗

① 刘宗周:《读书说》,《刘宗周全集》第 2 册,第 305 页。

② 刘宗周:《人谱》,《刘宗周全集》第 2 册,第 6 页。

③ 刘宗周:《学言》,《刘宗周全集》第 2 册,第 421 页

④ 刘宗周:《向外驰求说》,《刘宗周全集》第 2 册,第 308 ~ 309 页。

⑤ 刘宗周:《人谱》,《刘宗周全集》第 2 册,第 7 页。

⑥ 刘宗周:《人谱》,《刘宗周全集》第 2 册,第 11 页。

⑦ 刘宗周:《中庸首章说》,《刘宗周全集》第 2 册,第 301 页。

当治之以细，事事与之对治，工夫既久，便见“心”从气质托体，不囿于气质，“此之谓以心治气质而气质化，且以气质化性，而性复其初也”①。变化气质彰显出“即知即行”的工夫哲学，“夫知有真知，有常知，昔人谈虎之说近之。颜子之知，本心之知，即知即行，是谓真知。常人之知，习心之知，先知后行，是谓常知”②。真知是“即知即行”，既知自然行，所行自然有其知，知与行并无间碍。变化气质探求主体自我意识的觉醒，通过主体自我对“本心”的体悟，而问师求学、读书穷理，知而行之，最终达至内在的自在与自觉。

人的意义生命由系列“关系”铺就，人必然受家庭伦理、行业规范、社会道德的规约，诚如《人谱》所言：“只繇五大伦推之，盈天地间，皆吾父子兄弟、夫妇君臣朋友也。其间知之明，处之当，无不一一责备于君子之身。”五伦之道须时时践履敦笃，“畅于四肢，发于事业”，若不能力尽其分，则不能体悟其中本然之韵味模，而会流变为“五伦主之”之“大过”③。对于个体之自我主体讲，改过工夫强调自我主体性的发挥和自我能动性的开显，“我”改过便是我心之“明”，我心明便是我“反身为道”。因此，自我主体要善于践行五伦之道，善于从“大过”中迁善改过。当自我主体明晰了自己之为五伦绕身之事实，“时时体认出天地万物一体气象，即遇恶人之见，横逆之来，果能作如是观否？彼固一体中人耳，才有丝毫隔绝，便是断灭性种。至于知之之明，与处之之当，皆一体中自然作用”④，从而挺立真道德、真性命、真学问。明晰处人之必然之理和当然之则，自我主体自然从“大过”中警醒，从而达至自我主体精神境界的自然与安然。

万物皆备于我，心外无物，“盈天地间，只是个生生之理，人得之以为心，则曰‘仁’，亦万物之所同得者也。惟其为万物之所同得，故生生一脉，互融于物我而无间，人之所以合天地万物而成其为己者”⑤。心为物本，是事物的意义和价值、功能与属性的赋予者、主宰者；物为心显，事事物物皆为“心”之呈露。若“离物求心”，便陷入百行之“丛过”，故人须于事事物物“一一与之践履过”⑥。事事践履即是“应事”，“自寻常衣饮以外，感应酬酢，莫非事也。其间千变万化，不可端倪，而一一取裁于心，如权度之待物然。权度虽在我，而轻重长短之形，仍听之于物，我无与焉，所以情顺万事而无情也”。人于“事”上本不着私欲杂念，但因妄根惑念作祟，加以七情之欲乱情伪、九容之诚形离间，人在应“事”上走作变形。从哪里犯错，就从哪里入手改过，“故事无大小，皆有理存，劈头判个是与非见得是处，断然如此，虽鬼神不避；见得非处，断然不如此，虽千驷万钟不回。又于其中条分缕析，铢铢两两，辨

① 刘宗周：《证学杂解》，《刘宗周全集》第2册，第272页。

② 刘宗周：《人谱》，《刘宗周全集》第2册，第19～20页。

③ 刘宗周：《人谱》，《刘宗周全集》第2册，第8～12页。

④ 刘宗周：《处人说》，《刘宗周全集》第2册，第308页。

⑤ 刘宗周：《读书要义说》《刘宗周全集》第2册，第312页。

⑥ 刘宗周：《人谱》，《刘宗周全集》第2册，第8页。

个是中之非，非中之是，似是之非，似非之是。从此下手，沛然不疑，所行动有成绩"[①]。在事上磨炼，即是要实现"心中无一事"。人具有主体性、能动性，尽管个体之人之言行举止或善或恶，但其作为自我主体而应然存有的自觉性、自主性和能动性并不会消逝，而只会被"遮蔽"，人倘能主动地反思自己和创新自己，并能够自觉地"去"实践这个创造，那么人所秉有的自我主体的主体性与能动性便能得以真切发挥。自我主体创造性的自觉发挥是对生存世界的反思与体认，人心本真之性的真切体悟是物我合一、知行合一的真实表达。

有过不可怕，只要善于迁善改过，便做成圣人；人若遇过不改，便会成"恶"[②]；即便是迁善改过，若不能自心而"克念终始"，依然是"恶"。因此，改过工夫无穷尽，"学者未历过上五条公案，通身都是罪过。即已历过上五条公案，通身仍是罪过"，唯有一迁一改、时迁时改，方可入圣人之域，唯此为"证人极则"。蕺山针对成"过"之"恶"而提出的"克念"工夫，实是对前五个工夫进程的统合。工夫步骤有进阶，不同层面的"过"会有特定的改过工夫来对治。但，"过"由隐而显、由微而著、由小而大，后"过"建立于前"过"之上，"过"而不改则成"恶"，如《纪过格》所言："微过成过曰微恶"，"隐过成过曰隐恶"，"显过成过曰显恶"，"大过成过曰大恶"，"丛过成过曰丛恶"[③]。故，前一阶段的改过工夫同样适用于后一阶段，"克念始终"即是对前五种工夫连贯性、通合性的综括。所谓"克念始终"，就是要人澄明"心体"、体思"本心"之无思无为、何思何虑之真性。因此，《人谱》设计了"讼过法"[④]，要人读书之余，静坐体思，期求克念。讼过工夫说明，心上的任何念虑皆是对"本心"之明的遮蔽，唯通过"心"上"化念归思、化念归虚"工夫，以透彻"无善无恶"之真性所在，"念念以为善，穷于善矣，如念何？念念以不为恶，穷于恶矣，又如念何?"个体之"心"当打破念与虑的束缚，贯通心与思，圆融心与虚，"思则得之，得无所得，此谓思善；不思而得，失无所失，此谓至善"[⑤]。思无起灭，心才无善恶。

无论个体之"心"有怎样的"过"，其"本心"始终诚明净洁，不会因生存世界"习染"之遮蔽而消逝，诚如《人谱》所言："人虽犯极恶大罪，其良心仍是不泯，依然与圣

① 刘宗周：《应事说》，《刘宗周全集》第2册，第306～307页。

② 刘宗周：《人谱》，《刘宗周全集》第2册，第13页。

③ 刘宗周：《人谱》，《刘宗周全集》第2册，第15页。

④ 《人谱·讼过法》："一炷香，一盂水，置之净几，布一蒲团座子于下。方会，平旦以后，一躬，就坐。交趺齐手，屏息正容，正俨威间，鉴临有赫，呈我宿疚，炳如也。乃进而敕之，曰：'尔固俨然人耳，一朝跌足，乃兽乃禽，种种堕落，嗟何及矣。'应曰：'唯唯。'于是方寸兀兀，痛汗微星，赤光发颊，若身亲三木者。已乃跃然而奋曰：'是予之罪也夫。'则又敕之曰：'莫得姑且供认。'又应曰：'否否。'顷之一线清明之气徐徐来，若向太虚然，此心便与太虚同体。乃知从前都是妄缘，妄则非真。一真自若，湛湛澄澄，迎之无来，随之无去，却是本来真面目也。此时正好与之葆任，忽有一尘起，辄吹落；又葆任一回，忽有一尘起，辄吹落。如此数番，勿忘勿助，勿问效验如何。一霍间整身而起，闭阁终日。"（刘宗周：《人谱》，《刘宗周全集》第2册，第15～16页）

⑤ 刘宗周：《治念说》，《刘宗周全集》第2册，第316页。

人一样。只为习染所引坏了事。若才提起此心，耿耿小明，火然泉达，满盘已是圣人。"[1]"本心"无善而至善，人虽犯过，但能通过迁善改过工夫步澄明"本心"，"证人"工夫本质上即是"证心"工夫。

《人谱》所要解决的问题的实质——"什么是人""如何为人"——是以"人"为中心，人是宇宙世间最为灵秀者，而"人"成其为"人"的那个"所以然"正是"心"。"心"生生不已而造化事事物物，无知而无所不知，无能而无所不能，是人开展道德实践活动的自在主体，蕺山先生正是统合宇宙论与道德论而落实于"心体论"，从"本体论"视域证明"人"之为"人"的必然道理。"心"无思无虑、既知既能，人之所以能够实现本体之"心"的常明与澄明，是因为与人对"心""意""知""物"的体认密切相关。蕺山先生据此提出了"有善有恶者心之动，好善恶恶者意之静，知善知恶者是良知，为善去恶者是物则"四句教，通由"尽人之学"以彰显个体之"人心"的能动性、自觉性和主体性。如果说"心体论"是在说明"什么是人"的话，那么，在善恶杂陈的"生存世界"中要能够时刻保持"本心常明"状态，则必须展开"慎独"工夫，这是《人谱》为己之学的逻辑起点。做工夫的过程就是"改过（恶）"的过程，每一层面的"过"都有其内在原因，每种可能的"过"对应着一定的改过"工夫步骤"。"改过"即是"明心"，唯通过一迁一改、时迁时改的"工夫"修养，才明心见性、去弊成人。

① 刘宗周：《人谱》，《刘宗周全集》第2册，第15页。

哲学的自身困惑与意义理解

——伽达默尔论哲学科学性和作用方式问题*

张能为**

欧洲近代“认识论的转向”加深了将哲学等同于科学的认识,使哲学陷入一种独断论形而上学;而现代实证主义的科学语言分析哲学,则以“拒斥形而上学”为旗帜,又将哲学完全排除于科学之外,这两种认识都带来了哲学本身的自我困惑与认同危机。特别是伴随着后现代主义的“本质解构”以及福山的“历史终结论”的提出,各种“哲学终结论”不绝入耳。伽达默尔以其解释学的实践哲学,要求重新“返回到哲学的科学特性”,使“哲学以改变的方式存在下去”,这无疑是对哲学以及哲学作用的重新肯定和强调,也是对“哲学终结论”的间接回应和批判。伽达默尔的解释学的实践哲学,深刻阐明了以存在普遍意义与价值诉求的整体性理解为根本性质的哲学必然是人类存在与生活的一种方式,此种哲学既区别于科学,又同样具有科学性。正是在哲学中方能满足“理性对于统一性和认识统一性的需要”,因此人类永远存在着自我理解的哲学任务。

随着美籍日裔学者弗朗西斯·福山(Francis Fukuyama)在其代表作《历史的终结及最后之人》中提出“历史终结论”①以来,各种终结论甚嚣尘上,哲学这门古老学科的历史命运也开始受到质疑。海德格尔从哲学到思的转变,德里达对逻各斯中心主义的解构,都不同程度地反映出哲学人对哲学本身的焦虑以及对“哲学终结

* 该文为国家社科基金重大项目“欧洲生命哲学的新进展研究”(14ZDB018)暨国家社科基金项目“当代解释学与实践哲学新进展研究”(15BZX079)的阶段成果。

** 张能为,安徽大学哲学系教授。

① 20世纪80年代末,美国国务院顾问弗朗西斯·福山(Francis Fukuyama)抛出了“历史终结论”,不无得意地向世人宣告:自由民主可能形成“人类社会形态进步的终点”与“人类统治的最后形态”,也构成“历史的终结”。他用一种黑格尔语义上的历史话语,将历史进程设定朝向自由民主理念的单一方向,宣称:“对于马克思而言,资本主义社会中普罗阶级(无产阶级)的贫困化不单是‘问题’,而且是‘矛盾’,因为贫困化会带来革命的情境,这会破坏整个资本主义的社会结构,建立不同的社会。反过来说,我们也可以辩称,如果现在的政治社会组织形态已完全合乎人类最本性的存在,历史即已走向终结。”([美]弗朗西斯·福山:《历史的终结及最后之人》,黄胜强、许铭原译,中国社会科学出版社2003年版,第162页)

论”的深度担忧。

自古希腊时期以来，哲学作为一门对世界作超越性理性反思的学科，其性质和作用从来不曾成为一个问题，人们往往认为正是哲学赋予了人类一种普遍的知识和整体性的思考和把握。但德国古典哲学之后，哲学形而上学受到来自实证主义的深度消解和拒斥，哲学的空间大为缩写，甚至沦为了关于科学命题的实证性分析活动。而后现代主义的迅速兴起，使传统哲学的本质和作用、意义发生了根本性的转变，哲学失去了其自身独立的地位，而以反基础主义、中心主义、整体主义、本质主义、普遍主义为诉求的当代文化，在解构传统哲学思维方式的同时，实质上也在消解哲学本身。哲学不再被作为一种统一性和普遍性思考方式而受人尊崇，而是伴随着理性总体化、整体性的消解而被置于多元性、差异性中，以等同于多样性学科知识中的一种，甚至消融于文学、艺术等领域而放逐自身。

那么，在现代社会科学技术文明中，哲学是否还有作用？又该如何才能发挥出它的作用呢？应该说，如何看待哲学与科学的关系以及哲学作用的方式，是自亚里士多德以来一直贯穿于西方哲学发展的中心问题之一，特别是在现当代西方文化视域中，哲学的存在及其作用问题成了一个令人无法忽视的问题。当代解释学代表伽达默尔是一位“以哲学表达西方命运”的哲学家，他立足于解释学实践哲学立场上，面对各种哲学终结论的可能危险，深刻地阐述了其本人对哲学之科学性及其作用新方式的不同理解和思考，这种思考可理解为是对质疑哲学存在、消解哲学作用意义的批判与重新扭转，再度彰显了哲学之本质理解和哲学于当代的重要意义。

一、“返回到哲学的科学特性”

古希腊时期，亚里士多德从研究对象出发，将作为“研究具体事物存在”的科学与作为“研究存在之存在”的哲学作了区分，但他从根本上仍是将哲学作为一种科学来看待的，只不过它是研究最一般性、最根本性的事物存在本质和规律的科学。近代的形而上学同样是在科学认识论的意义上来构建理性形而上学、理性心理学、理性神学的，其目的也是把哲学问题当作类似科学问题那样来对它做出科学式的回答。不过，这种在知识论中将哲学与科学等同起来的看法，到了康德那里却有着实质性的转变。

康德通过对人类理性能力的分析，揭示了把哲学问题作为科学问题以及做出科学式解答的虚妄性、僭越性。他还通过区分理论理性和实践理性，将哲学成立的合法性置于实践理性基础上，由此建立一种作为道德本体的形而上学。可以说，“面对科学，哲学开始以过去从未有过的方式，为自己的合法性寻找证明，而且在直到黑格尔和谢林去世的整整两个世纪中，哲学实际上是在对科学的自卫中被构建的”①。康德所做的工作带来的一个结果是，哲学不再被作为类似自然科学的学问，

① ［德］伽达默尔：《科学时代的理性》，薛华等译，国际文化出版公司1988年版，第5页。

其理论的危险性则暴露为哲学不具备自然科学的科学性,哲学不再能以一种科学的方式对人生生活起作用。在伽达默尔看来,这种看法是有问题的,他就是要区分开这样两个问题:一是反对像古典哲学那样完全将哲学等同于科学,二是同样反对因哲学与科学的不同而否定哲学应有的科学性。伽达默尔的见解是,哲学有其自身的科学性,有对人类生活产生作用的特有方式。在现代哲学和现代社会中,"返回到哲学的科学特性"是确定哲学与科学关系的第一条途经,也是一个十分重要的时代主题。[①]

在哲学与科学的区别上,伽达默尔指出:"我们称之为哲学的东西,不是以所谓实证科学方式存在的科学,哲学并不是拥有一批并列于其他科学的规范研究领域的实证的材料,可以据之进行单独研究,因为哲学必须研究整体。但是,这个整体并不像其他任何限定的整体一样,仅仅是包含了它的一切部分的整体。作为这个整体,它是超出各种知识的有限可能性的一种观念。因此,它就不是我们以一种科学方式能够认识的东西。"[②]不过,尽管哲学不是科学,但若由此否定作为世界观的哲学具有一种科学的地位则是错误的。在伽达默尔看来,今天重新来讨论哲学的科学特性仍然很有意义。同上述见解相反,哲学理应被称为科学,它同样具有科学的特性,因为"尽管它与实证科学有着各种差异,但它对实证科学仍然具有一种切近的联系,这就使哲学从那种建基于严格的主观证明的世界观领域中分离出来"[③]。

古希腊人把哲学与科学看作不可区分的一个东西,"哲学"这个包罗万象的术语就是用来指称各种理论知识的。因此,在各种理论知识包括科学中,就包含着哲学要素的东西,这些东西是决定任何既定科学的客观领域的一些基本的概念尺度。这就是说,哲学本身不是科学,但它对科学却有着维系特性。那么,哲学对科学何以能有如此作用呢?当然,人们可以从理性的需要,即"能够在存在事物的全体中保持统一性"而要求具有系统的、综合的知识来回答这一问题,但从中所反映的则是:哲学具有科学特性。哲学是一种理论知识,而"理论"的古希腊文(Theoria)原义是观察和看,也就是参加到具体的活动之中。这就是说,作为一种理论知识,它绝不是与现实的人类生活无关的主观臆造,只是哲学是作为对世界的理性反思来表现自己的。那么,这种理性反思与具体科学的理性认识是一种什么关系呢?

在伽达默尔看来,不管是科学的认识理性还是哲学的反思理性,作为理性,它们都有一个共同点,那就是"理性对于统一性和认识统一性的需要"[④]。正因为有着对统一性的迫切要求和需要,所以它促使我们不断产生知识的统一,产生关于世界的最综合性、最一般性的看法。在这里,"科学所提供给我们以测度通向世界的每一途径和探索世界的各个范围的每一种事物,都属于这种理性的迫切要求。我们

① 参见[德]伽达默尔《科学时代的理性》,薛华等译,国际文化出版公司1988年版,第6页。
② [德]伽达默尔:《科学时代的理性》,薛华等译,国际文化出版公司1988年版,第1页。
③ [德]伽达默尔:《科学时代的理性》,薛华等译,国际文化出版公司1988年版,第1页。
④ 参见[德]伽达默尔《科学时代的理性》,薛华等译,国际文化出版公司1988年版,第6页。

哲学思想传统的遗产，也同样重要的属于这种理性的迫切要求"[①]。

可以说，正是这种理性的关于统一性的需要和迫切要求，决定了哲学与科学的相通之处。哲学也是关于世界的一种理解、一种认识，甚至是一种态度，哲学思维同样构成了人生生活的一部分，它具有以理性反思形式表现出的理解世界、解释世界的科学特性。因此，从某种意义上说，哲学是一种理论知识，也是一种科学，具有科学的地位和作用。显然，近代以来的那种要么将哲学等同于科学，认为哲学问题也是科学问题，要么完全割裂哲学与科学，消除哲学的科学性，置哲学于艺术一边的做法都是错误的。伽达默尔指出："现代的科学概念以及与此相应的方法论概念是不充分的。精神科学之所以成为科学，与其说从现代科学的方法论概念中，不如说从教化概念的传统中更容易得到理解。这个传统就是我们所要回顾的人文主义传统。这个传统在与现代科学要求的对抗中赢得了某种新的意义。"[②]

当然，哲学不同于具体科学，"哲学家的责任是对概念做出解释，他并不提供通过经验的研究获得的新知识"[③]；但是，作为对世界整体的研究，哲学又追求一种理性的最高统一，从而表现出一种理解世界、解释世界的科学特性，由此它本身也成了一门科学。那么，对于人类生活而言，哲学又是如何发挥作用的呢？换言之，哲学作用的方式是什么呢？

二、"哲学以改变了的方式存在下去"

按照希腊文中"哲学"一词的意义，我们称为哲学的东西，本身就意指"科学"。古希腊人通过这种方法使人们摆脱了人类原始时期的神话，走向了求知欲发展的道路。那么，这条道路是否已经达到终点？哲学已经穷途末路了吗？

应该说，在古典哲学里，哲学被当作科学来看待，但这种科学是以形而上学为先导的，因而古典哲学或科学是能够提供对世界的整体关注的，是能够"为世界的自然经验和以世界语言学作为媒介的解释带来统一的结论"[④]的。但是，近代以后，古希腊以来的科学概念发生了极大的变化，实验科学的兴起奠定了一种关于科学的新观念，它认为科学在本质上是经验科学，科学问题就是对世界经验问题能够做出肯定或否定回答的问题。可以说，"现代经验科学追求的是知识的确定性和可控性，靠放弃崇高的亚里士多德式风格的全面知识来保证它们的发展道路"[⑤]。因此，这种现代科学使可观察到的东西屈从于数学的量化方法，并在各个方面依靠试验和假设逼近科学知识。不过，在伽达默尔看来，这种科学由于离开了哲学的理性反思，因而变成了一种对自然的"戡天役物"性的攻击，它使自然屈从于一种新的、然

① ［德］伽达默尔：《科学时代的理性》，薛华等译，国际文化出版公司 1988 年版，第 17 页。
② ［德］伽达默尔：《真理与方法》，洪汉鼎译，上海译文出版社 1999 年版，第 21 页。
③ ［德］伽达默尔：《赞美理论——伽达默尔选集》，夏镇平译，联书店 1988 年版，第 121 页。
④ ［德］伽达默尔：《科学时代的理性》，薛华等译，国际文化出版公司 1988 年版，第 127 页。
⑤ ［德］伽达默尔：《科学时代的理性》，薛华等译，国际文化出版公司 1988 年版，第 127 页。

而是片面的控制。因此,“新的经验科学不提供全面知识只是提供探究自然的无休止的过程”①,这种科学是无法代替哲学的。伽达默尔宣称:“现在的特点是,作为时代决定性标志的科学之流行终止了哲学的经典作用,但科学没有试图阻止哲学以改变了的方式存在下去。”②

哲学是一种世界观,世界观的原本含义是提供一种关于世界的整体解释。19世纪是一个世界观的时代,其意图就是要以世界观理论去恢复现代科学已不能提供的对整体解释的希望。但是,这种世界观思想受到了各种批判和打击(因为它在科学理性胜利进军下显得不合时宜)。哲学为了捍卫自己的科学性和地位,因而越来越多地转向科学哲学,转向哲学的逻辑和认识论基础研究。显然,我们今天必须从这种对哲学的扭曲理解中,重新恢复哲学作为对世界整体解释的世界观的理解。

正是在此种学术背景下,现代哲学以各种形式表现出对哲学真正意义的回归。“艺术加入了世界观哲学的队伍”③,艺术不再作为哲学的敌手,而是以理解世界的一种方式,参与到对世界的整体解释之中,艺术“接近哲学旧有的任务”④。在法国文化中,哲学与文学同归于“文学”(letters)一词,由此也让人强烈地感受到哲学与诗歌的接近。而在德语国家中,继承了形而上学遗产的“人文科学”一词得到了发展,也发挥了作用。这表明,现代艺术科学、现代人文科学所研究的对象不再是客体的世界,而是人对自己、对他的创造物世界的认识,这类科学的目的不仅是认识,而且是人的自我认识能动的和不断进行的改造。因此,尽管从纯科学的严格意义上讲,这类科学是混乱不堪的,但实际上它们却表现了人们对整体统一性感悟、理解和解释的真实情况,表现了人们在实际生活过程中不可控制的意志与情感因素、选择与决定情形,它们与哲学的真正意义是相通的,它们构成了现代哲学作用的某些方式。同时,这也意味着“相对于各种世界观提供的对世界解释的全体,哲学不再被严格地从其认识要求方面来对待了。反之作为生活的一种表现,它同人类其他文化创造(如艺术、法律、宗教)具有类似价值”⑤。

显然,在今天这样一个“极端信奉科学的时代”⑥,哲学绝不是毫无作用的,恰恰相反,正是它大展身手的好时候。因为人们急需从这种科技决定一切、充满人的自我异化的时代摆脱出来,急需从现在的非真实存在状态转向一种拥有自由的自我意识,能够对自己的行为加以选择、决定和负责任的真实的生活状态。而所有这一切都取决于人们对整体的一种思考,取决于人们对人类生活和人类共同体的一种“稳定性”理解,从根本上说取决于人们拥有一种什么样的世界观。

在现代科学的时代,人们把自己行为实践的选择权、决定权交付给了科学技

---

① [德]伽达默尔:《科学时代的理性》,薛华等译,国际文化出版公司1988年版,第128页。

② [德]伽达默尔:《科学时代的理性》,薛华等译,国际文化出版公司1988年版,第128页。

③ [德]伽达默尔:《科学时代的理性》,薛华等译,国际文化出版公司1988年版,第128页。

④ [德]伽达默尔:《科学时代的理性》,薛华等译,国际文化出版公司1988年版,第129页。

⑤ [德]伽达默尔:《科学时代的理性》,薛华等译,国际文化出版公司1988年版,第142页。

⑥ [德]伽达默尔:《科学时代的理性》,薛华等译,国际文化出版公司1988年版,第129页。

术，交付给了掌握科学技术的专家，这实际上也等于放弃和推诿了自己所应承担的责任。但是，“对人的生活以及社会生活实行全面科学的控制，以致每一个人的和政治的决定可以不靠我们自己而是靠科学得到客观的实现”①，这真的是可能的吗？人是一种有限的、历史的存在，一方面，人的科学是有限的，它不能穷尽对一切问题的认识，科学也不适用于解决一切问题。因此，苏格拉底的“自知自己无知”对于我们今天仍有重要的意义，它有助于破除科学理性神话。另一方面，不是人服务于科学，从根本上讲，科学是人的理性认识世界的一种能力、一种方式，它是服务于人的关于世界的整体解释的，归根到底是服务于人的存在的。过于夸大科学理性在人的存在中的作用，而忽视人的意志、情感，特别是否定关于人类行为自身反思的实践理性的作用，其实是片面的，也是不可能带来人类的真正存在和美好生活的。总之，“对于沉淀在我们语言中的我们的生活世界的理解，不能通过那种适宜于科学的知识可能性完全实现”②。

三、作为自然倾向，永远存在着自我理解的哲学任务

当然，在现代社会，要想哲学发挥其应有的作用，却也不能完全回到古希腊古典哲学的意义上去。因为那种要求建立完整、庞大的哲学体系的做法的确已受到越来越多的怀疑，哲学不再是科学之科学，不再是科学之王，人类似乎准备以一种新方式承认它的局限性和它特有的作用。伽达默尔指出，“哲学不能被硬加在科学研究工作上，相反地，只是当科学制止了哲学的补充和思辨的独断对它的限制时，哲学才真正地发挥作用”③。那么，哲学要通过什么方式来发挥作用呢？在伽达默尔看来，尽管人们今天已不再持有这样的看法：“面对各种古老的问题和科学的新倾向，哲学应再一次发挥它旧有的全面功能，并用一个统一的有关世界的图景把我们所有的知识结合起来”④，但是，哲学以一种人类的自然倾向来表现它的作用，却是毋庸置疑的。伽达默尔就指出，哲学是人类的自然倾向，今天，“人类对哲学的自然倾向，对求知欲的自然倾向仍很强烈”⑤。那么，在如今这样一个科学技术化的时代，怎样把科学知识（有限的和暂时的，或者也许是证明了的和有效的科学知识）以及从伟大的历史传统中涌来的关于人的全部知识，变换成我们的实践意识呢？

显然，要消除现代社会中不断增长的人的自我疏远，要获得对人类的新的自我理解，就必须把科学和人关于自己的知识结合起来，也就是说，时至今日，使人们展开自我理解是十分紧迫的。古希腊的理性从总体上表现为对我们唯一可能的未来

① ［德］伽达默尔：《科学时代的理性》，薛华等译，国际文化出版公司1988年版，第131页。
② ［德］伽达默尔：《科学时代的理性》，薛华等译，国际文化出版公司1988年版，第10页。
③ ［德］伽达默尔：《科学时代的理性》，薛华等译，国际文化出版公司1988年版，第9页。
④ ［德］伽达默尔：《科学时代的理性》，薛华等译，国际文化出版公司1988年版，第131页。
⑤ ［德］伽达默尔：《科学时代的理性》，薛华等译，国际文化出版公司1988年版，第131页。

形象、一种生活和存在的可能性的形象的追求。[①] 因此,在今天,就人类存在关涉他们自己而言,在每一方面,都依然存在着一种自我理解的任务。

伽达默尔认为,他的解释学的实践哲学就是要做这一方面的工作,要在理解的解释学基础上把异己的、陌生的以及任何已变得异己的东西带进语言的理解和实践的哲学,要在实践哲学上重新反思人类的实践行为,重新做出关于人的自我理解,进而摆脱现代技术化社会的困境,使人类摆脱一切彻底束缚自己的关系,从而拥有一种真正的存在,过上一种美好生活。"正如我们的全部世界经验呈现为一个逐渐无拘无束、永无止境的过程(用海德格尔的话说),这个过程又发生在变得日益陌生的世界中,因为世界总是被我们自己改变得太多;同样,对于事物做出一种哲学说明的迫切需要也是一个无尽的过程。在这个过程中,不仅实现了我们每个人在思想中与自己的对话,而且也实现了我们大家都卷入并且会永远不停地卷入的那种对话,无论人们说哲学已经死亡,或者说哲学没有死亡。"[②]

因此,对于今天的人们来说,重要的不在于哲学是否已经死亡,而在于认识到,作为人类的自然倾向,哲学的作用不仅不应该被否定、取消,而应该必然地并将永远地发挥着它的独特而重要的意义。

四、"应用"与作为哲学的解释学意义

伽达默尔认为,解释学的基本问题是:"在通过写作而固定下来的意义与通过读者进行理解的意义之间的距离如何能够达到沟通。"[③]理解就是在取得一致意见的交往联系中获得它的地位,这就是说,作为一门独立出来的学科,理解的意义在于对本文意义的理解和解释,在于使一种意义从陌生的世界转到我们所熟悉的世界。但是,这种局部解释学只是从认识论与方法论的意义来考察理解的,只是把理解作为意义显现的一种技艺、一种途径和手段。因而,不管对理解的规则和方法作出了多么详细的研究,它们仍旧停留于单纯的解释学技艺理论上。实质上,从总体上说,传统解释学特别是浪漫派解释学,忽视了解释学除了理解、解释之外的第三个要素,即"应用"。

在虔信派那里,"应用"(Anwenden)才被视作一种技巧,才被作为第三种要素而添加于解释学之中的(如在 J. J. 兰巴赫那里)。但应用问题却一直没有得到很好的重视。在伽达默尔看来,"理解总是包含对被理解的意义的应用"[④],"应用乃是理解本身的一个要素",理解与应用是统一的,"理解的解释的问题与应用的问题密不可分地联系在一起"[⑤],一种理解意义的合法性与普遍性就存在于其所理解的意义

---

① [德]伽达默尔:《科学时代的理性》,薛华等译,国际文化出版公司 1988 年版,第 14 页。
② [德]伽达默尔:《科学时代的理性》,薛华等译,国际文化出版公司 1988 年版,第 17 页。
③ [德]伽达默尔:《赞美理论——伽达默尔选集》,夏镇平译,三联书店 1988 年版,第 149 ~150 页。
④ [德]伽达默尔:《真理与方法》,洪汉鼎译,上海译文出版社 1999 年版,第 428 页。
⑤ [德]伽达默尔:《真理与方法》,洪汉鼎译,上海译文出版社 1999 年版,第 726 页。

的应用之中。同时，之所以要对本文的意义做出这样或那样的理解，其根本目的也是为了以此服务于人的真正存在与生活。因此，离开了应用，理解的合法性就得不到保障，其普遍性与意义也根本无法真正得到实现。这意味着，“应用就不仅仅是某种对‘理解’的‘应用’，它恰恰是理解本身的真正核心”①。“应用，正如理解和解释一样，同样是解释学过程的一个不可或缺的组成部分。”②

当然，伽达默尔解释学所说的“应用”并不是指将某种普遍东西应用到某种特殊东西上去的通常性理解，而是与本文意义、人的存在意义联系起来的一种哲学意义上的理解。他指出：“应用就不是把我们自身首先理解的某种所与的普遍东西事后应用于某个具体情况，而是那种对我们来说就是所与本文的普遍东西自身的实际理解。”③如阅读本文所包含的应用就在于“谁读某个本文，谁就自身处于他所理解的意义之中”④。正是基于此种理解，伽达默尔指出，解释学之所以在今天开始从哲学本身内独立出来，真正说来是因为我们重新接受了实践哲学的伟大传统，不再将理解仅仅视为一种技艺、方法，而是作为人的存在方式，这使解释学“从一个特殊的、狭窄的应用领域扩展到广阔的哲学研究领域”⑤；也不再将解释学仅仅看作关于理解的纯理论研究，而是从哲学意义上把这种理解与理解的应用结合起来，这就从更为广泛的意义上，促成了理论解释学落位到实践解释哲学。对于哲学解释学的理论主旨，伽达默尔有过明确的说明，即用康德的话来说，我们是在探索理解怎样得以成为可能？而从根本上说，这又是在探究人的世界经验和生活实践的问题。⑥伽达默尔曾明确地宣称，解释学是实践的，它是“作为实践哲学的解释学”⑦，“解释学是哲学，而且是实践哲学”⑧。

伽达默尔是一位既具有深刻理论洞察力，又具有强烈社会责任感的哲学家，他力图在解释学基础上重新确立起久已失落的实践哲学，并以此来为西方哲学的近现代发展“纠偏”，以及分析人类社会文明存在的问题，进而指明人的真正存在和生活世界的理想状态，这便是伽达默尔整个哲学研究的最终目的。这种实践哲学，无论是就其理论本身而言，还是就其社会实践意义来说，都表现了重要的理论价值与现代意义。在现代科技社会，人类对自身存在根据与价值基础的淡忘，对理性力量的片面化理解，从根本上导致了科学理性渗透并支配人类生活的一切方面，也造成了人的全面的自我异化。

作为整个20世纪历史的见证人，伽达默尔深刻地意识到这些问题的根本之处

① [德]伽达默尔：《科学时代的理性》，薛华等译，国际文化出版公司1988年版，第114页。
② [德]伽达默尔：《真理与方法》，洪汉鼎译，上海译文出版社1999年版，第395页。
③ [德]伽达默尔：《真理与方法》，洪汉鼎译，上海译文出版社1999年版，第438页。
④ [德]伽达默尔：《真理与方法》，洪汉鼎译，上海译文出版社1999年版，第437页。
⑤ [德]伽达默尔：《科学时代的理性》，薛华等译，国际文化出版公司1988年版，第77页。
⑥ 参见[德]伽达默尔《真理与方法》，洪汉鼎译，上海译文出版社1999年版，第6页。
⑦ [德]伽达默尔《科学时代的理性》，薛华等译，国际文化出版公司1988年版，第77页。
⑧ [德]伽达默尔《科学时代的理性》，薛华等译，国际文化出版公司1988年版，第98页。

不在于近现代主导性的理论哲学本身的各种欠缺，而在于人们从哲学意义上丧失了实践理性、实践智慧在人们实践行为和生活中的作用。由于缺乏关于人类存在和生活的真正理性反思的实践哲学作基础，因而现代社会生活处处表现出对科技、专家的迷信，在对科学理性的依赖中放弃了对自身存在与生活的责任，这种人的存在的随大流性本质上就是一种虚无主义，它缺乏实践理性思考，没有稳定的理论基础与价值目标。这就是说，那种作为类似自然科学的科学形而上学受到了康德的全面深刻的批判，也从整个现代科学哲学的发展中证明了它对于人类的终极性精神关怀以及人类的实践生活是无所作为的。但要指出的是，如果有哲学的终结，那么终结的只是那种作为知识论与方法论的科学形而上学形态，而不是哲学本身。作为与理论哲学平行的哲学形态，实践哲学必将以自身的性质、宗旨和理性反思的智慧性，在现代人类生活中焕发出特有的生命力与作用，重新构筑起人类存在与社会生活的真正的理论基础。

社会命运总是与思想命运联系在一起，社会命运无疑是思想命运的外在形式化表现。伽达默尔通过解释学的实践哲学深刻揭示出现代科技化文明所蕴含的重大社会命运危机，揭示出西方哲学的根本危机在于以追求知识、科学为根本诉求的理论哲学的盛行。将哲学与科学等同起来，哲学则完全演变成获取知识和真理的学问，而远离了古希腊哲学的全面含义。特别是淡忘和日益沦丧了以考察人类行为活动和意义为目的的实践理性和实践哲学，使人在一切科学化、技术化的洪流中，难以形成也不再具有“人何以为人”的意义和本质的认识和思考，每个人的存在和行为都淹没在掌握着科学技术的专家的权威之中，而放弃和移交了本该属于每个人的实践理性判断。

显然，在西方解释学史上，伽达默尔的哲学解释学变革性地指明了，理解与解释是人的存在和生活的一种方式，理解构成人的基本存在经验。更为重要的是，在伽达默尔那里，以解释学为基础，实现了解释学与实践哲学的统一，解释学不再只是作为关于理解和解释某种文本意义的学问，而是与人的存在、世界的普遍意义相联系，“理解、存在与实践”成了具有内在一致性的东西，真正的理解和解释是关于人的存在的本质和意义的理解和解释，是以世界的普遍意义和人的存在的总体性价值为其理论的最大诉求的，而这就蕴含着对“形而上学”“哲学”明确而重要的肯定。

作为一个负有深刻人类责任感和使命感的哲学家，伽达默尔正是在对解释学的实践哲学的思考和重建中，表现了对人类社会命运危机的深深焦虑，对人类存在和行为普遍意义和总体价值的强烈理论诉求，这也就从根本上彰显了伽达默尔对“形而上学”“哲学”及其作用明确的肯定与强调。在伽达默尔看来，解释学是哲学的一个普遍方面，而并非只是所谓精神科学的方法论基础。解释学问题经历了从施莱尔马赫到狄尔泰再到胡塞尔和海德格尔的发展过程，从历史角度证明了现在所得到的结论：语言学的方法论自我思考进入了一种重要的哲学提问模式，“语言的思辨存在方式具有普遍的本体论意义”①。这意味着，当我们通过哲学解释学而实现了解释学向本体论转向之后，“我们就接近了一种形而上学概念”②，接近了那种“以自身为目的”的对世界存在与意义的整体理解与把握。以理解为基础的实践哲学就是要为人类实践生活重新确立起形而上学的基础，通过实践哲学把形而上学与人类的具体生活活动沟通起来，从解释学作为对世界存在与意义的整体理解上，从为人类实践生活提供理论基础上，进而为形而上学现代复兴的新道路、新方式做出说明。

伽达默尔要深刻警醒人们的是，“哲学无论在康德‘摧毁一切’的批判之后，还是在‘思辨’于19世纪威信扫地之后，抑或甚至在‘科学统一性’理想压倒一切‘形而上学’这一判词发布之后，都不能放弃探讨自己的那些问题”③，这些问题便是哲学的最高问题，即关于人类生活世界整体的理性反思的形而上学问题。

---

① ［德］伽达默尔：《真理与方法》，洪汉鼎译，上海译文出版社1999年版，第606页。

② ［德］伽达默尔：《真理与方法》，洪汉鼎译，上海译文出版社1999年版，第608页。

③ ［德］伽达默尔：《科学时代的理性》，薛华、高地、李河等译，国际文化出版公司1988年版，第143页。

实践哲学的两种面向

——试论伽达默尔对海德格尔的批判与发展

王宏健*

一

在《真理与方法》中，伽达默尔指出，他与海德格尔的立场并非对立，毋宁说是对后者的一种发展和推进。对于海德格尔的存在论倾向，伽达默尔持正面的态度："从海德格尔带来的存在论彻底化中，可以赢获某种用以建构历史诠释学的东西。"①由此可见，伽达默尔认识到了存在论倾向和历史诠释学的一致性，而这一立论的根据在于，与理论化有所不同，海德格尔的"存在论化"非但不会消除历史性，反倒是尝试保存历史性。伽达默尔的这一态度也见于让·格朗丹的以下断言之中："伽达默尔与海德格尔的差异，在《真理与方法》中还尚未展开，那时候，这位学生似乎害怕直接和其伟大的老师展开争辩，尽管后者的影响到处可以察觉。"②

然而，不得不承认的是，伽达默尔在继承海德格尔的基础之上，又发展出了其独特的诠释学进路。伽达默尔的学说尽管和海德格尔十分相近，但却仍有其独立特征。例如，在对海德格尔与伽达默尔的关系的研究中，学者布博纳(R. Bubner)分别用"存在论"和"历史"两个关键词来概括两位哲学家的思想特征，从而突显了两人之间的某种对立。③事实上，在《真理与方法》之后，伽达默尔就开始主动摆脱海德格尔的影响。1985 年，在《在现象学与辩证法之间：一种自我批判的尝试》中，伽达默尔将海德格尔与"形而上学语言"(Sprache der Metaphysik)联系起来，并对后者展

---

* 王宏健，湖南大学岳麓书院助理教授。

① Hans - Georg Gadamer, *Wahrheit und Methode: Grundzüge einer philosophischen Hermeneutik. Hermeneutik I* (GW1), Tübingen: Mohr, 1986, S. 267.

② Jean Grondin, "Hans - Georg Gadamer. Zur Phänomenologie des Verstehens - Geschehens", D. Thomä (Hg.), *Heidegger - Handbuch. Leben - Werk - Wirkung*, Stuttgart: Metzler, 2013, S. 399 - 405, hier: S. 401.

③ 具体而言，海德格尔强调"此在的存在论维度"，而伽达默尔注重"一致性和对传统的塑造"。参见 Rüdiger Bubner, "Über den Grund des Verstehens", *Verstehen und Geschehen. Symposium aus Anlass des 90. Geburtstages von Hans - Georg Gadamer*, Heidelberger: Heidelberger Akademie der Wissenschaften, 1990, S. 87 - 103, hier: S. 88.

开了批判："现在我必须反对海德格尔，因为根本没有某种形而上学语言……只有形而上学的诸种概念，其内涵由词语的运用所规定，就像一切词语一样。这些思想得以运行的概念，就和我们的日常语言用法一样，绝非由一种僵化的给定规则所统领。哲学的语言，即便承载着沉重的传统负担，也一再尝试着对一切语言物的流动化。"①在这一基础上，伽达默尔进一步指出，海德格尔的哲学阐释方法充满了"语言暴力"②。而与海德格尔激进、暴力的治学方法不同，伽达默尔对待传统——包括形而上学传统——更加温和，且尊重传统本身的多样性及其具有的积极意义。同时，与海德格尔深厚的"存在论兴趣"不同，伽达默尔则有着更强烈的"实践哲学"或"伦理学"兴趣。在《真理与方法》之后，伽达默尔尝试在诠释学的基础之上重建实践哲学。在《诠释学作为实践哲学》一文中，伽达默尔提出了诠释学与实践哲学的亲缘性③，并且提出以下论断："诠释学乃是哲学，并且其作为哲学乃是实践哲学。"④从中我们可以读出伽达默尔对诠释学的普遍性要求，而这种要求又是建立在其实践性的基础之上。

恰恰在此，伽达默尔与海德格尔的区别开始明确化和扩大化。可以说，海德格尔的旨在探索存在之真理的"原初伦理学"与伽达默尔的"诠释学的实践哲学"，体现了实践哲学的两种面向。那么，两者之间究竟有何差异？这种差异奠基于何处？事实上，伽达默尔对实践哲学的理解仍然受启发于海德格尔对亚里士多德"phronesis"（明智、实践智慧）概念的解读，那么，他又是在何处开始与海德格尔分道扬镳？

二

不难发现，对历史的重视可谓海德格尔与伽达默尔的共同特征。在20年代的卡塞尔演讲中，海德格尔将历史等同于我们本身："我们就是历史，亦即我们本己的过去。"⑤而伽达默尔也有类似的表述："不是历史属于我们，而是我们属于历史。"⑥两套表述围绕着同一个核心要素，即历史与我们自身的关联——历史在与自身的关联中确立了它的重要地位。

值得注意的是，在对历史的共同重视之下，也隐藏着两者之间的细微差异。对于历史的含义之一，即对于传统，海德格尔的态度是"解构"，即对其加以"拆解性的

---

① Hans - Georg Gadamer, *Wahrheit und Methode: Ergänzungen, Register. Hermeneutik* II (GW2), Tübingen: Mohr, 1986, S. 11f.

② Gadamer, *Hermeneutik* II(GW2), S. 12.

③ Hans - Georg Gadamer, "Hermeneutik als Praktische Philosophie", M. Riedel (Hg.), *Rehabilitierung der praktischen Philosophie*. Bd. 1, Freiburg: Rombach, 1972, S. 325 - 344, hier: S. 342.

④ Gadamer, *Hermeneutik als Praktische Philosophie*, S. 343.

⑤ Martin Heidegger, *Vorträge. Teil* 1: 1915 *bis* 1932 (GA80. 1), Frankfurt a. M.: Klostermann, 2016, S. 153.

⑥ Gadamer, *Hermeneutik* I (GW1), S. 281.

回溯”(abbauenden Rückgang)①。尽管对传统的解构并不意味着忽视传统和废弃传统,但海德格尔注重的传统是“经过解构的传统”,同时也是某种失真的传统,是经过海德格尔的阐释暴力洗礼的传统。与激进的海德格尔相反,保守、温和的伽达默尔则注重传统本身的积极意义,传统被他看作“权威的一种形式”②,后者可以是一种“客观的前见”(sachliche Vorurteile)③。舒茨指出,在伽达默尔那里,“真正实现的事件具体而言就是传统”④。这意味着,伽达默尔几乎将传统等同于历史本身。

在伽达默尔看来,“传统就其本质而言乃是保存”。他试图消弭传统与理性之间的绝对对立,因为“保存是一种理性活动”⑤。与通常人们将理性和(建立在理性之上的)自由等同于颠覆和更新的观点相左,伽达默尔指出:“保存和颠覆、更新一样,是出自自由的行为。”⑥诚然,海德格尔也将真理(求真)规定为保存活动,但这种保存之所以能够实现,则立足于不断的更新。⑦和海德格尔一样,伽达默尔也将“保存”和“更新”的表面矛盾加以消除;而不同于海德格尔的地方在于,他认识到保存独立于“更新”的重要意义。一方面,更新总是对保存之物的更新,也就是说,没有保存作为基础,就无所谓更新;另一方面,保存作为更新的背面(而非对立面),总是伴随着更新,且永远不会消弭。当然,对传统和保存的强调,并不意味着将其实体化,伽达默尔清楚地知道,传统的重要性不在于它是某种被考察的对象,而在于它对于当下的意义。

那么,何以在海德格尔与伽达默尔之间,传统的地位有如此差异?要回答这个问题,就必须回到“历史与自身的关联”之上,“历史与自身存在之间的交互关联”乃是“一切理解成就的基本结构”,属于“诠释学的基本经验”⑧,它也是伽达默尔关于理解的历史性的论述之关键所在。

海德格尔所提出的“此在的历史性”意味着,历史本身不是某个自在的、外在于

---

① Martin Heidegger, *Phänomenologische Interpretationen Ausgewählter Abhandlungen des Aristoteles zur Ontologie und Logik* (GA62), Frankfurt a. M.: Klostermann, 2005, S. 368;[德]海德格尔:《现象学之基本问题》,丁耘译,上海译文出版社2008年版,第26页。

② Gadamer, *Hermeneutik* I (GW1), S. 285.

③ Gadamer, *Hermeneutik* I (GW1), S. 285.

④ Walter Schulz, “Anmerkung zur Hermeneutik Gadamers”, *Hermeneutik und Dialektik*, Tübingen: Mohr, 1970, S. 305-316, hier: S. 306.

⑤ Gadamer, *Hermeneutik* I (GW1), S. 286.

⑥ Gadamer, *Hermeneutik* I (GW1), S. 286.

⑦ “原初的实行在于,它作为某种真正自身世界的实行总是要求在自身世界之此在中的实时更新,乃至这种更新及其必要性一道构成了自身世界之实存。”(Martin Heidegger, *Phänomenologie der Anschauung und des Ausdrucks*(GA59), Frankfurt a. M.: Klostermann, 1993, S.75.)

⑧ Hans-Helmuth Gander, “Erhebung der Geschichtlichkeit des Verstehens zum hermeneutischen Prinzip”, G. Figal (Hg.), *Hans-Georg Gadamer. Wahrheit und Methode*, Berlin: Akademie Verlag, 2007, S.105-125, hier: S. 119. 亦可参见 Hans-Helmuth Gander, “In den Netzen der Überlieferung. Eine hermeneutische Analyse zur Geschichtlichkeit des Erkennens”, G. Figal (Hg.), *Hermeneutische Wege: Hans-Georg Gadamer zum Hundertsten*, Tübingen: Mohr, 2000, S. 257-267, hier: S.257, S.267.

此在的对象,而是此在本身。早在1920年夏季学期的讲课中,在对历史的六种含义进行逐一剖析之后,历史最终落实在朝向自身世界的第五种含义之中。[①] 由此可见,海德格尔关于历史与自身之关系的基本定调就是:必须着眼于自身世界,即本真的实际生活经验来"解构"传统,从而让过去朝向当下,让历史朝向自身。海德格尔的这种定位显然和他关于本真性与非本真性的区分有关:历史的第三种含义即传统是非本真的,是朝向共同世界的;而其原初含义则是本真的、朝向自身世界的。这也给海德格尔的生活存在论带来了这样的任务:以本真性克服非本真性,从而挖掘出原初的此在及其历史性。与这种片面朝向当下自身的历史观相比较,伽达默尔试图找到历史与自身之间的平衡:他所提倡的乃是传统与当前的对话和中介。一方面,他承认"精神科学中的研究兴趣,尽管朝向传承,但却以特殊的方式取决于具体之当下及其兴趣"[②]。但另一方面,这一点的前提乃是"我们立身于传承之中,这种立身不是一种对象化的行为"[③]。只有同时认识到这两个方面,才能揭示出历史与自身的相互作用,塑造一种相互对话的可能空间。这一空间被伽达默尔称为"之间"(Zwischen):"事实上,存在着一种熟悉性和陌生性之间的两极对立,且是诠释学使命的基础。……这一对立存在于传承对于我们所具有的陌生性和熟悉性之间,亦即存在于具有历史意味、却已朽坏的对象性与对于某种传统的归属性之间。诠释学的真正位置就在于这个'之间'。"[④]

针对于此,伽达默尔提出了效果历史意识,在他看来,"理解按其本质而言就是一个效果历史过程"[⑤]。所谓效果历史意识,其实包含了两方面的涵义:首先,它肯定了历史对我们的当前有着重要的影响;其次,进一步而言,此处的"意识",指的是当下的我们又对这一影响有所意识。[⑥]伽达默尔认为:"效果历史意识首先是对诠释学处境的意识。"[⑦]进一步,他将处境概念与视域联系在一起,"拥有视域意味着,不局限于眼前事物,而能够超越地观看"[⑧]。基于这种"超越观看"(Hinaussehenkönnen),他又提出了"视域融合"的概念,"如果没有过去,就无法形成当前之视域。诚如没有一种我们误以为有的历史视域一样,也根本没有一种自为

① Heidegger, *Phänomenologie der Anschauung und des Ausdrucks*(GA59), S. 84.

② Gadamer, *Hermeneutik* I (GW1), S. 289.

③ Gadamer, *Hermeneutik* I (GW1), S. 286.

④ Gadamer, *Hermeneutik* I (GW1), S. 300.

⑤ Gadamer, *Hermeneutik* I (GW1), S. 305.

⑥ Gadamer, *Hermeneutik* I (GW1), S. 306. 参见 Jean Grondin, *Einführung in die philosophische Hermeneutik*, Darmstadt: Wissenschaftliche Buchgesellschaft, 2001, S. 161. 显然,伽达默尔不是在胡塞尔意识哲学意义上使用"意识"一词的。他之所以使用了"效果历史意识"这一概念,主要是为了强调:对效果历史本身的"意识",本身也是效果历史的一个(二阶的)环节。此后,伽达默尔为了避免误解,反复声明:效果历史意识,"更多的是存在而非意识"。参见 Gadamer, *Hermeneutik* II (GW2), S. 244.

⑦ Gadamer, *Hermeneutik* I (GW1), S. 307.

⑧ Gadamer, *Hermeneutik* I (GW1), S. 307.

的当前视域。毋宁说,理解总是一种被误以为是自为存在的视域的融合过程"[①]。通过"视域融合",伽达默尔明确地为历史与自身的对话提供了理论基础。在此,他进一步提出了以下问题:我们何以谈论视域融合,而非视域塑造,亦即对某个贯通历史与当前的视域的塑造?[②]伽达默尔的回答是:我们之所以要突出不同视域之间的融合,是因为在历史与当前之间有一种紧张关系,而"诠释学的任务在于,不以一种朴素的同化去掩盖这种紧张关系,而是有意识地去暴露这种紧张关系"[③]。只有建立在这种紧张关系的基础之上,然后才能谈得上两者的融合。而如果事先就取缔了这种紧张关系,将其中一个还原到另一个,反而是一种对历史的"他者性"(Andersheit)及其积极意义的忽视。[④]事实上,伽达默尔的这一自问自答也可以看作他对海德格尔的一种隐秘批判。对于本真性和非本真性的区分,伽达默尔并不认同。海德格尔强调以本真性克服传统的非本真性,事实上,是将传统还原到自身存在而忽视了前者。而伽达默尔则通过视域融合理论提倡历史与自身、传统与当前的对话和沟通。[⑤]我们将要看到,他对海德格尔的这个批判将演变为他与前者的根本区别,且决定了他所开发的另一条实践哲学之道路。

三

在《真理与方法》中可以发现,伽达默尔将亚里士多德的"phronesis"(明智,实践智慧)概念作为诠释学之模型和典范:"通过将实践知识亦即"phronesis"作为诠释学之模型,伽达默尔将诠释学间接地区别于某种技艺学说、某种科学,也区别于哲学智慧之知识,亦即亚里士多德那里的形而上学。"[⑥]卡普托(J. D. Caputo)也指明 phronesis 对伽达默尔的重要性:"伽达默尔构想的原创性就在于,他坚持实践理性和科学理性都应着眼于'phronesis'而得到领会。"[⑦]而在伽达默尔自己对其学术道路的回顾中,他也坦言明智概念的重要性及其与早期海德格尔讲课的重要联系:"那时候对我而言,明智,亦即实践理性的德性、另一种洞见的德性,是一个实实在

---

① Gadamer, *Hermeneutik* I (GW1), S. 311.

② Gadamer, *Hermeneutik* I (GW1), S. 311.

③ Gadamer, *Hermeneutik* I (GW1), S. 311.

④ 参见 Gander, *Erhebung der Geschichtlichkeit des Verstehens zum hermeneutischen Prinzip*, S. 123f.

⑤ 拉米(Lammi)认为,海德格尔与伽达默尔之间最根本的不同在于,伽达默尔朝向历史性过去,而海德格尔则朝向未来。Walter Lammi, "Hans - Georg Gadamer's 'Correction' of Heidegger", *Journal of the History of Ideas*, vol. 52, no. 3, 1991, pp. 487 - 507, hier: p. 501. 这一点也被费赫(Fehér)所提及,参见 Istvún M. Fehér, "Verstehen bei Gadamer und Heidegger", G. Figal/ H. - H. Ǵander(Hg.), "*Dimension des Hermeneutischen*". *Heidegger und Gadamer*, Frankfurt a. M.: Klostermann, 2005, S. 89 - 115, hier: S. 103.

⑥ Friederike Rese, "*Phronesis* als Modell der Hermeneutik. Die hermeneutische Aktualität des Aristoteles", G. Figal (Hg.), *Hans - Georg Gadamer. Wahrheit und Methode*, Berlin: Akademie Verlag, 2007, S. 127 - 149, hier: S. 127.

⑦ John D. Caputo, *Radical Hermeneutics. Repetition, Deconstruction and the Hermeneutic Project*, Bloomington: Indiana Univisity Press, 1987, p. 210.

在的魔力词。”①

伽达默尔处理“phronesis”的文本，主要体现在1930年的文章《实践知识》和《真理与方法》的“亚里士多德的诠释学现实性”一节之中。在《实践知识》中，他称“phronesis”为“理性的反思能力（Nachdenkenkönnen）”，且是“善之为实践方式的一种自为的知识（Für－sich－Wissen）”②。在此，海德格尔的影响昭然可见。同时，他也和海德格尔一样，注重“techne”（技艺）与“phronesis”的区分，倡导重新挖掘出“被技术概念所取代的实践概念”③。伽达默尔指出，“techne”的德性是“sophia”（智慧），而“phronesis”则没有德性，因为它本身就是德性。④这个亚里士多德的命题被海德格尔在“智者课程”⑤中着重突出⑥，并且构成了海德格尔关于技艺与明智之区分的核心论据。

而在30年之后的《真理与方法》中，伽达默尔则更为明确地将技艺与明智的区分论题化了。首先，他根据经验事实指出，“人不能像手艺人支配他用来工作的材料那样支配自身，人显然不能像他生产某种其他东西那样生产自身”⑦。而这种不同于技术性知识的另一种知识，被亚里士多德称为“自身知识”或“自为的知识”⑧。具体而言，明智和技艺之间的区分可以概括为以下三条：第一，技艺可以习得，也可以遗忘；但明智这种伦理知识不可习得，也不可遗忘。第二，与可习得的技艺不同，这种不可习得的伦理知识始终要求此种自我协商（Mitsichzurategehen）。第三，这种自身知识还可以延伸到他人的领域，因此在“phronesis”之外，还有“synesis”（理解）。⑨

前两条我们都可以在海德格尔那里找到，用伽达默尔的话来概括即是：与实践知识有关的这些概念和理念“始终只有在行动的具体处境中自行具体化”⑩，恰恰是由于具体处境的限制，无法形成某种普遍有效的前知识（allgemeines Vorwissen），从

---

① Gadamer, *Hermeneutik* II（GW2），S. 485. 伽达默尔往往将“phronesis”翻译为“Vernünftigkeit”或“Praktische Vernünftigkeit”［实践理性］，这也体现在他去世前不久出版的对《尼各马可伦理学》的译注中。参见 Aristoteles, *Nikomachische Ethik VI*, hg. und übers. von H.-G. Gadamer, Frankfurt a. M.: Klostermann, 1998, S. 29.

② Hans－Georg Gadamer, *Griechische Philosophie* I（GW5），Tübingen: Mohr, 1985, S. 241.

③ Gadamer, *Hermeneutik* II（GW2），S. 454. 亦可参见 Hans－Georg Gadamer, *Neuere Philosophie* II（GW4），Tübingen: Mohr, 1987, S. 216ff.

④ Gadamer, *Griechische Philosophie* I（GW5），S. 241f.

⑤ “智者课程”指海德格尔在马堡开设的课程《柏拉图：智者》，在这门课程的前半部分中，海德格尔对亚里士多德的一些文本，特别是《尼各马可伦理学》第六卷作了详尽的解读。Martin Heidegger, *Platon. Sophistes*（GA19），Frankfurt a. M.: Klostermann, 1992.

⑥ Robert Bernasconi, “Heidegger's Destruction of Phronesis”, *The Southern Journal of Philosophy*, vol. 28, Supplement, 1989, S. 127－147, hier: S. 136ff.

⑦ Gadamer, *Hermeneutik* I（GW1），S. 321.

⑧ Gadamer, *Hermeneutik* I（GW1），S. 321.

⑨ Gadamer, *Hermeneutik* I（GW1），S. 322－329.

⑩ Gadamer, *Hermeneutik* I（GW1），S. 326.

而无法一劳永逸地解决问题。在实践活动中,必须在具体化之中不断接近完善,这就是所谓的“自我协商”的过程。而在第三条,伽达默尔则重新引入了对应着与他人共在的领域的“synesis”,而它恰恰是被海德格尔所忽视的要素①。由此可见,伽达默尔已经着手开始进一步发展和完善海德格尔的开端。

事实上,在《实践知识》一文的最后一章,就可以读出伽达默尔对“存在论化了”的海德格尔的批评:“(人类道德领域的意识)并非无限的良知之畏,而是活跃在人类形态的安宁的确定性之中,此人类形态以可理解的方式立身于意识之前。它就是‘美’。其令人觉醒的使命仅仅在于,将其具体充实。”②从行文中可以隐约看出,伽达默尔并不主张将“phronesis”存在论化为“良知”,而后者则是海德格尔在《存在与时间》第二部分试图做出的思想努力。那么,究竟伽达默尔如何推动了海德格尔对亚里士多德“phronesis”概念的解读?而这种推进又在何种意义上包含了对海德格尔的批判?

四

前已指出:海德格尔在对“phronesis”(明智,实践智慧)的分析中,并没有考察《尼克马可伦理学》中与“phronesis”相关的“synesis”(理解);相反,后者则被伽达默尔着重突出。③在里德尔(M. Riedel)看来,“synesis”和“phronesis”同根同源,且他将两者的关系界定为相互补充。④ 此处的“synesis”和“phronesis”一样,都不是“一种理论化的知识或意指”,也就是说,它作为“理解”(Verständnis),并不是一种“漠然无殊的客观的理解”(Verständigkeit)⑤。当然,这也不意味着“phronesis”和“synesis”是主观的活动,毋宁说“phronesis 之所以不只是主观的知识,是由于它被 synesis 所补充,后者乃是朝向同一的理解之诠释学的基本德性”⑥。强调“phronesis”和“synesis”的相互补充关系,恰恰是为了同时预防客观主义和主观主义。

在海德格尔的分析中,“phronesis”所对应的具体实行被规定为“考虑”(bouleuesthai),而“考虑”的关键在于对各种不同情形和处境的当下应对,此时,“phronesis”的作用是决定性的,甚至可以说“由于行动在具体情形下总是不同,而

① 在“智者课程”中,海德格尔在解读了《尼各马可伦理学》第六卷第 10 章之后,直接转向了第 12 章,而他跳过的部分恰恰涉及“synesis”。参见 Heidegger, *Platon. Sophistes* (GA19), S. 144ff.

② Gadamer, *Griechische Philosophie* I (GW5), S. 248.

③ 在伽达默尔关于柏拉图的论文《柏拉图的辩证伦理学》中,他试图结合柏拉图的对话伦理来改造海德格尔对“phronesis”概念的解析。Gadamer, *Griechische Philosophie* I (GW5), S. 39 – 41.

④ 参见 Manfred Riedel, “Hermeneutik und Gesprächsdialektik. Gadamers Auseinandersetzung mit Heidegger”, *Hören auf die Sprache. Die akroamatische Dimension der Hermeneutik*, Frankfurt a. M.: Suhrkamp, 1990, S. 96 – 130, hier: S. 103; Manfred Riedel, “Heidegger und der hermeneutische Weg zur praktischen Philosophie”, *Für eine zweite Philosophie*, Frankfurt a. M.: Suhrkamp, 1988, S. 171 – 196, hier: S. 195.

⑤ Gadamer, *Griechische Philosophie* I (GW5), S. 245.

⑥ Riedel, *Heidegger und der hermeneutische Weg zur praktischen Philosophie*, S. 193.

phronesis 始终在此，因而，可以说，phronesis 一道构成了实践本身"[①]。然而，海德格尔在此没有探讨"phronesis"是否适用于他人，他似乎已经默认了，"他人"无非是另一个"自己"，因而，他人也有其本己的"phronesis"。

而在伽达默尔那里，"他人"的角色登场了，"synesis 意味着实践理性、即 phronesis 的一种样式，亦即对他人的实践考虑的充满洞察的判断"[②]。诚然，"phronesis"是"synesis"得以成为可能的基础，但它却不能取代后者，"更进一步：善于理解的人必须将其本己的"phronesis"运用到实践判断上去"[③]。表面上看，synesis 作为"phronesis"的延伸，是将"phronesis"中的"自我协商"扩展到"与他人协商"，这无非是拓展了海德格尔"phronesis"的领域。但是，正如一个在自身行动上明智的人，不一定是善于理解的人，也就是说，他不一定能合理地判断他人的行动。一旦引入"synesis"所相应的"他者"的维度，就对"phronesis"构成了重要的补充。恰恰由于这一延伸，伽达默尔为"phronesis"的具体应用找到了现实的场所，亦即他人、共在，或者说共同生活的场所。相反，在海德格尔的哲学中，他通过将共同世界、共在与非本真性联系起来，而忽视了对这一重要的生活领域的正面分析。

在伽达默尔看来，"synesis"之关键在于，设身处地而进入他人的本己处境，从而做出考虑和判断。在此，伽达默尔举例，只有在朋友之间才能进行劝告，或者说，只有那种意味着友谊的劝告才会对被劝告的人有意义。[④]将他者限定为"朋友"，这意味着：尽管伽达默尔引入了他者，但这一他者又不是绝对独立的大写的他者和异己者，而是与自身之间总是处于某种关系之中的他者。在这个意义上，我们可以同意瓦登菲斯对伽达默尔的下述评论："诠释学哲学的基本前提是，它性不是不可克服的。在此仅仅关乎某种对我们而言相对的它者，而非它性本身。"[⑤]在这个意义上，伽达默尔既反对绝对的自身，也反对绝对的他者，而是坚持着自身与他者的对话，亦即"phronesis"与"synesis"的相互共属性。

海德格尔与伽达默尔的另一重要区分体现在他们对 ethos（伦理）的态度上。在海德格尔对《尼各马可伦理学》的解读中，"phronesis"被存在论化和形式化，而这也同时意味着中性化和对伦理要素的排除。在为海德格尔"纳托普报告"重新出版所写作的书评中，伽达默尔指出："总的来说，我最奇怪的就是他过于突出的存在论兴趣，这在对'明智'的整个分析中就显明了，因而，"ethos"这个概念在整个规划稿中竟几乎没有专门提及。"[⑥]而后期海德格尔的这种倾向则更为突出，他挖掘出

---

① Heidegger, *Platon. Sophistes*（GA19）, S. 147.

② Gadamer, *Hermeneutik* II（GW2）, S. 315.

③ Gadamer, *Griechische Philosophie* I（GW5）, S. 245.

④ Gadamer, *Hermeneutik* I（GW1）, S. 328.

⑤ Bernhard Waldenfels, *Vielstimmigkeit der Rede. Studien zur Phänomenologie des Fremden* 4, Frankfurt a. M.: Suhrkamp, 1999, S. 71.

⑥ Hans - Georg Gadamer, "Heideggers 'theologische' Jugendschrift", F. Rodi（Hg.）, *Dilthey - Jahrbuch. Bd.* 6, Göttingen: Vandenhoeck & Ruprecht, 1989, S. 228 - 234, hier: S. 233.

“ethos”作为“居留之所”(Aufenthalt)的含义,并将其作为原初含义;以此方式,伦理维度在其思想中进一步消失,以至于我们只能谈论一种“原初的伦理学”[①]或者“存在论伦理学”。

相反,伽达默尔本人在这一点上则与海德格尔保持着距离。他指出:“phronesis与伦理德性的分析上的分离乃是一种单纯的假象。”[②]关于两者的关系,他写道:通过对“phronesis”的分析,亚里士多德在伦理知识中认识到某种伦理存在本身之方式,而这种方式不可与“ethos”之全部具体化相剥离。[③]在伽达默尔那里,ethos首要地、从根本上讲并不是被围绕它的知识所规定的,而恰恰是被本已生活的行动和习惯所规定的。[④]与关乎实践性知识的“phronesis”不同,“ethos”则关乎实践行动本身。由于“phronesis”是一种“Logos”[⑤],在这个意义上,“phronesis”与“ethos”的不可分状态,也被伽达默尔表述为“Logos”与“ethos”之间的统一性。[⑥] 值得指出的是,ethos本身具有历史性,“ethos”是一种出自历史的自身知识(Sich - aus - der - Geschichte - Wissen)[⑦]。伽达默尔对“ethos”的重视,其根源正是在于他对历史和传统的重视。在此,伽达默尔区分了两种不同的历史性:出自“ethos”的历史性和出自“phronesis”本身的历史性。[⑧]海德格尔对此在之历史性的强调,可谓建基于“phronesis”本身的历史性。我们知道,海德格尔并没有否认历史性,然而他对于传统的态度是解构性的——后者相应于他对“ethos”的拒绝。相反,伽达默尔所倡导的“Logos”与“ethos”之间的统一性,则意指传统与当前之间的对话。

除此之外,他们的差异也体现在其不同的方法论中。海德格尔以形式显示为方法,在那里,有待具体化的“始点”是完全形式的、空洞的。[⑨] 而伽达默尔则对此有所修正,除了“phronesis”之外,“ethos”也被认为属于“始点”:“Ethos是始点,是‘如此’,是一切实践哲学之阐明的始点。”[⑩]伽达默尔的这一修正意味着,始点也可以是具体的、历史性的;这种历史性不只在于,始点拥有具体化和历史化(Geschichtlichwerden)的可能性;毋宁说,始点本身就是历史性的。在这个意义上,

---

① [德]海德格尔:《路标》,孙周兴译,商务印书馆2000年版,第420页。

② Gadamer, *Griechische Philosophie* I (GW5), S. 247.

③ Gadamer, *Neuere Philosophie* II (GW4), S. 183.

④ Gadamer, *Griechische Philosophie* I (GW5), S. 247.

⑤ Gadamer, *Griechische Philosophie* I (GW5), S. 247.

⑥ Gadamer, *Neuere Philosophie* II (GW4), S. 183.

⑦ Thomas Gutschker, *Aristotelische Diskurse. Aristoteles in der politischen Philosophie des 20. Jahrhunderts*, Stuttgart: Metzler, 2002, S. 212.

⑧ Gadamer, *Griechische Philosophie* I (GW5), S. 242.

⑨ 对海德格尔形式显示方法与其实践哲学问题的关系的揭示,可参见王宏健:《实践与方法:剖析海德格尔实践哲学问题的一种尝试》,《哲学评论》第20辑,中国社会科学出版社2017年版,第125～141页。

⑩ Gadamer, *Hermeneutik* II (GW2), S. 315.

海德格尔的“形式始点”被伽达默尔转化成了“历史性的始点”[①]。

而这又体现在伽达默尔关于“应用”这一诠释学的问题要素的思考上。在伽达默尔看来，在诠释学的各个要素中，除了强调理解和解释的统一是不够的，在这个序列中还应补充上应用这一环节。以经文解释为例，“应用指的是尝试将已经理解的和用自己的话所重新表述的东西联系到听者的具体处境之中”[②]。应用总是将普遍之物用于具体的情形和处境之中，因此，它从根本上来说是一种具体化，亦即具体与普遍的结合。在这个意义上，伽达默尔的应用概念是对海德格尔形式显示方法的一种转换。两者的出发点是相同的：将具体与普遍相联系的方式，不是传统哲学的普遍化，而需要借助于具体化的方法。然而，两者的不同之处在于，伽达默尔并没有将“具体化”作为一种事后的、与形式始点相分离的活动；而是将其作为理解活动（Verstehensgeschehen）之始点的一个有机的组成部分。正是在这个意义上，他提出了理解、解释与应用的三重统一性，这意味着，应用不是一个附加的环节，而是与理解和解释同时进行着的活动。[③]以此方式，他在坚持具体化的同时，摒弃了海德格尔的“形式始点”，也以此克服了海德格尔过重的存在论倾向。

五

尽管伽达默尔看到了“phronesis”［明智、实践智慧］和实践哲学的区别，但在他对实践哲学的思考中，仍然以“phronesis”为核心。[④]因此，从他对“phronesis”的有别于海德格尔的解读中，我们可以把捉到两种实践哲学的根本差异。在海德格尔那里，实践哲学体现为一种“原初伦理学”或“存在论伦理学”。一方面，海德格尔注重对存在始点的研究，而对其具体化的过程却着墨甚少。在这个意义上，海德格尔的“存在论伦理学”，只能说是为实践哲学奠基的一种尝试，而并没有将其具体展开。另一方面，海德格尔的始点是纯粹形式的、中性化的。尽管形式始点并不排斥具体化，相反，它要求具体化；但为了“把偏见降到最低”[⑤]，海德格尔却试图保持始点本身的纯粹性。海德格尔将人定位为此在，与此相应，在其世界分析中，他将多维的周围世界还原到自身世界和自身存在之上。同时，在关于时间的分析中，他试图以未来的优先性来消解和解构传统。此在的历史性在于，此在从未来而来，回到过去。未来具有无限的可能性，但其本身却是尚未规定的，是某种形式之物。以此方

---

① 岗德借助福柯“历史性先天”与“形式先天”的区分，表明了伽达默尔与自康德到胡塞尔的先验主体性传统的不同。Gander, *In den Netzen der Überlieferung*, S. 265.

② Rese, *Phronesis als Modell der Hermeneutik*, S. 130.

③ Gadamer, *Hermeneutik* I (GW1), S. 313.

④ 参见 Enrico Berti, “Aristotle’s Intellectual Virtues in Gadamer”, R. Pozzo (ed.), *The Impact of Aristotelianism on Modern Philosophy*, Washington: Catholic University of America Press, 2004, pp. 285 – 300, hier: p. 286.

⑤ Martin Heidegger, *Zur Bestimmung der Philosophie* (GA56/57), Frankfurt a. M.: Klostermann, 1999, S. 65.

式,海德格尔以可能性取代了现实性,以“未来哲学”取代了传统形而上学。相应地,在其关于亚里士多德的解读中,海德格尔尤其强调“phronesis”,并对其作出“存在论转化”,而有意忽视了伦理德性亦即 ethos。

根据以上两个方面,我们可以梳理出伽达默尔对海德格尔的批判和发展。第一,伽达默尔提倡“phronesis”和“synesis”(理解)的互补性,亦即“自身协商”(Mitsichzurategehen)以及与“他人协商”(Miteinanderzurategehen)的相互共属性。“synesis”所对应的领域,亦即现实的伦理政治领域,事实上恰恰是实践哲学的真正场所。在伽达默尔看来,伦理学和政治学不可分,他甚至断言:“伦理学被证明是政治学的一部分。”[①]按照古希腊人对于 polis 的理解,政治学被定位于对人类的共同生活的可能方式的探究之上,与此相应,伦理学恰恰涉及的是共同生活中的德性问题。同样,伽达默尔也强调实践本身的社会性,这体现在他给实践所作出的如下定义中:“实践是在团结中的自身关联和行动。而团结则是一切社会理性的决定性条件和基础。”[②]总之,伽达默尔所强调的是一种对话伦理学:既是历史与当前的对话,也是自身与他者的对话。第二,伽达默尔提倡“phronesis”和“ethos”(伦理)的统一性。海德格尔对“phronesis”展开了存在论化和形式化,从而将其打造为形式始点,这也构成了其方法论的起点;而伽达默尔则重新挖掘出并且强调在亚里士多德那里作为伦理德性的“ethos”的正面意义,将具有历史性的 ethos 作为始点,从而提出了“历史性的始点”,推进了海德格尔的方法论。这一转换克服了海德格尔哲学的局限性,亦即其过于浓厚的存在论兴趣,并且通过激活历史传统所包含的丰富内涵,使得传统和当前的辩证对话得以成为可能。在这个意义上,伽达默尔才有可能在海德格尔的基础上,进一步超越后者,从而将诠释学和实践哲学联系在一起,提出有别于海德格尔的另一种实践哲学。

然而,我们知道,伽达默尔追随海德格尔,发动了诠释学的“存在论转向”。这意味着,对于海德格尔的“存在论伦理学”,伽达默尔并不直接反对。事实上,伽达默尔的“存在论转向”对应于他所提出的“普遍诠释学”,或者说“诠释学的普遍性要求”,但这并非意味着伽达默尔对“终极的普遍有效性”或者“绝对性”的要求。[③]毋宁说,所谓普遍诠释学,指的是诠释学不再局限于精神科学的诠释学,而是扩充其视域,以至于成为哲学的某种核心关怀。[④]

在这个意义上,我们就能明白伽达默尔为何仍支持海德格尔的“存在论转向”。其根本在于,伽达默尔继续维持着海德格尔的这一洞见:所谓实践哲学,不是与理论哲学相对的哲学学科,乃是对哲学之本性的规定,它意味着,哲学就其本性而言乃是实践的。伽达默尔所谓的“作为实践哲学的诠释学”,指的是“实践哲学”与“诠释学”的统一性,两者统一于对哲学的规定中。也就是说,实践哲学和诠释学这两

---

① Gadamer, *Neuere Philosophie* II (GW4), S. 185.

② Gadamer, *Neuere Philosophie* II (GW4), S. 228.

③ Grondin, *Einführung in die philosophische Hermeneutik*, S. 168.

④ Grondin, *Einführung in die philosophische Hermeneutik*, S. 169.

个名称，事实上乃是伽达默尔对哲学本性的不同侧面的描述。恰恰在这个意义上，我们才能理解伽达默尔的这一断言："诠释学乃是哲学，并且其作为哲学乃是实践哲学。"①而这恰恰说明，伽达默尔的作为实践哲学的诠释学，乃是对海德格尔的实践存在论的一种继承和延伸。与其说，伽达默尔的实践哲学是一种有别于海德格尔实践存在论的实践哲学，不如说，它体现了实践哲学的另一种可能面向。

① Gadamer, *Hermeneutik als Praktische Philosophie*, S. 343.

伽达默尔解释学“我—你”关系与其解释学的其他关键维度

帅　巍*

国内外对于伽达默尔解释学中的效果历史、时间距离、视域融合、对话游戏、教化等关键概念有着颇多的探讨。但笔者认为,要深入理解这些概念的本质以及这些概念之间的内在联系,还是需要从其解释学的“我—你”关系这个核心概念入手。因为通过研究,我们发现这个概念能真正体现伽达默尔解释学的核心内含,并且这个概念渗透到了伽达默尔解释学的每个重要概念或维度。从伽达默尔解释学“我—你”关系概念入手,我们将能清楚地看到伽达默尔解释学对以往解释学的超越之处,从而能让我们更加深刻地理解伽达默尔解释学的重要意义。

一、伽达默尔解释学“我—你”关系思想的背景基本内涵

伽达默尔在《真理与方法》中明确提出了解释学“我—你”关系这一个概念,但这个概念的提出具有很深的哲学史背景。众所周知,在自笛卡尔以来的近现代认识论中,人往往被抽象为一种认知主体或科学知识体系的逻辑起点,而(具有历史性和世界性的)他人或他物则成了认知或系统化把握的僵死对象,这样人(自我)与他人或他物之间的关系就成了一种由自我单向发起的主客关系。但从伽达默尔的角度看,理解或解释活动从根本上是与认知活动不同的,因为理解或解释活动根本不像认识活动或自然科学研究一样,要将他人或他物当作现成的对象进行一劳永逸地把握、占有,而是要在与其进行对话或交往实践的过程中,让对方的意义不敞开、丰富。因为他人或他物(主要指历史传统或历史流传物)作为具有历史性的存在者有着自身的独立性、人格性,并且是能够自身表达和言说的。由于我们并不能真正穿透他们的独立性、人格性而完全把握他们,而只能通过与他们对话来理解他们,因而对伽达默尔来说,自我与他人或他物之间的关系根本不是一种由自我单方面发起的认识论意义上的主客关系,而是一种在相互尊重的基础上形成的双方互动的“我—你”关系。这种关系使得理解或解释活动具有实践性、伦理性,而伽达默

* 帅巍,四川师范大学文科学报编辑。

尔也将其解释学称为作为实践哲学或伦理学的解释学，这体现了现代西方哲学由认识论的实践哲学的转向。可以说，伽达默尔解释学“我—你”关系是在对传统认识论或主体哲学的反思、批判的基础上提出的，他这种解释学的“我—你”关系深深地渗透到了他的哲学解释学的各个重要维度或各重要概念，通过这种解释学的“我—你”关系，我们将能更透彻地理解这些概念以及它们之间的本质联系。

二、伽达默尔解释学“我—你”关系与时间距离、视域融合

在伽达默尔解释学中，对“你”的经验或解释学的“我—你”关系是效果历史意识的真正体现①，而效果历史也正是以“我—你”关系的对话或交往实践进行着的。正如格朗丹所指出的，对于伽达默尔的全部解释学都可以从效果历史原则中推导出来②；而时间距离与效果历史更是具有内在的关联，保罗·利科就认为伽达默尔的效果历史概念本身就包含着“时间距离”的因素，甚至可以说，效果历史正是在时间距离的条件下才可能发生。因为效果历史是自身的现在与过去的叠加向前，而现在与过去、自我与历史性他者（他人或他物）要产生效果的话，二者之间必然存在熟悉性和陌生性，只有在熟悉性和陌生性统一的基础上才可能有理解活动发生。熟悉性指的是理解者与被理解者之间具有共同的生活世界和历史传统，陌生性是指理解者与被理解者之间具有不同的历史处境或视域。其中，理解者与被理解者之间必须具有“时间距离”（或视域差异），才会使理解成为必要。③

理解者与被理解者之间的时间距离，代表理解者与被理解者处于不同的处境（Sitation）或视域（Horizont），体现了双方在历史处境或时间中的差异，这种差异是不可能被完全消除的，而正是这种不可完全消除的差异才使得理解或解释成为可能，也正是这种差异才造就了作为理解者的“我”以及作为被理解者的“你”，从而在“我”和“你”之间才有对话的必要，因为在相同的处境中根本不需要理解或解释。而在伽达默尔看来，解释学实际上是建立在理解者和被理解者之间的熟悉性和陌生性之间的。但这种“我”和“你”之间的差异又是在同一历史背景下的差异，因为时间距离中充满着各种传统和习俗，同时距离之中又包含了某种连续性，而流传物的意义正是在这种连续性中才得以显现。而正是由于处于同一历史持续发生中，具有处境差异的理解者与被理解者才具有相互理解、相互对话的可能性，最终在伽达默尔那里，哲学解释学的任务就发生在理解者和被理解者之间的熟悉性和陌生

---

① ［德］伽达默尔：《诠释学Ⅰ：真理与方法》，洪汉鼎译，商务印书馆2010年版，第510页。

② ［加］让·格朗丹：《哲学解释学导论》，何卫平译，商务印书馆2009年版，第181页。

③ 在历史客观主义那里，时间距离恰恰需要被消除。因为历史客观主义试图以一种无前见的客观态度来把握历史，而对于历史研究者自身所具有的历史性，即历史研究者所处的历史传统、前见、解释学处境，则采取排斥态度。正如前文所述，这种态度只是一种认识论、方法论的态度，它遮蔽了本真的历史解释活动或事情本身。

性之间。可见,时间距离体现了理解者与被理解者之间的差异性与同一性的统一,而双方的同一与差异的统一又是双方理解、对话得以可能发生的前提,二者缺一不可。而这个同一与差异的统一的前提同时也是“我—你”关系得以发生的前提——“我—你”关系不是一种摆在人面前的静止的空间位置关系,不是亚里士多德和康德意义上的范畴,而是一种双方相互发生作用的关系,而这种关系得以成为可能的前提条件就是双方必定有一个共同的背景,以及在同一背景下所具有的差异性。如果双方没有同一性,那么双方就根本不可能发生关系;如果双方没有差异性,那么它们就没有必要发生关系。简单地说,在理解活动中,双方的差异是以双方同一为背景的,而同一也是双方互相作用所建构的同一。因此,时间距离深刻地体现了解释学“我—你”关系的内在机制。

而视域融合本身是在相互区分的两个视域之间,即在“我”“你”之间,通过对话或交往实践达到的,而“我”与“你”之间的本质差异如上所述是一种由时间距离而导致的差异。因此,视域融合从本质上说也是以“我”“你”之间的时间距离为前提的。然而视域之间,“我”“你”之间要实现融合,光有差异是不行的,实际上,理解者(人)与被理解者之间尽管有着由时间距离而带来的差异,但他们仍然具有同质性。因为他们都是人或人的精神创造物,都是人类的历史传统的产物,所以他们能够彼此沟通、融合。而视域融合实际上就是作为现在的“我”和作为过去的“你”之间进行的互动或对话,通过这种对话,“我”和“你”的普遍性得到了提升。而伽达默尔认为,历史就是这样一种现在与过去叠加向前的过程,就是现在与过去不断交融向前的效果历史。

最终,时间距离,即“我”(现在)与“你”(过去)之间的差异是视域融合与效果历史的前提,视域融合和效果历史是“我”(现在)与“你”(过去)之间互动或对话的表现与结果,而时间距离与视域融合和效果历史之间正如“我”“你”之间的“我—你”关系一般,是一种在差异基础上形成的统一体。

三、伽达默尔解释学“我—你”关系与对话游戏

(一)从“观看”到“倾听”

众所周知,古希腊哲学产生于对世界的“看”的惊讶。柏拉图提出,通过“灵魂之眼”“看”理念世界;亚里士多德指出,“视觉”在诸感官中具有优先地位,因为视觉距离最远,容易进行区分、划分,且不容易受自身情绪(处境)的影响,可见古希腊哲学具有“视觉中心主义”的色彩。但亚里士多德同时也承认,“听觉”与“视觉”具有同等重要的地位,甚至在伽达默尔看来,在亚里士多德那里“倾听是优先于观看”的,因为它“是通过逻各斯的普遍性而传达的,它同亚里士多德强调观看特别优先于其他感觉的说法并不矛盾”①。

① [德]伽达默尔:《诠释学 I:真理与方法》,洪汉鼎译,商务印书馆 2010 年版,第 650 页。

在近现代认识论中，古代哲学中对于外部世界的“观看”，转变成了对人的意识活动或认识活动本身的“反思性的观看”，其中胡塞尔的现象学也是以现象学反思的直观为基础的。这种“反思性的观看”在笛卡尔那里开始形成一种主客二分的认识论模式，这种主客二分的认识论模式以主体自发地对客体进行对象化的看（或直观）为中心，而“听”则完全被忽略了。从此，“对象化的看”与“主体中心主义”“唯我论”就得以形成。

近代认识论产生之初主要的目的就为自然科学提供基础，或者说是以处理人与自然的关系为主题的。因为自从笛卡尔开始，认识论的目标就是要支配和使用自然，而支配和使用自然首先就是要通过人的理性对自然进行对象化、理论化的把握。而在这种把握中，人对自然的态度首先是一种对象化的看的态度。从布伯的角度看，在这种态度下，人与自然之间还是一种占有与被占有、支配与被支配的“我—它”关系。① 这种态度完全以自我或主体的理论化的“看”为中心，自然则是被“看”、被概念化的统摄。由于这种观看方式具有“严格的科学性”，人与他人之间的关系也被纳入“我—它”关系之中进行考察，因而他人的同样的自发性、主动性也被我的主动性的对象化的“看”所笼罩了。

而实际上，人与人之间的关系完全不同于人与非人的自然之间的“我—它”关系，在自我与他人的关系中，并非我主动地对他人进行对象化的“看”，而是他人首先已经向我进行了诉说，而我首先已经以一种非理论化（与前理论）的方式进行了倾听、回应，并且自我和他人的相遇首先就是一种自我和他人进行的对话，自我和他人就是一种相遇关系、对话关系。

而人与人之间的关系是“社会—历史”的基础。早在维科那里，历史就是人文科学（精神科学）的主要研究对象，而在狄尔泰那里，解释学成了精神科学的认识论基础。从这个角度看，解释学从本质上是以人与人之间的关系、以历史为主题的科学。

我们知道，人与人之间的关系是以语言为中介而展开的，显然这种语言不是认识论上的独白的工具化的语言，而是对话的语言。可以说，人首先就是生活在与他人的对话关系中，即生活在对话的语言中的。而如前所示，由于历史是以“我—你”关系的形式表现出来的，因此，历史本身也是通过对话的语言的形式表现的，而自我与历史（或历史性的他者）之间同样也是一种以语言为媒介的对话关系。但历史本身却并不是由我的自发性的观看、独白建构的，用伽达默尔的话说，我们是处于历史传统之中的，历史传统首先向我进行着诉说，而我也在进行着回应。伽达默尔

---

① 马丁·布伯所谓将人与人之间或人格之间的对话关系视为“我—你”的关系，将人单方面支配他人的或他物的关系称视为一种“我—它”关系。

通过历史传承物来说明历史传统与倾听的优先性[①]，"谁处于传承物之中……谁就必须倾听从传承物中向他涌来的东西"。而历史传承物的存在方式"不具有感官直接性。它是语言，而理解传承物的倾听者则通过对文本的阐释把传承物的真理纳入其自身的语言世界关系之中……这种当下和传承物之间的语言交往是在一切理解活动中进行着的事件"[②]。由此，在伽达默尔那里，历史、语言、倾听和理解活动也就得到了统一。

（二）对存在和历史传统的倾听、回应

实际上，在海德格尔后期的思想中就已经非常强调倾听的意义了。在海德格尔后期思想中，听优先于说，说和听是统一的，人的言说"同时就是'听'；而且更应该说，'说'首先是一种'听'。有所'听'才能有所'说'"，而"根本的听就是听语言之说"。同时，"'听'（Hören）就是一种'归属'（Gehören）"，它体现了人与语言的归属关系，[③]即人是归属于道说语言的。"人言"（Sprechen）是对"道说"（Sagen）的倾听，人与大道的关系也正是倾听与言说的关系。

伽达默尔的"历史"（Gechichte）或作为理解的发生事件与海德格尔的"大道"（Ereignis）一样，都是语言性的发生事件，但前者是人与人（文本）之间对话交往的发生事件，而海德格尔的大道则意味着开辟道路（Be－wëgung）[④]或一种天命的运作事件，显得过于玄乎。伽达默尔历史的语言本质上就是人与人之间交往、对话的语言，而海德格尔后期的语言则主要是一种诗的语言——诗是一种存在的创建（Stifen），诗人通过诗的语言命名了存在，而人的思（Denken）与诗（Dichtung）之间的关系（即人与道说的语言之间的关系），是一种近邻的关系，两者"源出于道说而相互归属"[⑤]，诗与思都"是归属于'大道'的人响应于'大道之说'而'道说'"[⑥]。由此，海德格尔的人言是对道说的倾听、回应，而伽达默尔的人言是对历史、传统（Tadition）的倾听、回应；伽达默尔的语言不是海德格尔那种诗性的语言，而只是人与人之间进行交往的语言。

由上可以看出，不管是海德格尔还是伽达默尔，他们都强调人的言说是对于作为发生事件的大道或历史传统的倾听、回应，而人与大道或历史之间是一种倾听与

① 伽达默尔在《真理与方法》中还这样强调倾听的优先地位："倾听的人并非仅仅被人攀谈。毋宁说，被攀谈的人不管他愿意或不愿意都必须倾听。他不可能像观看时那样通过观看某个方向从而不看对方的方法来不听其他人所讲的东西。在看和听之间的这种区别对于我们十分重要，因为正如亚里士多德早已认识到的那样，倾听的优先性是诠释学现象的基础。对于亚里士多德来说，不存在借助于语言的倾听不能达到的东西。如果说其他的一切感觉都无法参与语言世界经验的普遍性，而只能开启其专门的领域，那么倾听是一条通向整体的道路，因为它能够倾听逻各斯。"（参见［德］伽达默尔：《诠释学Ⅰ：真理与方法》，洪汉鼎译，商务印书馆2010年版，第650页）

② ［德］伽达默尔：《诠释学Ⅰ：真理与方法》，洪汉鼎译，商务印书馆2010年版，第651页。

③ 孙周兴：《语言存在论》，商务印书馆2011年版，第346页。

④ Martin Heidegger, *Unterwegs zur Sprache*, Main：Vittorio Klosternmann，1985， S. 190.

⑤ Martin Heidegger, *Unterwegs zur Sprache*, Main：Vittorio Klosternmann，1985， S. 256.

⑥ 孙周兴：《语言存在论》，商务印书馆2011年版，第362页。

诉说的对话关系，是一种归属关系。在这种对话关系中，我们可以清楚地看到，历史或大道对于的我的言说的优先性，可以说，与历史或大道的对话是人无法摆脱的命运，即对话关系是人的本质存在方式。

从另一个角度看，对于世界的源始给予性或习惯自明性信任与否是回答“人是什么?”(即人首先是操心于世的人、与他人和他物打交道的人，还是进行理论认识的认知主体)这个问题的基础，同时也是决定人与世界、与他人的关系是主客关系，即布伯所说的“我—它”关系，还是源始的交往实践关系或对话关系，即“我—你”关系的基础。那么，对于海德格尔和伽达默尔来说，世界或他人是如何得到“我”的信任的呢?

我们说对一个人的信任意味着什么呢？它首先意味着我们与这个人有过来往，在来往过程中，我们能够感受到他的可靠性。与此类似，我们是如何信任世界或他人的存在的呢？首先是我们与世界或他人进行着交往、互动，在这种交往过程中，由于这个交往过程是一个前反思的、前理论的过程，因此我们是无意识地信任着世界或他人的存在的。但是我们在此要问的是，世界或他人是如何在我的前反思的潜意识中得到信任的呢？回答就是:世界或他人首先主动地对我有所行动、有所作用，而我不得不回应，即便是我以视而不见的态度对待它，那也是一种视而不见的回应，即不回应、逃避世界或他人的诉说也是一种回应。从这个角度看，笛卡尔的怀疑与胡塞尔的悬搁、还原本身也是对世界和他人的一种回应，如果真的除了“我思”之外一切都不存在，那就根本谈不上怀疑。因此，怀疑、“我思”最终也只是回应世界或他人的一种手段而已。萨特曾言“他人就是地狱”，但我们在此要说的是，没有他人对我的言说，如果没有我与他人之间的对话关系，那他人也成不了地狱；如果我没有处在与他人的(共在，Mitsein)关系中的话，那么他人对我来说既谈不上地狱，也谈不上天堂。

因此，正如在海德格尔那里，人是“在—世界—之中—存在”(In - der - Welt - sein)一样，处在与他者的互动、对话①关系之中，是我的前反思、前理论的本质规定，是我无论如何也无法逃脱的命运。

伽达默尔继承了海德格尔的思想——理解本就是人的存在方式、生存方式、自我解释的方式。对于伽达默尔来说，理解是以与被理解者进行对话的方式而存在的，因此处在与世界、他人的或对话之中同样是我的本质规定。但是伽达默尔进一步突出了理解，即对话活动本身的历史性。作为理解者的“我”和作为被理解者的“你”同样也是处于历史、传统之中的有限性、历史性的存在者，因此“我”与“你”的对话同时也是“我”与历史、传统本身的对话，而“我”与“你”的对话关系也就是与历史之间的对话关系。由于“我”始终处于历史、传统中，是具有有限性、历史性的存在者，因此，“我”始终是与作为历史的“你”进行着对话的，或者说始终是与历史处于对话关系中的——尽管“我”与之对话的具体的“你”是不断变化的，但这些不

① 与世界或他人的互动从本质上说就是一种对话关系——互动本身是一种问答过程。

断变化的“你”仍然是处于历史中的,是历史的一部分。

因此,从伽达默尔的角度看,只要我作为有限性、历史性的人,历史就是不断地向“我”诉说着的,而“我”也是不断地回应着的,即便是以逃避的方式。正如前文所示,“我”与“历史”(或历史中的具体的“你”、具体的历史传承物)之间进行的互动的“我—你”关系的对话,也体现了真正的历史存在——效果历史意识。

西方哲学由古希腊与近代强调“观看”到现代强调“倾听”的过程,从一个关键的角度反映了自我与他者之间的关系,或自我是如何接近(认识、理解)他人甚至自我的。在古希腊,人主要采取直接的理论“观看”来认识他人或世界,此时,人是一种 Logos(语言、理性)的动物。而在近现代认识论中,自我则采取反思性的“观看”来认识世界或他人,此时,人是一种理性主体,而世界则是被主体进行表象、被知觉、被思维的客体,因此,自我与他者之间的关系也是一种主客关系、理论关系。而到了现代,尤其是在海德格尔和伽达默尔这里,人首先不是对于世界或他人进行着理论化的“观看”的“观看者”,而是一个倾听者、回应者,即自我与世界或他人之间首先处于一种对话关系之中,并且对这种对话关系“深信不疑”,因为来自世界或他人主动的发起的言说,是我无法逃避的,这不像是在笛卡尔那里,首先对世界或他人进行怀疑,然后由具有确定性的“我思”主体进行反思性的“观看”。海德格尔和伽达默尔提出了不同于传统认识论接近世界和他人的方式——理解,这种理解是一种倾听的理解,理解不再像传统认识论中的认识活动一样,是主体对于客观世界的表象和认识,而是人的存在方式、生存方式,而传统的对象化的认识活动只是这种源始的存在方式的一种衍生样式而已。但从伽达默尔的角度看,理解在海德格尔的此在解释学中仍然还是一种“独白”,只是到了后期才有了人与大道(Ereignis)之间的对话。而伽达默尔的理解则首先意味着自我与历史、他人或文本之间的对话,对于伽达默尔来说,理解只有作为一种对话才是可能的。因此,在伽达默尔那里的“理解作为人的存在方式”,意味着人以与他者(历史、他人或文本)之间进行着对话的方式而存在,或者说,人首先处于与他者的对话之中。

四、伽达默尔解释学“我—你”关系与语言、对话游戏

伽达默尔解释学的“我—你”关系不是一种抽象的或理论性的主客关系,不是自我单方面地、自发地对“你”进行静态的认识、把握,而是一种活生生的“我”与“你”之间进行着互动的关系,这种关系的互动性就意味这种“我”与“你”之间进行着一种对话——人与人之间的交往可以说是一种广义的对话①。而这种对话又是通过广义的对话的语言进行的,这种广义的语言不只是口语表达,还包括人与人之间对话或交往中出现的非口语的表情、姿势、行动等。因此,伽达默尔的“我—你”

---

① “因为话语不仅是内在思想的产物,而且也是交往关系。”([德]伽达默尔:《诠释学 I:真理与方法》,洪汉鼎译,商务印书馆 2010 年版,第 271 页)

关系和布伯的“我—你”关系一样，从本质上说就是一种对话关系，并且在他那里，理解就是以“我—你”关系为基础的对话的形式而进行的，而“我—你”关系则是以对话的语言的形式表现出来的，因而“我—你”关系具有语言性。进一步地说，“我—你”关系也是历史存在的真正形式，因此，在伽达默尔那里，“我—你”关系，“我—你”关系对话的语言、历史传统是统一在一起的，是一体多维的，它们都处于哲学解释学的本体层次。

马丁·布伯认为，“泰初即有关系”①，“‘我—你’本质上先在于‘我’”②。“我”与“你”只能在关系之中相遇。同样，在伽达默尔那里，对话本身类似于一种对话双方进行的互动游戏。因此，在他那里，“我—你”就是一种对话游戏的关系。而“我—你”关系作为一种“对话游戏”的关系，是优先于其游戏活动参与者“我”和“你”的，也是说游戏的真正主体并非游戏的参与者，而是“游戏本身”，也就是使游戏参与者被卷入其中的东西③，并且越是一场真正的谈话游戏，“它就越不是按谈话者任何一方的意愿进行”。因此，真正的谈话不是那种按照我们的意愿而进行的对话，准确地说，是“我们陷入了一场对话……被卷入了一场对话”④。相反，代表“我—它”关系的主客关系在布伯看来就不是一种真正的关系，因为他们之间只是主体通过一定的概念、范畴或方法作为中介来认知、把握、占有客体的关系，而根本就没有直接的、互动的关系。

五、伽达默尔解释学“我—你”关系与教化和历史

美国现代解释学家理查德·罗蒂在其《自然哲学之镜》中将认识论看作一种系统哲学，而将伽达默尔的解释学看作一种教化哲学，何卫平先生也将伽达默尔的解释学称为“教化解释学”⑤。可见，教化概念是伽达默尔的解释学中一个关键概念。那么，它与作为理解得以成为可能的条件的“我—你”关系又具有什么样的内在联系呢？

首先，对于伽达默尔来说，以解释学的“我—你”关系为前提的“理解即教化，也就是从个别达到一般，在这个过程中我们的视域不断地被塑造着”⑥，而且理解是历史性的理解，而“教化是一个真正的历史性概念，并且正是因为这种‘保存’的历史性质，教化对于精神科学中的理解有了重要意义”⑦。伽达默尔在黑格尔那里看到，

① ［德］马丁·布伯：《我与你》，陈维纲译，三联书店 2002 年版，第 15 页。

② ［德］马丁·布伯：《我与你》，陈维纲译，三联书店 2002 年版，第 19 页。

③ ［德］伽达默尔：《诠释学 I：真理与方法》，洪汉鼎译，商务印书馆 2010 年版，第 157 页。

④ ［德］伽达默尔：《诠释学 I：真理与方法》，洪汉鼎译，商务印书馆 2010 年版，第 539 页。

⑤ 参见何卫平：《伽达默尔的教化解释学论纲》，《武汉大学学报》（哲学社会科学版）2011 年第 2 期。

⑥ 何卫平：《通向解释学的辩证法之途》，三联书店 2001 年版，第 210 页。

⑦ ［德］伽达默尔：《诠释学 I：真理与方法》，洪汉鼎译，商务印书馆 2010 年版，导言第 22 页。

历史本身就是一个教化的过程(包括理论教化和实践教化),也就是使自我不断摆脱本能的直接性、个体性而走向共同体的普遍性的过程。而自我摆脱个别性而走向共同体的普遍性的过程,也就是自我在与他人的共同生活中进行的持续深入的交往实践的过程。而教化本身作为一个生成的本体论过程,是通过人与人之间共同生活或相互交往保持自身的①,其中人与人之间的共同生活或相互交往从本质上说是一种人与人之间的对话过程,而对话或交往的基本形式从伽达默尔的解释学角度看就是互动的"我—你"关系。由此可以说,历史的教化作用是以"我—你"的对话关系为基础的,并且是以"我—你"关系的对话或交往实践的形式进行的。作为教化过程的历史就体现在人与人之间的共同生活或交往实践活动(对话)之中,因而它不是一个抽象的过程或事件组合。作为一种持续发生且不断深入的"我—你"关系的对话关系或交往实践,它使与历史或他人进行着对话或交往实践的个体逐渐摆脱其自然本性,并逐渐获得一种人与人之间交往实践的普遍性,也使个体之间的共通感不断增强。伽达默尔认为,"人类教化的一般本质就是使自身成为一个普遍的精神存在。谁沉湎于个别性,谁就是未受到教化的"②。可见,人获得教化的普遍性的过程,是以对历史性他者的开放性,以及与历史性他者进行对话为基础的,也就是以"我—你"关系为基础的,"教化作为一个生成的本体论过程通过(自我与历史传统或他人的,笔者加)相互作用保持自身"③。总之,历史本身(效果历史)是具有教化作用的,而发生这种作用的核心在于历史性的对话或交往实践中的"我—你"关系。

由于真正历史是自我与他者之间的关系性的统一体,是一种效果历史,因而这种效果历史就体现在"我—你"④关系上。由于"我"与"你"属于"我—你"关系的不可分割的要素,因此它们也都属于历史。同样,在历史的教化中,也就是在"我—你"关系的对话中,"我"和"你"都得到了教化,且双方的普遍性也都得到了提升,而这种双方普遍性不断得到提升的过程实际上就是一种不断接近共同体的善的过程,因此历史本身是向善的过程。

如前所示,作为理解者的"我"与作为被理解者的历史传统或历史传承物之间的关系不是主客二分的认识论关系,即历史传统或历史传承物不是被认识的对象,

---

① Nicholas Davey, *Unquiet Understanding - Gadamer' s philosophical Hermeneutics*, New York: State University of New York Press, 2006, p. 70.

② [德]伽达默尔:《诠释学I:真理与方法》,洪汉鼎译,商务印书馆2010年版,导言第23页。

③ Nicholas Davey, *Unquiet Understanding - Gadamer' s philosophical Hermeneutics*, New York: State University of New York Press, 2006, p. 70.

④ 相对"我"而言,外在于"我"的、不可被"我"同化的存在者可以统称为"他者",但在伽达默尔的哲学解释学思想的核心——效果历史意识中,自我与他者都是属于历史传统的。因此,在理解或解释活动中,自我与他者的关系本质上只能是一种"我—你"关系。理解者("我")与某传承物(或"你",而作为具体的人的存在更是一种历史性的存在)之间的对话,只是与历史传统的某个部分或视域进行对话。由此,传统中还有未与之对话的其他历史性存在的他者的存在。

而是“像一个‘你’那样自行讲话，一个‘你’不是对象而是与我们发生关系”①。自我对历史性的他者（即他人、历史传统、历史传承物或文本）的理解或认识，即是与历史性的他者进行的对话。而与历史性的他者的对话过程就是一种接受历史教化的过程，通过这种教化过程，自我与他者逐渐脱离了它的“直接性和本能性的东西”②，而获得了一种不断提升的、在人与人之间进行的交往实践或生活实践的普遍性，以及一种不断提升的、以共同体的善为目的的实践智慧。

总之，对伽达默尔来说，真正历史不是一种与历史理解者无关的客观事件的组合，而是理解者和历史传统（被理解者）之间相互作用而产生的历史，简单地说，就是互动的“我—你”关系产生的结果。而教化，从伽达默尔解释学的角度看，是在人与历史之间的对话或交往实践中进行和实现的，并且历史从本质上讲是一种效果历史，是一种“我—你”关系的对话过程，而这种对话过程不仅是一种人类持续不断的交往实践的过程，而且本身就是一种教化过程。可以说，真正的历史作为效果历史体现在“我—你”关系的对话之中，而作为效果历史的“我—你”关系对话自身就是一种交往实践的过程、教化过程，它们形成了一种有机的统一。

最终，由于效果历史体现在“我—你”关系的对话，即交往实践之中，因此，“我—你”关系可以说是历史存在的基本形式。真正的历史过程也是一种持续的“我—你”关系的交往实践过程，体现在现时的对话或交往实践中。而历史发展的过去、现在和未来的三个维度都统一在了现时的对话、交往实践或教化过程中。

① ［德］伽达默尔：《诠释学Ⅰ：真理与方法》，洪汉鼎译，商务印书馆2010年版，第506页。

② ［德］伽达默尔：《诠释学Ⅰ：真理与方法》，洪汉鼎译，商务印书馆2010年版，第23页。

普遍解释学 or 解释的冲突？
——从利科的观点看*

付志勇　陈　思**

解释学的主要代表人物都试图建立一种普遍解释学，他们或者从方法论的角度，或者从认识论的角度，又或者从本体论的角度，赋予解释学一种普遍的特征。但是，利科提出了"解释的冲突"这一命题，他说："没有普遍的解释学，没有对注释而言的普遍标准，而是只有关于解释规则的不同的和相反的理论。解释学领域……就其自身而言是不一致的。"①因此，这里似乎出现了两个相互矛盾的论断：普遍解释学和解释的冲突。对此该如何进行理解？笔者试图在下文给出回答。

一、普遍解释学的观念

语言是解释学的领域，不论是书写的语言还是言说的表达。自然语言的多义性特征要求我们在语言的特定语境中理解它。语境涉及对话者之间的信息交流的具体情形，并形成一种问答模式，从而，对语境的把握和识别就是解释的工作。解释就是在日常语言的多义性的基础上，去发掘其相对单义的内涵，这是解释最基本的目的。在利科看来，支配解释学历史的有两种观点：一种是从局部解释学向普遍解释学扩大的观点，另一种是从认识论解释学向存在论解释学转变的观点。这两种观点的产生，都可以看成是解释学领域的两次哥白尼革命，通过这两次革命的转变，解释学不仅是普遍性的，而且还是基础性的。在这两种观点之中，包含着对解释学普遍性的追求。

关于解释学的普遍性问题，格朗丹在《哲学解释学导论》中做过一番总结："在古代和教父时代最初只存在着不完整的解释的规则，直到后来路德和宗教改革的神学家们才形成了一套系统的解释学，并在施莱尔马赫那里变成了一种普遍的理

* 该文系教育部人文社科一般项目"利科的精神分析论与象征解释学研究"（17YJC720005）阶段性成果。

** 付志勇，武汉科技大学马克思主义学院讲师；陈思，江汉大学教育学院讲师。

① Paul Ricoeur, *Freud and Philosophy: An Essay on Interpretation*, trans. by Savage Denis, London: Yale University Press, 1970, pp. 26－27.

解理论，狄尔泰拓展了这种解释学，使之成了一门普遍的精神科学方法论，而海德格尔则将解释学的研究置于更为本源的人的事实性基础之上，伽达默尔则最终重构了作为我们的经验不可回避的历史性和语言性的普遍解释学。普遍解释学最终扩展到诸如意识形态批评、神学、文学理论、科学理论和实践哲学这样一些领域。”①我们将沿着格朗丹提供的线索，对解释学普遍性观念的发展进行梳理。

施莱尔马赫认为，理解艺术的解释学并不是从一开始就普遍存在，在这之前出现的只是各种局部解释学。这种局部解释学具有两个方面的特征：从对象上看，它研究的是圣经和古典文本；从方法论上看，它的解释方法是零散而不成体系的。施莱尔马赫评论道：“以前的诠释学方法是随着被认为是理解的众所周知性即常识理解的东西而发展；它们不需要（估计或判断的）艺术，除非它们绊倒在似乎是无意义的东西上。所以，所有它们的规则似乎是任意的、实际上合适的和非系统化的。”②相应地，施莱尔马赫建构普遍解释学的目的有两个。首先，“施莱尔马赫把他的诠释学称之为普遍诠释学，以便把诠释学领域加以扩大，包容所有流传下来的文本和精神作品，而不只是那些经过特别选择的古典的、权威性的或神圣的著作”③。其次，在施莱尔马赫之前，解释活动涉及不同的文本，从这些有着不同对象的解释学中去发现共同的解释程序，就是普遍解释学的要求，也是从局部解释学到普遍解释学的真正转变。为了达到这一点，就要超越文本的特殊性和理解的规则及方法的特殊性。施莱尔马赫基于先验哲学传统和浪漫主义传统，提出了有效解释的可能性条件问题和理解过程究竟为何的问题。“被写的东西常常是在不同于解释者生活时期和时代的另一时期和时代里被写的；解释的首要任务不是要按照现代思想去理解古代文本，而是要重新认识作者和他的听众之间的原始关系。”④在他看来，解释之所以有可能，就在于解释者可以克服与作者之间的差距，而处于作者的位置则能够达成对作者的理解。从而，理解过程就是一种对作者原意的重构过程。因此，在施莱尔马赫这里，普遍解释学与文本的多样性无关，而只与统一各种解释维度的核心程序有关。对于施莱尔马赫在构造普遍解释学上的贡献，伽达默尔称赞道：“只有到了施莱尔马赫才使诠释学作为一种普遍的理解和解释的理论而摆脱了一切独断论的和偶然的因素。”⑤

由施莱尔马赫构建起来的普遍解释学在狄尔泰那里得到了继承和发展，并且在后者那里解释学的普遍化也具有双重意义。首先，普遍解释学意味着解释学是精神科学的普遍方法论。狄尔泰关注的是精神科学与自然科学之间的区别，他认

---

① ［加］让-格朗丹：《哲学解释学导论》，何卫平译，商务印书馆 2009 年版，第 10～11 页。

② ［德］施莱尔马赫：《诠释学箴言》，洪汉鼎主编：《理解与解释——诠释学经典文选》，东方出版社 2001 年版，第 30 页。

③ 洪汉鼎：《诠释学——它的历史与当代发展》，人民出版社 2001 年版，第 23 页。

④ ［德］施莱尔马赫：《1819 年讲演纲要》，洪汉鼎主编：《理解与解释——诠释学经典文选》，东方出版社 2001 年版，第 55～56 页。

⑤ ［德］伽达默尔：《真理与方法》，洪汉鼎译，商务印书馆 2010 年版，第 121～122 页。

为,精神科学的对象是精神世界和社会历史世界,它们都是有目的、有意识的活动,从而其要求的方法是历史的理解;自然科学则相反,它的对象是无意识、无目的的自然物,其方法是说明,即通过观察和实验进行归纳。通过这种区分,狄尔泰进一步把局部解释学纳入更为广阔的精神科学的历史知识领域。从而,关于理解和解释的解释学就成了精神科学的普遍方法论。这就意味着精神科学作为独立的科学被“置于普遍有效的认知的基础上,从而在哲学上宣布他们的额合法性”①。其次,普遍解释学还意味着个人在历史知识中的普遍化。在狄尔泰看来,现实自身及其关联体就是有待理解的文本,它们作为历史的一致性先于文本的一致性。“思想的工作就是要体认意识之中的那些生活实在之间的关系,就是要从呈现在清晰的意识之中的那些特殊、偶然和给定的事实出发,走向包含于它们之中的必然、普遍的关联体。”②理解的对象就是各种符号、形式等精神的客观物,理解就是一种通过外在的符号进入人的内在精神的过程,在这一过程中,理解要把握符号所蕴含的意义,并将之渗透到人类的精神之中。这些符号同时也是人类表现自己的生存符号,对这些符号的理解也就是对人的理解,所以人和人之间并非完全陌生,而是共同处于关联体之中。在这里,狄尔泰提出了生命将自身外化于稳定的结构化整体之中的观点,即感觉、意志、评价等精神生活都将自身沉淀于某种习得的结构中,并等待人们去理解。这种外化的构形和结构,在某种程度上,可以说是利科所谓的精神产品和文化成果。相对于生命生产的初级层次而言,文化生产处于次级层次之上。

狄尔泰还通过胡塞尔的意向性概念来强化其精神结构的概念,即精神生活具有意向性的特征,通过把握其意向,我们可以在其中发现可识别的意义。解释学通过对符号的解释,能够重新构造某种关联体,把握其意义,有利于我们在符号的表达中理解他人的精神生活。对自我的理解也是如此,只有通过对自己生命的客观化、自己的生命符号来理解自我,这些符号才会通过他人而为我所有,所以,自我认识本身已经是一种解释。我们以后的章节会提到利科有非常相似的观点,即人只有通过外化于自身的文化符号、精神产品,通过理解的迂回绕道才能认识自己,而这种理解本身已经是一种解释。在狄尔泰这里,所谓的解释学的普遍性,是指一种将个人与普遍的历史知识融合的普遍性,即个人的普遍化。这就意味着狄尔泰已经认识到,从方法论上来考察解释学具有狭隘性,理解并不只是精神科学的特殊程序,而是具有一种调节人类历史性的生存方式的的原始性,由此狄尔泰试图“解释历史性的普遍性,从而抛弃原有方法论的狭隘框架”③。狄尔泰的这种思想,在解释学哲学的后继者海德格尔和伽达默尔那里得到了最彻底的发挥。

狄尔泰关于精神科学的解释学研究主要是认识论的,而海德格尔则开始在认识论的底层去挖掘其存在论的条件。海德格尔认为,解释学不是对精神科学的反

① [加]让-格朗丹:《哲学解释学导论》,何卫平译,商务印书馆 2009 年版,第 10～11 页。

② [德]狄尔泰:《精神科学中历史世界的建构》,安延明译,中国人民大学出版社 2010 年版,第 6 页。

③ [加]让-格朗丹:《哲学解释学导论》,何卫平译,商务印书馆 2009 年版,第 148 页。

思，而是对精神科学建构于其上的存在论基础的说明，所以哲学解释学的任务就是基于存在的基本状态来说明存在者。“领会的筹划活动本身具有使自身成形的可能性。我们把领会使自己成形的活动称为解释。领会在解释中有所领会地占有他所领会的东西。领会在解释中并不成为别的东西，而是称为它自身。在生存论上，解释植根于领域，而不是领会生自解释。解释并非要对被领会的东西有所认知，而是把领会中所筹划的可能性整理出来。”①理解的目的不是去把握某种事实，而是去领悟存在的可能性，这种理解就是一种筹划。因此，可以把海德格尔的解释学的普遍性理解为一种存在论层次的普遍性。遗憾的是，海德格尔并未在其存在论解释学的框架中说明一般的批判问题，不过这一问题则成了伽达默尔要处理的核心问题，伽达默尔在存在论解释学的基础上更进一步，对精神科学进行重新考察，并重新提出解释学的普遍性问题。

对语言性的讨论贯穿了《真理与方法》的始终。伽达默尔认为：“在语言之中世界向我们敞开。在语言之中我们和其他的‘存在者’相遇、和自己相遇。与我们相遇的一切存在都在语言之中被理解。”②语言是经验的媒介，人类世界因语言而被统一了起来，从而，语言具有最广泛的普遍性，这就是伽达默尔所强调的人类经验世界的语言性。能够被理解的存在都是语言，语言和理解合二为一，理解就是要在语言上取得相互一致，理解的过程就是一种语言过程。而若要达成理解或者说共同的语言，就要通过谈话，谈话的过程就是视域融合的过程。在视域融合的过程中，谈话者自身的视域与他者的视域相互影响，新的意义则会不断涌现出来。“解释是一种‘视域融合’，即解释者自身的历史视角和被解释的作者的历史视角的融合。经验的内在历史性保证了每一个立场和视角的独特性。”③而“视域融合的思想表明了调和与妥协的可能性，表明了我们在与他人遭遇时的那种不确定性。同时，它也表明了不断拓宽视域的可能性”④。因此，在这个意义上，视域融合不仅是人类经验和理解的拓展，更是人们共同生活范围的扩大。伽达默尔所谓的解释学的普遍性就在于人类经验的语言性，并且语言被赋予一种实践的特征，不是作为指称消极地反映世界，而是标志着与世界的实践关系，并构成世界。语言的这样一种特征是通过公共网络和达成共识来实现的，因而在哲学解释学的“语言—世界”图景中，公共性和社会性被放在优先的地位。

在利科看来，伽达默尔的视域融合的观点本质上就是在间距和开放中的不同观点的融合，视域融合的概念表明我们并不是生活在一个封闭的视域中，而是表明自己之物和他人之物、近距离和远距离之间存在一种张力。“人类经验的普遍语言性意味着，我对某种传统或诸多传统的归属经历了符号、著作和文本的翻译历程，

① ［德］海德格尔：《存在与时间》，陈嘉映译，三联书店2006年版，第133页。

② ［日］丸山高司：《伽达默尔：视野融合》，刘文柱等译，河北教育出版社2002年版，第119页。

③ Rosen Stanley, *Hermeneutics as Politics*, Oxford: Oxford University Press, 1987, p.165.

④ Lawn Chris & Keane Niall, *The Gadamer Dictionary*, London: Continuum International Publishing Group, 2011, p. 120.

其中,文化遗产被刻写下来,并让人们对其译解。”[①]但是,利科并没有满足于从语言性上来理解伽达默尔所谓的解释学普遍性问题,在他看来,伽达默尔的普遍性观念还可以从另外两个方面进行理解。首先,解释学的普遍性意味着解释学与科学具有相同的范围,并作为一种元批判,即批判之批判,为科学知识的可能性提供条件,在这个意义上,解释学将技术的客观世界和我们存在的基本秩序联结起来了。其次,元批判假定了一种“共识”(consensus)。利科认为,正是这种共识奠定了审美关系、语言关系以及历史关系的可能性基础,因此这种共识具有根本性的地位。在我看来,利科所谓的共识,就是伽达默尔后期提出的一致性概念。随着伽达默尔后期对政治问题的日益关注,一致性概念被明确地提出来。一致性概念的提出,在事实上表明了伽达默尔试图将语言的普遍性延伸到一种更为基础的生活现实的普遍性之上,即实践的普遍性。

二、语义学与解释的冲突

在对普遍解释学进行考察之后,我们将进入这一话题的反面,即解释的冲突。既然解释学具有种种普遍性,不管是方法论、认识论,还是本体论、语言性,或是人们生活于其中的一致性面,那么如何理解“解释的冲突”这一论断?我们将会发现,无论是在早期的《弗洛伊德与哲学:论解释》中,还是在后来的《解释学与人文科学》《解释的冲突》中,利科都在与解释学的普遍性诉求或者说普遍的解释学保持距离,而利科对解释的冲突的说明,主要是从语义学层面上展开的。

利科的解释学的目标是建立一种新的存在论解释学,这种存在论不同于海德格尔式的理解的存在论。在利科看来,海德格尔一开始就直接进入存在论层面,而不是通过探究释经学、精神分析、宗教现象学等学科的方法论而逐渐进入理解的存在论之中的,这是一种进入存在论的短程途径,摆脱了所有方法论的要求、解释学的循环而直接构建的存在论。利科认为,这种方式是成问题的,“短程,就是如同海德格尔的理解的存在论的途径。我之所以把这样一种理解的存在论称作‘短程’的,是因为它通过与关于方法的所有讨论相决裂,一上来就处于一种有限存在的存在论层面上,以期在这个层面上把理解恢复为一种存在的模式,而非一种认识的模式”[②]。在利科看来,海德格尔这种方式不是对存在论的渐进式趋近,而是通过追问的突然逆转而想象自己置身于这个存在论之中。利科“要走一条通过语义学迂回之路达到存在问题的长路,按照他的解释,这条长路必须经历语义学层次、反思层次最后达到存在层次”[③]。与海德格尔的短程途径相反,利科提出了一条迂回的、长程途径来进入存在论的层面,长程的途径是渐进的,是通过语义学分析和反思哲学

---

① [法]利科:《解释学与人文科学:语言、行为、解释文集》,孔明安等译,中国人民大学出版社2012年版,第22页。

② [法]利科:《解释的冲突:解释学文集》,莫伟民译,商务印书馆2008年版,第4页。

③ 洪汉鼎:《诠释学——它的历史与当代发展》,人民出版社2001年版,第299页。

而达到的。这种工作的第一步就要求利科用通过语言分析的长程途径来替代海德格尔关于此在分析的短程途径，即通过语义学澄清来解决存在论问题，这个语义学澄清围绕象征符号的双重意义或多重意义而展开。对象征表达的理解就是对主体自身的理解，在这个意义上语义学的澄清和反思相互关联在一起。对象征符号的解释就是对主体自身的解释，通过这种解释，会发现主体在定位自身之前已经在存在中被定位了。

对存在论的理解首先是在语言中得到表达的，进而需要一种语义学层面的分析，其中主要是对象征符号的分析，这就要求列举象征的诸种形式，以便在其中发现这些象征表达所共有的结构。利科认为，这些象征形式主要表现为宗教象征、精神分析的象征和诗意象征，利科又将其称为"祭祀者的宇宙概貌""梦的产物的夜间概貌"和"诗的语言的创造力"，"这象征系列的三个取向——宇宙的、梦的和诗的——表现在任何真正的象征之中"。[①] 但是在对弗洛伊德的解读中，利科关注的主要是精神分析的象征，即梦的象征及其在习俗、传说、神话中的类比物。列举诸象征形式的基本标准在于，它们都具有语义学的结构，即双重意义的结构。而作为标准的语义学结构是不能与有关解释的程序的研究相分离的，象征表达和解释的程序是相互定义的。这种语义学的分析所具有的优势在于，首先，它保证了真理与方法的不可分离，使解释学与实践的方法保持关联，比如，在精神分析中，对意义的寻找是与对梦、神经症等的分析分不开的。其次，它保证了解释学处于意指理论之上。最后，通过对多义表达的语义学分析，使包括精神分析在内的象征理论遭遇了当代语言哲学。

根据利科的观点，语言是当今诸多学科的共同交汇之处，英美语言分析哲学、现象学和解释学、新约解释学派、人类学以及精神分析，都涉及语言的问题。因此，人们试图寻找一门综合的语言哲学，以期说明人类意指行为的复杂功能及其交互关系。但是，这些学科的不一致性既明显，又加剧了语言的错位，诸学科的分类本身就意味着对语言哲学统一性的肢解。于是，人类语言的统一性就呈现为一个难题，而这一难题本身就预示了在各种学科中存在着相互冲突的解释。关于这一难题的解决，显然很难由某一个语言哲学家做到。因为要做到这一点，他必须同时精通数学、注释科学、人类学、精神分析等学科，不过，这显然是不可能的。可行的方案是，我们应该在这些学科之间努力寻找有关语言的关键联结。利科认为，这一关键联结就是弗洛伊德的精神分析，"在所有关于语言的一般性讨论中，精神分析处于领导地位"[②]。利科提出这一论断是基于以下两个理由。首先，精神分析是一种文化解释。作为一个缺乏精神分析实践的哲学家，利科并不是精神分析师，他对弗洛伊德的理解显然更多地局限在精神分析的理论上，即通过文本的方式来达到精

① ［法］利科：《恶的象征》，公车译，上海人民出版社 2014 年版，第 9～10 页。

② Paul Ricoeur, *Freud and Philosophy: An Essay on Interpretation*, trans. by Savage Denis, London: Yale University Press, 1970, p. 4.

神分析的目的。剔除了精神分析实践,固然有其片面性,但同时也有助于揭示被实践掩盖起来的方面——精神分析对文化解释的贡献。精神分析不仅是对精神病学的革新,而且是对隶属于文化的精神成果的再解释,包括梦、艺术、道德、宗教等,这正是精神分析隶属于现代文化的方式。精神分析不光是一种个体心理学,还是一种文化社会学。早在1900年的《释梦》一书中,弗洛伊德就已经把梦和神经症理论同文化理论联系在一起,并得出了"梦是做梦者的私人神话,神话是人们醒来的梦"的论断。例如,弗洛伊德在讨论梦的象征对于性的表达时指出,"这种象征作用并不为梦所独有,它是潜意识观念作用的特征。除了梦之外,它也存在于民俗、神话、传说、语言典故、谚语机智、大众笑话等之中"①。其次,弗洛伊德对欲望和语言之间关系的研究,是他进入语言的当代争论的另一个入口。在弗洛伊德的精神分析理论中,梦不仅是一个研究对象,更是一种模型,即人类愿望(wish)和欲望(desire)被扭曲、被替代以及通过幻相进行表达的模型。"梦的内容乃是一种愿望的满足,而它的动机就是愿望。"②如果我们将梦看作一个文本,那么根据弗洛伊德的观点,梦的文本本身就是一种欲望的扭曲表达,只有用另一种表达真实意义的文本替代梦的文本,才能认识到欲望最初的言说。于是,精神分析的中心就转移到对欲望言说、语言的解读上了。对欲望言说的分析,涉及利科所谓的欲望语义学,它与弗洛伊德通过压抑(repression)、释放(charge)、贯注(cathexis)等概念所表达的动力学观点密切相关,这里所涉及的本能的变迁,只有在意义的变迁中才能得到理解。因此,弗洛伊德所论及的梦与各种精神成果,如心灵、神话、艺术作品、宗教幻相的类比,都归属于意义的领域,并具有深层次的原因——欲望是如何达到言说的。可以说,精神分析绝不仅仅是一种个体心理学或精神病治疗学,而是通过对文化解释、欲望言说的研究,深入当今语言哲学的争论之中。"对精神分析学的解释学研究,就是通过对弗洛伊德的作品的语言分析,发现其中所论述的概念及论证过程的意义。"③

利科认为,对《释梦》一书标题的分析可以为我们提供一些引导。"释梦"(Traumdeutung)这个复合单词包含梦的问题和解释的问题,对此我们将逐个进行分析。首先,"梦"(Trauma)不是一个封闭的词汇,而是一个开放的词汇,它不光指我们睡眠中出现的那些仅仅是梦的东西,而且还指面向人类的精神成果、文化产品,而在弗洛伊德那里,后者正是梦的类比。与梦一起被定位的是欲望语义学,它的中心课题是:作为欲望的人,自我在伪装中前行。弗洛伊德说:"语词在梦的形成过程

① [德]弗洛伊德:《释梦》(下),车文博主编:《弗洛伊德文集》第4卷,九州出版社2014年版,第319页。

② [德]弗洛伊德:《释梦》(上),车文博主编:《弗洛伊德文集》第3卷,九州出版社2014年版,第125页。

③ 高宣扬:《利科的反思解释学》,同济大学出版社2004年版,第104页。

中所起的作用是不足为奇的，因为语词作为无数观念的交汇点，必然是模棱两可的。”①由于这个原因，语言自身在一开始就被极大地扭曲了，它指的不是表面上说出的东西，而是具有双重意义、模棱两可的东西。梦及其类比物被置于语言的领地中，这种语言作为复合意指而呈现自身，它具有两种意义：一种是直接意义，另一种意义则隐藏在直接意义之后。这种双重意义的领域就是象征，象征揭示了意义的某种结构，在这种结构中意义的隐藏和显明是同时进行的。其次，既然梦指称双重意义的表达领域即象征领域，那么“解释”（Deutung）自然就是必不可少的了。解释关注的是理解，尤其是与模棱两可的表达有关的理解，那么解释就是去理解双重意义。通过对“梦”和“解释”这两个词汇进行分析，就可以确定精神分析在语言范围中的位置，即处在象征领域，而在象征领域中，各种相互冲突的解释方式会彼此相遇。象征领域比精神分析领域要宽广，但是比语言领域要狭窄，我们可以称之为“解释学领域”。只有通过解释学，那些对文本、可被视为文本符号的解释的诸规则才能够得到理解。在这里，双重意义的表达构成了解释学的优先课题，而象征主义的难题也就通过解释行动的中介而进入语言哲学之中。于是，这就将象征主义的难题和解释难题相互关联了起来。作为一种双重意义的表达，象征需要解释，而解释就是一种旨在解密象征的理解工作。

象征指称这样一种意指结构，在这种意指结构中，字面的、直接的意义指示着隐藏的、间接的意义，后一种意义只有通过前一种意义才能够被理解。语言表达通过其双重意义或多重意义将自身提供给解释工作的地方，就是象征的领域。在象征的领域中，必然会发现解释的行动。正是象征的这种意向结构导致了解释的行动，使解释得以成为可能，而同时，正是解释的行动才使得象征的结构本身得到显明。正是通过解释，象征难题才得以进入更为广阔的语言难题之中。象征和解释的关联不是外在的、偶然的，而是内在的、必然的，两者是不可分离的。在古希腊文中，象征是一个“谜”（Enigma）。正如赫拉克利特所言：“德尔菲神谕的主管既不直言，也不隐瞒，而是出示象征。”②谜并不妨碍理解，恰恰相反，谜激起了理解。在象征中，一个隐藏的意义在解释的行动中被添加到直接的意义之上，而这种意义的增加又使得解释处于不断的运动之中，赋予解释以活力，解释行动则揭示了意义的丰富性和多因素决定的特征。通过后面的论述我们会发现，象征不仅呼唤解释，而且与人类的生存联系在一起，正如奥修对赫拉克利特这句箴言的解读：“一个象征不是被解释的，一个象征是被生活的。”③在这里，奥修直接将象征和生存联系在一起，使象征具有存在论的意义。

解释学最初指的就是研究圣经注释规则的科学，而注释本身就是一种特殊的

---

① ［德］弗洛伊德：《释梦》（下），车文博主编：《弗洛伊德文集》第4卷，九州出版社2014年版，第311页。

② ［古希腊］赫拉克利特：《赫拉克利特著作残篇》，楚荷译，广西师范大学出版社2007年版，第104页。

③ ［印］奥修：《隐藏的和谐——关于赫拉克利特断篇的演讲》，三联书店1996年版，第261页。

文本解释。解释学难题在很大程度上是在圣经注释的领域中被构造起来的,“诠释学的最后形成我们应归功于《圣经》的解释”①。根据狄尔泰的观点,“按照斐洛的看法,《旧约》里所运用的喻义规则和法则早已经存在了,因此,对于这些规则和法则的认识必须是《旧约》解释的基础”②。在圣经注释中,类比、象征、语言等概念得到了丰富的运用。事实上,圣经注释已经通过类比将解释学和象征概念联系在了一起。后来,注释的概念逐渐从圣经扩大到文本概念,进而解释学的研究领域极大地扩展了。弗洛伊德的位置就处在这种扩展的范围内,他把梦看作一种文本,但是梦的语言是无法理解的,必须用另一种可被理解的文本来替代梦的文本,这种可被理解的文本就是欲望的最初言说。对弗洛伊德而言,理解就意味着做出这种替代。在弗洛伊德那里,不光是梦,还包括圣经著作、宗教、神经症、神话、艺术等,都因作为一种有待解密的符号和文本而成为精神分析的解释所要处理的对象。

正是通过以上考察,利科得出了“解释的冲突”的结论:“没有普遍的解释学,没有对注释而言的普遍标准,而是只有关于解释的规则的不同的和相反的理论。”③各种不同甚至对立的解释规则和解释理论共同存在,没有一种普遍的解释标准,解释学领域就其自身而言是不一致的,因而没有一种普遍的解释学,不同的解释之间的冲突也是无可避免的。利科列出了对解释学的两种极端的对立观点:一种极端认为,解释学是在福音传道、启示、宣告中,被理解为意义的阐明和恢复;另一种极端则认为,解释学是一种去神秘化、一种对幻相的还原。这就是作为意义恢复的解释学和作为幻相还原的解释学,前者是宗教解释学或者信心解释学,后者是精神分析解释学或者怀疑解释学,这两种解释学表现为双重的可能性并体现了一种张力和冲突。这种张力和冲突恰恰是现代性的最真实的表达,因为只有通过对幻相的还原,才能做到对偶像的清除,才能从迷醉中醒来,从而认识到我们当下的贫困状态。解释学就表现为一种解构、破坏偶像的运动,让意义得到重新显现。清除偶像,然后去聆听象征,这就是解释学的任务。通过这一过程,意义的阐明和恢复得到了实现,在这个意义上,象征就具有了一种解构的功能。

与象征对立的是那种技术符号,后者仅仅意指在自身之中的东西,从而具有独断的特征。技术符号可以被形式化,并被还原为演算的对象;但是象征则与之相反,“象征的揭示力量使得象征远离技术符号,后者仅仅意指在它们之中的东西,从而这些东西可以被放空、形式化和还原到仅仅是演算的对象”④。我们前面在对宗

---

① [德]狄尔泰:《诠释学的起源》,洪汉鼎主编:《理解与解释——诠释学经典文选》,东方出版社2001年版,第83页。

② [德]狄尔泰:《诠释学的起源》,洪汉鼎主编:《理解与解释——诠释学经典文选》,东方出版社2001年版,第82页。

③ Paul Ricoeur, *Freud and Philosophy: An Essay on Interpretation*, trans. by Savage Denis, London: Yale University Press, 1970, pp. 26-27.

④ Paul Ricoeur, *Freud and Philosophy: An Essay on Interpretation*, trans. by Savage Denis, London: Yale University Press, 1970, p. 31.

教的类比象征的论述中，指出物理的意义类比着生存的意义，第二个意义隐藏在第一个意义之中。这种从意义到意义的类比象征关系，在表明意义丰富性的同时，也表明了语言的丰富性。相对于那个模糊的、字面的、可感知的第一个意义，第二个意义体现了象征的揭示力量，正是这种揭示力量使得象征区别于技术符号。第一个意义和第二个意义的联结，构成了意义的运动，在宗教象征的例子中可以发现，这种运动使生存的意义寓于物理的意义之中，也就是说，使人能够同化、参与到被言说的东西之中。从而，在人和人言说的东西之间具有一种相似性，象征的力量就处于这种相似性之中。但是这种相似性不是一种客观的、仿佛置于眼前的相似性，而是根据类比的运动，从单个人的存在到存在的生存性同化。在这里，象征展示出一种深刻的存在论意义，不仅展示了意义的丰富性，而且通过一种象征现象学的隐含意向，呼唤着语词原初的揭示力量。

三、小　结

虽然解释学的先驱者们都试图寻找一种普遍的解释学，但是利科却认为，这种寻找是不可能有结果的。因为解释学领域就其自身而言是不一致的，解释的冲突要在语义学的维度中得到理解。没有普遍的解释学，没有对解释而言的普遍标准，而只有关于解释规则的不同的和相反的理论，因而解释学领域就其自身而言是不一致的。利科试图建立一种新的存在论解释学，在他看来，对存在论的理解首先是在语言中得到表达的，这就要求一种语义学层面的分析，其中主要是对象征的语义学分析。精神分析的研究对象，包括梦、神经症、口误、过失行为等，它们都是作为象征符号而得到解释的。象征指称着双重意义或多重意义的领域，这是由象征的多因素决定特征造成的。象征呼唤解释，在象征领域中，各种相互冲突的解释会彼此相遇，从而就在语义学的层次说明了解释的冲突这一现象存在的必然性。

从心到身

——诠释学的“肉身转向”

铁省林*

在伽达默尔和利科等著名哲学家的努力下，诠释学在当代已经获得了显著的发展，并成为当代哲学中的显学。然而，自诠释学产生以来，它历经方法、方法论、认识论和本体论维度的探索，核心的主题从未离开过对心智的理解和解释，不过却忽视了作为理解和解释发源地和基地的人的肉体本身。鉴于这种情况，以理查德·科尔尼①为代表的一些西方学者开始阐释肉体的诠释学意蕴，力图建立一种“肉身诠释学”（carnal hermeneutics），实现诠释学的“肉身转向”。

一、肉身诠释学转向的理据

从诠释学的基本原则出发，我们的身体不仅是理解和解释的发源地，而且也要求一种理解和解释的艺术，因此肉身②诠释学旨在从哲学上来探索作为理解和解释的身体。肉身诠释学的基本问题是：我们的身体及其感觉的诠释学意义是什么？用诠释学的语言来表达就是，我们如何用我们的肉体来理解和解释我们的世界？因此，可以说，肉身诠释学研究的对象是肉身的诠释学特性和诠释学意义。

从肉身诠释学的研究对象来看，肉身诠释学家之所以提出诠释学的肉身转向，

---

* 铁省林，曲阜师范大学政治与公共管理学院哲学系教授。

① 理查德·科尔尼（Richard Kearney），当代著名哲学家，原籍爱尔兰，现在美国任教。他的研究领域包括大陆哲学、宗教哲学和国际政治，主编和撰写的主要著作有 *The Wake of Imagination*：*Toward a Postmodern Culture*（London：Century Hutchinson，1988）；*The God Who May Be*：*A Hermeneutics of Religion*（Bloomington and Indianapolis：Indiana University Press，2001）；*On Stories*（London and New York：Routledge，2002）；*Strangers*，*Gods and Monsters*：*Interpreting Otherness*（London：Routledge，2003）；*Anatheism*：*Returning to God after God*（New York：Columbia University Press，2010）；*Carnal Hermeneutics*（New York：Fordham University Press，2015）；*Reimagining the Sacred*：*Richard Kearney Debates God*（New York：Columbia University Press，2016）。

② 在“肉身诠释学”中，“body”“flesh”“carnal”等词并无实质区别。在汉语中，尤其是不同的译者在翻译胡塞尔、利科等人的著作时也使用了不同的中文词汇来表达，如“身体”“躯体”“肉体”等。因此，本文也在同一语义上使用“身体”“躯体”“肉体”和“肉身”这些词。

是因为他们认为我们的身体本身就具有诠释学的特性和意义。我们作为人，是一个有生命的存在，而作为有生命的存在，首先就是肉体的存在。套用海德格尔的话来说，我们在根本上就是一个在世界中的处于时空中的有限存在。没有肉体的存在，我们的思想、我们的行动，一切都无从谈起。因此，从出生的那一刻起，我们就生存于肉体之中，而生命力也在于肉体的触摸和品尝。"婴儿的皮肤响应母亲的抚摸，手和脚伸展开，嘴张开吸第一口奶。在话语之前，我们是肉体，肉体成为我们有生之年的话语。"[①]我们在肉体的品尝和触摸中理解和解释世界，因而诠释学开始于此：肉体。生存彻头彻尾地是诠释学的。

我们的身体是通过感觉来理解和解释世界的。我们有五种感觉：视觉、听觉、嗅觉、味觉和触觉，每一种感觉对应于一种感觉器官：视觉对应于眼睛，听觉对应于耳朵，嗅觉对应于鼻子，味觉对应于舌头，触觉对应于身体。自柏拉图区分感性与理性以来，传统哲学的主流观点一直是尊崇理性而贬低感性，感觉成了低级的东西。即使传统哲学提到感觉的时候，重视的也只是视觉和听觉，基本上把嗅觉、味觉和触觉排除在外。从诠释学的角度来看，主导的形而上学思维模式把理性看作理解和解释的首要角色，而把感觉交与被监管和被监督的低级领域，尤其是与肉体直接相关的嗅觉、味觉和触觉都成了动物的低级本能。

与传统的主流观点不同，肉身诠释学把感觉纳入诠释学的范围，重视感觉在理解和解释世界中的重要作用。身体的感觉不是感觉自身，而是"感觉为……"，这体现了海德格尔的诠释学的"作为"结构（as - structure）。这个身体的"感觉为……"就是理解和解释世界。在五种感觉中，肉身诠释学反转了传统观点中感觉重要性的次序，力图"消除自柏拉图把看和视作为走向思辨理论金光大道以来西方形而上学2500年的'视觉中心'偏见"[②]，更为重视嗅觉、味觉和触觉。在肉身诠释学那里，嗅觉、味觉和触觉与肉体更接近，是肉体感觉的最典型体现。触觉、味觉和嗅觉是原初的感觉，但原初的感觉不是初级的、低级的和粗陋的感觉，而是首要的感觉。这些原初的感觉是最深处的理解和解释，"我们首先通过我们的舌尖探测世界，辨识冷、热、酸、甜、苦、辣"[③]。它们不是无语言的、反语言的或超语言的，而是原初语言的（proto - linguistic），或者是前语言的。也就是说，在有语言之前，我们就已经开始理解和表达，感觉已经成了感性，我们已经在用我们的感觉理解和解释世界了。所以说，"在我们实际上说'这儿'和'那儿'、'*fort*'和'*da*'这些词之前，我们的手指和舌头已经用这和那弄清事情"[④]。

在肉身诠释学那里，触觉是第一感觉，它在逻辑上是生命和判断的原初感性样

---

① Richard Kearney, "The Wager of Carnal Hermeneutics", *Carnal Hermeneutics*, eds. by Richard Kearney and Brian Treanor, New York: Fordham University Press, 2015, p. 15.

② Goncalo Marcelo, "Narrative and recognition in the flesh: An interview with Richard Kearney", *Philosophy and Social Criticism*, no. 1, 2017, pp. 1 - 16.

③ Richard Kearney, "The Wager of Carnal Hermeneutics", *Carnal Hermeneutics*, p. 15.

④ Richard Kearney, "The Wager of Carnal Hermeneutics", *Carnal Hermeneutics*, p. 21.

式。除了指甲和头发外,身体彻头彻尾地是触觉。因为触觉属于整个身体,所以它是普遍的感觉,能够通过所有的感觉触知所有的事物。触觉一直在理解、解释、认知和评价。尽管我们可以闭目塞听、不闻不尝,尽管处在睡眠中,但我们总是在触摸和被触摸。我们的生命、生存和生活就是触摸:我们不断地接触自然环境、外物、生物、他人,我们从生到死、从头到脚都感受着痛苦和快乐、欢乐和悲伤、好与坏。因而,触觉"是通向世界的大门,永远不会关闭。这是同意存在、响应召唤、答应他人、来到世界的第一站。正是由于这些原因,它也是疼痛、苦楚和伤感的第一站"①。虽然肉体在与外界的接触中往往会暴露自身,但没有危险,就没有生命,也就没有生存,更没有值得过下去的生活。

不可否认的是,在海德格尔、伽达默尔和利科的推动下,诠释学在20世纪60年代发生了重要的转向,但这个转向只是"语言的转向"和"本体论的转向",并没有扭转诠释学的根本趋势,即信奉心智而牺牲身体。主流诠释学"倾向于远离作为意义的一个处所的肉身,以书本取代身体,以阅读取代感觉,以写作取代感知"②。尤其是在海德格尔的本体论诠释学那里,一方面,此在以准先验话语(*Rede*)替代了没有性别的肉身,语言作为"存在的命运"遮蔽了单个存在者的拥有身体的生命,单个的存在者让位于"本体"个体状态,因而理解的时间性胜过了肉体的空间性;另一方面,本体论意义上的理解和解释总是心灵和精神的理解和解释,是纯粹理性的而非感性的,因而与肉身及其感觉无缘。鉴于这种情况,主张肉身诠释学的学者认为,当代诠释学不应停留在语言转向和本体论转向上,或者说它不仅"一路向上",而且也要"一路向下"。"一路向上"是指沿着传统诠释学的方向,推进理性层面的诠释学理解和解释,而"一路向下"意指感觉和解释深深地相互交织,以达到我们以前没有怀疑过的层面,也许是比任何恰当的意识活动或语言结构更深的层面③。因此,我们必须再一次进行转向,也就是诠释学的"肉身转向"。

二、肉身诠释学转向的理论资源

肉身诠释学的转向绝非空穴来风,肉身诠释学家在古代和当代都发现了它的理论资源。在古代,亚里士多德分析了触觉的感知作用,对肉身诠释学来说,这是第一次革命性的突破性进展。

亚里士多德不认同他那个时代的主流观点。在古希腊,无论是唯物主义者德谟克利特和恩培多克勒,还是唯心主义者柏拉图,都毫无例外地坚持触觉是最低级的感觉,因为它是无媒介的感觉。在解释感觉与被感觉的事物如何关联时,德谟克里特和恩培多克勒从唯物主义机械论的立场出发,认为物质直接接触感官,持有

① Richard Kearney, "The Wager of Carnal Hermeneutics", *Carnal Hermeneutics*, p. 24.

② Richard Kearney, "The Wager of Carnal Hermeneutics", *Carnal Hermeneutics*, p. 17.

③ Goncalo Marcelo, "Narrative and recognition in the flesh: An interview with Richard Kearney", *Philosophy and Social Criticism*, no. 1, 2017, pp. 1 – 16.

"感觉直接性"的观点；柏拉图的哲学立场虽有不同，但他认为人的触觉与动物的感觉没有本质的不同，它与对象之间没有任何距离存在，因而是低等的感觉。

与之相反，亚里士多德指出，在所有感觉中，"一定存在着某种中介物"①。中介物或媒介（*Metaxu*）是存在于感觉器官与外界对象之间的传递物，它把外界对象传递给感觉器官，正是它把感知者和被感知者结合成一个共同体（*koinonia*）。正因为如此，触觉并不是直接的，而是有它自己不可缺少的"媒介"形式。触觉的能力离不开肉体，但因为触觉没有像其他感觉一样具有直接分派给它的器官，所以人们往往把肉体当作触觉的器官。事实上，肉体不是一个器官，而是一个媒介，也就是说，触觉的媒介形式是肉体本身。作为一个媒介，肉体给予我们空间来辨识不同种类的体验——热和冷、软和硬、吸引和不吸引。② 因此，触觉不是直接的，总是具有某种距离、间隙，植根于皮肤的表面，向心灵传递着信息。

亚里士多德高度评价了触觉的作用。他认为，人们不能没有感觉而活着，人们不能作为没有肉体的灵魂而生存。因为没有感觉，就没有生命。虽然触觉是五种感觉之一，但与其他感觉不一样，它贯通所有其他感觉，同时也是其他感觉的必要条件。"每一种感觉都要求被一种感觉（通过眼、耳、鼻或舌）触觉的能力——无论多大距离。触觉是所有感觉的心脏和灵魂，感觉间的联系，以及使在外部世界与内部世界之间可感媒介首先可能的共同环境。"③因此，触觉是最基本、最普遍和最全面的感觉。触觉表达着肉体的一般"感知"，正是这种对差异、对立面和他异性的感知，构成了我们原初的诠释学感性，即我们通过肉体识别和区别的能力。通过肉体的媒介，我们不仅与外部可感物"接触"，而且用"触觉"把这些传递给我们的内部理解力。

在当代，大陆哲学已经对肉身及其感知能力作了许多探索，尤其是现象学家在恢复身体方面所做的杰出工作为肉身诠释学的转向奠定了基础，打开了新的大门。现象学的创始人胡塞尔在《纯粹现象学和现象学哲学的观念》第二卷中，把躯体（Leib）作为意向性，作为主动和被动的综合体，作为主要和次要的感性，作为构成精神现实的生命体，从感知方面对身体进行了详细的分析，突破了从柏拉图到康德的理性与肉体二分的理性主义二元论传统。

胡塞尔认为，感性知觉离不开人的躯体，"躯体是一切知觉的介质[Mittel]，是知觉的器官，是一切知觉行为所必需者"④。我的躯体成为我的感觉的方位性零点的载体，以躯体为中心，我直观到空间和全体世界，因而通过躯体的感觉，我构成了感性的外部世界。不仅如此，躯体本身也是在躯体的感觉中构成的。因为我的触

① [古希腊]亚里士多德：《论灵魂》，苗力田主编：《亚里士多德全集》第3卷，中国人民大学出版社1992年版，第48页。

② [古希腊]亚里士多德：《论灵魂》，《亚里士多德全集》第3卷，第76页。

③ Richard Kearney, "The Wager of Carnal Hermeneutics", *Carnal Hermeneutics*, p. 23.

④ [德]胡塞尔：《现象学的构成研究——纯粹现象学和现象学哲学的观念》第2卷，李幼蒸译，中国人民大学出版社2013年版，第47页。

觉是双向的，所以我在触摸的同时也在被触摸。胡塞尔的躯体感觉学是知识论的基础。胡塞尔宣称，只有在触觉中，人们才有完整的肉体感觉，躯体作为双向的躯体同时朝向两个方向。因为肉体是这种内与外之间的双向传递，所以它是我最初体验他者的地方。我对他者的知觉伴随着我对自我的知觉。与以康德为代表的理性主义者把统觉的先验统一性作为首要的理性不同，胡塞尔说的是躯体作为"一种新类型的统觉统一体存在着"①。因为我们首先不是大脑至高无上的自我，而是知觉的具身化身体。

胡塞尔开创的肉身现象学道路被梅洛－庞蒂所继承，梅洛－庞蒂最有影响的《知觉现象学》就是对身体及其感知觉的分析。从反对传统哲学的身心二元论出发，梅洛－庞蒂指出，身体既不是生理学等科学意义上的物质存在，也不是唯心主义哲学意义上的精神存在，而是一种"身体—主体"存在；既不纯粹是一个客体，也不纯粹是一个主体，而是一个"客体—主体"。梅洛－庞蒂认为，这种具身化存在的内在结构就是我们的体验。正是身体的体验，最终向我们揭示了"有感觉能力的主体和被感知的世界"②。因为在梅洛－庞蒂那里，身体的理论也是一种知觉的理论。我们把握了我们自己的身体，"应该用同样的方式唤起向我们呈现的世界的体验，因为我们通过我们的身体在世界上存在，因为我们用我们的身体感知世界"③。而且这个过程是双向的，"当我们在以这种方式重新与身体和世界建立联系时，我们将重新发现我们自己，因为如果我们用我们的身体感知，那么身体就是一个自然的我和知觉的主体"④。

与梅洛－庞蒂一生都围绕着身体进行哲学探索不同，保罗·利科则选择了一条曲折迂回的道路。利科早在20世纪50年代就已经受胡塞尔的启发而阐释了一种肉体现象学，但此后却发生了"文本转向"，远离了肉体问题，专心致志地探索文本诠释学。然而，到了后期，利科试图把诠释学与现象学结合起来，又回到了建构肉身诠释学的可能性上。在他后期的重要著作《作为一个他者的自身》中，利科提到了一种肉体"自身（ipse）的诠释学"⑤，他把肉体定义为"自我与世界之间的媒介物，而世界则是根据它的各种程度的实用性以及异己性来把握的"⑥。利科指出，人的身体既是"一个他者中的身体"（*Korper*），又是"我自己的身体（*Leib*）"。正是在这种双重性中，我们完整地体验到我们的身体。同时，这个带有双重性的身体也成为诠释学的身体：一方面，我们通过它来体验我们自身，体验我们的生命力，同时给予

---

① ［德］胡塞尔：《现象学的构成研究——纯粹现象学和现象学哲学的观念》第2卷，李幼蒸译，第128页。译文有改动。

② ［法］梅洛－庞蒂：《知觉现象学》，姜志辉译，商务印书馆2001年版，第105页。

③ ［法］梅洛－庞蒂：《知觉现象学》，第265页。

④ ［法］梅洛－庞蒂：《知觉现象学》，第265页。

⑤ Ricoeur, *Oneself as Another*, trans. by Kathleen Blamey, Chicago: University of Chicago Press, 1992, p.317.

⑥ Ricoeur, *Oneself as Another*, p.318.

肉体以不变性和持久性,使自我有栖居之所;另一方面,身体也向外体验着世界,使世界向我们显现,因此它是我们存在于世界既受苦又行动、既感伤又实践、既抵抗又努力的处所。把以上两点联系起来的是身体的触觉,我们肉体的“感觉最典型地表现在触觉中”①:触觉既证实我们自己的存在是不容置疑的,也证实外部事实是不容置疑的。所以,这“同一感觉给予一个人自己的存在以最大的确定性和外部的存在以最大的确定性”②。

三、内身诠释学转向的现状

亚里士多德和现象学的探索为肉身诠释学的产生准备了理论资源,尤其是现象学关于肉体的探究直接促生了当代的肉身诠释学。但现象学并不直接等同于诠释学,现象学与诠释学两个方向之间的张力存在于当代哲学之中。尽管如此,倡导和认同肉身诠释学的学者们还是在现象学的基础上,开展了肉身诠释学的初步研究。当然,整个肉身诠释学的研究规划、方案和内容并不受制于现象学,甚至远远超越和突破了现象学的视界,形成了自身特有的学科对象、内容和界域。

从研究主题来说,当代肉身诠释学的研究主要集中在三个方面,从诠释学的角度重新思考了肉身、触觉和神圣身体。③

其一,重新思考肉身。对人类而言,肉身事实和肉身概念既非次要之物,也非神秘之物,但却遭到了主流思想的忽视,尤其是把肉身排除在诠释学之外被视为理所当然。因此,有必要重新思考肉身,把肉身纳入诠释学之内,探索其诠释学的特性和意义。在现象学的吸引和启发下,当代哲学家的肉体的概念大体上指我们的作为肉体存在的生存体验。这些哲学家主要集中于法语哲学界,包括让-吕克·南希(Jean-Luc Nancy)、让-路易斯·克雷蒂安(Jean-Louis Chrétien)、朱莉娅·克里斯蒂娃(Julia Kristeva)、米歇尔·亨利(Michel Henry)和让-吕克·马里昂(Jean-Luc Marion)。南希反思了我们的肉体及其所具有的触觉、动觉和情感;克雷蒂安从诠释学上复原了我们的肉身语言;克里斯蒂娃提出了一种人道主义的肉身诠释学;亨利和马里昂思考了肉体的状态和条件。

其二,重新思考触觉问题。因为肉身的诠释学特性和意义主要体现在肉身的触觉上,所以探究触觉问题自然成了肉身诠释学的核心主题之一。如果诠释学通常关注文本解释以及与他人的对话,那么这个主题重点关注的是把我们的触觉体验作为可能的前语言或非语言之理解或辨识。爱德华·凯西(Edward S. Casey)、大卫·伍德(David Wood)、安妮·奥伯恩(Anne O'Byrne)、伊曼努尔·阿洛亚

---

① Ricoeur, *Oneself as Another*, p. 324.

② Ricoeur, *Oneself as Another*, p. 324.

③ 科尔尼和特瑞纳主编的《肉身诠释学》就是根据这三个方面编排所收录的文章的,本部分提到的人物及其文章均可见 Richard Kearney and Brian Treanor (eds.), *Carnal Hermeneutics*, New York: Fordham University Press, 2015.

(Emmanuel Alloa)、德莫特·莫兰(Dermot Moran)和特德·托德温(Ted Toadvine)等人就考察了触觉体验及其相关的身体体验的诠释学层面。凯西考虑了身体在单独拘禁中所体验的痛苦;伍德想象了肉身触觉的多种现实情景;奥伯恩认为肉身诠释学是生存遭际和行动的应用诠释学;阿洛亚参考亚里士多德对触觉的考察,审视了他所谓的身体体验的"可区别诠释学"(diacritical hermeneutics);莫兰论述了后期梅洛-庞蒂如何重新解释和改造胡塞尔所谓的触觉体验的"双重感觉"现象;托德温探索了超越明显的感觉之外的感觉。

其三,重新思考神圣身体。因为"道成肉身"一直是基督教的基本教义,而基督教在当代的重要性不言而喻,所以这个主题的主旨是依据来自基督教传统的人物和主题,探讨肉身诠释学的可能性。克里斯蒂娃考察了圣女大德兰(Teresa of Avila)的神秘的神圣经验在诠释学上的意义;谢莉·兰博(Shelly Rambo)根据尼撒的格列高利(Gregory of Nyssa)关于外伤案例的论述阐发了新的"不可见的外伤论";伊曼努尔·法克(Emmanuel Falque)考察了吃基督"身体"的圣餐礼所包含的意义;卡门·麦克肯德里克(Karmen MacKendrick)在《创世记》中发现了人类堕落前的语言的可能性;约翰·潘特莱蒙·马努萨基斯(John Panteleimon Manoussakis)重新思考了基督教的"道成肉身"观,主张这种观念实际的意思不是要把肉体精神化,而是要把精神注入肉体,使精神具身化。

根据肉身诠释学的提倡者科尔尼的看法,在当代许多哲学家的努力下,肉身诠释学已经取得了一定的进展,正沿着四个方向发展①:

第一个方向是触觉的解构主义诠释学(Deconstructive hermeneutics of touch)。解构主义大师德里达与让-吕克·南希的思想交流和碰撞使得德里达率先从解构主义角度解读了触觉问题,写出了《论触觉》(*On Touching*)。此后,南希在《不要触摸我》(*Noli me Tanger*)和《身体》(*Corpus*)诸卷中深化了这种触觉的解构主义诠释学。

第二个方向是身体的女性主义诠释学(feminist hermeneutics of the body)。身体问题一直受到女性主义者的青睐,成为她们关注的中心问题之一。这个方向的开启者是朱莉娅·克里斯蒂娃和露丝·伊利格瑞(Luce Irigaray)等思想家。除了两位开创者之外,谢莉·兰博、安妮·奥伯恩和卡门·麦肯德里克等成为这个方向上新一代的女性主义思想家。

第三个方向是道成肉身的神学诠释学(theological hermeneutics of incarnation)。神学诠释学是诠释学的经典领域,而道成肉身又是基督教的基本教义,所以自然地就发展出了这个方向。这个方向的代表人物是米歇尔·亨利、让-路易斯·克雷蒂安、让-吕克·马里昂、伊曼努尔·法尔科和约翰·马诺萨基斯等宗教现象学家。

---

① Richard Kearney, "The Wager of Carnal Hermeneutics", *Carnal Hermeneutics*, p.23.

第四个方向是肉体的可区别诠释学(diacritical hermeneutics of flesh)。[①] 这个方向的“肉体”概念是广义的,即把广泛的肉体现象包括在内,具有强烈的生态意蕴。因而,大卫·伍德和艾德·凯西的生态现象学(ecophenomenology)、伊曼努尔·阿洛亚的跨越现象学(dia - phenomenology)、特德·托德温的生物区分学(biodiacritics)以及布莱恩·特雷纳的环境诠释学,都包括在肉体的可区别诠释学之内。

四、结　语

针对以心智为中心的传统诠释学,肉身诠释学实现了新转向,但这种肉身转向绝不意味着对传统诠释学的否定或抛弃,而是将肉身及其感觉纳入诠释学的研究,开拓了诠释学研究的领域。肉身诠释学通过重新考察感觉与解释之间深入和复杂的关系,它所指谓的诠释学“感知”(sense),从十分传统的“解译神秘信息”定义直接扩展到识别、辨认的最原初的肉身形式。可以说,“肉身诠释学并非抛弃传统的意义诠释学,而是用一种听、触、嗅和过滤的肉身实践智慧来补充其历史和存在层面”[②]。因而,就肉身诠释学和传统诠释学的关系来说,两者是互补的关系,肉身诠释学不过是对传统诠释学一直忽视的领域和主题的补救。正如科尔尼所说,诠释学的研究对象是“一路向上和一路向下;从头到脚和从脚到头”[③]。这就是说,不仅高端的理性主义是诠释学之路,而且低端的感性主义也是诠释学之路。它不仅研究远离肉体的文本和语言,理性地理解和解释文本和语言,而且也需要返回到肉体,感性地理解和解释我们自身与世界。就诠释学的研究对象来说,无论是传统的文本和语言,还是作为身体的肉体,都是“有意义”之物,都需要我们“弄清意义”(makes sense)。

进而言之,肉身诠释学的转向抛弃了理性与感性、语言与感觉、语词与肉体、文本与身体的对立。沿着“一路向上和一路向下、从头到脚和从脚到头”的诠释学路径走下去。肉身诠释学家们发现,文本就是身体,身体就是文本。[④] 换言之,语词就是肉体,肉体就是语词;肉体之外没有文本,文本之外没有肉体。

不过,尽管在当代西方诠释学中已经发生了“肉身转向”,但当代西方学者关于

---

① 科尔尼在提出“肉身诠释学”之前就提出了“可区别诠释学”,可区别诠释学探讨的是关于陌生人、异己性、他者性的辨识问题。在研究可区别诠释学过程中,科尔尼进一步提出了肉身诠释学,因为肉身诠释学涉及通过肉体辨识他者的问题,而且这个问题也是肉身诠释学的核心问题之一。参见科尔尼的相关论述:*Strangers, Gods, and Monsters: Interpreting Otherness* (2003); *Anatheism: Returning to God after God* (2010); “What is diacritical hermeneutics?” (*Journal of Applied Hermeneutics*, December 10, 2011; *Carnal Hermeneutics* ,2015)。

② H. Pretorius, “Reading ‘blackface’: A (narrative) introduction to Richard Kearney’s notion of carnal hermeneutics”, *Teologiese Studies/ Theological Studies* 2016, 72(3), pp. 1 -9.

③ Richard Kearney, “The Wager of Carnal Hermeneutics”, *Carnal Hermeneutics*, p. 15.

④ Richard Kearney and Brian Treanor, “Introduction Carnal Hermeneutics from Head to Foot”, *Carnal Hermeneutics*, p. 2.

肉身诠释学的探索还是初步的，有许多重要的理论问题仍然需要进一步的研究和解决。比如，在研究肉身的诠释学特性时，如何厘定身体的诠释学经验与身体的普通感觉经验之间的关系；在吸纳肉身哲学探索的资源时，如何对待现象学之外哲学家研究感觉经验的理论成果①；在确立肉身诠释学的合法性和合理性时，如何避免逾越身体的诠释学限度，夸大身体的理解和解释能力，甚至抹杀人的身体感觉与动物身体感觉的区别。② 这些问题，以及诸如此类的问题，都是肉身诠释学今后发展绕不开的问题，属于应当重点解决的问题。

---

① 例如，维特根斯坦在《哲学研究》中关于感知觉包含着概念、渗透着思想、文化和经验的观点（参见［奥地利］维特根斯坦：《哲学研究》，李步楼译，商务印书馆 1996 年版，第 295、300、312 页）；波普尔、汉森等关于“观察渗透理论”的观点（参见［英］卡尔·波普尔：《客观知识》，舒炜光等译，上海译文出版社 1987 年版，第 75～77 页；［美］汉森：《发现的模式》，邢新力、周沛译，中国国际广播出版社 1988 年版，第 20、22 页）。

② 科尔尼在这方面走得较远，他甚至利用荷马史诗《奥德赛》中的某些场景，认为奥德赛家的狗能够最先认出久已离家归来的奥德赛，说明这条狗拥有“诠释学的天资”（参见 Goncalo Marcelo，“Narrative and recognition in the flesh：An interview with Richard Kearney”，*Philosophy and Social Criticism*，no. 1，2017，pp. 1－16）。

海德格尔与伽达默尔论现代医学的边界

——从身体现象学到诠释学*

王　珏**

导　论

现代医学无疑是现代科学技术最杰出的代表之一，但是现代医学从其诞生之日起，就受制于一种无法摆脱的内在分裂，即产生医学知识的科学机制疏离于医生医治病人的场景。这种分裂可以表达为以下疑虑：现代医学采取的是量化、客观化的研究路径，但是在医疗实践的场景之下，医生能够仅仅将病人作为普遍病症的一个个例（a case）来对待吗？随着医学技术的日益发达，医学发展的这种张力也变得越来越焦灼，医学实践者以及一般大众日益受困于如下根本问题：现代医学的界限何在？医学服务的对象和目的究竟是什么？现代生物医学模式是否足以容纳病人的真实世界？或者，现代医学理论与实践中的盲点实质上加剧了现代人生活世界的异化吗？海德格尔和伽达默尔可能是最早察觉到上述问题的现代哲学家，并都主张从生活世界出发，为现代医学的合理应用划定界限。无论是对医学哲学而言，还是对现象学和诠释学研究而言，海德格尔和伽达默尔在这一主题上的立场都值得更深入的挖掘、继承和发展。本文将分别梳理海德格尔和伽达默尔从不同哲学视角对现代医学模式所做的批判，并进一步阐释在表面的研究视角与方法论差异之下，两位哲学家对现代医学的批判实质上分享着共同的哲学前提，并在此基础形成了一种相互呼应、相互支持的关系，共同为我们揭示了现代医学的界限。最后，本文将尝试回答如下问题：在技术主义的时代，我们能够期待怎样的医患关系与医学实践。

---

* 本文系教育部人文社会科学研究青年基金项目“海德格尔哲学中的身体问题及其思想效应：探寻现象的深度”（13YJC720036）的阶段性研究成果。

** 王珏，西安电子科技大学人文学院副教授。

一、现代医学的两个前提

现代医学的诞生依赖于两个重要的思想前提。第一个前提是引入了一种全新看待身体的方式,一种以笛卡尔哲学为代表的身心二元论观点。从哲学史上看,通过发现"我思",笛卡尔开创了一个全新的时代,从此存在被割裂为两个互不相干的部分:心灵实体与广延实体。作为后一个序列,身体完全斩断了它与心灵、精神与情感诸因素的联系,而仅仅留有"生物机器"的地位。在笛卡尔之前更古典的身体理解中,身体与它所承载的人格是不可区分的:身体的语言就是生命的语言,承载着文化与社会的构成。但在笛卡尔的二元框架之中,人格的根基仅仅在于心灵,身体处于被贬抑、被支配的附属地位,"除了我是一个在思维的东西之外,我又看不出有什么别的东西必然属于我的本性或本质,所以我确实有把握断言我的本质就在于我是一个在思维的东西……另一方面,我对于肉体有一个分明的观念,即它只是一个有广延的东西而不能思维,所以肯定的是这个我,也就是说我的心灵,也就是说我之所以为我的那个东西,是完全地真正跟我的肉体有分别的,心灵可以没有肉体而存在"①。相应地,身体在笛卡尔眼中仅仅余有机器,甚至尸体的地位:"我首先曾把我看作是有脸、手、胳膊,以及由骨头和肉组合成的这么一架整套机器,就像从尸体上看到的那样,这架机器,我称之为身体。"②这或许是现代医学实践的最大悖谬之处,即现代医学的首要基础与其说是活的身体,不如说是死的、无生气的身体。③只有敏感如萨特这样的人,才能察觉到医学语境下的身体并不是我所是的身体:"从医生能对我们的身体所做的检查出发,就从没于世界的、作为为他的我的身体才出发。我的为我的身体,不是没于世界地向我显现的。"④

现代医学的第二个思想前提是解剖学的诞生。解剖学的发明是现代医学模式诞生的一个重要标志,因为它从根底上重塑了医学的对象与医学的自我理解。在解剖学家的笔下,身体第一次成为与人分离开来的客观之物:"解剖学家使身体不再完全消融在人类的意义中。身体被置于游离状态,与人分离开来。"⑤解剖学在人类历史上第一次将身体变成赤裸裸的物,将医学从一种艺术变成一种技术。如解剖学的创始人之一维塞留斯(1514~1564)所预言的:"医生自诩为自然科学家,仅以开药方给医嘱的方式来治疗内部疾病,而把建立在对自然的观察之上的这一医

---

① [法]笛卡尔:《第一哲学沉思录》,商务印书馆1986年版,第82页。

② [法]笛卡尔:《第一哲学沉思录》,第24页。

③ Leder, "A Tale of Two Bodies: the Cartesian Corpse and the Lived Body", *The Body in Medical Thought and Practice*, Dordrecht: Kluwer Academic Publishers, 1992, p. 17.

④ [法]萨特:《存在与虚无》,陈宣良译,三联书店2015年版,第377页。

⑤ [法]勒布雷东:《人类身体史和现代性》,王圆圆译,上海文艺出版社2010年版,第53页。

学最重要也是最古老的分支拱手让给被他们视为仆从、叫作外科医生的人。"①这种技术主义的转向清晰勾勒了16～17世纪以来诞生的现代生物医学模式的本质。这种模式有两个根本的支撑点:第一,技术主义将身体仅看作一部机器,是技术生产、再造的对象,人体构造进入了工业复制时代,人体的最理想存在方式就是与机器同化,如《人是机器》这部18世纪哲学名著所宣示的那样。第二,技术主义实质上将技术由一种手段提升为目的本身,用过程代替了善的概念。失去目的限制的医学非常易于陷入技术的自我崇拜,而为控制一切的热望所迷惑。在这样一种敉平的、机械化的、控制论的现代医学世界中,甚至死亡本身也被看作一种可治愈的疾病。

二、海德格尔对现代医学物化身体观的批判

海德格尔对现代医学的批判主要指向的是现代医学的第一个前提,即它的二元论的、物化身体观。海德格尔首先区分了两种身体观念:一种物化的身体,另一种则是我实际体验到的身体,即活的身体(lived - body)。不同于物化身体,病人的身体首先应当被体验为活的身体。海德格尔用两个不同的德语词来代指两种不同的身体。"Körper"既指身体,也指物体,甚至尸体;而"Leib"这个词则专门指"活的身体"。活的身体,严格说来,不是我们所拥有的东西,我们无法像拥有一把小刀那样拥有我们的身体;相反,我们就是我们的身体,因为身体就是人的根本性的存在方式。以这种方式,海德格尔试图弥合笛卡尔在身体与自我之间所造成的断裂,身体就是自我的真实表达。"身体化(Leiben)的界限就是我寓居于其中的存在的境域(horizon)"②,身体归属于此在生存的方式。我们不可能离开生存,而把握到人的身体性存在的意义。如海德格尔所言的,"所有我们称为身体性的东西都属于生存(existing)"③,"身体性总是奠基于对一个世界的回应"④。换言之,活的身体总是承载着个体所属的生活世界,并表达着这个世界;通过身体,生命的过去与未来融合在一起,共同塑造着个体的当下处境。既然疾病作为身体的一种状态,与生命紧紧交织在一起,那么其意义必须依照着身体性地"在—世界—之中"存在的语境才能被充分解读。

基于这种身体性存在的视角,海德格尔认为,现代医学模式的一个重大弊病就在于它将身体贬为对象物的同时,也让医生失去了倾听身体的生命表达的能力。因为一旦技术的对象限定于量化的对象,那活的身体及其承载的生命就已经被遮

① [法]勒布雷东:《人类身体史和现代性》,第58页。在维塞留斯生活的时代,外科医生被视为与剃须匠、屠夫等手艺人为伍的行业。

② Heidegger, *Zollikon Seminars*, trans. Franz Mayer and Richard Askay, Illnois: Northwestern University Press, 1987, p. 87.

③ Heidegger, *Zollikon Seminars*, p. 232.

④ Heidegger, *Zollikon Seminars*, p. 186.

蔽了,如海德格尔所言,能被测量所把握到的对象只是某种液体而已,并不是眼泪,真正的眼泪只能被直接地看到。[①]无法把握活的身体的直接后果就是无法充分理解疾病的意义。技术的视角只能将疾病理解为一系列肉体上可定位的症状的集合,而彻底遗漏甚至抹杀了病人本身及其生存处境,而后者才是使疾病获得真实定义的语境。

海德格尔以心身疾病(phsycosomatic illness)为例来说明他的上述观点。"心身疾病"是指心理社会因素起着重要致病作用的躯体器官病变或功能障碍,至少要满足以下两个条件:"以躯体症状为主要表现","发病及病程与心理因素密切相关"。在海德格尔看来,"心身疾病"问题的重要性在于它揭示了现代医学的认知盲点。只要仍然囿于现代医学科学主义的视角之中,那么"身心疾病"就是一个永远无法得到妥善解释的神秘现象。如海德格尔所言,现代医学既缺乏一个哲学原则来区分心理(psyche)和身体(soma),也缺乏一个坚实的基础来解释身心如何相关。[②]"'心身医学'这一题目意图综合并不存在的两个东西"[③],使得它的努力注定失败。从活的身体的视角出发,海德格尔提供了一条替代思路。理解"身心疾病"的关键是,要看到身、心与人的存在的关系并非种属关系,并非像红色与绿色都是颜色的变种一样;从生存的角度看,身、心从来都是同一个东西,都属于我的"在—世界—之中"的自身存在。我们或许可以这样理解,"身"与"心"是生存的不同环节,但都受"在—世界—之中存在"这个结构的支配,以至于"身""心"能够关联起来,相互表达。

为了说明"身"与"心"在生存论层次上的关联实质,海德格尔着重讨论了一个具体的病例。病人是一位年轻的女性,她从孩提时起就陷入暴虐的家庭关系中,饱受湿疹、胃痛和消化紊乱之苦,成年后又陷入不幸的婚姻,以至身体恶化到需要长期住院的情况。二十多年里,她几乎看遍了内科,但收效甚微,直至她决定离婚,并开始咨询心理医生,她的情况才慢慢好转。最后,病人重获了爱情,身体上的所有病症也神奇地消失了。在讨论这个病例时,海德格尔着重探讨的是:在病人摆脱疾病状态、恢复健康之际究竟发生了什么,并试图由此重新定义疾病与健康。

按海德格尔的记述,在病人的痊愈过程中曾经发生过如下戏剧性的一幕:当第一次在大街上遇到未来的爱人时,她紧张地晕了过去,以至于被送入医院;然而,随着爱情的来临与加深,当在大街上再次遇见她的爱人时,她自然迎向他并拥抱了他,心里愉悦而安详。海德格尔分析第二次相遇时指出,病人的喜悦不能仅仅被理解为一种"在内心中"的心理状态或情绪反应,或者说似乎仅仅是某种由外部刺激所导致的内部影响(affect)。她的爱人并非她喜悦的原因,正如他也不是她之前焦虑的原因。从焦虑到喜悦的态度转变中,真正变化的毋宁说是病人与周围世界的

---

① Heidegger, *Zollikon Seminars*, p. 81.

② Heidegger, *Zollikon Seminars*, pp. 78 – 79.

③ Heidegger, *Zollikon Seminars*, p. 199.

关系,亦即她“在—世界—之中”存在的方式——海德格尔又将这种专属于人的存在方式称为“能在”。病人之前病态的根源在于她与世界的关系是不自由的,焦虑紧紧地桎梏着她对自身的感知及其与他人的关系。海德格尔进一步认为,疾病根源在于病人无法以一个女性的身份与世界本真地建立联系,而病人恢复健康的标志则在于她重获自由的能在的能力,她现在可以自由调整她与世界的关系,她与世界的关系不再是桎梏的、僵硬的,而是开放的、朝向可能性的。[①]在此,病人的心灵(情绪)并非与身体分离的“内在状态”,毋宁说归属于她身体性地“在—世界—之中”存在的方式,正如她看见爱人时加速的心跳不能还原为医学量化观察的对象,而是生存活生生的身体化。只有情绪与身体本质上都属于“在—世界—之中”存在的方式,情绪与身体才能够相互表达,这才是“身心疾病”的根源所在。

概括而言,在海德格尔的身体现象学/生存论的思想框架下,疾病/健康具有如下三重生存论定义。首先,疾病应当被理解为一种存在论上的“缺乏”的状态。[②]他强调我们应该在古希腊意义上来理解“缺乏”:“缺乏”并不意味着单纯的否定,相反它是以否定的方式表达的肯定,即指示有某种归属本质的东西缺失了,某种归属本质的东西以“缺失”的方式显得醒目了。从现象学的角度看,疾病状态在某种程度上起着现象学还原的作用。正如坏了的锤子恰恰揭示了总是随同工具一起来照面但总是隐匿着的因缘整体性,疾病也不仅仅是躯体上可定位的、可量化的障碍,而是首先被病人体验的一种剥夺感。比如,遭受严重伤害或者罹患重病的病人经常会表达如下的感受,即他们被逐出了自己的世界,或者他们生活的世界已不复从前。正如坏了的锤子指示出上手工具的合世界性,疾病也指示出我们身体的合世界性。在日常生活中,我们通常沉迷于处理来照面的世界内存在者,身体本身是隐匿不显的。只当我们生病的时候,为我们熟焉不察的身体才仿佛突然显现出来一样,成为触目的“问题”,而随同一起展现的则是生病之前我们身体性地与其他存在者、其他人和谐一致的方式。这种和谐正是健康的原初含义。只有以这种身体性层面上直接感知到的和谐秩序(或者说韵律)为支撑,我们才能在日常生活顺畅地与其他存在者、其他人打交道。海德格尔的洞见就在于,最原初的、最本真意义上的健康概念对应的正是这种生存论上的和谐秩序,这种和谐秩序不是健康手册上的量化标准所能穷尽的,也不可能完全成为技术操控的对象。相应地,依照海德格尔的生存论概念体系,健康就是人的存在依其本质展开的潜能,指向的是人生存整体的完整性。从生存深度上把握的“完整”既包括身体的完整,也包括心灵/情绪的完整。最后,压力、焦虑和疾病都必须关联于我们身体性地“在—世界—之中”存在而得到解释。从生存论上看,它们既是对我所置身于其中的存在境域的显示,也是对我们所置身的存在境域的一种回应。比如,上述病人病症的根源是她与世界的不自由的关系,而病痛就是她感受和回应这个世界的方式,病痛就是那无法宣之于

---

① Heidegger, *Zollikon Seminars*, p. 166.

② Heidegger, *Zollikon Seminars*, p. 46.

口的、对整个世界包括她自身存在的拒斥。这些症状是完完全全身体化的,但却不是在躯体上可量化、可定位的。

综上所述,海德格尔用他的身体现象学叩开了现代医学坚硬的大门,发人深省地指出现代医学的最大危险就是它的身体观念,这种客观化的、躯体化的、破碎的身体观导向的是"人的自我解构"[①]。在这样的医学世界中,"我们无法提出人是谁以及人如何存在的问题。相反,人已经预先从技术宰制世界的背景被构想好了"[②]。不难看出,海德格尔对现代医学的批判不仅有理论上的考量,而且还有实践上的关切,最深层的关切指向对医学实践人性根基的守护。但是对一种实践的语境而言,海德格尔对疾病和健康的现象学思考仍然显得太过抽象了,我们很难直接从上述定义出发设想一种更人性化、更具有生存论意味的医学运作模式。就这个问题的进一步拓展而言,伽达默尔或许是一个更有帮助的作者。作为海德格尔的学生,伽达默尔不仅分享着共同的哲学前提,而且他的诠释学分析推进了海德格尔理论中一些隐含的主题,使之获得了更具体的样态。如果说海德格尔通过身体现象学已经将医学重置于生存论基础之上,那么伽达默尔则进一步在医生与病人面对面的处境之中探索医学的本真形态。

三、伽达默尔对医学技术主义的批判

如果说海德格尔的批判主要指向现代医学的第一个前提(身体观)的话,那么伽达默尔批判的主要对象则是现代医学的第二个前提,即对医学目的和本质的技术主义理解。伽达默尔批判的诠释学色彩主要体现在以下两个方面:以对一些关键词的诠释学研究叩开理解医学本质的大门,强调本真意义上的医学实践就是诠释学。

对伽达默尔而言,理解医学本质的一个关键词就是治疗。治疗所对应的德语"Behandlung"词根上就带有"手"(hand)的含义,让人直观联想起一双富有技巧的、训练良好的手,这双手仅仅通过感受和触摸病人的身体就能发现病症所在。伽达默尔指出,这样一种治疗中包含着现代医学技术所无法企及的、无法替代的因素,无论技术如何发达。因为上述治疗包括的不仅仅是手的技术能力,更重要的是能倾听的耳朵和善于发现病痛的眼睛,亦即关键的因素并不仅仅是专业知识,还包括对待病人的态度,要将病人看作一个整全的人,而不仅仅是某类疾病的一个个例。"这里要求医生不仅仅是'作用于'病人之上(act on),而是要以恰当的方式去'回应'病人。"[③]这种回应式的医患关系与治疗模式恰恰显示了现代医院日常模式的异化与僵硬:在那里挂号的号码替代了病人的个体人格,各种检查数据替代了病人的

---

① Heidegger, *Zollikon Seminars*, p. 94.

② Heidegger, *Zollikon Seminars*, p. 141.

③ Gadamer, *The Enigma of Health*, Stanford, California: Stanford University Press, 1993, p. 100.

主诉。

伽达默尔认为，为了重新确立理想的治疗模式范本，我们有必要回到古希腊人的经验。医学被古希腊人总结为一种技艺经验。医学这门技艺的独特之处在于它不产生独立于活动的产品，这一点也使医生的工作决定性地区别于制造产品的手艺人。医生的工作仅仅在于帮助病人恢复已丧失的自然秩序（即健康），一旦目标达成，医生的工作也就消失于无形，不会产生可以留存下来的产品。伽达默尔强调，理解这一点是理解医学本质的关键：医生并不制作或生产任何东西，正如医生恢复病人的健康不能理解为医生制造了病人的健康，严格说来，医生只是协助病人恢复其自身的健康。正如"therapy"（治疗、理疗）这个现代医学技术术语的希腊词源"*therapeia*"所表明的，其原初含义是"服务"（service）。在伽达默尔看来，"服务"这个词完美概括了医生与病人的关系。仅仅运用专业能力还远远谈不上服务，真正的服务要求在医生与病人之间维持一种尊重的、有距离的关系：病人期望从医生那里获得有帮助的服务，而不仅仅是获得一个诊断，医生也期望病人在这个过程中贡献自己的力量。

诊断已经是一个过分依赖客观病理学的现代医学观念。诊断观念的隐含前提包括，疾病是并且仅仅是一种在躯体上可定位的功能失调状态，而功能失调的躯体则被进一步理解为可以取样、分析、切割、移植和更换零件的生理学物体。古希腊的医学观念则植根于完全不同的疾病定义之上，更贴近生存论上的现象学描述。疾病首先是被病人体验到的一种被改变了的生存状态，生病的人处于一种不协调的、不平衡的、失去控制的、不舒适的（dis - ease）的状态。严重疾病往往伴随着一种对熟识世界的丧失感。相应地，健康就是一个总的感觉良好的状态，一种在世界中被包含、被占用的状态。① 在这里，我们可以明显看到伽达默尔对海德格尔核心立场的继承。和海德格尔一样，伽达默尔强调健康是不可对象化的，健康毋宁说是我们被卷入世界中、在世界中存在以及与他者共在的基本条件。②用典型的现象学话语描述的话，健康就是那自身隐匿者。当我们处于良好健康状态时，恰恰是我们对健康关注最少的时候，就此而言，健康状态本身总是隐匿着的、不触目的；但这并不意味着健康"不在场"，相反，健康总是在那里默默支持着我们全心投入到上手事物中。健康正是这支撑着我们日常活动的隐匿的平衡关系，伽达默尔将这样理解的健康比拟为清醒状态（a condition of wakefulness）。③ 作为这样一种"在—世界之中—存在"的平衡关系，健康自身永远不能像上手事物那样被对象化地把握到，因而，健康与其说是病理学上可测量、可确定的客观状态，不如说是"生命的节律，是一个持续的平衡重建自身的过程"④。

如此理解的健康首先是一个自然的概念、生命的概念，而不是技术控制的对

① Gadamer, *The Enigma of Health*, p. 112.

② Gadamer, *The Enigma of Health*, p. 112.

③ Gadamer, *The Enigma of Health*, p. 131.

④ Gadamer, *The Enigma of Health*, p. 141.

象。与清醒/睡眠一样,健康/疾病同属于生命节律的现象序列。生命节律的本质特征就是它不能完全为人所操控。以睡眠为例,入睡的能力(the ability to fall asleep)始终带有被动特征,始终带有超出我们操控能力的因素,以至于我们永远无法有意义地说"现在,我睡着了"。在此清醒/睡眠的循环隶属于"自然"古典意义上的秩序,古典的自然概念并不把人与自然割裂开来——比如将自然仅仅看作人所操控的对象——而是把人看作自然的一部分,为自然所承托、所庇护。正是依托于内在的自然本质,病人才能从疾病中恢复健康。"在这个意义上医生扮演的角色仅仅是协助自然的工作"[①],治疗的艺术(art of healing)仅仅是在自然之内重建作为生命之韵律的平衡,而不是一种从无到有的"生产"或者"制造"。

对照这种古典的自然视野,伽达默尔进一步指出,现代医学的弊端正在于遗忘了古典的自然概念,而以制造的逻辑混淆了医学实践作为治疗艺术的真实内涵。制造的逻辑支配着整个现代科学体系,"现代科学的特质展现在如下事实之中,即它完全依照产生效果的能力来理解自身的知识"[②],由此产生的知识"允许我们去计算和控制自然过程,以至于科学最终是用人造的东西替换了自然的东西"[③]。对医学的诠释学批判的重要性正在于指出这种制造的逻辑不足以涵盖人类医疗经验整体,因为制造总意味着其产品是客观化、标准化和可测量的,然而生命却包含着无法客观化、无法测量的维度,并且恰恰是这些维度上的经验构成了我们对疾病和健康的最源初的、最真切的体验。

为了说明这一点,伽达默尔同样以德语中身体表达的双重性为例证。与海德格尔一样,伽达默尔也强调如下区分:虽然德语词"Körper"与"Leib"都意指身体,但却意谓着完全不同的现象。"Körper"(通常翻译为"躯体")允许自身成为客观化和测量的对象,"Leib"(通常翻译为"身体",或更确切"活的身体")则从字面上就与生命(Leben)有着千丝万缕的联系。与 Körper 相反,作为 Leib 的身体恰恰显现自身为客观化的界限。"活的身体与生命都不是能够简单地加以测量的事物"[④],更确切地说,身体与生命的运动所依循的尺度(适合与否的标准)超越于任何科学意义上的测量手段。

伽达默尔指出,在医学实践中我们总是会遭遇两种尺度。[⑤] 一种是外在尺度,科学的客观化活动本质上就是将外在的尺度强加于对象之上,以至于健康可以被还原为一系列标准数值(Standard values),被记录在医师手册之中。也只有在这种外在尺度之下,生病的身体才能被看作可以取样、记录、分析、切割、移植和更换零件的生理学物体。另一种则是内在尺度,是在对象自身那里发现的尺度,属于"我们在—世界之中—存在的整体"(the totality of our being - in - the - world)。例如,

① Gadamer, *The Enigma of Health*, p. 97.

② Gadamer, *The Enigma of Health*, p. 97.

③ Gadamer, *The Enigma of Health*, p. 39.

④ Gadamer, *The Enigma of Health*, p. 134.

⑤ Gadamer, *The Enigma of Health*, p. 99.

健康的内在尺度就显现为生命自身的节律，是一种持续重建自身的平衡。平衡之为平衡的特点就在于它并非一个静止的状态，“失衡与平衡总是共属一体的”，“这个事实构成了生命本身”[①]。相应地，作为内在尺度的健康，不能被还原为某种医学生理学上的可测量的、可客观化的状态，而是一个生命—历史与社会的过程，“良好的健康包括与我们的社会环境和自然环境的和谐一致”[②]。通过对内在尺度与外在尺度的分殊，伽达默尔聚焦于医学实践的特殊性，“在所有以自然为对象的科学中，只有医学不能被完全理解为一种技术”[③]，因为医学除了包括理论知识（theoretical knowledge），还必须包含实践智慧（practical know - how），即知道对病人的当下处境而言怎样的治疗是内在合适的。这种实践智慧不能被还原为科学理论知识在实践领域的某种应用，而毋宁说是要在两种不同的尺度之间维持一种微妙的统一关系。对维持医学实践所特有的这种统一性而言，活的身体是一个至关重要的环节，它作为客观化的界限既揭示了外在尺度的局限性，也向我们提示了内在尺度在医学实践中的原初地位。就此而言，活的身体现象同样是伽达默尔对现代医学的诠释学批判的出发点和基础。

正是基于对人的“身体性地在—世界—之中存在”这一共同前提的认可，海德格尔和伽达默尔对现代医学的批判呈现出一种极富思想启发的内在相关性。一方面，海德格尔对此在“在—世界—之中存在”的生存论分析潜移默化地引导着伽达默尔的医学诠释学批判；另一方面，通过伽达默尔的诠释学工作，海德格尔那里相对抽象的生存论批判获得了更具体的实践内涵。在后一个问题上，伽达默尔独具洞见的贡献就是指出本真的医学实践应当以诠释学意义上的对话为原型。他援引柏拉图《斐德罗》篇中的论证作为佐证，即医学可以类比于修辞学，因为两者都关心自然本质（nature），无论是身体的本质还是灵魂的本质；并且两者都必须从对整体的本质理解开始。[④] 而对话是修辞学的典型。

概括而言，医学与对话的类比关系主要体现在如下三个方面：第一，真实的对话总是已经包含着倾听与回应，正如治疗包含着接纳、帮助与抚慰的“手”，仪器永远不能完全替代“手”的角色。通过与对话的类比，伽达默尔试图提请他的现代读者注意，医患关系本质上是一种面对面的关系。在任何面对面关系当中，我们都已经彼此卷入对方的处境以维持一个共享的对话空间，在医学语境下，这样一种对话的关系意味着医生首先关注的目标是病人的生存需要。与之相反，技术主导的现代医学则倾向将客观病理学上的症状看作真正的敌人，病人的躯体只是战场，而医学的唯一目的只是赢得战争，即产生“治愈”（cure）的效果。在技术主义的医学世界中，“病症”被作为某种抽象的实体对待，人本身仅仅是机器检查的对象，而不再是处于痛苦中的主体。就此而言，伽达默尔将医学类比于对话的最重要的意图，就

---

① Gadamer, *The Enigma of Health*, p. 99.

② Gadamer, *The Enigma of Health*, p. 132.

③ Gadamer, *The Enigma of Health*, p. 39.

④ Gadamer, *The Enigma of Health*, pp. 39 –40.

是借对话模式来克服医学技术主义对人的异化倾向,以守护医学实践不可或缺的人性根基。

第二,医学类比于对话的第二个依据在于医生接近病人的方式。真实的对话不应该是任何一方操控的结果,相反,在对话中我们常常会感到是对话本身在主导对话,对话双方在某种意义上是被动卷入对话,并为对话所塑造的。医学实践同样如此,在治疗过程中真正起作用的是生命节律所植根的自然力量本身——一个自我维持、自我更生的整体——医疗活动必须嵌入这个整体,与之相协调,才能取得最好的治疗效果。如此理解的治疗活动是各方力量以恢复健康为目的的一个平衡过程,而不仅仅是一个医生专业技能应用问题,更不是一个制造某种客观生理学状态的问题。在此伽达默尔非常赞赏古希腊人的经验,"痊愈的力量在于自然,而不在于医生的权能","医生的角色只是为自然的工作提供辅助"①。在此意义上,指出下面的事实非常重要,作为治疗者,医生扮演着双重角色,不仅作为科学家,而且作为医患关系的合作者、对话者。亦即,在本真的医患关系中占主导地位的因素不应该是"医生能做什么",而应该是"病人需要在其生存境遇中需要什么",后者限制并引导医生作为科学家的角色。

第三,医学类比于对话的依据还包括两者都关心整体。作为医学直接对象的身体必须在人的整体性存在构成中被把握,"因为疾病,平衡的失衡,不仅仅代表一种医学—生理学的状态,而且是一个生命—历史和社会的过程"②。正如修辞学家必须基于他对对话对象心理整体状况的理解而选择最恰当的词以影响灵魂一样,一个好的医生也必须能够超越他的知识和技术的直接对象,而关注病人整体的生命存在。

四、结论:现代医学的边界与生活世界

综上所述,虽然有方法论上的重点差异,但基于对人的"身体性地在—世界—之中存在"这一共同前提的认同,海德格尔与伽达默尔对现代医学的批判都走向了某种康德意义上的结论,即为了实现医学的真实内涵,需要为现代医学技术的应用划定界限。如海德格尔所言:"科学以不可思议的程度统治着所有领域,但科学的运作伴随着一些尚未经反思的前提观念和偏见。亟须有医生能够思考,以阻止将整个医学领域委诸于医学技术专家之手。"③"我们反思科学的目的为了回答如下问题:以什么方式和在什么意义上我们才能谈论一门人的科学",而现代医学的技术主义冲动使得它无法提出"人是谁以及人如何存在的问题。相反,人已经预先从技术宰制世界的背景被构想好了"④。伽达默尔那里也有类似方式的表达,"实践堕落

① Gadamer, *The Enigma of Health*, p. 132.

② Gadamer, *The Enigma of Health*, p. 42.

③ Heidegger, *Zollikon Seminars*, p.103.

④ Heidegger, *Zollikon Seminars*, p. 141.

成为技术并……总地倾向于社会的非理性”[①]。如果放任技术冲动支配医学科学的话，那我们将卷入一个日益去人格化的世界，其中病人仅仅在一些数据中被对象化的呈现。伽达默尔进一步指出，医学科学的危机也是整个现代技术文明命运的缩影，“在我们文明的庞大的技术结构中，我们所有人都是病人”[②]。需要说明的是，无论海德格尔还是伽达默尔，都没有彻底否定现代医学技术的有效性，他们所否定只是将技术主义模式看作医学实践的主导模式，相应地，他们所要求也只是重审技术在医学实践中的地位和作用。一种为技术的使用划定界限的努力背后，最终意图就是在生活世界中为技术重新奠基。[③] “我们每个人作为人类生存的任务就是在生活世界中寻找我们自己的道路，并学着接受我们真实的界限。对医生来说，这条道路包含着双重义务（double obligation），即必须将高度专业化的技能与对共享的生活世界的参与结合起来。”[④]这种从“身体性在—世界—之中—存在”出发为技术应用奠基的思路在海德格尔那里已经萌生[⑤]，但直到伽达默尔才发展成一种完整意义上的以对话为范本的实践模式。

① Gadamer, *Reason in the Age of Science*, trans. Frederick G. Lawrence, Cambridge: MIT Press, 1981, p. 47.

② Gadamer, *The Enigma of Health*, p. 81.

③ 从古希腊开始，哲学上理解的“边界”就并非仅仅否定意义上所指的某物的“不连续之处”，而是更积极地被理解某物由以产生的地方，某物获得形式上规定的地方，即某物本己的位置。

④ Heidegger, *Zollikon Seminars*, p. 101.

⑤ 比如，海德格尔提道：“医学将获益匪浅，如果医生们能领会如下经验：所有身体性存在（直至最细微的神经纤维）都起源于、发展于、并保存在人类此—在的展开本质（the unfolding essence of human Da - sein）的规定之中，这种特殊的性质不能被还原为任何其他东西。”（Heidegger, *Zollikon Seminars*, p. 234）

语言作为诠释学普遍性的基础

——为何伽达默尔要使用神学？

林子淳*

一、引 言

“能被理解的存在就是语言”(Sein, das verstanden warden kann, ist Sprache)。① 这是出于伽达默尔《真理与方法》第三部分之名言，也是把这部诠释学巨著从美学经验和历史意识的讨论引向最后的语言哲学结论。② 然而，(汉语)学界鲜有留意的是③，伽达默尔在这句话前曾指出：

> 基督论成为一种新人类学的开路者，这种人类学以一种新的方式将人类精神在其有限性中中介(vermittelt)至上帝的无限性。我们称之为诠释学经验之东西，正是在这里找到它真正的根基。④

如此看来，伽达默尔诠释学经验的根基源自基督论，他更明确地说这种上帝人化(die Menschwerdung Gottes)的理论是指向三位一体的奥秘。⑤ 那么，我们可以说伽达默尔的诠释学理论建基于基督教神学吗？

相对利科、亨利以至其师海德格尔一类经常论及神学的思想家，伽达默尔向来是尽量与神学保持距离的。因此，他在《真理与方法》这关键部分明确地动用神学核心概念是令人侧目的。更有评论者半带指责地说，他从神学抽取资源来描述诠

---

* 林子淳，香港汉语基督教文化研究所研究员，上海同济大学人文学院教授、博士生导师。

① Hans-Georg Gadamer, *Hermeneutik* I: *Wahrheit und Methode*, Tübingen: J. C. B. Mohr, 1990, p. 478；以下简称 *WM*；中译文见[德]伽达默尔：《诠释学 I：真理与方法》，洪汉鼎译，商务印书馆 2007 年版，第 639 页。本文中译文引自此版本，但笔者在适时会修订行文。

② 此名言其实多有歧义，参见蔡伟鼎：《论诠释学之存有学转向的语言哲学基础》，《东吴哲学学报》2009 年第 20 卷，第 51～89 页。

③ 笔者翻查过去记录，汉语学界曾直接处理这与神学相关课题的仅有黄国巨：《伽达玛论词语的构成》，《东吴哲学学报》2014 年第 29 卷，第 63～93 页。

④ *WM*, p. 432；中译本，第 579 页。

⑤ *WM*, p. 422；中译本，第 565 页。

释学过程，却未有将他的洞见回馈神学①；甚至还有评论说他借用了逻各斯（λόγος）概念后却舍弃了其神学基础。② 但毕竟伽达默尔是以哲学家而非神学家的身份踏上学术舞台的，他关注哲学而非神学是可以理解的。然而，除了在《真理与方法》此部分以外，伽达默尔在同期作品中，也曾明确说过其对语言的兴趣与亚里士多德的实践（phronesis）理念有关，甚至源于20世纪20年代当海德格尔在马堡时与一众辩证神学家，包括布尔特曼和腾尼森等有关圣道或逻各斯的讨论，显示出伽达默尔自年轻时已产生的神学兴趣。③

倒过来看，神学界长期以来更喜用伽达默尔的诠释理论处理圣经文本与信仰传统等问题，可是对于《真理与方法》这与神学思想密切关联的部分却同样鲜作讨论。④ 伽达默尔在这里刻意区分了“语言”概念在西方思想史上的两个源头：希腊的逻各斯和基督教的话语（Verbum）⑤，并指出唯有当两者相互交织后，透过道成肉身的理念，才可能发展出语言作为诠释学经验之基础。⑥ 因此，本文将重读这争议中的原著，尤其是“语言和话语”这短短十页却思想紧凑的篇章，检视伽达默尔使用神学资源于其诠释学巨著中的作用和原因，透析其内在话语（verbum interius）观的原素和逻辑。

事实上，伽达默尔的其中一位主要诠释者和传记作者格朗丹，早在20世纪90年代便基于《真理与方法》的这部分指出，伽达默尔和奥古斯丁思想紧密相连，尤其后者的三位一体论和内在话语观更是个中重点⑦，甚至得到伽达默尔的认可。⑧ 然而其立论在继后遭到质疑，2009年，亚托斯（John Arthos）和奥利花（Mirela Oliva）更不约而同地在英语和德语学界发表译名同为《伽达默尔诠释学中的内在话语》的重

---

① Philippe Eberhard, “Gadamer and Theology”, *International Journal of Systematic Theology*, vol. 9 (3), 2007, p. 288.

② Jens Zimmermann, *Recovering Theological Hermeneutics: An Incarnational – Trinitarian Theory of Interpretation*, Grand Rapids: Baker, 2004, p. 176.

③ Hans – Georg Gadamer, “The Marburg Theology”, in *Heidegger's Ways*, John W. Stanley trans., Albany: State University of New York Press, 1994, p. 30f.; Hans – Georg Gadamer, “Martin Heidegger and Marburg Theology”, in *Philosophical Hermeneutics*, David E. Linge trans. & ed., Berkeley et al: University of California Press, 1977, p. 199f.

④ 在笔者的有限视野中，近年有关注此部分的专著有 Zimmermann, *Recovering Theological Hermeneutics* 和 Philippe Eberhard, *The Middle – Voice in Gadamer's Hermeneutics: A Basic Interpretation with Some Theological Implications*, Tübingen: J. C. B. Mohr, 1993.

⑤ 在本文中，“话语”用来翻译拉丁语“Verbum”，而“语言”则翻译德语“Sprache”，但它们在一般使用上意义是同一的。

⑥ *WM*, p. 432；中译本，第578页。

⑦ Jean Grondin, *Der Sinn für Hermeneutik*, Damstadt: Wissenschaftliche Buchgesellschaft, 1994, pp. 24 – 39；英译：Jean Grondin, “Gadamer and Augustine: On the Origin of the Hermeneutical Claim to Universality”, in Brice R. Wachterhauser ed., *Hermeneutics and Truth*, Evanston: Northwestern University Press, 1994, pp. 137 – 147.

⑧ [加]格朗丹：《哲学解释学导论》，何卫平译，商务印书馆2009年版，第4～5页。

要作品。[①] 这一现象固然牵起了新一轮讨论，挑战了格朗丹的想法，更把伽达默尔的神学讨论延伸，使其连接了上至古希腊下到中世纪的西方思想史。当然，我们不应忘记的是，诠释学在西方从来就与神学有密切关系，所谓普遍诠释学的概念更被视为由施莱尔马赫这位现代新教神学之父提出的。[②]

往下我们将先概览过往数十年来的讨论，发掘学界对《真理与方法》第三部分中神学课题兴趣的由来；再配合重读这争议中的篇章，来评价过往的学术讨论。我们将发现，伽达默尔不独使语言成为诠释学普遍性的基础，也在过程中试图完善由海德格尔发轫的现象学诠释学传统的语言学转向。

二、概观：学术界三十年来的讨论

在正式展开讨论时，我们应先界定一下诠释学普遍性这一概念，尤其是普遍性（Universalität）一词很容易引起歧义。熟悉现象学的固然明白，这并非意指一种永恒不变的要求；在强调历史的条件和效果的诠释学传统中，这种要求显然是自相矛盾的。倒过来说，正因这学术传统意识到自己所持的就是一种诠释，所以这种反身性（Reflexivität）不会轻易使自身与世界或其反映等同起来。毋宁说，诠释学的普遍性正是意识到这种视角主义，因此它自身最终就是诠释性的和实践性的，与世界图景有关联。[③] 当然，以上概念本是《真理与方法》第三部分的一个重点，非三言两语可以完全展开。不过，伽达默尔在"诠释问题的普遍性"一文的开篇，曾以很直接和简洁的方式总括说："我们这代人把我们在世存在的基本操作模态，亦即语言这个论题，作为包罗万象的世界构造形式置于哲学的中心地位。"[④]因此，语言如何承担起这种普遍性的中介便成为一个相当重要的话题，而伽达默尔在澄清这关键的话题时却把我们引向了神学思想。

对《真理与方法》这部分较细致的解读需要另外进行，但在这里我们得先简单交代伽达默尔提及神学概念的过程。他在这部分的原意固然为要建立一种语言概念——既非一种任意的符号系统，也非对事物完全精确的表述，并且要顾及心灵或精神（Geist）与思维和话语的关系，而基督教神学正好能提供这种说明。在逻各斯基督论中，圣子作为三位一体中的内在话语即圣道或圣言，既非圣父所创造，亦非从其流溢而出；因此圣言之启示和宣告并未使圣父亏损，又能完全地展示神圣的意旨，然而父子二者虽然有密切关系却非同一，这正好可以作为语言概念的完美典

---

① John Arthos, *The Inner Word in Gadamer's Hermeneutics*, Notre Dame: The University of Notre Dame Press, 2009; Mirela Oliva, *Das innere Verbum in Gadamers Hermeneutik*, Tübingen: Mohr Siebeck, 2009.

② 这种看法虽然为许多学者和教本所主张，但从历史考究角度却有可议之处；参见［加］格朗丹：《哲学解释学导论》，第12～15页。

③ ［加］格朗丹：《哲学解释学导论》，第27页。

④ *GW* 2, p. 219；中译本参见［德］伽达默尔：《诠释学 II：真理与方法》，洪汉鼎译，商务印书馆2007年版，第261页。

范。意思是说，具体外在的话语与言说者内在的心思意念固然是密切联系的，但也是处于两端的，因此二者也没有价值高低之分，正如三位一体中不同身位也是同等的。故此具体言说可以有多样，却仍在反映与之同一的内在思维，两者没有分别。前者虽然看来仅是内在心思意念的一种反映，但人若没有了它则根本不可能沟通；这又如道成肉身的概念一样，若圣道不化身成人，则启示与宣告便无从可能，具体言说的作用也是一样。然而我们知道，三位一体和道成肉身等核心教义毕竟是基督教神学中的理想典范，也如伽尔达默自己所阐述的，是希腊的逻各斯和基督教的话语相遇交织以后所产生的结果。倘若要挪用来模拟人类的语言现象，那它们之间在理论、实践以至理解等方面出现歧义也自然难免，这也是学界过去就着此话题产生争辩的重要原因之一。

（一）内在话语观与诠释学的普遍性

据格朗丹自己所说，1988 年秋，当他苦思“诠释学的普遍要求”这课题而没有出路时，竟在海德堡的一家酒吧碰见伽达默尔，故直接请求他回复这普遍性存在于何处。格朗丹以为他会得到一个冗长艰涩的答案，谁知伽达默尔只简洁地道：“存在于内在话语之中。”①格朗丹固然知道伽达默尔在《真理与方法》中曾引用过奥古斯丁此说，但所涉篇章并不起眼，因此便要求更具体的解释并得到以下答复：

> 这种普遍性由“内在言说”（ineren Sprache）所构成，因为一个人不能说出一切，一个人不能表达他心中所想到的一切，即内在逻各斯（λ ό γος ἐ νδι ά θετος），这是我从奥古斯丁的《论三位一体》中学到的，这种经验是普遍的：内指活动（*actus signatus*）绝不会完全为外述活动（*actus exercitus*）所涵盖。②

格朗丹因而认定《真理与方法》最后一部分中至关重要的一节是专门讨论奥古斯丁的③，甚至在其《哲学解释学导论》中特别关注奥古斯丁在诠释学史中的作用，因为这涉及的正是内在语言的普遍性问题。④

从这点上，格朗丹开始发掘奥古斯丁如何理解圣道化身成人的问题，而奥古斯丁的一个思想重点正是区分了外在话语和内在话语。奥古斯丁认为，我们日常所说的固然是外在和具体的话语，而内在话语是没有感性或物质形式的，是普遍和思想性的，仍未采用任何具体的形式，却是我们在听到具体话语后所要理解、存在于其中的理念。因此，我们要超越感性的话语而达致那真实之言，即是说这种心灵话语（*Verbum Cordis*）是可以“翻译”为具体言词的。⑤ 奥古斯丁这种语言观自然会对

---

① ［加］格朗丹：《哲学解释学导论》，第 4 页。

② ［加］格朗丹：《哲学解释学导论》，第 5 页。

③ ［加］格朗丹：《哲学解释学导论》，第 55 页。

④ 此书译者何卫平也认定这是格朗丹全书最关键的一章。

⑤ Jean Grondin, *Sources of Hermeneutics*, Albany: State University of New York Press, 1995, p. 103；［古罗马］奥古斯丁：《论三位一体》，周伟驰译，上海人民出版社 2005 年版，第 418～419 页。

其神学产生重要作用:上帝之道(*Verbum Gottes*)先于成为肉身的基督而存在,此乃上帝的智慧或自我认识,并在特定的时间进入历史世界中,采取感性的形式向人类显现,因此我们也不应把历史时间中的圣道以及与圣父同等永恒之言混淆。①

不过奥古斯丁也指出这个模拟的限制:圣道是上帝完全的自我知识,可是在人类语言来说,思想与具体的话语却永不可能完全同一,因此我们也难以完全澄清我们所言说的。② 格朗丹顺此指出,伽达默尔也如奥古斯丁和斯多亚派一样,认为在说出的话语——"λ ό γος προφορικ ό ς"背后应存在着内在话语——"λ ό γος ἐ νδι ά θετος";所以说话的外述活动不会完全穷尽其内指活动,语言的普遍性便不可能是基于说出的话语,而只能是基于内在话语,这也是诠释学普遍性之所系,甚至是"诠释学的元现象"(hermeneutische Urphänomen)③。伽达默尔认为,这种内在话语概念针对着西方思想中长期以来命题逻辑的霸权;日常生活语言不会只出现抽象的命题,命题不应同其所属更广阔之对话以及其背后的动机相分离,故他说:"语言最本己的存在不是在命题中,而是在对话中。"④因此,内在话语概念最终导向了语言的"对话"(dialogical)观,这可能是伽达默尔重探这种古典概念以至基督教神学的最终原因之一,以便克服西方思想长期关注于语言命题的现象,甚至把语言意义之事件性格遗忘。⑤

(二)格朗丹与伽达默尔的误读

如上所述,格朗丹对奥古斯丁有关内在话语的重视,由于得到伽达默尔本人的认可,并似乎提供了一条能克服西方过度重视语言命题现象的路径,接通了语言哲学的大门,霎时成为理解伽达默尔诠释学以至诠释学普遍性之钥。然而,此立论在继后遭到质疑,2009 年英语和德语学界皆出现《伽达默尔诠释学中的内在话语》的作品后,更牵起了对《真理与方法》第三部分,尤其是内在话语观的新一轮的广泛讨论。

格朗丹于 1994 年出版的《哲学解释学导论》虽然在篇章安排上像是一部介绍性教本,但由于以诠释学的普遍性为主线来撰写,并得到伽达默尔对内在话语观的认可,因而在学界得到很高的重视。然而如上已显明,奥古斯丁是从对人言的模拟来理解圣言的,但伽达默尔的工作方向却是相反的。那么,即使他们都提到内在话语这概念,那二人所关注的是否真的相同?格朗丹对伽达默尔的诠释是否正确?

---

① Grondin, *Sources of Hermeneutics*, pp. 103 - 104;[加]格朗丹:《哲学解释学导论》,第 60 ~ 62 页。

② [加]格朗丹:《哲学解释学导论》,第 60 ~ 62 页;并参见 Grondin, *Sources of Hermeneutics*, p. 104.

③ [加]格朗丹:《哲学解释学导论》,第 60 ~ 65 页;Grondin, *Sources of Hermeneutics*, pp. 102 - 106。这是针对 *WM*, p. 423f. 或中译本第 566 页及后页而说的。

④ 译文转引自[加]格朗丹:《哲学解释学导论》,第 188 页;原出于 Hans - Georg Gadamer, "Grenzen der Sprache", in *Evolution und Sprache: Über Entstehung und Wesen der Sprache*, *Herrenalber Texte* 66, 1985, p. 98.

⑤ [加]格朗丹:《哲学解释学导论》,第 188 页;Grondin, *Sources of Hermeneutics*, p. 106; Günter Figal, "The Doing of the Thing Itself: Gadamer' s Hermeneutic Ontology of Language", in Robert J. Dostal ed., *The Cambridge Companion to Gadamer*, Cambridge et al: CUP, 2002, p. 114.

后者又何以会正面肯定？

克吉（Dominic Kaegi）在1994年的评论中已发现了这微妙的差别，但在这之上更重要的是：格朗丹从奥古斯丁的解读所关注的是内在话语和外在话语的关系，二者不能分割，以致指出后者或具体话语不会穷尽前者或人内在话语之所思。伽达默尔固然也肯定内在话语和外在话语的相关性，然而他在《真理与方法》中所关注的似乎是别的，克吉尖锐地指出：

> 伽达默尔在讨论内在话语的教义时，心目中所想的并非如格朗丹所建议的，即内在和外在话语的关系，而是话语和事物（Sache）的关系。他希望从"圣道神学"取得的决定性"观点"，"思想与自我言说（Sichsagen）的内在统一"之意思，乃是"精神的内在话语并不是由某种反思活动构成的。谁思维某物，亦即对自己讲某物，这里某物就是指他所思维的东西，即事物。"①

简单来说，伽达默尔所关注的应是思想与事物的关系，这符合现象学的一贯传统。面对这批评，格朗丹也坦承自己"可能把对伽达默尔'内在话语'之意涵伸延得太远"②，并在1999年出版的《伽达默尔导论》中调整了其说法。③

如此一来，伽达默尔对内在话语的关注，以致他使用基督教神学的意涵便再次开放给诠释。然而，何以他自己之前竟认同了格朗丹的说法？事实上，伽达默尔在为格朗丹作序的末端已透露了端倪：

> 诠释学所强调的不是对象化，而是倾听——例如，倾听（Zuhören）一个知道如何讲故事的人，并与之相属。……格朗丹这本书的特殊优点就在于，它揭示了"内在的"对话是整个哲学诠释学的基础（正如我在《真理与方法》中已指出的那样），它在奥古斯丁以及其他语境——如过程神学中起着重要的作用。④

在过往，格朗丹以至学界注意的是最后几句话，即伽达默尔认同内在话语的重要性，而它又在奥古斯丁思想中（但不止于此）产生过作用，因此格朗丹便着力发掘奥古斯丁的相关学说。可是伽达默尔对内在话语的关注，却可能更重于倾听——语言使人互相隶属的社群特质，这才能趋向一种语言的对话观，克服他所说的西方思想中命题逻辑的霸权。⑤ 当然，伽达默尔对内在话语的兴趣，肯定也不止人所说的

---

① Dominic Kaegi, "Was Heiβt und zu welchem Ende studiert man philosophische Hermeneutik?", *Philosophische Rundschau*, vol. 41, 1994, p. 129；内中引文出自 *WM*, p. 430；中译本，第575页。

② Jean Grondin, "Unterwegs zur Rhetorik: Gadamers Schritt von Platon zu Augustin in 'Wahrheit und Methode'", *in Günter Figel, Jean Grondin, Dennis J. Schmidt & Friederike Rese eds.*, Hermeneutische Wege: Hans - Georg Gadamer zum Hundertsten, *Tübingen: Mohr*, 2000, *p.* 212.

③ Jean Grondin, *Introduction à Hans - Georg Gadamer*, Paris: Cerf, 1999.

④ [加]格朗丹：《哲学解释学导论》，"伽达默尔序"第3页。

⑤ Cf. John Arthos, "'The Fullness of Understanding': the Career of the Inner Word in Gadamer Scholarship", *Philosophy Today*, *vol.* 55(2), 2011, p. 168.

话语会产生意义剩余这么显而易见，以致他在整体作品中不止一处寻访这概念。[①]在克吉的批评以后，格朗丹再度求教伽达默尔为何会持续不断地去了解奥古斯丁的想法，但也得到的是另一颇为玄秘的响应："正因为他需要不少于十五卷书才能走近三位一体的奥秘，以致不会陷入诺斯替式预设的虚假权宜中。"[②]由此可见，伽达默尔对内在话语的关注确非一时兴之所致，他对更广泛的基督教神学发展有所研究，其对他的思想发展也有所启发。

从以上的背景看来，我们对内在话语以至诠释学普遍性的讨论，一方面应以奥古斯丁思想为中心扩展至其他(神学)思想领域，另一方面则应更关注由语言所导致的社群性议题，因为这可能是伽达默尔将其诠释学接连至现象学有关事物讨论之路，晚期的海德格尔不正是在走向语言之途吗？可是千禧年之后，相关讨论似乎静了下来，直至2009年亚托斯和奥利花的论著发表后，整个讨论才得以重新恢复。顾名思义，两部《伽达默尔诠释学中的内在话语》都针对此观念作出评注。奥利花的作品尝试贯通伽达默尔的早晚期思想，并以此来追索内在话语观的形成；而亚托斯则特别针对《真理与方法》第三部分之"语言和话语"作解读，将其关联至思想史的不同阶段。

三、重读争议篇章的神学理念

数十年的争议过后，倘若我们盼望觅得一个对《真理与方法》第三部分较稳健中庸的诠释，那应当先从一个较宽广的背景着手。其实，伽达默尔在起首时便从谈话(Gespräch)来展开序幕，更指与其说我们"意想进行谈话"，不如说是"陷入了一场谈话"和"被卷入了一场谈话"，可见谈话要显明的是一场由众人参与的社群性事件，甚或是延续了第一部分有关游戏的讨论。在谈话中吾人所用的就是语言，它"能让某种东西'显露出来'和涌现出来，而这种东西自此才有存在"[③]。诠释学的中心概念理解，更不外乎是"在语言上取得相互一致"[④]，视域融合这个在第二部分讨论历史意识时极为重要的概念，也是在"一种谈话的进行方式"中形成的，因而是一件共同的事情。[⑤]

那为什么伽达默尔忽然会用起神学来？从第三部分的编排来看，似乎是因希腊式的讨论而把语言和事物之间的内在统一性引向了歧途，陷入了工具论或极端摹本论。伽达默尔在"话语和逻各斯"一节重探《克拉底鲁篇》就是一个印证，预示其后西方思想史把思想和言说分离，形成了由主体主义和经验主义为语言带来的

---

① 亚托斯举出了几处例子：*Philosophical Hermeneutics*, p. 77; *GW2*, pp. 192, 336; *GW8*, p. 359; *GW10*, pp. 135－136。参其 *The Inner Word in Gadamer's Hermeneutics*, p. 392, ftn. 5。

② Jean Grondin ed., *Gadamer Lesebuch*, Tübingen: Mohr, 1997, p. 286.

③ *WM*, p. 387；中译本，第517页。

④ *WM*, p. 387；中译本，第518页。

⑤ *WM*, p. 392；中译本，第524页。

扭曲现象。[①] 因此,伽达默尔从基督教神学,尤其从《约翰福音》有关道成肉身说之挪用中获得了重要启发,所以出现了"语言和话语"这十页有关神学的篇章。然而我们也必须谨记,对伽达默尔来说,柏拉图一方面是西方思想中的一个含混标记,另一方面又是一粒天命种子,指向一种隐然的回归可能性,话语的历史即发轫于希腊的逻各斯,而从海德格尔的语言性中找到了回家之途。[②]

(一)道成肉身和语言的内外两端

"语言和话语"之设置是为了要与希腊式的讨论作一对比,因此在起首处伽达默尔已指出,道成肉身并非一种灵魂外入肉体观(Einkörperung),乃是一种上帝人化论。当中包含了耶稣在十字架上受难牺牲的事件,揭示了三位一体的奥秘。教义神学虽然使用了希腊思想为工具来阐释其中的问题,如斯多亚学派把内在和外在逻各斯对立的理念,但是反倒为西方思想提供了一个前所未有的向度。这是因为教会为要抵御把圣子从属于圣父之下的次位论学说,以《约翰福音》为基础强调了圣道与圣父的永恒同在概念,使内在话语和外在话语的同一性获得了典范,并反照在语言现象之上。[③]

格朗丹之前强调内在话语和外在话语合一的立论,除了是因着那著名的"酒吧对话"外,明显是建基于伽达默尔这几页的解说,尤其当中涉及了斯多亚学派的内在和外在逻各斯对立概念。可是,格朗丹走得太远的地方也如吉克所指,显明于伽达默尔从神学取得资源来思考话语问题,而奥古斯丁的三位一体模拟却是逆向从人言而得。更重要者,虽然内在话语和外在话语的合一是暗含其中的理念,但伽达默尔却很直率地表示其重要关注乃在于说话和思想:"这种解释自教父时期以来并最终在经院哲学奥古斯丁主义系统的精心制作中一直依靠人类关于说话(Sprechen)和思想(Denken)的关系。"[④]这里的说话显然是指内在话语而非外在话语,因此伽达默尔才会说由道成肉身引向的三位一体论,"把语言问题完全导回到思想的内在性中",又指奥古斯丁利用了柏拉图那种完全贬低感观现象的方式来述说其见解。[⑤]

然而话语既然仍然内在,还未有具体发声,那我们可能理解它吗?甚或真有这么一回事吗?这些正是伽达默尔接着所提并要响应的问题。[⑥] 不过,他却从基督教传统指出:"这种内在话语就是上帝话语的镜子和图像。"[⑦]而这种讨论"不牵涉救世主的那种尘世的现象,而是涉及到他完全的神性,涉及他同上帝的同一本质

---

① *WM*, pp. 410ff.;中译本,第547ff. 页。

② Arthos, *The Inner Word in Gadamer's Hermeneutics*, p. 220.

③ *WM*, pp. 422-424;中译本,第564~567页。

④ *WM*, p. 423;中译本,第565页。

⑤ *WM*, p. 424;中译本,第567页。

⑥ *WM*, p. 425;中译本,第568页。

⑦ *WM*, p. 424;中译本,第568页。

性”[1]。如此看来，伽达默尔所关注的教义乃是内在三一论而非经世三一论，最直接的焦点乃是圣父与圣子的本质相同(*homoousios*)问题，甚至将其关联至思想和言说的合一，语言不仅是用来表达思想的工具。

还有一点值得指出，那就是伽达默尔在这里一直是把奥古斯丁和中世纪传统拉在一起讨论的，没有把它们分开处理。奥古斯丁的确是“内在话语”一词的始作俑者[2]，并将其关联至三位一体的讨论。可是，也正因奥古斯丁将讨论限制于思想或内在的一端，所以他更应是伽达默尔所批判、靠近柏拉图主义而贬损感性领域价值的一员。[3] 从此我们便能理解，为何伽达默尔每每要把他和中世纪传统拉在一起讨论，因为伽达默尔要求的并不单是原本的奥古斯丁思想，而是由他引发的整个中世纪奥古斯丁主义，尤其是有关内在话语的讨论。[4]

(二)内在三一和内在谈话的启发

事实上若我们返回“语言和话语”这一节的内容，不难发现奥古斯丁的名字在前三页以后几近消失，接下来占据这一节大部分页面的是中世纪巨擘托马斯·阿奎那。这看来是一个相当合理的现象，因为阿奎那曾挪用内在话语这三位一体的模拟在自己的著作中，更将其与亚里士多德学说作出综合性处理，这符合伽达默尔要检视希腊逻各斯与基督教话语交织的现象。根据亚托斯的研究，阿奎那虽然在其最主要的著作中都处理了内在话语这概念，但伽达默尔却选择了两部作者成疑的著作来仔细分析——“论智性话语的本质”和“论圣言和人言的分别”，这也成了其关键文本《伽达默尔诠释学中的内在话语》的基础。[5]

为何伽达默尔要选择这两篇著作？最直接的答案之一是，因之前他的追问也是我们在上一节遗下的问题，即内在话语的本质若何，于是“论智性话语的本质”便提供了答案。在抵御了语言的工具观后，伽达默尔似乎要针对的是语言的摹本论。既然内在话语并不等同于希腊的逻各斯，不是灵魂的自我谈话，故总要和它的可能表述相关联，但又不能是某种特定的语言。[6] 伽达默尔由此指出：

> 内在话语显然并不是同某种特定的语言相关，它甚至根本不具有从记忆中产生的话语的浮现特性，相反，它是一直要想到底的内容(*forma excogitata*)。只要它所涉及的是一种想到底的思维(ein Zuendedenken)，那我们就可以在内

① *WM*, p. 425；中译本，第568页。

② 亚托斯更提醒我们，“Verbum”一词是他从杰罗姆(Jerome)借来翻译逻各斯的用语；参其*The Fullness of Understanding*, p. 167.

③ 这方面的讨论详参Philip Cary, “The Inner Word Prior to Laguage: Augustine as Platonist Alternative to Gadamerian Hermeneutics”, *Philosophy Today*, vol. 55(2), 2011, pp. 192－198.

④ 关于这方面David Vessey有很精辟的澄清，参其“Gadamer, Augustine, Aquinas, and Hermeneutic Universality”, *Philosophy Today*, vol. 55(2), 2011, pp. 160－161.

⑤ 亚托斯的相关文章为：“‘The Word is not Reflexive’: Mind and World in Aquinas and Gadamer”, *American Catholic Philosophical Quarterly*, vol. 78, 2004, pp. 581－608；后成了其《伽达默尔诠释学中的内在话语》中的第四章，他更提供了“论智性话语的本质”一文的英译本。

⑥ *WM*, pp. 425－426；中译本，第569～570页。

> 在话语之中承认一种过程的因素，它是通过外在方式(*per modum egredientis*)而进行。虽然内在话语并不是表述出来的话语，而是思想，但它是在这种自我讲话(Sich－Sagen)中所达到的思想的完善。①

简而言之，伽达默尔是想强调思想与言说的同一性，因此即使内在话语不等同于特定的某种具体话语，但又一定是一种真正的言说，必然会产生一过程，故唯有是思想中的自我讲话。

然而伽达默尔意识到，柏拉图早在《智者篇》263e中早便把思维视作灵魂的内部对话，那为什么我们仍需把基督教的三位一体观卷进来？他的答案是，时间在上帝那里是不适切的，思维过程在这里并没有产生一种改变历程②；“不是从潜能向现实的转化，而是一种“ut actus ex actu”(从现实到现实)的产生。”③换句话说，伽达默尔想强调的是，语言并非思维以后才产生的结果，它在认识的过程当中便有，故说“话语也就与这种理智的构成(*formatio*)是同时的”④。在这点上我们不难看出伽达默尔使用神学而弃用哲学的意图：因为人类精神的不完美性，所以无法言述思想与语言的同时性(zugleichkeit)。⑤ 而这正是三位一体之奥秘所展示的，以致可弥补希腊逻各斯论的不足，故接下来伽达默尔要处理的便是人类和神性精神的区别。

在继续阐释伽达默尔的想法前，在这里有一点是值得关注的。他把思想和语言连在一起，强调其共同构成的意图是明显的，也预示着我们之前提及的语言社群性议题。但如此一来，他岂不是也把思想和语言捆绑在一起，致使其失去弹性，令二者都难以出现创新性吗？而这却是语言哲学，尤其是要谈及意义剩余时的一项重点。因此，这成了不少当代学者对伽达默尔这时期的语言本体论的批评，也有人试图为他解围。⑥ 晚期的伽达默尔似乎也尝试为其说法作出修正，但我们将会在下一部分才稍作探讨。那么他所引用的托马斯又如何？他的解决方案可能早就有了，就是把话语的完满过程置于具体性当中(符合亚里士多德的理念)，保留了一种发展性原素，但这部分却在伽达默尔没有阐释的《神学大全》中⑦，与他往下要处理的人言与圣言之分别有相仿之处。

---

① *WM*, p.426；中译本，第570～571页。

② *WM*, p.426－427；中译本，第571页。

③ *WM*, p.428；中译本，第572页。

④ *WM*, p.428；中译本，第572页。

⑤ *WM*, p.428；中译本，第573页。

⑥ 如Günter Figal, “The Doing of the Thing Itself: Gadamer's Hermeneutic Ontology of Language”, in Robert J. Dostal ed., *The Cambridge Companion to Gadamer*, Cambridge et al: CUP, 2002, pp.122－123; Theodore Kisiel, “The Happening of Tradition: The Hermeneutics of Gadamer and Heidegger”, in Robert Hollinger ed., *Hermeneutics and Praxis*, Notre Dame: University of Notre Dame Press, 1985, p.13; Arthos, *The Fullness of Understanding*, pp.169－171.

⑦ 《神学大全》III, q.60, a.6, ad.2；参见Arthos, *The Fullness of Understanding*, p.171；当然这里也可能是伽达默尔刻意要回避的，但因篇幅所限我们不能在这里处理。

（三）流溢说与人性精神的不完善

在“语言和话语”的最后部分，伽达默尔重点讨论了人类和神性精神的区别，但在之前及其中引入了一个很重要的新柏拉图观念，即流溢说。有趣的是，他引用了阿奎那如何借此观念来描述三位一体中的内在话语过程，成了道成肉身说的一个辩证伙伴而非对手。流溢说的源泉图像固然来自太一的流溢而未令自身减损，因此也适用于圣父生圣子的过程。伽达默尔指出，思维过程中产生话语的情况也与之相仿：

> 如果话语和理智之间的神性关系可以作如是描述，即话语并非部分地、而是整个地从理智中获得它的起源，那么对我们来说，则一个话语是整个地从另一个话语产生出来的，但这也就是说，话语的起源在于精神之中，就如推论的结果是从前提产生出来一样。①

因此，伽达默尔才能导引出思想与语言的同时性概念。然而，人言既不同于圣言，那么他要作出什么样的结论？

伽达默尔作出了三点区别。第一，人的话语没有对思维（和记忆）构成损害，正如流溢所展现的现象一样。可是，人言毕竟是历时的，在话语被实现前它只是潜在的，在思维中构成，因此看来便好像是一件工具。然而，它又不真是工具，伽达默尔用阿奎那的比喻说，话语是一面镜子，所以能完善地反映事物的图像。这里除了看到语言和思想同一的坚持外，更看到他欲把思维和事物结连的意图，正如克吉所指出的一样。②

第二，借着镜子的比喻，伽达默尔欲指出的并非一个通俗的印象，即人类话语的不完善性，而是人类精神的不完善性。因为按上所说，人类话语是能够完全反映其思想内容的，然而“人类精神从不具有完全的自我在场（Selbst - gegenwart），而是分散在这种或那种意见之中”③。伽达默尔这个话锋转变的影响是微妙而巨大的，接下来他便指出，不是因为具体话语的缺陷而无法表述精神的意指，所以会出现话语的多样性；反倒是因为理智的不完善，所以人类需要话语的多样性来表达自己也不完全清楚的思想内容！④

既然在伽达默尔的定调中，人类语言是完善的而精神是不完善的，那么多样性语言的交织会产生什么结果？这便是他要带出的第三点，即话语在思想中的构成虽仅为偶然，却因它能完全反映事物，故使思维能不断突破自身，开辟出新的概念。这在精神不完善的本质上本是不可能达致的，却借赖语言构成了精神的无限性以及能设想的自由，反映出思维不可完成性的积极面。⑤ 这便难怪伽达默尔最终要强

---

① *WM*, p. 427；中译本，第 572 页。

② *WM*, p. 428；中译本，第 574 页。

③ *WM*, p. 429；中译本，第 574 页。

④ *WM*, p. 429；中译本，第 575 页。

⑤ *WM*, pp. 429 - 430；中译本，第 575 页。

调思想与事物的关联，以及语言的社群性问题，因这些才是创造力的关键。

顺此，伽达默尔总结出从圣道神学中所导出最重要的一点："精神的内在话语并不是由某种反身活动构成的。"①又或从正面来说，话语并非一般的产品，它完全在精神之内，甚至不是表述精神，而是所意指的事物，是使认识得以完成、事物完全思考的场所。② 再者，由于神性话语也是一种真正的话语，因而当他以拯救者的样式来到世上时，也可以展示出多样性。如此，纵然在宣讲和圣礼中的话语可以多元，但总是在宣告同一个神圣之道。伽达默尔甚至从他所熟悉的、师辈们参与的辩证神学指出，这正是信仰的终末论特征，所以要特别关注"语言的事件性质"，亦即概念的构成过程，话语的统一性与多样性之辩证关系。③

在学界过往的讨论中，对"语言和话语"这一节的解读往往针对着奥古斯丁（格朗丹）和阿奎那（亚托斯）的思想和文本来展开，这些讨论已经发展得非常专业精深。但笔者以为，针对《真理与方法》第三部分更加需要指出的是，作者走笔至此而导出的以上重点，即语言的统一性与多样性作为创造力的根源；伽达默尔是借着道成肉身论与流溢说的辩证关系，在三位一体论的语境中所导引出来的。换句话说，他并没有完全否定源自柏拉图传统的观点，却借着基督教神学传统来排拒当中的"诺斯替遗毒"④，把语言次等于精神，然而此举却使他陷入了"内在性"的研究。由于语言也是一种外在具体的表述，伽达默尔无法不处理人言与圣言之差异，而为着要保住话语相对于思想的完善性，因此他更需要处理语言之一与多的辩证统一性问题。但这部分却是"语言和话语"以后要延续的话题，以致过往更为人所忽略。⑤

（四）创造力与人类话语的多样性

我们至今已约略阐述了"语言和话语"一节的重点，相信也显明了为何《真理与方法》接下来的一节所讨论的议题是"语言和概念构成"，因为只有在这基础上诠释学针对语言的讨论才能由一走向多，甚至出现本文起始时引文的说法，指基督论乃一种新人类学的开路者，能中介着人类精神的有限性至神性精神的无限性，并在其中找到诠释学经验之根据。⑥ 我们不拟对"语言和概念构成"作如上节的仔细阐释，但主要从中点出一个与以上讨论尤关的要素，即话语的多样性如何构成创新性，伽达默尔更在引述奥古斯丁和托马斯以后，着重使用库萨的尼古拉的思想，这是过往学界较为忽略的环节。

伽达默尔认为，中世纪神学总是把语言问题回溯到思维和说话的统一性，因此

---

① *WM*, p.430；中译本，第576页，笔者略微调整译文。

② *WM*, p.430；中译本，第576页。

③ *WM*, pp.430－431；中译本，第576～578页。

④ David Carpenter, "Emanation, Incarnation, and the Truth－event in Gadamer's Truth and Method", *in Brice R. Wachterhauser ed.*, *Hermeneutics and Truth*, *Evanston*: *Northwestern University Press*, 1994, p.103.

⑤ 这问题早期由上引文作者Carpenter关注过，近年当然要数Arthos, *The Inner Word in Gadamer's Hermeneutics*; Mirela, *Das innere Verbum in Gadamers Hermeneutik*，但Vessey（*Gadamer*, *Augustine*, *Aquinas*, *and Hermeneutic Universality*, pp.158－165）作了一个相当精彩的综合性阐释。

⑥ *WM*, p.432；中译本，第579页。

语词过程中意义的统一性备受关注。

> 然而,只是当经院哲学在中介着基督教思想和亚里士多德哲学时用一种新的因素作了补充,而这种因素使神性精神和人性精神的区别转变成具有积极意义的区别,并对新的时代具有最重要的意义,只是到了那时,语言问题才完全表露出来。这种因素就是创造力的共同性(das Gemeinsame des Schöpferischen)。我认为,库萨的尼古拉这位近来常被人们讨论的哲学家的地位自有其根本的突出之处。①

伽达默尔对神性和人性精神创造力的关注,以及对尼古拉思想的重视在此表露无遗②,并且明确关联到语言问题之上,与神性和人性精神之区别缔结成一种辩证性合一。与奥古斯丁和托马斯把注意力集中于内在话语如何出于上帝精神相反,尼古拉的焦点是上帝的内在性与世界的关系,而他对内在话语的说法也甚少受人关注,这却显示出伽达默尔的独到眼光。③

按着神性和人性话语在同时性上的区别,人类精神似是在时间中才能把握思想的整体,因此神性和人性精神的创造力应有区别。但按照伽达默尔的解读,尼古拉虽然强调了同时性这一点,然而由于内在话语和思想的同一性,他也指出人类精神的创造力并非一种时间性事件,而是一种理性运动。这对于"语言和概念构成"自然大有关系,譬如语词中的属与种在感觉中形成,以至在概念中的概括和展开活动便属于这种理性活动,它们并非在时间中才产生。伽达默尔认为,尼古拉用基督教的话语观来反对新柏拉图主义的流溢说,显示出基督教哲学家比柏拉图主义有高明之处,因为:

> 人类精神得以展开的多样性绝不是对真实统一性的背离,绝不是丧失了自己的家。相反,尽管人类精神的有限性总是同绝对存在的无限统一性相关,但却必然会找到它积极的合法性。④

为什么这样说呢?因为尼古拉所关注的不单是内在话语和概念、"普遍的"语言问题,而是在历史中具有多样性的国族语言,人类精神也完全化身(fully incarnate)其中⑤,这正是伽达默尔重视他的原因。意思是说,我们并不需要预设某

---

① *WM*, p. 438;中译本,第586页;笔者略微调整译文;这段话中神性和人性精神之"创造力的共同性"显然是伽达默尔要突出的因素,可是中译本却出现了偏差,使往下的段落难以理解。

② 伽达默尔对柏拉图、黑格尔、施来尔马赫、海德格尔等的研究兴趣固然人所皆知,但奥利花提醒我们,他也是海德堡科学院库萨尼古拉组(Cusanus - Komission, Heidelberger Akademie)的主席,负责编辑其作品。参见 Mirela Oliva, "Gadamer and Cusanus on Creation", *Philosophy Today*, vol. 55(2), 2011, p. 184。

③ Mirela Oliva, *Gadamer and Cusanus on Creation*, p. 187.

④ *WM*, p. 439;中译本,第587页。

⑤ Cf. Carpenter, *Emanation, Incarnation, and the Truth - event in Gadamer's Truth and Method*, p. 113.

种柏拉图式永恒不变之内容，并由不同的具体语言所承载；而是说即使不同的国族语言呈现出差异性，话语构成的动力依然能显出普遍性。[①] 这就是人性精神的创造力之所在，甚至在表现上都与神性精神看齐，但这是如何看出来的呢？

在“语言和概念构成”的末后部分，伽达默尔留意到尼古拉著作中“自然词”（*vocabulum naturale*）这个与内在话语意义相近的概念。它并非指一种柏拉图式的原始话语，相反，尼古拉可以肯定国族语言的差异性以至词汇表面上的任意性。但即使在命名事物的过程中存在任意性，词汇也仍必须相应于事实本身（*forma*），虽非精确却必恰当。这种事实本身也不是一种柏拉图式的原型，而是人性精神在区别和概括事物的过程中所构成的、相似于内在话语的过程。虽然人性精神是不精确的，但是语言的表述却与对事物的直观取得一致性[②]，这符合“语言和话语”一节末后所及，话语的完善性相对于思想的不完善性的情况，所以伽达默尔推断：

> 只有当精神被提升为无限的精神时，这种本质的不精确性才能被克服。在无限的精神中只存在一种唯一的事物（*forma*）和一种唯一的语词（*vocabulum*），亦即在一切事物中反映（*relucet*）出来的不可说出的上帝的话语（*verbum Dei*）。[③]

如此一来，语言的统一性便不系于一种柏拉图式的预设，而是在构成的操作中，但这是一种理性运动而非时间性事件。又由于话语、思想与事物的相连和同一性，因此话语便和事物的直观相连，纵然人类精神并不完善。

伽达默尔综上所述指出，尼古拉思想在此产生了唯名论转向，虽然他的认识论显然仍具有柏拉图式的动因。因为尼古拉关注的是具体语言，所以伽达默尔在“语言和概念构成”一节最后总结如下：

> 库萨的尼古拉在一切区别之中仍然保持着下面这一点的一致性，而基督教的柏拉图主义者就依赖于这一点：正是一切人类语言中的事物联系（Sachbezug），而并非人类事物认识的语言束缚性才对他是根本性的。人类事物认识的语言束缚性只是表现了一种光谱的折射，真理就在这种折射中显现。[④]

从奥古斯丁到阿奎那，最终在尼古拉的思想中，伽达默尔完成了内在话语以至诠释学经验之普遍性的讨论，甚至真理也是从这种透过语言的诠释而呈现出来的。[⑤] 由此看来，内在话语固然是议题中的重要一环，可是单从《真理与方法》第三部分的目次也不难发现，这也仅为诠释学经验提供了中介，其普遍性最终仍坐落于

---

① Cf. Oliva, *Gadamer and Cusanus on Creation*, p. 187.

② *WM*, p. 441 – 442；中译本，第 590 ～ 591 页。

③ *WM*, p. 442；中译本，第 591 页。

④ *WM*, p. 442；中译本，第 592 页。

⑤ 伽达默尔在 1957 年曾简洁地阐述过其对真理的看法，参 Hans – Georg Gadamer, “What is Truth?”, in Brice R. Wachterhauser ed., *Hermeneutics and Truth*, pp. 33 – 46.

人类的事物联系及其直观,符合现象学运动的传统。

四、结　语[①]

本文回顾了过往三十年来,由《真理与方法》第三部分,尤其是“语言和话语”这一节所引发的学术讨论。由于伽达默尔在其中使用了不少基督教神学的核心教义以及神学家的思想,而内容又言简言赅,故带来了不少争辩。因此,本文也借着重读这段文本,一方面回顾过往的论点,另一方面也要从伽达默尔运用神学的踪迹来透视他这时期的语言哲学。我们发现,他借着以道成肉身论来补充新柏拉图主义的流溢说,并以此建立其内在话语概念。这概念除了为诠释学经验的普遍性提供基础外,更把事物、世界及在其中的人关联起来。如此一来,伽达默尔在《真理与方法》中虽然把语言哲学置于结论位置,但他的真正关注或许不是语言,而是如其师海德格尔一样,用语言来取代存在,但最终着眼的是事物自身的呈现,这也合乎现象学的传统。若观乎此,则这个实践世界,尤其是当中人的社群性或彼此相属性,会否才应是现象学的核心关注?[②] 伽达默尔尤其重视的传统,岂不就是人与人之间相互结连的一个重要文化机制吗?而希腊逻各斯和基督教话语的相遇与交织,不就塑造了他用力去诠释的真理所呈现的西方思想史途径吗?如此一来,神学与哲学在西方思想中本就是一对孪生子,只是不断有人以为可以硬生生地把他们分拆开来而已。

---

① 本文原为2017年中国诠释学年会的发言,原稿在此有评论的一节,但因篇幅关系在此从略。

② 在这方面,笔者以为黑尔德(Klaus Held)的《世界现象学》(三联书店2003年版)有不错的洞见,而笔者也就此试图建构出一种与神学相关的论述。(参见林子淳:《神圣社群现象学的构想:一种取道于朋霍费尔的海德格尔式论述》,《道风》2015年第43卷,第179～208页;《存在·历史·神圣:当代汉语神学——政治论说反思》,道风书社2016年版,第六章)

施特劳斯论犹太解经学：解释学的第三种路向

李永刚[*]

关于西方解释学的发展历程，保罗·利科有着经典性的概述，他认为，整个解释学经历了一种"从局部解释学到一般解释学"，再"从认识论到存在论"的演进，即从施莱尔马赫到狄尔泰，再从海德格尔到伽达默尔、利科等人的发展历程，此为解释学的第一种路向。与此同时，解释学内部有一流派坚守传统的浪漫主义解释学，认为解释学只经历了"从局部解释学到一般解释学"的演进，即从施莱尔马赫到狄尔泰，再到浪漫主义解释学的后学，如贝蒂、赫施等人，此为解释学的第二种路向。除此之外，我们在犹太解经传统中发现了一种解释学的独特形式，现代犹太哲人施特劳斯正是从犹太解经理论中发展出了他的"隐微解释学"，此为解释学的第三种路向。同时，犹太解经传统的三位代表性人物的解经理论在很大程度上展现了当代解释学的三种路向。由此，我们以犹太解经理论切入当代解释学诸理论，以展现施特劳斯隐微解释学的独特意义。

一、犹太解经学的三种范式

一般而言，西方文化有两重根，即希腊哲学与圣经。自犹太—基督教诞生以来，每一位敏锐的思想家都会强烈地感受到哲学与圣经、理性与启示的二元冲突，而犹太教作为一种民族性宗教，以其无可怀疑和必须持守的律法普遍性地规定了每一个犹太人的思想和行为。因此，犹太哲人尤其强烈地感受到这种二元冲突，甚至"犹太哲人"这一语词本身就是这种二元冲突的悖谬性体现：作为哲人，其根本的原则在于坚守理性，并且仅仅坚守理性，一切与理性相违背的东西，如宗教启示、神迹等，都是荒谬的；作为犹太人，作为犹太教徒，其首要的原则在于对上帝的"信"，即相信不为理性所理解的启示、神迹必然体现着超理性的上帝的某种意图。如此，"犹太哲人"这一语词本身就蕴含着"超理性的理性"或"理性的超理性"这样悖谬性的意义。而犹太哲人所面临的最重大问题在于如何处理哲学与犹太教、理性与

* 李永刚，长江大学副教授。

圣经的关系,也就是《圣经》解释的问题,而解释学的基本问题也就展现在《圣经》解释的传统之中。

作为12世纪的犹太哲人,迈蒙尼德认为犹太教与哲学、圣经与理性具有内在的一致性,其根据在于"用科学替代神话是一种犹太教的必然性;犹太人对科学有一种义务。迈蒙尼德把认识上帝的要求视为这种义务,把认识上帝理解为科学的认识"[①]。但犹太教义和《圣经》明显地具有非理性的因素,这就要求迈蒙尼德将整个《圣经》区分为真正的教诲与神话形式,即《圣经》的内在含义与字面含义,"这种理解预设,圣经教师自己是拥有科学的,但出自某种理由和为了某种目的,他们用形象的形式来表述科学。因此,圣经教师们,尤其先知们,必须也是哲人,当然不仅仅是哲人,因为他们除了有哲学洞识之外,也有力量去形象性地、明白易懂地、有效地展示这种洞识"[②]。也就是说,《圣经》的神话形式,如启示、神迹等,就其字面含义而言,明显是违背理性的;但就其内在含义而言,则是合乎理性的,这证明经文作者即圣经教师、先知,也是哲人。同时,《圣经》的神话形式是经文作者为了向普通民众宣教而特意采用的形象化的展示手段,因此有其存在的必要性。面对具有双重含义的《圣经》,解经者必然要采用"寓意解经"的方式,它要求解经者特别注意经文作者写某一段经文时的主观意图,即这段经文显然与理性、大众经验相违背,但不知他出于什么意图而仍然这样写,如果解经者理解经文作者彼时彼地的主观意图,那也就真正理解了经文。因此,"寓意解经"的根本原则就是"像作者自己理解自己那样理解作者"。同时,它要求解经者也必须是哲人,因为只有哲人才能理解经文的内在含义,但这种理解并不仅仅是理解而已,还是一种向经文作者学习的过程,这在一定程度上暗示着圣经高于哲学。因此,对迈蒙尼德来说,哲学与犹太教需要而且必然融合,因为"哲学需要犹太教"[③],这是迈蒙尼德不同于此后的斯宾诺莎和柯亨的独特之处。

作为深具近代科学精神与历史意识的犹太哲人,斯宾诺莎明确拒斥了迈蒙尼德的"寓意解经",认为这种解经方式为了使圣经与哲学一致而任意地曲解,甚至"强暴"了《圣经》文本,"如果理智使他(迈蒙尼德)深信世界是无始无终的,他就会毫不迟疑把《圣经》里的话加以曲解,使那些话看起来是作这种解释。他一定会深信《圣经》确是意在这样说,虽然《圣经》中处处分明否认世界是无始无终的"[④]。在斯宾诺莎看来,要真正理解《圣经》,必须坚持两条原则:首先,必须以科学的、理性的方式解释《圣经》,"解释《圣经》的方法与解释自然的方法没有大的差异。事实上差不多是一样的。因为解释自然在于解释自然的来历,且从此根据某些不变的公

---

① [美]施特劳斯:《犹太哲人与启蒙——施特劳斯讲演与论文集》卷一,张缨等译,华夏出版社2010年版,第125页。

② [美]施特劳斯:《犹太哲人与启蒙——施特劳斯讲演与论文集》卷一,张缨等译,华夏出版社2010年版,第125～126页。

③ 刘小枫:《施特劳斯的路标》,华夏出版社2013年版,第196页。

④ [荷]斯宾诺莎:《神学政治论》,温锡增译,商务印书馆1963年版,第124～125页。

理以推出自然现象的释义来。所以解释《圣经》第一步要把《圣经》仔细研究一番，然后根据其中根本的原理以推出适当的结论来，作为作者的原意"①。也就是说，《圣经》作为人的作品，并没有什么神圣的来源，因此解经只能求之于人的理性，只能求之于《圣经》文本本身；其次，必须以历史的方式解释《圣经》。既然《圣经》是人的作品，那么要理解《圣经》就必须了解其历史，既包括《圣经》各卷语言的性质和特质、历史遭遇等，又包括各卷作者的生平与个性、历史境域等。通过这种语文学—历史学的考证，经文文本的意义，即经文作者的原意也就呈现出来了，解经的任务也就完成了，此种解经方式被称为"历史—考据的解经"。与迈蒙尼德的"寓意解经"相比，斯宾诺莎同样坚持解经的根本目的在于理解经文作者的原意，而且是"像作者自己理解自己那样理解作者"，但他否弃了经文的双重含义，认为经文只有一重含义，即文本的字面含义，也就是经文作者的原意。在这两种解经方式背后隐含着两位犹太哲人对哲学与圣经关系的不同理解：古代的迈蒙尼德从犹太教信仰出发来协调、融合哲学与圣经，暗示圣经高于哲学、圣经教师和先知高于哲人；与此不同，近代的斯宾诺莎以理性为根据来批判《圣经》，暗示圣经教师和先知并不高于哲人，甚至可以说，先知并不真正具备哲学洞识。正如施特劳斯所言："出于对《圣经》深奥的非科学性的洞识，斯宾诺莎得出的结论是，科学和哲学为一方，《圣经》为另一方，彼此根本不相干，属于完全不同的世界：科学是少数智者的事情，《圣经》面向的是大众。《圣经》受到指责，乃是因为圣经教师自己理解自己的方式与科学的洞识相矛盾。"②

作为新康德主义马堡学派的创始人，现代犹太哲人柯亨批判地继承和改造了迈蒙尼德与斯宾诺莎的解经原则："柯亨含蓄地吸取了近代对寓意解经的一般批评，尤其吸取了斯宾诺莎对迈蒙尼德的寓意解经的批评：他承认，不是寓意解经，而是历史—考据的解经像作者自己理解自己那样理解作者。但根据这种承认，并在由此划定的界限内，柯亨拥护寓意解经的原则。"③这表明：第一，柯亨与迈蒙尼德坚持同样的立场，即哲学与犹太教的融合、一致，但作为现代启蒙的结果，柯亨明显地将理性看作决定性的因素，因此哲学与犹太教融合的根据在于"犹太教需要哲学"④，这是与迈蒙尼德根本不同的。第二，柯亨肯定了斯宾诺莎对"寓意解经"的批判，认为寓意解经侵犯了经文本身，并不能真正做到"像作者自己理解自己那样理解作者"，相对而言，"历史—考据的解经"更能做到这一点，但斯宾诺莎的根本失误在于否弃了经文的双重含义。在柯亨看来，经文确有双重含义，即经文的字面含义与内在含义，但这种"内在含义"不是像迈蒙尼德所认为的那样是经文作者的原

① ［荷］斯宾诺莎：《神学政治论》，温锡增译，商务印书馆1963年版，第108页。

② ［美］施特劳斯：《犹太哲人与启蒙——施特劳斯讲演与论文集》卷一，张缨等译，华夏出版社2010年版，第126页。

③ ［美］施特劳斯：《犹太哲人与启蒙——施特劳斯讲演与论文集》卷一，张缨等译，华夏出版社2010年版，第126～127页。

④ 刘小枫：《施特劳斯的路标》，华夏出版社2013年版，第196页。

意,而是解经者因其自身与经文作者的距离而带来的优越性所赋予的含义,这是现代启蒙的进步观与浪漫主义所带来的新洞识。由此,解经的原则就不再是“像作者自己理解自己那样理解作者”,而是“比作者自己理解自己更好地理解作者”,即“更好的理解”,此之为“观念化的解经”。第三,就三种解经观而言,“观念化的解经”无疑更接近“寓意解经”,但与“历史—考据的解经”差距甚大,正如施特劳斯所言:“对《圣经》的观念化解经履行的是与迈蒙尼德的寓意解经同样的功能:以骨子里认同《圣经》的真正含义的方式让《圣经》摆脱神话。观念化的解经以更具反思的形式在重复寓意解经。”①但这种“重复”并不是单纯意义上的“回归”,此处的“更具反思的形式”就表明“观念化的解经”是现代启蒙的结果,这与迈蒙尼德的前现代启蒙的思想是截然不同的。

迈蒙尼德的“寓意解经”、斯宾诺莎的“历史—考据的解经”和柯亨的“观念化的解经”分别代表古代、近代与现代的犹太哲人对犹太教与哲学、圣经与理性关系的三种理解。从表面上看,三者符合黑格尔意义上的否定之否定的辩证发展规律,但在施特劳斯看来,这并不是一种进步的历程,而是立足各自所处时代精神而理解犹太教与哲学、圣经与理性关系的结果,更类似于库恩意义上的三种“解经的范式”。

二、施特劳斯的“隐微解释学”

现代犹太哲人施特劳斯同样面临着如何理解哲学与圣经、理性与启示的关系问题,但与迈蒙尼德坚持二者的一致而暗含后者高于前者、斯宾诺莎坚持二者的截然对立、柯亨坚持二者的一致而暗含前者高于后者的观点不同,施特劳斯明确地将希腊哲学与圣经看作西方文化的两重根,它们同等地构成了整个西方文化的“整全的真理本身”:“西方人成为现在的样子并是其所是,乃通过将《圣经》信仰和希腊思想融合为一。要了解我们自己,要照亮我们通往未来、渺无人迹的道路,必须了解耶路撒冷与雅典。”②对于施特劳斯来说,要真正克服哲学与圣经的二元对立,就必须破除近代以来成为“常识”的狭隘的科学观念和现代启蒙理性;而回归古人:首先应回归的是迈蒙尼德,更为本源地是应回归到苏格拉底和柏拉图,也就是说,以柏拉图式的理性来观照哲学与圣经、理性与启示的关系,二者的融合一致是完全可能的,“犹太哲人”也完全是合乎理性的。

就犹太解经学传统而言,施特劳斯认为我们应回归的古人就是迈蒙尼德。但现代研究者,甚至是斯宾诺莎、柯亨等犹太哲人真正理解迈蒙尼德吗?施特劳斯认为,无论是现代研究者,还是斯宾诺莎,甚或柯亨,只要“今人”仍然以现代启蒙精神

① [美]施特劳斯:《犹太哲人与启蒙——施特劳斯讲演与论文集》卷一,张缨等译,华夏出版社2010年版,第128页。

② [美]施特劳斯:《犹太哲人与启蒙——施特劳斯讲演与论文集》卷一,张缨等译,华夏出版社2012年版,第196页。

为主导，就不可能真正理解作为古人的迈蒙尼德。因为现代启蒙精神含着一种进步观念，即认为人类思想史是一种进步的历程，所以今人的哲学思想要比古人更高明，或者说更接近真理本身。以这种进步观为根据，解经者在解读前人思想时，必然带有一种漫不经心之感，因为既然人类思想已经进步了，我们后人已经超越了前人，那么前人的思想就更多地作为后人思想的原材料而仅具有历史意义，也就不值得过多关注。但施特劳斯明确反对这种进步观，他认为“我们在反观过去时就会看到，思想在某个方向上所取得的每一进步，都是以在别的方向上的退步为代价的；思想上的进步克服了某一固有的局限之时，原先一些重要的洞见总是被忘怀了，这就是那一进步所带来的结果。这样，总起来看，就没有什么进步可言，有的只是从一种类型的局限到另一类型的局限的变化”①。因此，我们今人不仅应认真对待古人的思想，向古人学习，真正理解古人，而且要做到“像古人自己理解自己那样理解古人”，这就是迈蒙尼德的“寓意解经”力图达到的目标。同时，从类似于“寓意解经”所主张的经文文本的双重含义论中，施特劳斯也发现了一种双重写作的技艺，即对不同的读者采用不同的写作手法。对普通大众采用“显白写作”，即教导与社会主流意见或国家意识形态相符合的“真理”，此之为文本的“显白含义”；针对少数人，也就是作者假定的有能力发现并有勇气接受其真正教诲的哲人，作者采用“隐微写作”，即教导作者本人真正认之为真的真理，此之为文本的“隐微含义”。正是文本的双重含义和“像作者自己理解自己那样理解作者”这两条基本原则，构成了施特劳斯的“隐微解释学”，而这无疑更接近迈蒙尼德的解经学。

发端于犹太解经学传统的“隐微解释学”要成为一种普遍的解释学，需满足以下两点：第一，经典文本的双重含义是普遍存在的。施特劳斯认为，在人类历史上，言论不自由与政治迫害是屡见不鲜的，从西班牙宗教裁判所的火刑架到温和的社会排斥或孤立，处处表明作为社会之一员，个人并不能随意发表言论，特别是发表与社会主流价值或国家意识形态不一致的言论。但真正具有独立思考精神的少数人，在不认同社会主流价值或国家意识形态的情况下，并不想沉默，因为他的沉默很可能被后人误认为他赞同或默认了社会主流价值或国家意识形态，所以他必然要将自己的观点表达出来，但又要巧妙地避免遭到迫害，由此便催生了一种双重写作的技艺。“这种写作方式使他们能够把自己视为真理的东西透露给少数人，而又不危及多数人对社会所依赖的各种意见所承担的绝对义务。这些哲人或科学家将区分作为真实教诲的隐微教诲与有益于社会的显白教诲；显白教诲意味着每个读者均能轻松地理解，而隐微教诲只透露给那些小心谨慎且训练有素的读者——他们要经过长期且专注的学习之后才能领会。”②施特劳斯及其后学通过对经典文本的深入解读，证明了柏拉图、亚里士多德、色诺芬、阿尔法拉比、迈蒙尼德、马基雅维利、莱辛等经典作家都采用了“显白—隐微”的双重写作技艺。但有人会质疑，既然

① ［美］施特劳斯：《自然权利与历史》，彭刚译，三联书店2006年版，第22页。

② ［美］施特劳斯：《什么是政治哲学》，李世祥等译，华夏出版社2014年版，第215～216页。

是言论不自由与政治迫害导致了双重写作技艺和文本的双重含义,那么在现代民主社会中这种技艺是否仍然有存在的必要性?施特劳斯认为,言论不自由与政治迫害仅是双重写作技艺得以产生的直接原因,而其更根本的原因在于哲学与政治的二元对立。古希腊哲人巴门尼德区分了真理之路与意见之路,对于哲人而言,其根本使命在于求真与爱智,而这种求真与爱智必然会对社会习俗或大众信仰,也就是所谓的大众“意见”,产生破坏性的作用,而大众“意见”对于巩固社会和政治共同体起着重大作用,这样就产生了哲学与政治的二元对立。“哲学或科学,作为人的最高级活动,试图用关于‘万物’的知识取代关于‘万物’的意见;但意见是社会的基本要素;因此,哲学或科学的努力就会瓦解社会所赖以生存的基本要素,于是便危及了社会。”①人,作为一种社会性的动物,必然要生活在某一政治共同体之中,即便是哲人也不能真正做到离群索居,正是人的这一自然本性决定了哲人也必然要尊重大众“意见”。但尊重意见并不等于将意见当作正确的而加以接受,这就决定了敏锐的哲人在哲学与政治的二元对立中必然会采用双重写作技艺,其经典文本也就必然具有“显白—隐微”的双重含义。虽然莱辛之后的现代哲人遗忘了这一双重写作技艺,但并不证明其在现代社会没有了存在的必要性。

第二,“像作者自己理解自己那样理解作者”这一文本解读目标是可以实现的。不可否认的是,要实现这一文本解读的目标,其困难性是不言而喻的,尤其是在解读与我们生活在完全不同的世界的经典作家的文本之时。但施特劳斯以其自身文本解读的实践证明了这一目标是可以实现的,而要做到这一点,至少应遵循以下原则:首先,读者应破除进步主义的迷梦,以真诚的学习态度对待过去的文本,“要想严肃对待一个严肃教诲,必须乐意认为它可能纯粹真实。所以,如欲对中古哲学有一个恰当理解,我们必须乐意认为中古哲学可能纯粹真实,说得更明白些即认为中古哲学在最重要的方面高于我们从任何当代哲人那里所能学到的一切。我们要想理解中古哲学,并非仅仅需要准备了解有关中古哲人的皮毛,而是需要准备从学于他们”②。这构成了施特劳斯所谓真正理解的前提。其次,施特劳斯所谓的真正理解就是历史地理解,也就是说,不是从我们“今人”的视域,而是从过去作者的“古人”的视域来理解过去的作者。施特劳斯认为,无论进步主义还是历史主义,它们所遵循的解释原则都是非历史的,因为它们本质上都是站在今人的视域理解古人,如柯亨对迈蒙尼德的理解就是一种典型的非历史的理解,因为“柯亨总是将迈蒙尼德的论述并不诉诸迈蒙尼德的参照标准,而是诉诸他自己的参照标准;他不是以迈蒙尼德的视域,而是以他自己的视域来理解这些论述”③。所以其“观念化的解经”所遵循的“更好的理解”的解释原则同样是非历史的。最后,对于作为现代启蒙的结果的现代人而言,要想历史地理解古人是十分困难的,因为现代思想的种种偏见

① [美]施特劳斯:《什么是政治哲学》,李世祥等译,华夏出版社2014年版,第215页。
② [美]施特劳斯:《古典政治理性主义的重生》,郭振华等译,华夏出版社2017年版,第279页。
③ [美]施特劳斯:《古典政治理性主义的重生》,郭振华等译,华夏出版社2017年版,第276页。

禁锢或限制了我们的“眼力”，所以需要“引路人”的指引，正如施特劳斯以斯宾诺莎与迈蒙尼德的对照性研究为例证的那样：“通过考察迈蒙尼德的什么论题为斯宾诺莎所误解或未为其充分理解，人们便能够抓住现代特有的某些偏见；这些偏见在一开始便阻碍我们对迈蒙尼德的理解，而且它们对我们的阻碍绝不少于对斯宾诺莎的阻碍。”①施特劳斯本人的哲思就是由柯亨而引向迈蒙尼德，再由迈蒙尼德和阿尔法拉比而引向柏拉图，而且他的不少著作都是以与历史顺序相反的“倒序”的方式写成的，这种“倒序”就是这种指引作用的体现。当然，在具体的文本解读实践中，读者除应遵循这些基本原则外，更重要的是应审慎地运用诸种解释方法或技巧，以最大限度地破解文本作者的原意。

从迈蒙尼德到柯亨的犹太哲人关注的核心问题是哲学与犹太教、理性与圣经的关系问题，因此他们的解经学是一种特殊门类的解释学，即关于《圣经》的解释学。但成长于犹太解经学传统的施特劳斯却将关注的核心问题改造为哲学与政治的关系问题，这是自苏格拉底以来所有敏锐的哲人都不得不面对的问题。由此，“隐微解释学”也就具有普遍的适用性，成为与伽达默尔的哲学解释学、贝蒂—赫施的方法论解释学并驾齐驱的当代三大解释学理论。

三、当代解释学的三种路向

施特劳斯的“隐微解释学”可看作迈蒙尼德“寓意解经”的一种现代形式。浪漫主义解释学与柯亨的“观念化解经”根源于共同的思想背景，即近代的浪漫主义和进步主义观念，可以说，柯亨的“观念化解经”是浪漫主义解释学在《圣经》解释中的特殊应用。伽达默尔的哲学解释学则与斯宾诺莎“历史—考据的解经”共同奠基于历史主义原则，尽管二者有着根本的区别，但在一定程度上说，哲学解释学是斯宾诺莎“历史—考据的解经”的一种精致化的现代形式。由此，我们可以对照三位犹太哲人的《圣经》解释观来理解当代解释学的三种路向。

柯亨的“观念化解经”可归结为两点，即《圣经》文本的双重含义和“更好的理解”原则。对于这两点，浪漫主义解释学同样奉为圭臬。近代的浪漫主义解释学家（施莱尔马赫、狄尔泰等）将理解的对象定位于文本作者的个性和精神，文本被视为作者的生命的外在表达。因而，从施莱尔马赫所称的“语法的解释”这一层面而言，文本作者的原意就是文本的内在含义，理解就是与文本作者处于同一层次而历史地理解作者，这在一定程度上坚守了“像作者自己理解自己那样理解作者”的解释原则。但更具浪漫主义特质的是施莱尔马赫所称的“心理的或技术的解释”，它将天才说美学应用于解释学，认为作者的创造活动在很大程度上是无意识的，而读者的理解与解释则是一种有意识的、反思性的再创造，读者因理解了作者所无意识的东西而实现了“更好的理解”。就此而言，文本具有双重的含义，即作者的原意和读

① ［美］施特劳斯：《古典政治理性主义的重生》，郭振华等译，华夏出版社2017年版，第287页。

者的创造性理解。但作者并不能完全理解自己，读者因具有历史进步所带来的优势而能够“比作者理解自己更好地理解作者”。浪漫主义解释学的后学，如贝蒂、赫施等人，明确地认为文本具有双重含义，即文本的“意义”与“意蕴”。文本的意义就是文本作者的原意，它处于文本的语词之中，独立于读者的解释而客观存在，而文本的意蕴则是文本的意义在不同境域中的呈现，是相应于读者而存在的，因此理解与解释的对象必然是文本的意义。此外，他们还提出了一整套确保正确地理解文本的意义的方法论规则。这就在很大程度上退回到了施莱尔马赫的“语法的解释”，但就其根本的浪漫主义——进步主义立场而言，“更好的理解”仍是他们所追求的最终目标。施特劳斯认为，柯亨的“观念化解经”的优势在于“无须与古人决裂而批评古人”，浪漫主义解释学及其后学同样具有这一优势，而造成这一优势的根源在于其所坚持的进步主义信念，即正因为人类思想史是一条进步的河流，古人的思想必然作为原材料而蕴含于后人思想之中，我们今人的思想就蕴含着古人的思想，所以我们理解古人时就无须与古人决裂。但施特劳斯认为，恰恰是这种进步主义的信念导致了今人在理解古人思想时的漫不经心，不将其看作真正值得认真对待的思想而与古人失之交臂。由此，浪漫主义解释学及其后学所主张的“更好的理解”是无法真正实现的，只不过是一种今人的自负而已。

从共同奠基于历史主义原则的角度来说，伽达默尔的哲学解释学无疑更接近斯宾诺莎的解经原则。斯宾诺莎主张，应该历史地理解《圣经》，也就是将《圣经》各卷放置在其本身的历史境域之中，解经者通过与经文各卷的作者处于同一层面而历史地理解经文作者写作的原意。伽达默尔从人类生存本身的时间性、历史性出发，认为作为人的一种存在方式，理解也必然是历史性的。但伽达默尔所谓的“历史性”是双重的，既包含文本存在的历史性，又包含读者自身的历史性，因此斯宾诺莎等古典历史主义者所说的“历史的理解”在伽达默尔看来本身就是非历史的，因为他们否弃了读者自身的历史性。如此，真正的“历史的理解”并不是与文本作者置于同一层次的活动，而是一种视域融合的过程，也就是读者带着自身的前见或视域与文本遭遇，而文本作为完成了的文字组合当然是固定的，但其所可能具有的意义并不是固定的、自在的，而是读者与文本视域融合的结果，也就是读者与文本之间意义建构的结果，因而它在不同的历史境域中必然有不同的呈现。面对同一文本，不同历史境域的读者必然会有不同的理解。在此意义上，对于不同境域的读者来说，文本作者对自己文本的理解并不具有特殊的优势，“文本的意义超越它的作者，这并不只是暂时的，而是永远如此的。因此，理解就不只是一种复制的行为，而始终是一种创造性的行为”①。这种“创造性的理解”具有浪漫主义解释学和柯亨所谓的“更好的理解”的意味，但这种意义上的“更好”是相对于作者的自我理解而言的，而伽达默尔则将理解与解释的对象明确定位于文本的真理内容，立足于海德格尔“揭蔽—遮蔽”意义上的真理观，每一次的文本解读都是一种揭蔽与遮蔽共存

① [德]伽达默尔:《诠释学Ⅰ:真理与方法》，洪汉鼎译，商务印书馆2010年版，第419～420页。

的过程，无所谓“更好”与否，而是立足于不同历史境域的“不同的理解”。由此，可以明见伽达默尔与斯宾诺莎解释原则的根本差异：两人共同奠基于历史主义的原则，但斯宾诺莎尊奉的是古典历史主义，伽达默尔尊奉的则是海德格尔彻底化了的“第二等级的历史主义”；两人共同坚守文本含义的一重性，但斯宾诺莎所指的是文本作者的原意，而伽达默尔所指的是文本的真理内容，由此导致斯宾诺莎尊奉“像作者自己理解自己那样理解作者”的解经原则，而伽达默尔尊奉“不同的理解”的原则。

施特劳斯认为，迈蒙尼德与柯亨的解经原则因认可经文的双重含义而可以实现“无须与古人决裂而批评古人”。言下之意，斯宾诺莎的“历史—考据的解经”不承认经文的双重含义而认为经文只有一重含义，即经文的字面含义，那么要批判古人就得与古人决裂。这一批评同样适用于伽达默尔，由于伽达默尔否弃了文本作者的原意而将文本的意义理解为读者与文本视域融合或意义建构的结果，因而这一批评就更加切中伽达默尔。正如施特劳斯所言：“我们之间的根本区别：la querelle des anciens et des modernes［古代人与现代人之争］，在这争论中，我们站在不同的一边；我们诠释学观点的区别只是这根本区别的一个后果。”[①]在施特劳斯看来，我们“现代人”在理解古人时，必然会带有我们现代文化的前见，但关键的是，读者自身要有自我反思和批判精神，要能够认识到现代文化本身的不足。正如施特劳斯以中古哲学的研习者为例所表明的那样：“中古哲学的研习者是一个现代人。不管他是否清楚这一点，他都处于现代哲学的影响之下。恰恰是这个影响，使得真正理解中古哲学变得十分困难，而且甚至变得一开始就不可能。正是现代哲学对这位中古哲学研习者所施加的影响，使得对中古哲学的一种非历史阐释一开始就不可避免。因此，要理解中古哲学，便要在某种意义上从现代哲学的影响中解放出来。而且，若不认真、持续、严厉地反思现代哲学的特定品性，这种解放便没有可能。”[②]与此相反，伽达默尔的哲学解释学突出前见、时间距离、视域融合等在理解中的积极作用，而使“从现代哲学的影响中解放出来”不可能成为可能，这就必然导致我们会将古人当作现代人而加以理解，从而错失真正理解古人的可能性。同时，伽达默尔的哲学解释学认为，理解文本作者的原意仅具有次要的意义，是在文本的正常理解循环无法进行下去时才应当考虑的一个补救性措施。而这在施特劳斯看来，就是放弃了评判各种理解正确与否的唯一的客观标准，必然会陷入相对主义的泥潭。

针对施特劳斯的批评，伽达默尔有所回应，并直指其隐微解释学可能面临的根本困境，即文本的隐微意义是否就是文本作者的原意？对于这一问题，从实践的角度而言，它是无法确认的；从理论的角度而言，它预设了一个前提，即作者能够完全

---

① ［美］施特劳斯：《回归古典政治哲学——施特劳斯通信集》，朱雁冰、何鸿藻译，华夏出版社2017年版，第419页。

② ［美］施特劳斯：《古典政治理性主义的重生》，郭振华等译，华夏出版社2017年版，第285～286页。

理解他的文本,假如作者不能完全理解他的文本,那读者又如何能确定他自己是否准确理解了文本呢?但伽达默尔认为这种预设是成问题的,正如他所言:"他(施特劳斯)似乎认为我们有可能理解并非我们所理解的东西而是他人所理解的东西,并且仅仅像这位他人所理解的那样进行理解。他也似乎认为,如果有人说了某些东西,则他'自己'就必然地和适当地理解了。我认为这两者是不相容的。"[①]在伽达默尔看来,这两点都是不成立的,施特劳斯无视了文本可能具有的超越作者的意义,也否认了读者阅读文本的创造性,更低估了理解与解释的难度。

四、结 语

概而言之,我们可以对照犹太解经学的三种代表性的《圣经》解释观来理解当代解释学理论的三种路向。首先是迈蒙尼德—施特劳斯路向,他们共同坚守文本的双重含义,即字面含义和内在含义(或隐微意义),并将后者看作文本作者的原意,也就是解释学的根本对象,由此他们尊奉"像作者自己理解自己那样理解作者"的解释原则。其次是斯宾诺莎—伽达默尔路向,他们共同坚守文本含义的一重性,斯宾诺莎将其理解为经文作者的原意,因坚守历史主义的原则而尊奉"像作者自己理解自己那样理解作者"的解释原则,伽达默尔则将文本的一重含义理解为文本的真理内容,由人类存在本身的历史性而尊奉"不同的理解"原则。最后是浪漫主义解释学及其后学——柯亨路向,他们共同坚守文本的双重含义,将作者原意看作解释学的根本对象,由其浪漫主义倾向而尊奉"更好的理解"原则。在当代解释学理论内部的争论中,各种路向之间展开了相互的批评与反批评,它们各自的理论优势与可能困境也在一定程度上得以展现出来,但很难说有哪一种解释学理论被驳倒。也就是说,三种路向的解释学理论各有其存在的理论根据与必要性,而施特劳斯的"隐微解释学"这一未被解释学界给予足够重视的解释学理论值得特别关注。

① [德]伽达默尔:《诠释学Ⅱ:真理与方法》,洪汉鼎译,商务印书馆2010年版,第526～527页。

摩西律法和以色列人的国王*

濮荣健**

犹太教相信:耶和华神与亚伯拉罕立约,以割礼作为神的选民身体上的记号(创世记17:9-14)。① 亚伯拉罕的孙子雅各后被耶和华改名为以色列(创世记32:28),而由他十二个儿子的后裔所形成的十二支派,则成为以色列人(后也被称为"犹太人"),后定居埃及。摩西率以色列人出埃及,在西奈山领受神的律法,使以色列人成为古代道德标准最高的民族。以色列人因摩西律法而开创了犹太教,其律法由道德和习俗规范、民法和刑法融合在一起,核心是十诫(出埃及记20:1-17),触犯十诫就是大罪、重罪。作为神的选民,虽然以色列人是最早有"人类"概念的民族,但他们却强调自己与其他民族不同。以色列人是游牧民族,按支派定居迦南后才开始从事农业等行业,祭司所属的利未人分散在其他支派中,摩西律法中的很多规条针对的就是这样的生活方式。罗马帝国名义上基督教化后,希腊人、拉丁人对摩西律法所涉及的民俗规条不会有兴趣。尽管基督教也接纳犹太教所信的旧约圣经为神的启示,但对于犹太教,神的律法永不改变。拉丁教父奥古斯丁深受柏拉图哲学的影响,认为神永不改变。② 关于神不改变,犹太教将其直接联系到摩西律法,而基督教只认不改变的神本身(雅各书1:17),这就比犹太教抽象。摩西律法默认男尊女卑,也没有废除当时普遍的奴隶制和多妻制,尽管禁止终生的奴隶制(出埃及记21:1),但也并不是一个完美的法律。它有平等的观念,不论男女、自由的还是为奴的,都要守安息日(出埃及记20:8-11)。因为按犹太教,神也守安息(创世记2:2)。对于犹太教,律法的总纲是爱神(申命记6:5),具体而言就是要遵守律法里的诫命。开始时,以色列人还没有王,所以摩西律法不是王法,当时的人更没有宪法的概念。早在亚伯拉罕的时代,迦南和埃及就有国王,迦南南部王的名称是亚比

* 本文是国家社科基金一般项目"奥古斯丁思想与普罗提诺《九章集》的关系研究"(17BZJ024)的成果之一。

** 濮荣健,哲学博士,山东大学犹太教与跨宗教研究中心/哲学与社会发展学院讲师。

① 本文直接附上所引用的或参照的《圣经》书卷经文所在的章节号,具体的人物年代参照 *the NIV Bible*。

② Augustine, *On the Trinity* (*Books* 8-15), translated by Stephen McKenna, London: Cambridge University Press, 2002, p. 174.

米勒(创世记 20:2),埃及王的名称是法老(创世记 12:15)。

一、律法的解释权

在没有律法的族长时代,以色列人的规矩和处罚条例由家长订,如雅各(创世记 31:31 - 32)、犹大(创世记 38:24)。西缅、利未杀示剑人,父亲雅各也没有处罚他们(创世记 34:30 - 31)。律法让以色列人知道什么是具体的罪。违背律法最严重的结果是死刑,然后是放逐、经济赔偿、体罚。律法却没有关于牢房或判刑的规条。会被判死刑的罪是亵渎神、拜偶像、谋杀、乱伦等。相比古巴比伦的汉谟拉比法典,摩西律法对生命尊重很多,如人不会因经济犯罪而被处死、祭司和贵族没有优待。① 领受律法后,以色列人首先要在西奈旷野遵守。当时,律法的最高解释权在于摩西,因他是以色列人的领袖。摩西四十岁时因仗义而打死埃及监工,后逃到米甸旷野,被耶和华神呼召牧羊到八十岁。这说明在埃及杀人也是要判死刑的,因而摩西才会逃亡(出埃及记 2:15)。在旷野,摩西按岳父的劝告下放了权利,自己裁决大是非,小事则由千夫长、百夫长等处理(出埃及记 18:24 - 25)。摩西曾按神的吩咐下令处死干犯安息日的人(民数记 15:35 - 36)、部分米甸战俘(民数记 31:17)。那时,以色列人还没有形成村庄、城邑。在迦南定居后的士师时期,村庄的案件由本地的长老和族长在城门口断,疑难的案件则到分祭坛找祭司断。② 实际上,士师时期以色列不同支派间有过纠纷,一犹大支派女子是利未人的妾,后被便雅悯支派的人轮奸致死,但因便雅悯支派包庇行凶的人而导致大规模的内战(士师记 20:12 - 48)。更晚的王国时期有了监狱,如先知耶利米(Jeremiah,前 627 ~前 586 工作)就坐过监(耶利米书 38:6)。

以色列的第一任王扫罗(Saul,前 1050 ~前 1010 在位)、第二任王大卫(David,前 1010 ~前 970 在位)都是由神选定的(撒母耳记 9:17,16:12)。当时以色列人的强敌是非利士人。过去的士师只能影响个别支派,而国王可以领导十二个支派与敌人作战。国王不仅是集权的统治者,而且是大法官,因他同时掌管了司法和行政的最高权力,不过他没有立法权(申命记 17:14 - 20)。国王的设立,无疑削弱了祭司的地位。扫罗通过审判,曾下令处死挪伯城的祭司(撒母耳记下 22:11 - 18)。律法规定以色列人只有通过祭司才能向神献祭,而祭司只能来自利未支派,但大卫(撒母耳记下 6:13,17 - 18)和所罗门(列王记上 3:15)都向神献过祭。大卫是犹大支派,却任命他的儿子为祭司(撒母耳记下 8:18)。

大卫直接下令处死谎称杀死扫罗的人(撒母耳记下 1:13 - 16)、杀害扫罗儿子伊施波设的人(撒母耳记下 4:5 - 12)。因当时是战争或内战时期,上述的审判还有

---

① Walther Eichrodt, *Theology of the Old Testament* (*Volume* I), translated by J. A. Baker, Philadelphia: The Westminster Press, 1961, pp. 77 - 79.

② Max E. Polley, *Amos and the Davidic Empire*, New York & Oxford: Oxford University Press, 1989, pp. 115 - 116.

军事法庭的性质。所罗门下令处死想当王的异母兄弟亚多尼雅（列王记上 2:23－25）、违规的示每（列王记上 2:36－46），还解除了大祭司亚比亚他的职位。所罗门认定亚多尼雅的罪时，只凭其母拔示巴一人的见证，这并不符合律法，因律法定罪至少需要两个人的见证（申命记 19:15）。

大卫的发妻是扫罗的女儿米甲，但米甲没有生育（撒母耳记下 6:23）。暗嫩是大卫的长子（撒母耳记下 3:2），正常情况下应该由他继承王位。暗嫩玷污了同父异母的妹妹他玛，触犯了律法（利未记 18:9），按理应被剪除。大卫却没有处罚暗嫩，王太子即未来的国王似乎也在律法之上。这最后导致他玛的亲哥哥押沙龙将暗嫩杀死，对王位有野心的押沙龙逃回耶路撒冷后，也没有受到大卫的处罚反而被赦免。后来押沙龙叛乱，在内战中被大卫的元帅约押杀死，尽管大卫事先并没有要求约押这样做（撒母耳记下 18:5）。

这样，以色列人尽管有律法，还要公正地断案、审判，但实际上并非如此。扫罗王下令处死帮助大卫逃亡的祭司及其亲属，这显然过于残暴，甚至扫罗的侍卫都不忍心下手，最后还是以东人多益执行了命令（撒母耳记下 22:17－19）。在王国分裂后，南国犹大以耶路撒冷为首都，主要有犹大和便雅悯两支派，国王都是大卫的后裔，也因有神的圣殿而具有正统地位；北国以色列是因背叛而形成的，定都撒马利亚，有十支派，但国王没有大卫的血脉。北国国王行的是在神看来都属于恶的事，不信耶和华；南国的国王则相对稍好一些。按律法，以色列人各支派分地居住后，审判和定罪是各城长老们的事（申命记 16:18）。犹大王约沙法（Jehoshaphat，前 872～前 848 在位）曾进行改革，在各驻防城设立法官，并要求利未人、祭司、族长住在耶路撒冷，要坚持公平审判（历代志下 19:4-11）。在北国，首领、祭司审判时会收受贿赂（弥迦书 3:9-11）。先知阿摩斯（Amos，前 760～前 750 活跃）呼吁：要恶恶好善，在城门口秉公行义（阿摩斯书 5:15）。当时，城门因出入的人多而成为审判、解决争讼的理想场所。最常见的社会道德腐败现象就是欺压穷人、收受贿赂、买卖不公平（阿摩斯书 8:5）、淫乱（阿摩斯书 2:6-8）、嫖娼（耶利米书 5:7），祭司也犯罪并希望以色列人多犯罪（何西阿书 4:7-8），首领为得到贿赂而审判（弥迦书 3:9-11）。

二、犯重罪的国王

在古代，很多民族都会神化他们的国王。王比神具体，王与以色列人的距离更近，只有以色列人知道耶和华才是他们真正的王，神有王性。① 在以色列人的理想世界中，国王是神的使者，能分辨善、恶（撒母耳记下 14:1-24）。国王应该能率兵打仗（撒母耳记下 11:1）。国王虽处在律法之上，但仍受制于神的公义。② 与当时强

---

① Solomon Schechter, *Aspects of Rabbinic Theology*, Woodstock: Jewish Lights Publishing, 1997, p. 219.

② Max E. Polley, *Amos & the Davidic Empire*, New York & Oxford: Oxford University Press, 1989, p. 119.

大的埃及人相比,以色列人不能神化自己的国王,因国王的权威来自先知,而先知很可能是国王的对立者、批评者。[1] 在众多国王中,本文选大卫和后来的北国以色列王亚哈(Ahab,前874～853在位)为例。虽然大卫是好王,亚哈是专门行恶的人,但他们都杀过人。

大卫信耶和华神,从未拜过偶像或异教的神。他率领以色列人打败了主要的敌人非利士人。拥有多位妻子的大卫与赫人乌利亚的妻子拔示巴淫乱,后使拔示巴怀孕。为了掩盖事实,大卫用阴谋使忠心的乌利亚死于战场。大卫触犯了"十诫"的第六、七、十条,即谋杀、奸淫、贪恋别人的妻,算是犯了重罪。淫乱是指发生婚前或婚外的性行为,但古代以色列人是可以多妻的,男子只有与已婚妇女发生性关系,才算是淫乱。[2] 淫乱可以被判死刑(申命记22:24),但要当场抓住淫乱的男女,并有两个以上的见证人(申命记19:15)。这样,大卫犯了死罪,但想判大卫死刑是不太可能的事情。首先,没有当场抓住;另外,没有人敢得罪身为国王的大卫,即使约押等人知情(撒母耳记下11:14－17)。

以色列人是神的选民,国王是由祭司膏抹而加冕的(撒母耳记上16:12－13)。国王应该敬畏耶和华,带头守律法。国王犯了重罪怎么办?律法实际上不能解决问题。大卫和拔示巴的孩子出生后,神才差遣先知拿但来干预。这时,大卫已经隐藏淫乱这一事实长达十个月,而大卫在全国仍然有很高的威望。谴责大卫是需要勇气和智慧的,拿单成功地使大卫承认自己犯了死罪,但又代表耶和华赦免了他的死罪。大卫受到的直接处罚是孩子在受割礼前一天死亡,无辜的孩子不能成为承受神约的对象(撒母耳记下12:1－18)。相比大卫,之前的扫罗王是在先知面前认罪但不悔改、反复无常,最后在与非利士人战败后自杀(撒母耳记下31:4)。

以色列王亚哈在撒马利亚给异教的神巴力建庙(列王纪上16:29－33),违背"十诫"的第一条。亚哈贪恋拿伯的葡萄园,按王后耶洗别的计谋,用表面合律法的审判杀害了无辜的拿伯,夺取了葡萄园(列王纪上21:1－16)。谋财害命是死罪。神差遣先知以利亚谴责亚哈,因亚哈自卑,他在世时神没有降祸于他全家(列王纪上21:27－29)。先知代表神,传神的话,但这些话对以色列人来说并不好听,比如,让他们认罪悔改,离弃偶像。有的先知甚至被杀害,如:犹大王约阿施(Joash,前835～前796做王)就下令用石头打死了先知撒迦利亚(历代志下24:20－21),亚哈的王后耶洗别杀害了神的许多先知(列王纪上18:4)。以色列于前722年被亚述人所灭。犹大国最后一任国王西底家(Zedekiah,前597～前586在位)是新巴比伦王所立的傀儡国王,西底家后来背叛巴比伦,被新巴比伦人俘虏,至此犹大国灭亡。

北国的国王从血脉上说没有正统性。第二任王拿答(Nadab,前909～前908在位)是第一任王耶罗波安(Jeroboam,前930～前909在位)的儿子,但第三任王巴沙

① Irving M. Zeitlin, *Ancient Judaism*, Cambridge: Polity Press, 1984, p. 176.

② Ken Stone, *Sex, Honor and Power in the Deuteronomistic History*, Sheffield: Sheffield Academic Press, 1996, p. 94.

（Baasha，前908～前886在位）是杀了国王拿答后篡位的。犹大国的太后亚她利雅（Athaliah，前841～前835在位）在她儿子亚哈谢（Ahaziah）国王死后，剿灭王室，只有王子约阿施幸免，后来他被藏在耶和华的圣殿中。亚她利雅在位六年（列王记下11:1－3），后来对耶和华忠心的祭司耶何耶大后膏立约阿施（Joash，前835～前796在位）为王，并处死了亚她利雅（列王记下11:12－16）。显然，亚她利雅犯了死罪，只有废除她的王位，才能对她执行死刑。

三、耶稣和律法

在耶稣时代，犹太人不再拜偶像，也没有自己的国家。作为罗马帝国的少数民族，犹太人在巴勒斯坦享有一定的自治权，但不能判自己的同胞死刑。犹太人的事务实际上由犹太教祭司阶层统治。[①] 犹太地的分封王大希律（Herod the Great，前37～前4在位）不是犹太人，而是以东人，[②]他生怕有为作犹太人王而出生的婴儿（马太福音2:2－3）。

耶稣是大卫的后裔，有君王的血脉（马太福音1:1）。耶稣外出传道，因能行神迹，众人曾想拥他为王（约翰福音6:35）。但耶稣拒绝，也不愿带领犹太人反对罗马帝国。在其十二门徒中，有奋锐党的西门（马太福音10:4），该党派就是反对罗马殖民统治的。因耶稣称他自己是安息日的主（马太福音12:9），故犹太人认为他想凌驾于律法之上，不遵守律法。犹太人控告耶稣干犯安息日，亵渎神，这些行为若按摩西律法应当处死（约翰福音19:7），但犹太人无权这样做。

耶稣来自巴勒斯坦的北方加利利，在耶路撒冷名气很大，这引起了犹太上层的法利赛人、撒都该人的嫉妒。大祭司想抓耶稣，但没有见过他，于是想借着审问先见见他。耶稣归希律管辖，而希律不定耶稣的罪（路加福音23:7－9）。该希律的王府不在耶路撒冷，而在加利利的提比里亚，他因犹太人的逾越节而到耶路撒冷来。[③]后来，耶稣被解压到罗马派驻巴勒斯坦的总督处，以叛乱罪被处以死刑。耶稣因犹大的出卖而被捕。耶稣被罗马巡抚定罪为“犹太人的王”，耶稣这时却承认（马太福音27:11），这样就相当于犯了颠覆罗马帝国政权的罪。犹太人认为他们的王是该撒（罗马皇帝），耶稣不是他们的王（约翰福音19:21）。这时已经没有拥戴耶稣做王的犹太人，连门徒也不见了，只有嘲笑耶稣的人。这样，耶稣是自己认了死罪。

耶稣的时代，犹太人已经有了一定的多元化，如撒都该人重视摩西五经，不信死人复活[④]，因律法没有讲到。人曾用一女先后嫁七兄弟的例子试探耶稣，企图否认复活（马太福音22:23－33）。普通的犹太人信死人在末世会复活（约翰福音

---

① Eusebius, *The History of the Church*, translated with an Introduction by G. A. Williamson, London: Penguin Books, 1988, p. 51.

② Kenneth Barker, *The NIV Study Bible*, Grand Rapids: Zondervan Bible Publisher, 1985, p. 1442.

③ Kenneth Barker, *The NIV Study Bible*, Grand Rapids: Zondervan Bible Publisher, 1985, p. 1585.

④ Kenneth Barker, *The NIV Study Bible*, Grand Rapids: Zondervan Bible Publisher, 1985, p. 1519.

11:24)。耶稣受难后按他的预言,三天后死里复活。这对固守犹太教的人来说是难以接受的,首先属灵的神怎么会有人性的儿子?人死后怎么这么快就能复活?难道他真是神的儿子?如果犹太人都信耶稣,那犹太教的上层如法利赛人、撒都该人就失去了地位,圣殿的祭司也没有了经济来源。

在使徒时代的教会,犹太基督徒有很大的影响,因耶稣的门徒都是犹太人。虽然犹太基督徒受到犹太教的迫害,但他们在外表上和风俗上还是很像犹太人。犹太教圣殿于公元70年被摧毁前,为了妥协,他们有的人仍然按摩西律法去圣殿为罪献祭。当圣殿被罗马人摧毁后,甚至犹太教都不可能按律法通过祭司为罪献祭了,也不能到圣殿去祷告了,靠行为不可能守全律法了。

按基督教,因耶稣所成就的救恩,犹太教走到了尽头,尽管罗马帝国承认犹太教,不承认基督教。虽不能到圣殿献祭,因为禁食使身体的脂肪和血液受到了损失,但犹太教认为禁食就相当于献祭。① 禁食本是为了专心向神祷告。按麦蒙尼德(Maimonides,1135～1204)的《迷途指津》,犹太人在每年的赎罪日要禁食。② 耶稣时代,严守律法的法利赛人每周禁食两次(路加福音18:12),耶稣在受试探前就曾禁食四十天(马太福音4:1)。基督徒不认为禁食相当于献祭,而是以赞美神为献祭(希伯来书13:15)。

律法让人知罪(罗马书3:20)。按基督教,耶稣用自己无罪的身体向神献祭,为世人的罪偿还了罪债,罪人不需要再按摩西律法去圣殿为罪献祭了。耶稣不是废除律法,而是成全(马太福音5:17)。没有人能守全律法,律法指向耶稣,因耶稣完成了律法的要求。犹太教视基督教为异端,因为做犹太人很难,基督教不愿守律法。因为要守具体的律法规条,犹太教就成为行为的宗教、更注重今生的宗教。按犹太教,虽然一个犹太人守不住律法,但全体犹太人可以守住律法。律法的规条有几种:一是无条件的,如"当孝敬父母"(出埃及记20:12)、"不可为自己雕刻偶像"(出埃及记20:4);二是有条件的,如"你若买希伯来人作奴仆,他必服侍你六年;第七年他可以自由,白白地出去"(出埃及记21:2)。孝敬父母是一个大原则,在不同的环境下具体该怎么做?摩西律法并没有明确说。如按中国传统,儿女要听父母的话,但如果父母的话是错的、违背律法规条的,儿女是否要顺从?这样,如何孝敬父母,不同的犹太教拉比的解释可能不同。

在圣殿没有被毁之前,保罗就教导哥林多人:基督徒的身体就是圣灵的殿(哥林多前书3:16)。对有犹太教背景的人来说,这是个革新,因犹太教信神的灵不会常驻在人身上。保罗曾是热衷摩西律法、迫害基督徒的犹太教徒(腓立比书3:5－6),但后来成为耶稣的使徒,先后三次旅行布道。圣殿被毁,犹太基督徒很可能认为这是犹太教徒的报应,因为他们杀害了耶稣(马太福音27:25)。此后,犹太教徒

① Solomon Schechter, *Aspects of Rabbinic Theology*, Woodstock: Jewish Lights Publishing,1997, p. 308.

② Mose Maimonides, *The Guide for the Perplexed*, translated from the original text by M. Friedlaner, New York: Dover Publishings, Inc. ,1956, p. 346.

不太可能像过去那样逼迫犹太基督徒，于是越来越多的基督徒没有犹太人血统。守律法让犹太人蒙福，这福是今生的。在耶稣时代，就有法利赛人认为摩西律法是发展的，而耶稣指责他们把人的遗传也上升到律法的高度（马可福音7:5－10）。耶稣把摩西律法总结为“爱神爱人”（马太福音22:37－40）。基督教认为律法的总结就是耶稣（罗马书10:4），罪人灵魂得救只需要信耶稣，不再需要在行为上持守安息日、男子割礼、吃洁净的食物等。

基督教信神的灵能重生悔改的罪人（约翰福音3:3－8），这些人现在绝大多数没有以色列人的血统，在日常风俗上没有摩西律法的概念。耶稣给门徒的新命令是彼此相爱（约翰福音15:12）。犹太教认为摩西律法的总纲是爱神，爱神就要遵守神的诫命（申命记6:5，25）。为了防止以色列人看不起外邦人，律法也提到了要爱与以色列人同居的外人（利未记19:33），但这不是十诫之一。耶稣在爱神后加上爱人，对律法的解释超越了犹太教。爱人是有差别的，首先要爱自己，爱自己的身体和灵魂，其次是爱他人。人间最亲密的关系是夫妻关系（创世记2:24），而不是父子、母子、兄弟等关系。按基督教，自己和他人都是亚当的后裔，生来有罪，爱人虽是爱有罪的人，但并不是爱罪，爱罪人的目的是让罪人的灵魂得救，而罪人只有信耶稣的福音才能灵魂得救（马太福音28:18－20）。

四、结　语

犹太教徒认为他们盼望的弥赛亚（救世主）与赎罪无关[①]，因此耶稣不是弥赛亚。耶稣让门徒要先爱他，而不是先爱自己的父母和儿女（马太福音10:37）。如果耶稣不是弥赛亚，那么他的话显然是反摩西律法的极端言论。犹太教希望的弥赛亚是类似大卫王这样的人物。1948年5月18日，在灭亡近2500年后，以色列终于在故土复国。之前，犹太人和阿拉伯人混居的巴勒斯坦是英国的托管地。以色列得以复国，是因1947年11月29日联合国关于巴勒斯坦分治的决议在投票中通过了。[②] 相比大卫王盛世时的以色列帝国版图，现在的以色列只有当时面积的四分之一，耶路撒冷的犹太教圣殿只存留了西墙。按犹太教：人定的法律可以更改，甚至国家的根本大法，即宪法都可以改变，而神的律法不可更改。按基督教，耶稣基督永不改变（希伯来书13:6），他就是当年让亚伯拉罕在律法以外称义的神（约翰福音8:56），没有摩西律法的非以色列人可以按良心律行出神在律法上的要求（罗马书2:14－15）。因基督徒有圣灵的内驻，能顺服属灵的新律法，这是写在人的心版上，基督徒的新生命不会违背摩西律法（加拉太书5:22－23）。犹太教敬拜摩西，而基督教认为摩西信的神就是耶稣（希伯来书11:25）。基督教不看重狭隘的血统，因此

① Samuel Sandmel, *Judaism and Christian Beginnings*, New York: Oxford University Press, 1978, p. 421.

② Hyman E. Goldin, *Universal History of Israel*, New York: Hebrew Publishers Co., 1935, p. 401.

在伦理的理论水平上就超越了犹太教。实际上,复国的以色列不再是王国,它采用了议会制的民主政体,没有处在法律之上的国王。现在的以色列是个世俗的国家,不再视摩西律法等宗教法规为唯一的法律,虽然它们在部分民事如婚姻上有法律的效用。

2016～2017：诠释学与中国*

杨东东　陈治国**

2016～2017年度汉语学界诠释学研究愈加蓬勃进取，颇具影响力的学术作品不断涌现，一系列高层次、高水平的学术会议陆续召开。其中，2016年度由中国现代外国哲学学会诠释学专业委员会和山东大学中国诠释学研究中心倡导举办的高水准学术会议有三场：4月23～24日联合大连理工大学举办的“接受、转化与创造：诠释学与中国”——第13届诠释学与中国经典诠释国际学术研讨会暨中国诠释学专业委员2016年年会，11月19日联合山东大学哲学与社会发展学院举办的“诠释学与古典哲学的新开展”——首届中国诠释学青年论坛以及11月20日在山东大学举办的“诠释学与汉语哲学”高层论坛。三场会议聚集了汉语学界诠释学研究领域老中青三代力量，论题涉及中国诠释学的建构、诠释学与汉语哲学的思想创造、经典与经典诠释、诠释学与古典儒佛道哲学、宗教经典与诠释、诠释学与比较哲学、诠释学与实践哲学等。其中，“诠释学与汉语哲学”高层论坛专门邀请来自中国大陆和港澳台地区颇具影响力的学者，就诠释学和汉语哲学领域中的基本问题和前沿问题展开思想交锋，开启了中国诠释学和汉语哲学研究的新维度。“诠释学与古典哲学的新开展”——首届中国诠释学青年论坛也颇令人瞩目。作为凝聚与孕育诠释学和中国诠释学学术领域青年人才与后备力量的重要平台之一，论坛除邀请诠释学领域的青年学者参与相关论题讨论外，还请他们就未来中国诠释学青年论坛的学术旨趣、运行模式等进行商讨，为论坛的后续发展提供组织保障。

2016年6月11～12日，由复旦大学主办的“比较经学论坛：中国经学诠释传统与西方诠释学传统的对话”在上海召开，来自美国、西班牙、中国大陆和台湾地区数十名学者从比较经学与比较文学的视域出发，围绕传统经学到经典诠释的转轨、西方经典诠释传统的展现、中西经典诠释学的汇通、传统经学研究范式的借镜等展开

---

* 本文系教育部人文社科基金青年项目“亚里士多德友爱哲学的现象学效应”（15YJC720002）、中国博士后科学基金特别资助项目（2016T90638）暨山东省泰山学者人才工程专项经费资助成果。

** 杨东东，山东省委党校马克思主义学院副教授；陈治国，山东省泰山学者青年专家，山东大学哲学与社会发展学院暨山东大学中国诠释学研究中心教授、博士生导师。

学术交流。同年9月22～23日,“德行与诠释”——第14届哲学分析论坛学术研讨会在上海召开,与会的20多位专家学者就诠释与德行、德性、立德,诠释学与实践哲学,中国诠释传统之反思,西方诠释学的不同流派等议题进行探讨,希冀为诠释学未来之建构与发展开辟路径与方向。值得关注的还有2016年12月3日由深圳大学主办的第五届国际儒学大会暨“儒学的当代理论与实践——汤一介思想国际学术会议”,此次会议围绕“儒学的当代理论与实践”这一主题展开,对于中国诠释学的探索与建构等问题亦有深入交流。

2017年度汉语学界诠释学研究亦有不少高层次会议召开,且呈现出多学科交叉互动的特点,映射出诠释学研究积极良好的发展态势。其中,中国诠释学专业委员会与安徽大学哲学系于2017年12月16～17日联合举办“诠释学与实践哲学”——第14届诠释学与中国经典诠释国际学术研讨会暨中国诠释学专业委员会2017年年会,来自海内外的上百名诠释学专家学者参会,会议论题泛及西方诠释学的基本理论、诠释学与实践哲学、儒家经典诠释、宗教诠释学、法律诠释学等领域。中国诠释学专业委员会、山东大学中国诠释学研究中心还会同中国石油大学(华东)和中国人民大学孔子研究院,于2017年10月28～29日成功举办“诠释学与为己之学”第二届中国诠释学青年论坛,与会的30余位青年学者围绕诠释学与西方哲学传统中的自我、教化与实践问题,中国哲学领域中的为己之学,马克思主义哲学领域的个体、他人和共同体等相关论题展开学术探讨,新意迭现。2017年4月15日,由中国社会科学院、上海市人民政府上海研究院等共同主办的“文本的意义之源”国际学术研讨会在上海召开。会议邀请来自中国、意大利、法国、英国等国家的20多位专家学者,就文本意义的源头和阐释方法、语境之于意义阐释的重要性、阐释的共同性和确定性等问题进行研讨,尤其是就西方文论中的“强制阐释”理论展开深入对话。同年4月22～23日在上海师范大学召开的“历史阐释的真理之源”学术研讨会,则将诠释学的视野带到历史学领域,意图通过剖析历史相对主义的理论特质、探究历史阐释的真理之源而建构具有中国特色的历史阐释学理论体系。2017年12月2～3日,由复旦大学主办的“经典形塑与文本阐释”国际学术研讨会邀请来自中国大陆、港澳台地区及日本的学者就经典与阐释的关系、经典之形成与重塑的理论和个案研究等展开深入研讨交流。

就2016～2017年度的主要研究成果而言,在西方诠释学文本迻译与理论研究方面,探索的深度和广度都不断拓展;诠释学与中国经典诠释传统的融合研究愈加深入,针对中国诠释学建构的思考愈发成熟;诠释学与马克思主义哲学的关联研究亦有新成果出现;诠释学在人文社会科学学科的应用与拓展,在科学学、文学、法学、社会科学方法论等领域表现尤为突出。下文将结合两年间出版和发表的重要文献作具体阐述。

一、西方诠释学的文本迻译与理论研究

西方诠释学的文本迻译主要涉及下述两个方面的成果。第一是关于海德格

尔、伽达默尔、利科等人部分著作的首译和已有汉译的再版，其中海德格尔文献编译方面的成果尤为显著。由孙周兴和王庆节主编的《海德格尔文集》又有六卷译作问世，这既包括《存在论（实际性的解释学）》《存在与时间》（中文修订第二版）、《形而上学导论》（新译本）等已有中文译本的修订版，又包括此前未曾汉译的《根据律》《什么叫思想?》《形而上学的基本概念》等作品。[①] 海德格尔《德国观念论与当前哲学的困境》单行本亦在此期间翻译出版[②]，近年来因其中所含的反犹内容而引发颇多争议的海德格尔《黑皮本》翻译也有新进展，其中第三册《思索与提示》后半部分和第四册《思索》前半部分译本在《外国哲学》第三十三辑中刊发。[③] 此外，海德格尔《物的追问》《哲学论稿：从本有而来》《形式显示的现象学》等文献相继再版，展示出海德格尔研究在学界热度不减。[④] 2016～2017 年度颇值得关注的翻译作品还包括利科的《弗洛伊德与哲学：论解释》和《爱与公正》，这两部作品收录了利科 20 世纪 60～80 年代的演讲文稿，对于把握利科现象学—诠释学理论的发展脉络具有重要价值。[⑤] 而利科的代表性作品《活的隐喻》《解释的冲突》也于此间再版。[⑥] 伽达默尔作为汉语学界诠释学研究最主要的对象之一，对其文献的发掘也在不断深入，其中就包括《怀疑的解释学》[⑦]和《历史意识问题》[⑧]两篇译作的发表。尤其在《怀疑的解释学》一文中，伽达默尔通过重新勾画利科笔下“怀疑解释学”和“信心解释学”的内在关系，展示出哲学解释学的辩证特质：这是一种涵盖对话、解释学的应用、实践智慧和视域融合等因素在内的“分享”性的解释学。

第二类是关于诠释学的研究性论著。首先表现在对欧陆诠释学理论的研究方面。譬如，荷兰学者约斯·德·穆尔在《有限性的悲剧——狄尔泰的生命释义学》一书中，从狄尔泰的生平、理论渊源、生命释义学的心理学进路等层面对他的诠释

① 参见孙周兴、王庆节主编，商务印书馆出版的《海德格尔文集》系列。

② ［德］海德格尔：《德国观念论与当前哲学的困境》，庄振华、李华译，赵卫国校，西北大学出版社 2016 年版。

③ ［德］海德格尔：《〈黑皮本〉之〈思索与提示〉（下）、〈思索〉（上）》，靳希平译，载赵敦华主编：《外国哲学》第 33 辑，商务印书馆 2017 年版。

④ ［德］海德格尔：《物的追问》，赵卫国译，上海译文出版社 2016 年版；［德］海德格尔：《哲学论稿：从本有而来》，孙周兴译，商务印书馆 2016 年版；［德］海德格尔：《形式显示的现象学——海德格尔早期弗莱堡著作选》，孙周兴编译，陕西人民教育出版社 2016 年版。

⑤ ［法］保罗·利科：《弗洛伊德与哲学：论解释》，汪堂家、李之喆、姚满林译，浙江大学出版社 2017 年版；［法］保罗·利科：《爱与公正》，韩梅译，华东师范大学出版社 2016 年版。

⑥ ［法］保罗·利科：《活的隐喻》，汪堂家译，上海世纪出版社 2016 年版；［法］保罗·利科：《解释的冲突》，莫伟民译，商务印书馆 2017 年版。

⑦ ［德］伽达默尔：《怀疑的解释学》，何卫平译，《世界哲学》2017 年第 5 期。关于利科的“怀疑解释学”及其与“信心解释学”的关系，何卫平在《信心解释学与怀疑解释学——从保罗·利科谈起》一文中另有论及，具体参见何卫平：《信心解释学与怀疑解释学——从保罗·利科谈起》，《哲学研究》2017 年第 5 期。

⑧ ［德］伽达默尔：《历史意识问题》（上）（下），王鑫鑫译，鲁旭东校，《世界哲学》2016 年第 4、5 期。

学理论进行全景描绘。[①] 美国现象学研究专家伯特·霍普金斯的《基础本体论的组合学预设:存在作为整体具有总体意义》一文则从海德格尔在"基础本体论"和"一般本体论"之间做出的现象学区分出发,考察海德格尔何以通过对"存在意义问题的质询与质问的循环结构"之分析实现对胡塞尔现象学的超越,而这种超越又意味着对现象学的一种诠释学重置。[②] 此外,鉴于普遍诠释学产生的一个重要背景是为人文社会学科学提供不同于实证主义的方法论支持,英国学者威廉姆·奥斯维特便在《新社会科学哲学:实在论、解释学和批判理论》一书中将诠释学视为第三种新的社会科学哲学形态之一(另外两种是实在论和批判理论),并且对哈贝马斯的批判诠释学加以考察与反思。[③] 如果说上述文献是2016～2017年度欧陆诠释学研究颇具代表性的翻译作品的话,那么冯·赖特的《解释与理解》则代表了诠释学研究领域的另一种努力,即实现实证主义和诠释学两大传统的融合。赖特的分析起点是维特根斯坦的后期哲学,由此他系统探讨了因果性与因果解释、意向性与目的解释以及历史与社会科学中的解释等问题,并以此寻求融合的契机与可能性。[④]

就西方诠释学的理论研究而言,学界的工作主要集中于以下五个方面:诠释学的一般性问题和理论研究,诠释学的源流与发展研究,伽达默尔诠释学理论与对话研究,海德格尔诠释学研究,诠释学与神学研究。

第一,诠释学的一般性问题和理论研究。其中,洪汉鼎先生以伽达默尔对柏拉图《斐多篇》的解释为例,对诠释学的一些根本问题进行探讨,并认为诠释学是古典哲学研究的新途径,传统唯有通过源源不绝的新诠释才能保有其取之不竭的活力和力道。这就印证了伽达默尔研读柏拉图之《斐多篇》时将"摹本"(Abbild)而非"原型"(Urbild)理解为首要东西的观点。[⑤] 潘德荣教授从西方诠释学的不同思维进路出发,分析了"从诠释学的观点看"这种常规描述所指涉的三个研究路向:其一是方法论诠释学,强调客观地理解被诠释对象的意义或愿意;其二是存在论诠释学,注重对意识中被意识到的存在的重新辨认与反思;其三是神学诠释学,即对《圣经》中不可违背的真理的揭示。在此基础上,潘德荣认为,中国诠释学的成功构建可能成为"从诠释学的观点看"的一个崭新路向。[⑥] 何卫平对"hermeneutik"的译名问题进行探讨,他从"hermeneutik"的词源学和近代形成、海德格尔的现象学视角、伽达默尔诠释学的普遍性视角和自然科学的诠释学视角出发,主张用"解释学"翻译"hermeneutik"相较于"诠释学""阐释学"等译法则更为通俗,且能涵盖方法、方法

---

① [荷兰]约斯·德·穆尔:《有限性的悲剧——狄尔泰的生命释义学》,吕和应译,三联书店2016年版。

② [美]伯特·霍普金斯:《基础本体论的组合学预设:存在作为整体具有总体意义》,黄蕾译,朱亚光校,《晋阳学刊》2016年第2期。

③ [英]威廉姆·奥斯维特:《新社会科学哲学:实在论、解释学和批判理论》,殷杰等译,科学出版社2017年版。

④ [芬兰]冯·赖特:《解释与理解》,张华译,浙江大学出版社2016年版。

⑤ 洪汉鼎:《一个诠释学经典范例:伽达默尔对柏拉图的解释》,《河北学刊》2017年第4期。

⑥ 潘德荣:《什么是"从诠释学的观点看"》,《天津社会科学》2016年第3期。

论、认识论和存在论、逻辑学等多个层面的意思，柔韧度更强。[①] 彭启福撰文讨论了中国诠释学研究领域的“不平衡”问题，即学界将多数精力放在对伽达默尔存在论诠释学的研究方面，而忽略了其他类型的诠释学思想尤其是方法论诠释学思想。就此，彭启福倡导中国的诠释学研究要走出“伽达默尔框架”，实现方法论诠释学和存在论诠释学的辩证统一、西方诠释学与中国本土诠释传统的辩证统一。[②] 陈治国选取哲学史上解释柏拉图洞穴喻的三种代表性方案——教育哲学、政治哲学和形而上学哲学（特别是海德格尔的形而上学方案）——展示经典文本解释的三种基本方法论原则：其一，文本重述与分析，强调历史文本唯有提供当前哲学讨论所关心的主题才可能具有哲学价值；其二，语境论，主张通过澄清文本所从出之语境实现对历史文本的理解；其三，创造性诠释，这主要体现在海德格尔的诠释理论中，认为经典文本的诠释是要揭示在文本中起作用但尚未被传统思考或言明的东西。通过对三种解释方案的分析，陈治国认为，一种理想的诠释活动应当是三种一般性方法论原理的综合运用。[③]

第二，诠释学的源流与发展研究。张庆熊先生分析了20世纪德国生命哲学和存在哲学中开出的以生命—生存为根基的综合诠释学与现象学的新路向，这尤其表现为狄尔泰以“意识事实”为出发点对诠释学与现象学的综合和海德格尔以“此在”为出发点对两者的综合。不过，张庆熊认为，狄尔泰为寻找诠释学的可靠基础而尝试援用现象学这种直观的做法会导致先验的主体意识现象与历史中发生的生命—生存的现象之间的矛盾，相比之下，海德格尔以“此在”为基点的“实际性诠释学”则在摆脱意识哲学束缚的前提下开辟出现象学和诠释学结合的新途径。[④] 铁省林认为，哈贝马斯的批判诠释学建立在三重反思基础上。其中，先验反思揭示认识的可能条件，为其批判理论奠定认识论和方法论基础；批判反思打破了虚假意识形态的操控，落实到诠释学层面则有助于纠正传统、权威和先见中可能存在的扭曲；解放反思是其他两种反思的落脚点，既是自由的理解和解释主体形成的前提条件，也是实现批判诠释学之解放旨趣的应手工具。[⑤] 萧净宇对施佩特诠释学理论的介绍，展示出诠释学在俄国的发展状况。作为19世纪末20世纪初俄国著名哲学家，施佩特立足于俄国哲学的存在论立场，对胡塞尔的现象学进行改造，更加强调胡塞

① 何卫平：《关于“hermeneutik”的译名问题》，洪汉鼎、傅永军主编：《中国诠释学》第13辑，山东人民出版社2016年版。

② 彭启福：《走出我国诠释学研究的“伽达默尔框架”》，《山东大学学报》（哲学社会科学版）2016年第4期；另可参见彭启福：《理解、解释与文化——诠释学方法论及其应用研究》，人民出版社2017年版。

③ 陈治国：《洞穴比喻的三种解释方案及其一般方法论原理——以海德格尔的解释为重心》，《天津社会科学》2016年第5期。

④ 张庆熊：《诠释学与现象学的汇通之路：从“意识事实”到“此在的实际性”》，《复旦学报》（社会科学版）2017年第1期。

⑤ 铁省林：《先验反思、批判反思与解放反思——哈贝马斯诠释学反思的三重维度》，洪汉鼎、傅永年主编：《中国诠释学》第14辑，山东人民出版社2017年版。

尔"意识对象"概念的"涵义"问题。由此,对作为内部含义符号的"意识对象"内容进行解读就成为诠释学的任务。正是在这个意义上,施佩特的现象学被界定为"诠释学—现象学"[①]。如果说上述诠释学研究都立足于欧陆传统的话,那么陈常燊对戴维森彻底解释理论的分析则揭示了英美分析传统下对理解和解释问题的不同处理方式。戴维森的彻底解释理论要考察一个人理解他人的语言和思想如何可能的问题,而陈常燊在其新作《彻底解释的知识论》一书中便是要说明戴维森如何运用先验论证和反思平衡的方法,实现彻底解释到知识论的过渡,即将"理解如何可能"的问题转换为"仅当具备何种知识才能使解释得以可能"的问题和"基于彻底解释的知识何以可能"的问题。由此一来,关于理解的理论就在知识论的路向上获得解决。[②]

第三,伽达默尔诠释学理论与对话研究。伽达默尔诠释学的实践哲学取向使其对现代技术文明中人类自我异化的问题颇为关注,而异化的重要标志就是"孤独"的诞生。张能为在《伽达默尔实践哲学中的"友谊"问题沉思》一文中从"孤独"的异化本性谈起,系统地讨论了伽达默尔用以克服异化、恢复和重建人类共同体的方案,即重塑"友爱"或"友谊"[③]。牛文君从伽达默尔《真理与方法》中"经典型例证"一节出发,通过与"古典"概念的对比研究,系统阐发伽达默尔的"经典"(klassisch)观。牛文君将伽达默尔"经典"概念的本质特征归结为:规范性和历史性的统一、普适性和具体化的统一、超越的永恒性和当下的境遇性的统一。经典的诠释过程便是经典蕴含的典范意识在历史中自我解释和展开的过程,是一场自我赋义的运动。由此一来,"古今之争"的问题也可以得到回应,因为经典本身便是古今之间反思融合的造物,是在效果历史运动中造就之物,并无所谓重古抑今或崇今之争。[④]"教化"是伽达默尔诠释学中又一重要概念,黄小洲在《伽达默尔教化解释学研究》中从生存论、实践哲学、辩证法、语言哲学和目的论五个向度理解"教化",并由此认为伽达默尔的解释学从某种意义上可以理解为"教化解释学"[⑤]。

除对伽达默尔诠释学中重要概念进行诠读之外,另有不少学者撰文讨论伽达默尔与其他哲学家的论争。譬如,杨生平在《论哈贝马斯对伽达默尔解释学的批判》一文中,就哈贝马斯与伽达默尔针对哲学诠释学的普遍适用性问题而产生的争议进行探讨。作者认为,哈贝马斯对诠释学普遍适用性要求的批判正确揭示了哲学诠释学在反思力上的局限性,并借此捍卫了诠释学的方法论价值,完成了诠释学向批判诠释学的转型。但是,哈贝马斯的理论短板也非常明显,这就是对交往理论

---

① 萧净宇:《施佩特的诠释学—现象学》,《世界哲学》2017 年第 4 期。

② 陈常燊:《彻底解释的知识论》,上海人民出版社 2016 年版。

③ 张能为:《伽达默尔实践哲学中的"友谊"问题沉思》,《山东大学学报》(哲学社会科学版)2016 年第 5 期。

④ 牛文君:《从"古典"到"经典"——伽达默尔诠释学视域下的经典和经典意识》,洪汉鼎、傅永军主编:《中国诠释学》第 14 辑,山东人民出版社 2017 年版。

⑤ 黄小洲:《伽达默尔教化解释学研究》,人民出版社 2016 年版。

过分理想化的设定。[①] 邓刚着力考察了德里达和伽达默尔有关诠释问题的对话和分歧，指出两者的差别主要体现在诠释对象和方法方面，这于德里达是书写和解构，而在伽达默尔处则是文本和阐释。即便如此，作者仍认为德里达的理论能够更深入激发文本本身具有的意义多样性和歧义性，因而将诠释学理论推向深化。[②] 蔡祥元和台湾学者陈荣华的聚焦点都在伽达默尔和罗蒂的比较研究方面，且他们都一致认为伽达默尔和罗蒂诠释学理论的差别根源于现象学与经验论的立场差别。蔡祥元认为，罗蒂实用主义诠释学延续的是传统经验主义的路向，过分强调主观经验的主动性，因而在诠释过程中更侧重诠释者个人的意图，从而导致过度诠释的困难；伽达默尔则不然，他借助文本整体性原则、对话的他者性原则和实效历史的实践性原则，有效维护了诠释的合理性。[③] 陈荣华对罗蒂诠释学所立基的“脉络重整”（recontextualization）[④]原则提出质疑，认为这一理论虽然与伽达默尔的“视域融合”一样，都是获知知识的方式，但因为脉络重整建立在经验主义二元论立场之上，所以无法跨出语言的领域描述实有，从而不能获得关于实有的知识。而伽达默尔的“视域融合”却因其开放性特征而实现了语言与事物的关联，“事物的视域在语言中说出他自己到人的视域中去，而人从他的视域以语言说出事物”，对实有的理解与认知便成为可能。[⑤]

第四，海德格尔诠释理论研究。倪梁康就胡塞尔与海德格尔的历史哲学理论提出以下观点：历史问题是胡塞尔哲学思考的三个重要方向之一，且显而易见地受到狄尔泰的影响，从这个角度看，胡塞尔哲学不是“非历史的”；由此，如果按照施奈德巴赫所说现代历史哲学由三个最重要流派组成，那么第一个历史哲学流派则是由狄尔泰—约克、胡塞尔、海德格尔、伽达默尔共同组成的；在这一前提下，海德格尔的历史哲学相对于胡塞尔的“原创性”表现为，他真正将存在带入历史问题的讨论中，即使这样一种立足于存在层面的历史哲学思考在二战前后的海德格尔那里也下降到了存在者层面的思考。[⑥] 2017 年是海德格尔《存在与时间》发表 90 周年，诸多学者围绕该书从不同视角展开探讨，典型者如高宣扬《生命的实际性及其反思性诠释》一文，结合海德格尔思想变化历程系统考察《存在与时间》的意义。作者认为，这部著作的发表意味着海德格尔决心将“哲学生命迈入实际生活的复杂命运漩涡中”进行探索，是海德格尔带着对生命的亲在感悟而展开的对“存在”的探索。生命本身的实际性、曲折性及其反思性在此过程中得以凸显。正是在这个意义上，海

① 杨生平：《论哈贝马斯对伽达默尔解释学的批判》，《哲学动态》2016 年第 5 期。

② 邓刚：《永不停止的对话——德里达关于诠释问题与伽达默尔的对话与分歧》，《武汉大学学报》（人文科学版）2017 年第 2 期。

③ 蔡祥元：《创造性诠释与过度诠释的区别》，《哲学与文化》2017 年第 9 期。

④ 台湾学界习惯于将“recontextualization”译为“脉络重整”，大陆学界通常译作“再语境化”。此外，陈荣华论文中的“高达美”和“罗逖”即指“伽达默尔”和“罗蒂”，此亦为译名差别的问题。

⑤ 陈荣华：《罗逖的脉络重整与高达美的视域融合》，《台湾大学哲学评论》2016 年第 52 期。

⑥ 倪梁康：《胡塞尔与海德格尔的历史问题——历史哲学的现象学—存在论向度》，《西南政法大学学报》2016 年第 1 期。

德格尔的哲学可视为一种“此在的诠释学”[①]。朱松峰则着重分析《存在与时间》何以成为断简的问题，他将原因归结为《存在与时间》持守的先验主义立场、语言、方法和思路无法实现从“缘在”到“一般存在”或“存在自身”的转换，由此便阻碍了彻底通达和理解以运动为基本规定的存在自身的道路。因此，海德格尔在1953年《存在与时间》第七版序言中明确表示，第二部分将不再补续。[②] 台湾学者汪文圣结合海德格尔弗莱堡时期的文献，对海德格尔如何从原初的生命处境角度谈论语言、科学乃至文化之生成问题做一诠解。作者认为，对于“生命自行解释出意义”、对于从“在己生命”到“在己为己生命”或对于“生命的趋势与自我满足性”的要求，是让生命处境生成原初语言的根本动机，而由此进一步生成的“表述关联”与“表现关联”就关涉文化、文明及各种科学的形成。[③] 王庆节、张任之合编的《海德格尔：翻译、解释与理解》一书，综合了20世纪80年代以来从事海德格尔著作翻译与研究的部分中国学者就海德格尔《存在与时间》《形而上学导论》《哲学论稿》三部作品汉语翻译的思考成果，从某种意义上说也是诠释学的在场实践，值得关注。[④]

第五，诠释学与神学研究。李毓章先生以施莱尔马赫早期《论宗教》和后期《基督教信仰》为主要考察文本，以其与康德哲学的关系为视角，从宗教哲学层面就宗教独立性与宗教合法性问题进行审视。在他看来，施莱尔马赫的神学理论基本可理解为情感神学，这即是说，宗教完全是感性领域的事情，是人对宇宙的感觉与品位。正是这种不同于康德从理性视角审视设计宗教的做法，使得施莱尔马赫重新确立起宗教的独立性，并赋予其合法性，开辟了宗教定位的新思路。[⑤] 姜韦分析了20世纪德国神学家布尔特曼解神话理论中所蕴含的三重解释学意涵，并将其分别归纳为：其一，解神话不是简单地去除神话，而是悬搁神话的世界观和思维方式，因而具有诠释学去蔽之义；其二，解神话主张借用生存哲学的术语对圣经进行生存论分析，将去蔽后所呈现的意义阐释出来，有诠释学建构之义；其三，解神话的任务是通过人在宣道中的信仰实践活动揭开圣经意义，体现为诠释学的实践智慧。作者认为，对“解神话”理论中丰富的诠释学内涵予以梳理，有助于更好理解“解神话”与启蒙运动、海德格尔的内在关系。[⑥] 布尔特曼以“解神话”理论闻名，而加拿大学者诺斯洛普·弗莱却坚决反对在布道行为中消解神话的做法，他认为神话不是布道

---

① 高宣扬：《生命的实际性及其反思性诠释——纪念海德格尔著〈存在与时间〉出版90周年》，《学海》2017年第5期。

② 朱松峰：《解析为什么〈存在与时间〉成了断简——以实际生活经验为视角》，《清华大学学报》（哲学社会科学版）2016年第4期。

③ 汪文圣：《从“原初理性”生成“原初语言”来谈文化的再造——从海德格尔早期的讨论出发来看》，《哲学与文化》2016年第7期。

④ 王庆节、张任之编：《海德格尔：翻译、解释与理解》，三联书店2017年版。

⑤ 李毓章：《施莱尔马赫哲学神学的两项成果及其意义——以其同康德哲学的关系为视域》，《云南大学学报》2017年第1期。

⑥ 姜韦：《布尔特曼“解神话”之“解”的三重解释学意涵——兼论“解神话”与启蒙运动和海德格尔的关系》，《德国哲学》2016年下半年卷。

的障碍，而是开启布道的媒介，这就形成了与布尔特曼完全不同的神学阐释路径。饶静的《布道与解神话：弗莱论信与可信性》一文便从弗莱的理论视角出发，分析布尔特曼解神话理论的缺失，并对弗莱以“隐喻同一”之直观原则挽救神话、激活布道的阐释路径做详细的疏解。[①] 此外，值得关注的还有台湾《哲学与文化》杂志组织发表的以“吕格尔、宗教与神学：语言、伦理、人专题”为主题的四篇研究性文献，譬如黄筱慧《论象征的勾勒形构与宗教的向度——吕格尔诠释学视野下的叙事之虹与叙事认同》、陆敬忠《从神圣语言出发：吕格尔诠释学之生成发展脉络之为神话循环或迂回》等，从不同角度释解利科（即吕格尔）的神学和伦理学思想。[②]

二、诠释学与中国经典诠释传统

促进中国经典诠释与西方诠释学的互动融通，借以反思中国传统哲学乃至传统文化与现代性社会的交流融合之道，仍旧是2016～2017年度重点探讨的话题之一。这一方面表现为有越来越多的学者参与中西经典诠释对话，致力于从宏观视角出发就中国经典诠释学的建构做出更系统的反思和规划；另一方面，亦有不少学者由细处出发，在经典文本或经典思想的解读中体验诠释之道。具体可归结为以下四个方面：诠释学与中国传统哲学现代转型，诠释学与中国经典诠释学建构，诠释学与儒学诠释，诠释学与易学、佛道诠释。

第一，诠释学与中国传统哲学现代转型。洪汉鼎先生借用哲学诠释学的基本理念回应国内学界颇多争论的“东西之争”和“古今之争”，认为在中国视野下这实际是指中国传统哲学和文化与西方现代文明之争。洪先生从诠释学的视角出发，指出在文化承袭和传播方面并不存在真正的古今、东西“对垒”，而毋宁说是两种视域在照面时寻求共识的融合过程，是在共识中寻求自我超越的过程。正是在这个意义上，可以说人类对卓越性的追求既可“逾越中西又能通达古今”[③]。陈来先生从冯友兰关于传统文化继承的相关论述出发，结合诠释学的视角，认为当代中国文化传承发展的关键在于从“批判的继承”转变为“创造的继承”，亦即是说，要使古典文本积极面向新时代不断开放，实现过去与现在的视界融合，达到在扬弃中继承、在发展中创新的目的。[④] 陈波撰文讨论了哲学研究的两条不同路径，一是面向原典和传统，二是面向问题和现实。其中，前者着眼于诠释和继承，是当代中国哲学研究颇为注重的方面，只是不可将这种继承狭隘地理解为简单复现经典作品的原意，在

① 饶静：《布道与神话：弗莱论信与可信性》，《文艺研究》2016年第3期。

② 另外两篇为沈清楷的《吕格尔（Paul Ricoeur）正义与爱——一个未完成的辩证》、孙云平的《在宗教与神学里的人——吕格尔的人观》。具体可参见《哲学与文化》2017年第7期。

③ 洪汉鼎：《横跨中外　通达古今——诠释学与中国传统哲学现代转型的反思》，《文史哲》2016年第2期。

④ 陈来：《从道德的“抽象的继承”转向“创造的继承”——兼论诠释学视野中的文化传承问题》，《文史哲》2017年第1期。

这方面傅伟勋的“创造的诠释学”值得借鉴；后者则着眼于开拓和创新，因而要直面当代社会现实生活的需要，提炼相关哲学问题，发展新的哲学理论。陈波认为，面对这两种研究路向，中国哲学研究的正确选择是：让不同研究方式相互竞争，百花齐放，共同营造当代中国哲学的繁荣局面。① 谢文郁通过追踪分析新文化运动以来中国哲学史研究方法论的思路和争论，反思胡适和冯友兰在哲学史研究方法方面的疏漏，并由以展示陆九渊“六经注我”之传统读书经验的价值。作者尤为强调陆九渊在阅读经典过程中所表现的敬重情感，认为阅读活动首先是读者与文本建立情感纽带的过程，唯有如此才可能实现意义生成。因此，处理好读者和文本在思想情感方面的关系，是中国哲学史治学方法的关键。②

第二，诠释学与中国经典诠释学建构。在这一主题下，汉语学者相关思考又可分为两个层面，其一是对中国经典诠释学建构之脉络框架、视角方法、合法性问题等的规范性思考，其二是建构中国经典诠释学的切身实践。就前一方面而言，景海峰提出现代性社会语境中中国经典解释学建构的三个维度：“一是能够回应西方现代文化的挑战，在问题域和表达方式上能与西方的解释学形成一种对话的关系；二是能够呈现出中国文化的深厚底蕴，在资源方面能调动一切传统经典解释的记忆与形式，特别是儒家的经学；三是能立定宗旨，明确目的性，其学术形态应重在阐发义理和凝练思想，为当代的中国文化转型寻求意义，在理论的体系化和方法论方面有所突破。”③李清良、夏亚平认为，要论证中国诠释学建构的合法性，必须实现从“诠释学”到“诠释之道”的转换。“道”是中国学术传统中的最基本观念，根据中国“重道”传统，诠释活动作为人之为人最根本的一项生存活动，亦必须确立“诠释之道”。现代西方诠释学在这方面已有所建树，而建构中国诠释学就是要展示中国的“诠释之道”。虽然此间中西诠释学存在对话互通的必要与可能，但必须是在确立中国诠释学主体性的前提之下。④ 彭启福、李后梅指出，中国传统文化的传承和发展依赖于中国式的“经典诠释学”的构建，要从“经学”走向“经典诠释学”。这意味着，在研究对象上要从“经”（狭义）转向“经典”（广义）诠释；在研究立场上，从“宗经”转变为“尊经”；在理解向度上，从“回溯”变为“延展”；在理解方法上，从“还原的方法”拓展到“对话辩证法”。作者认为，借助这一转换，不但可以保留“经学”原有的优势，而且亦可克服其欠缺活力的弊端，推进中国本土文化的发展。⑤

除却对中国诠释学的建构提供方法支持、合法性证成及未来走向探索外，另有

---

① 陈波：《哲学研究的两条路径：诠释与创新》，《中国社会科学评价》2017 年第 1 期。

② 谢文郁：《文本诠释与哲学史研究》，《文史哲》2016 年第 4 期。

③ 景海峰：《中国经典诠释学建构的三个维度》，《天津社会科学》2017 年第 1 期。有关建构中国经典诠释学的思考在景海峰的新作《经典诠释与当代中国哲学》一书中有全面总结，具体请参见景海峰：《经典诠释与当代中国哲学》，商务印书馆 2016 年版。

④ 李清良、夏亚平：《从“诠释学”到“诠释之道”——中国诠释学研究的合法性依据与发展方向》，《湖南大学学报》（社会科学版）2016 年第 3 期。

⑤ 彭启福：《从“经学”走向“经典诠释学”》，《天津社会科学》2016 年第 3 期。

学者从切己经验出发，开启中国诠释学的建构历程。典型者如成中英先生，其在20世纪80年代便开始探索建构中国诠释学，提出"本体诠释学"的观念。2017年结集出版的《成中英文集》（共十卷）第一、二卷便集合了成先生三十余年来关于本体诠释学的思考，其中涉及本体与解释的关系、本体诠释学的核心内涵、本体诠释学与中西会通、《易经》与本体诠释学等内容。[①] 潘德荣关于"德行诠释学"的思考依然在不断推进中，而他认为对于中国诠释学的构建而言，"立德"是根本，也是将中国诠释学与西方诠释学明确区分开来的标志。在《"德行"与诠释》一文中，潘德荣从中西诠释思想比较的角度出发，展示在西方诠释学走入困境的情况下"德行诠释学"所提供的一种新的思考向度。[②] 台湾学者林安梧《人文学方法论：诠释的存有学探源》一书的大陆版本于2016年付梓出版。该书旨在以人文学的视角反思经典诠释和中国哲学的研究方法问题，是作者多年来对于"经典""话语""诠释"与"方法"诸多思考的成果。[③] 陈治国将这种思考命名为"道论诠释学"，它以"道""象""形"之"存在三态论"为基本的存在论建构，以"道""象""形""构""言"五个层级之间的互动循环为主要的方法论模式，可以说是以"诠释学"的理论构架重新整合、安置了中国哲学的存在论、价值论和方法论；以"存有三态论"有机综合了儒、佛、道三大思想系统，理清了它们之间的互动可能；高度重视社会历史生活视域下的意义诠释与生存实践，具有明确的实践哲学特征；适当地提升了语言在中国哲学中的存在论地位。[④]

第三，诠释学与儒学诠释。学者们从这个层面展开的思考硕果累累，鉴于篇幅因素择要述之。台湾学者黄俊杰先生一直以来致力于"东亚儒学"之研究，探索儒家经典在东亚诸国和诸地区的不同诠释模式及其内在的"家族相似性"，也由此反思经典文本在现代社会中的存在方式等问题。在《孔子"克己复礼为仁"说与东亚儒者的诠释》一文中，黄先生以两千年来中、日、韩儒者对"克己复礼为仁"说之解释为例，实在地呈现东亚儒者"发潜德之幽光，出新解于陈篇"的诠释精神，亦由此阐明该论题未来可能的研讨与诠释方向。[⑤] 傅永军接续对东亚儒学的研究，认为经典诠释是东亚儒学的存在方式，并从儒学传统中的经典意识、儒学经世致用的实践取向以及东亚儒学多元一体的存在形态三个层面证明这一点。作者认为，东亚儒学以经典诠释的方式存在与发展，一方面建构并澄清了解经者的存在，另一方面又将经典的意义以普遍性的方式历史地展示出来，实现了诠释者的视域、经典的视域和当下情景的视域之间的圆融汇通，经典的现实意义和价值也得以凸显。[⑥] 景海峰从现代诠释学的视野出发，考察了儒家经典的两种解释传统即"以传解经"和"以经解

① 成中英：《本体诠释学》（一）（二），中国人民大学出版社2017年版。

② 潘德荣：《"德行"与诠释》，《中国社会科学》2017年第6期。

③ 林安梧：《人文学方法论：诠释学的存有学探源》，上海人民出版社2016年版。

④ 陈治国：《道论诠释学的基本构成与理论特征》，《学海》2017年第3期。

⑤ 黄俊杰：《孔子"克己复礼为仁"说与东亚儒者的诠释》，《孔子研究》2017年第2期。

⑥ 傅永军：《作为儒家经典诠释学的东亚儒学》，《中国社会科学评价》2017年第4期。

经"。其中,"以传解经"具有不可置疑的必要性,唯有如此,"经"的意义才能得到有效的说明和持续的扩展,儒家的思想资源和学问门径之丰富才得以成为可能;然而,"以传解经"的过分泛滥亦会导致"以传夺经"的风险,而"以经解经"的价值就在于其不再拘泥于文字之训示,而是融合解释者之生命体验和主体意向以实现儒家经典义理在不同时空场域中的延绵绽放。由是观之,"以经解经"与西方诠释学洞见有着某种相似性,唯有以此为基,经典才得以成为人所共识之经典。① 周光庆撰文对荀子的儒学经典诠释方法进行总结,认为这是荀子应战国末期社会转型之需,通过重置儒家经典基本目标和儒家经典文本观念而带来的方法论更新。概言之,这种方法论创新可归结为三:其一,重视对文本的诠释与思索,倡导在贯通式的理解中洞明经典之道理;其二,强调对儒家经典精神的学以致用,在致用中加深理解;其三,倡导通过诠释方法进入"使心非是无欲虑也,及至其好之也"的理想境界。② 郭齐勇以《礼记》中《礼运》《王制》两章为中心对《礼记》的内涵和意义做出诠释,将其归结为终极性与宗教哲学问题、生态环保伦理问题、儒家政治社会哲学与社会治理问题、道德哲学问题四个层面,并希望借助这一意义诠释实现"礼"的某些积极要素在现代社会的创造性转化和创新性发展。③ 杨乃乔通过对美国汉学家韩大伟提出的"孔子口授注经"命题的反思与辨证,引申出中国经学诠释学中颇为重要却被长期忽略的"口传注经"问题,且专门探讨口传注经的历史可信度。以《春秋》"三传"为例,它们作为"口传注经"的典范,在被书写固定以后,是否意味着更易接近历史本身而具有更高的历史信度?在书写的权威大大高于口传权威的当下,杨乃乔提出,虽然口传诠释的"微言大义"可能会导致对文本原初意义的背离,但书写注经传统也并不能有效拯救主体在场言说的真值性,文字历史永远是被学者以种种书写欲盖弥彰的假象历史。④ 康宇的新作《儒家诠释学研究》解析了儒家诠释的理论构成、范式发展、方法演进与学科史变迁,提出了儒家诠释学发展路向说、诠释体例说和范式变例说等观点。⑤

过去两年中,在儒学经典诠释学研究领域付出心血的不独有大陆学者,台湾学界的研究也颇值得关注。除前述谈到的黄俊杰先生关于"东亚儒学"的考量之外,李贤中对经典诠释过程中参照系应用问题的分析也独具特色。李贤中将"参照"理解为诠释过程中的重要一环,认为作者在产生作品的思考过程中必然有其独特的参照点,因而能否正确地诠读作品,就取决于诠释者是否能将自己的参照点与作者

---

① 景海峰:《论"以传解经"与"以经解经"——现代诠释学视域下的儒家解经方法》,《学术月刊》2016年第6期。

② 周光庆:《荀子儒学经典诠释方法论发微》,《宝鸡文理学院学报》(社会科学版)2017年第2期。

③ 郭齐勇:《〈礼记〉哲学诠释的四个向度——以〈礼运〉〈王制〉为中心的讨论》,《复旦学报》(社会科学版)2016年第1期。

④ 杨乃乔:《口传注经与诠释史的真值性(上)(下)——兼论公羊学的诠释学传统和体例及其他》,《学术月刊》2016年第9、10期。

⑤ 康宇:《儒家诠释学研究》,黑龙江大学出版社2016年版。

的参照点趋近合一。若从伽达默尔的诠释学来看，这实际上是诠释者将择取哪些前见作为理解作品之依据的问题。正是据此思路，李贤中集中探讨了理解的参照系的择取、参照系发挥作用的方式等问题，并由此证明以名家为参照解读《庄子》的合理性。① 李瑞全以《论语·学而》为分析对象来证明《论语》实是一部“工夫论”的哲学。它秉持实践哲学的进路，旨在导引个体通过实践工夫实现对绝对而无限的天命天道的体证。在这个意义上，李瑞全将孔子的“工夫论”称为“工夫诠释学”，不同于西方自古希腊以来开启的以“观解”为主的哲学进路，“工夫诠释学”更可达致与天地一体的生存境界。② 林维杰从认识论、存有论与美学等三个范畴入手，阐发宋儒程明道经典诠释思想中所蕴含的“诠释学”意涵。作者以西方诠释学发展中的两种不同路向——求取经典意义与作者之客观理解的认识论—方法论路向和以关切态度把理解之所得联系到理解者生命的存有论路向——之“对峙”为对照，认为这种“对峙”在中国理学解经脉络中并不存在。程明道的解经活动即可为范例，其视“客观认识经文”与“主观切己省思”为犹未切割且可并行的两条为学路线，甚至认为两者间存在相互支援的亲缘性关系。③ 王慧茹以戴震、焦循为例，疏解乾嘉学派经典诠释的方法与进路，认为其诠释方案虽离不得考据训诂学对经典字句意义的彰显，但并不限于此范围内；就戴震、焦循而言，其在解经过程中皆欲通过对文字意义的延伸而兼及“性灵体会”，这意味着已经逐渐远离传统经注的训释内容，更为强调透过经典诠释化育民人，促成平明之治等。④

第四，诠释学与易学、佛道诠释。林忠军通过分析清代易学的演变过程，指出乾嘉学派朴学易是清代易学研究的特色，也是易学研究的主流，其目的在于复制和再显文本的原初意义。正是基于这一主旨，乾嘉易学在研究过程中尤其注重对宋代图书之学的检讨，着力运用汉代的训诂与考证方法，通过整理和解读汉代易学文献，建立一套《周易》诠释学范式。林忠军认为，乾嘉学派的解释范式固然使汉代复杂的象数易学得到继承和沿袭，纠正了易学研究因脱离文本解释而滋生繁衍及忽略训诂而偏于义理的倾向，但其缺陷也非常明显，即欠缺独到的创造力和创新力。⑤ 台湾学者严玮泓对《大智度论》如何影响中国佛教哲学诠释的问题展开研究，尤以隋代吉藏（549～623）对《大智度论》的诠释为例。作者指出，《大智度论》对于吉藏佛学诠释的影响可分为理论和实践两个层面：理论方面，吉藏常常引述《大智度论》中的某些观点加以诠释，同时借以批判与此不相容的学派主张；实践方面，吉藏特别凸显“无所得”的重要性，并施用于佛学理论的诠释与判释，可被视为一种宗教诠

① 李贤中：《以名家为参照的〈庄子〉解释——论参照系的运用》，洪汉鼎、傅永军主编：《中国诠释学》第14辑，山东人民出版社2017年版。

② 李瑞全：《实践进路的哲学：儒学之工夫论与哲学诠释》，《当代儒学研究》2016年第21期。

③ 林维杰：《程明道的经典诠释与人物想象》，《国文学报》2017年第61期。

④ 王慧茹：《乾嘉经典诠释的方法与进路——以戴震、焦循为核心》，《当代儒学研究》2017年第22期。

⑤ 林忠军：《清代易学演变及其哲学思考》，《社会科学战线》2016年第12期。

释实践。[①] 台湾学者吴汝钧的新作《从诠释学与天台学说起》一书,通过比较哲学、比较宗教学来看东西方哲学与宗教的特色,譬如从诠释学与精神分析的角度探讨天台与唯识学等。该书尤其谈到天台宗智顗大师将二谛发展到三谛的创造性诠释行为,认为智顗大师对三谛的阐发展示出他对佛性观念的重视,即要从佛性或中道佛性看终极真理,由此突破印度佛教中的中观学只以空一观念来解读终极真理的偏差。[②]

三、诠释学与马克思主义哲学

西方诠释学理论与国内马克思主义哲学研究的视域融合也在不断推进中,马克思主义经典文本解读中诠释学原则的探讨、马克思主义哲学中诠释学向度的开掘、国外马克思主义诠释学研究等都成为马克思主义哲学研究者关注的课题。《上海文化》2016 年第 8 期设置"中国马克思主义阐释学新话语"专题,探讨中国马克思主义阐释学在近代中国文化语境中的进入契机、中国传统文化核心理论儒学的马克思主义阐释、中国的莎士比亚学研究中的马克思主义阐释等问题,亦可窥见诠释学在马克思主义研究中的影响。具体到 2016 ～ 2017 年度,关于该领域的研究成果可归为两个方面。

第一,诠释学与马克思主义哲学的对话与融合。王南湜以"马克思主义价值论何以可能"为论题,将价值论的基础奠基在《1844 年经济学哲学手稿》关于人类生存境况的人本主义分析中,并由此认为马克思的价值论就是从人本逻辑出发,关涉人类生活自我认识和自我理解的"实践解释学"理论。这就不同于《资本论》时期对"历史科学"——人类社会发展历史的自然科学式解读——的探索,后者更倾向于"事实"探索,由此形成与价值论的基本界分。至于事实与价值关系的具体考量,王南湜借用康德的范导性关系概念,提出"历史科学"之科学逻辑对"实践解释学"起到的是"外部性"或"调节性"的中介作用。[③] 涂成林和杨生平等都撰文谈及马克思唯物史观与诠释学的关系问题。其中,涂成林探讨了唯物史观的历史阐释学的建构原则,即必须在坚持历史事实的客观性与先在性的前提下,克服历史评价的主观性、相对性和多元性的羁绊,寻求人类建立共同历史价值观、书写人类共同历史的可能。从这个意义上讲,历史阐释既是无限趋近历史真相的认识过程,也是共同建构人类精神家园的社会过程,要在确立人类认识历史、评价历史的共同尺度的前提

---

① 严玮泓:《〈大智度论〉如何影响中国佛学的诠释?——以吉藏为例》,《哲学与文化》2016 年第 43 卷第 12 期。

② 吴汝钧:《从诠释学与天台学说起》,(台北)台湾学生书局 2016 年版。

③ 王南湜:《马克思主义价值论何以可能?——一个前提性的考察》,《当代中国价值观研究》2016 年第 1 期。

下，寻求人类命运共同体最大价值公约数。[①] 杨生平、李鹏则着重讨论唯物史观与解释学史观的关联与区别的问题。他们指出，一方面，正确的历史观应当具有唯物史观性质，因为马克思已经用实践概念超越并解决了“解释学处境”难题，认为解释与理解这类精神性活动只能在特定生产方式中才能得到把握，这便为真正的历史研究和发展指明了方向；另一方面，对历史问题的深入研究又必须要以解释学作为补充，只不过这是一种以马克思主义为指导的、对西方解释学理论加以批判吸收与合理改造的新型解释学。[②] 张四化对马克思辩证法当代发展的三个新趋向做了介绍，即解释学、实证化和形式化趋向。所谓解释学趋向，是指用西方解释学方法重新理解黑格尔和马克思的辩证法，认为解释学是辩证法的新型样态，二者之间具有内在一致性；实证化趋向则表现为当代辩证法研究中的“哲学—经验”的解释模式，它采纳的是实证检验和思辨反思统一的研究方法；至于辩证法的形式化，则是将辩证法的基本规律放置于所构建的形式化系统中，并通过分析、概括、解释和重建，再现辩证法在现实中的非形式原型。作者认为，这三种趋向对于开拓辩证法的新领域，推动马克思辩证法向纵深发展有重要意义。[③]

第二，诠释学与国外马克思主义。作为当代西方马克思主义的重要代表，詹姆逊从20世纪80年代开始便着手探讨“马克思主义诠释学”的问题，其理论在国内学界也得到了充分研究。在2016～2017年度有关国外马克思主义与诠释学问题的探索中，詹姆逊基于马克思主义立场的文学诠释学理论颇受关注。譬如，蒋继华着重分析了詹姆逊文学诠释学的主导符码——文本诠释过程中立基的主导框架——“生产方式”概念，认为正是借助这一概念，詹姆逊赋予文本形式以社会的、历史的内容，强调文本生产是对社会矛盾的想象性或象征性解决，揭示作为社会象征性行为的文本诠释如何进行意识形态生产的问题。[④] 张开焱对詹姆逊以“生产方式”为主符码的叙事政治阐释学做批判性考察，认为其中包含着三重缺失。其一是经济视野的极度扩张。詹姆逊将“生产方式”从经济基础范畴中提取出来，使之作为社会结构的总体性概念和主导符码，本是要避免经济基础决定论的局限，但现实情况是，在詹姆逊的多部作品中，经济因素反而以史无前例的速度和力量扩张开来，并且释放出巨大的解释能量。其二是种群视角的缺失。张开焱认为，詹姆逊诠释模型中完全忽略了种群生产的层面，而它事实上构成了人类最基本的生产活动，对社会关系、社会结构、政治体制、意识形态等领域都有重大影响。其三是叙事政

---

① 涂成林：《历史阐释中的历史事实和历史评价问题——基于马克思唯物史观的基本理论和方法》，《中国社会科学》2017年第8期。

② 杨生平、李鹏：《唯物史观与解释学历史观的根本区别及其关联》，《哲学动态》2017年第9期。

③ 张四化：《解释学、实证化、形式化：马克思辩证法当代发展的三个新趋向》，《云南大学学报》2016年第4期。

④ 蒋继华：《文本批评的“生产性”归趋——詹姆逊文学阐释学的话语模式》，《学术论坛》2016年第9期。

治阐释的盲视。导致这一问题的直接原因就是种群视角的缺失。①

四、诠释学与人文社会科学

就诠释学在人文社会科学领域的渗透、运用和拓展而言,2016～2017年度诠释学于科学、文学、法学、社会科学方法论领域表现突出。下面择要述之。

第一,科学领域。郭贵春指出,科学哲学的本质功能是在科学解释或者说明过程中实现对科学理论意义的建构,因此意义建构的途径或方式问题就成为当代科学哲学所要面对的关键问题。就此而言,郭贵春以20世纪的"语言学转向"为分析背景,强调要站在语境实在论的立场审视科学研究中意义建构的走向,通过把握意义建构的内在结构,理解意义建构的语境化特征,探索意义建构的计算化趋势来发挥语境结构的整体化功能,由此回应科学理论解释的"意义"建构如何可能的问题。② 徐英瑾从伽达默尔的"成见"观、当代心理学的"捷思法"出发,反思当代人工智能系统主流算法的缺陷。徐英瑾认为,伽达默尔"成见"观的重要价值在于弥补个体理性之不足,"成见"在很大程度上是人类个体借以获取集体智慧结晶的过程;而心理学的"捷思法"则展示出心理主体调取历史信息资源的某些心理捷径,为伽达默尔的"成见"观提供技术细节的分析。"捷思法"与"成见"理论相辅相成,从不同的视角和层面展示人类在面对复杂情况时调取信息、解决问题的过程。相比之下,当代人工智能的最大问题是,它虽然试图利用"捷思法"代替人脑处理问题,但却是摒弃了"成见"的、被歪曲的"捷思法",难以实现既定目标。③ 许继红在新作《雷蒙德·威廉斯技术解释学思想研究》中,将技术化社会文本作为研究对象和背景,探索英国学者雷蒙德·威廉斯以"媒介即文化"的本体论、"中介论"的认识论、文化唯物主义的方法论建构起来的技术诠释学理论框架,并由此切入技术诠释学的内涵,即围绕整体生活方式展开的三大批判:技术理性的社会批判、技术霸权的民主批判、工业主义的意识形态批判。④ 曹志平等所著的《科学诠释学的现象学》一书,以20世纪八九十年代在美国和欧洲形成的"诠释学的现象学科学哲学"学派为研究对象,在概括介绍该派基本观点、主要特征的基础上,对其代表人物劳斯、希兰、科克尔斯曼、伊德等的相关思想进行系统梳理,由此展示"诠释学的现象学科学哲学"学派在诠释学和现象学领域的重要贡献及其对科学哲学基础理论的巨大推动作用。⑤

---

① 张开焱:《经济视野扩张、种群视野缺失与叙事政治阐释的盲视——詹姆逊叙事政治阐释学主符码评析之七》,《武汉大学学报》(人文科学版)2016年第3期。需要说明的是,蒋继华的"文学阐释学"与张开焱的"叙事政治阐释学"指的都是詹姆逊的阐释学或诠释学理论,只是称谓上稍有不同。

② 郭贵春:《科学研究中的意义建构问题》,《中国社会科学》2016年第2期。

③ 徐英瑾:《伽达默尔的"成见"观、捷思法与人工智能》,《江西社会科学》2017年第10期。

④ 许继红:《雷蒙德·威廉斯技术解释学思想研究》,人民出版社2016年版。

⑤ 曹志平:《科学诠释学的现象学》,厦门大学出版社2016年版。

第二，文学领域。2016～2017年度文学诠释学领域的一个重要议题是由张江开启的有关"强制阐释"的争论。"强制阐释"理论于2014年提出之后在文学理论研究领域不断发酵，《学术研究》2016年特别开设"强制阐释论"研究专栏就此问题展开研讨，《社会科学战线》《社会科学辑刊》《江汉论坛》《暨南学报》《文艺研究》等也设计了相关专题，邀请国内外学者从不同学科视角发表见解，一系列更具体的论题也由此引出，譬如阐释的边界、意图的在场性、作者与文本的关系等。以上述讨论为基础，张江在2017年第6期的《学术研究》中进一步提出建构当代中国的"公共阐释"理论的主张，且视其为当代中国"阐释学"基本构架的一个核心范畴。张江将"公共阐释"理解为以普遍的历史前提为起点，以文本意义为对象，以公共理性生产出的有边界约束，且可公度的有效阐释。此论题一经提出，在学界亦引起强烈反响，包括迈克·费瑟斯通、约翰·汤普森在内的诸多国外学者都参与到这场学术研讨中，相关成果也陆续在《哲学研究》《学术研究》等刊载。① 正是在对上述论题的系列探讨中，中国当代文学理论研究领域引发出更多激越的思考，下面将择选代表性作品做简单介绍。

朱立元认为，中国的文论研究在很长一段时间内都受20世纪60年代西方现象学、存在主义和现代诠释学的影响，在对文本意义理解方面更加倾向于"读者中心论"的立场，而这同时也是当代西方文论的主流话语。就此而言，张江于2014年提出的"强制阐释"理论颇有意义，因为它试图打破国内长期流行的忽视或轻视作者意义的思潮，重新引起人们对文学活动中作者意义的关注和重视，中和"读者中心论"的过度立场。正是基于这种反思，朱立元重提文学作品意义问题，认为它应该由作者与读者双向互动、共同创造，是在作者、（作品）文本和读者三要素之间相互作用、动态流程中不断生成的。因此，文学作品的意义来源，应当是包括作者意义在内又向读者再创造意义开放的、生成性的文本意义中心论。② 金元浦撰文讨论了美国读者反映批评理论的领军人物斯坦利·费史的观点，并将其视作"读者中心论"的典型代表。概而言之，费史认为，读者、观者、接受者的感受是理解文学文本的基本方式，读者的接受活动是一切文学价值产生的本源。由此，费史构建出文本阐释的三位一体结构图式，即读者的体验方式、作品的形式因素、作者的意图结构的融混合一，而其中并不存在可被完全独立出来的作者意图，也不存在客观的作品形式，一切都是读者在阅读中体验和阐释的结果。③ 董丽云从认知、语义、语用三个维度出发，说明文本阐释的内在边界及内在机制：在认知维度上，虽然语言具有创

① 具体参见张江：《公共阐释论纲》，《学术研究》2017年第6期；张江：《"阐""诠"辨——阐释的公共性讨论之一》，《哲学研究》2017年第12期；张江、迈克·费瑟斯通：《作为一种公共行为的阐释——张江与迈克·费瑟斯通的对话》，《学术研究》2017年第11期；张江、约翰·汤普森：《公共阐释还是社会阐释——张江与约翰·汤普森的对话》，《学术研究》2017年第11期等。

② 朱立元：《略论文学作品的意义生成——一个诠释学视角的考察》，《中国社会科学》2017年第5期。

③ 金元浦：《感受文体学：客体的消失》，《南海学刊》2017年第2期。

造性,但人们会集体式、不自觉地基于语言经济原则对文本进行阐释,因此在文本关键信息的阐释方面会走向趋同;在语义维度上,借用胡塞尔的观点,虽然理念意义允许无限个别意义的存在,但仍然规定了个别意义的界限,界限之外的即为过度阐释;在语用维度上,可能的阐释可以有许多,但唯有接受语言交往共同体检验的才能成为有效阐释。在上述维度的观照下,文本阐释空间体现出界限下的创造与约束。①

2016～2017年度在诗学诠释、翻译与诠释等方面亦有不少论述与思考。李有光以《诗经》诠释为例,探讨中国诗学"合法诠释"的问题,并特别推崇董仲舒在《诗经》诠释中提出的"从变从义"的原则:所谓"从变",即解释者可以依据自己所处的历史文化语境对《诗经》进行灵活自由的理解和解释;而"从义"则是强调解释者的主观理解和解释必须顾及《诗经》中的微言大义。作者认为,唯有坚持"从变"与"从义"辩证制衡、相互统一的原则,对诗歌文本的诠释才能成为"合法诠释"②。王珊珊撰文引介在西方翻译史中产生重要影响的"诠释学翻译理论学派"的观点,并特别讨论了该学派在西方翻译理论研究方面的重要贡献:其一,以理解、解释为特征的诠释学翻译理论打破了西方翻译理论发展中"文本"和"语言"断裂的困境,使两者通过解释和理解连接为一体,从而实现翻译领域中文艺学派和语言学派的融合;其二,将翻译理论带入本体论视域,打破了翻译学历来的先验前提,即"上帝的唯一性",使得翻译研究从"规定性"走向"描述性"③。

第三,法学领域。谢晖从四个维度出发对"诠释学法学"和"法学诠释学"两个概念做了系统区分:从研究对象看,诠释学法学面对的是一切法律现象及其赖以产生、发展和变化的深层原因,而法学诠释学仅就法律现象中的一种——"法律解释现象"——进行研究;从学科分类看,诠释学法学是介于解释学哲学与法理学之间的交叉学科,而法律诠释学则是法理学的固有内容;从社会功能看,诠释学法学目的在于研讨人类关于法和法律的思维方式、思维结构,它与法律诠释学的最大不同在于后者可以直接指导人们的法律实践活动;从诠释特征看,如果说诠释学法学认可主观解释,且对任何可以自圆其说的诠释体系持开放态度的话,那么法律诠释学则偏重于客观性要求。④ 宋小海以美国著名法学家富勒的"程序自然法"学说为基础推导出法律诠释的基本任务,即"重述"法律文本的公开性内容。由此出发,作者对"重述"行为所基于的诠释方法或诠释原则进行讨论,并提出"法律文本的结构性诠释"理论。该理论认为,对任何法律文本的诠释或解释都应诉诸文义解释、目的解释、个别解释和体系解释这四种方法的结构性组合,四者之间不存在适用选择或

① 董丽云:《限度与界线:三重维度下的文本阐释研究》,《科学技术哲学研究》2016年第2期。

② 李有光:《不离〈诗〉亦不执〈诗〉——中国诗学"合法诠释"思想研究》,《华中学术》2016年第16辑。

③ 王珊珊:《"诠释学翻译理论学派"的划分及其对西方翻译理论研究的"历时性"意义》,《外语教育研究》2016年第1期。

④ 谢晖:《解释学法学与法律解释学》,《法学论坛》2016年第1期。

位阶性问题,而是作为相互联系的整体共同发挥作用。[①]

第四,社会科学方法论。长久以来,学界关于"社会科学何以可能""社会科学的认识与方法"等问题的探索与争论不绝于耳,除实证主义对这类问题的传统解答之外,哲学诠释学试图通过对社会科学前提的生存论分析,给出不同的应答方案,社会科学的哲学诠释学研究进路也由此产生。常红、曹志平撰文分析了社会科学的哲学诠释学进路之可能性及哲学奠基,并分出当前这一研究进路的两个发展方向:一者试图超越科学与人文、科学说明与人文理解之对立,走向"科学"与"人文"的融合,以实用主义的"新诠释学"和阿佩尔的"先验诠释学"为代表;另一者则是在后结构主义、系谱学与诠释学的交融中提出具有"解构"及"弱化"等后现代主义特征的哲学诠释学社会科学,以"系谱学诠释学""激进诠释学"与"弱化诠释学"为代表。常红等认为,虽然两种进路各有侧重,但都受哲学诠释学的影响而呈现出多元开放的状态,共同推动着社会科学研究的"诠释学转向""后现代转向"与"欧陆哲学与英美哲学的融通"[②]。刘剑涛系统阐述了阿尔弗雷德·舒茨社会科学理解方法的相关理论,认为它是在胡塞尔现象学基础上创造性地发展韦伯的理解社会学的结果。作者指出,舒茨一方面认同韦伯将理解方法作为社会科学研究方法的重要论断,认为社会科学的任务是通过寻找人们的行为动机理解人类行动,而韦伯倡导的"理想型"方法就成为动机探求的重要方法;另一方面,舒茨又借助胡塞尔的现象学为"理想型"探究方法提供哲学支撑,正是现象学有关经验的类型性的分析才使得"理想型"探究方法成为可能,也为社会科学打开了通往生活世界的大门。[③]

---

① 宋小海:《论法律文本的结构性解释——以富勒"程序自然法"学说为视角》,《南京大学学报》(哲学·人文科学·社会科学)2016年第6期。

② 常红、曹志平:《超越诠释:社会科学的当代哲学诠释学进路解析》,《哲学动态》2017年第5期。

③ 刘剑涛:《阿尔弗雷德·舒茨对社会科学的理解方法的现象学阐释》,复旦大学当代国外马克思主义研究中心编:《当代国外马克思主义评论》第14辑,人民出版社2017年版。

文献索引（2016～2017）

一、译著与译文

1.［德］海德格尔:《德国观念论与当前哲学的困境》,庄振华、李华译,赵卫国校,西北大学出版社 2016 年版。

2.［德］海德格尔:《海德格尔的存在哲学》,唐译编译,吉林出版集团 2016 年版。

3.［德］海德格尔:《海德格尔文集:存在论(实际性的解释学)》,何卫平译,商务印书馆 2016 年版。

4.［德］海德格尔:《海德格尔文集:存在与时间》,陈嘉映、王庆节译,商务印书馆 2016 年版。

5.［德］海德格尔:《海德格尔文集:根据律》,张柯译,商务印书馆 2016 年版。

6.［德］海德格尔:《形式显示的现象学——海德格尔早期弗莱堡著作选》,孙周兴编译,陕西人民教育出版社 2016 年版。

7.［德］海德格尔:《物的追问》,赵卫国译,上海译文出版社 2016 年版。

8.［德］海德格尔:《哲学论稿:从本有而来》,孙周兴译,商务印书馆 2016 年版。

9.［德］海德格尔:《人,诗意地栖居:超译海德格尔》,郜元宝译,北京时代华文书局 2017 年版。

10.［德］海德格尔:《海德格尔文集:什么叫思想?》,孙周兴译,商务印书馆 2017 年版。

11.［德］海德格尔:《海德格尔文集:形而上学的基本概念》,赵卫国译,商务印书馆 2017 年版。

12.［德］海德格尔:《海德格尔文集:形而上学导论》,王庆节译,商务印书馆 2017 年版。

13.［德］海德格尔:《海德格尔说存在与思》,颜东升编译,华中科技大学出版社 2017 年版。

14.［德］海德格尔:《海德格尔自述》,丁大同、沈丽妹译,天津人民出版社 2017 年版。

15. [德]伽达默尔:《哲学解释学》,夏镇平、宋建平译,上海译文出版社 2017 年版。

16. [法]保罗·利科:《爱与公正》,韩梅译,华东师范大学出版社 2016 年版。

17. [法]保罗·利科:《活的隐喻》,汪堂家译,上海世纪出版社 2016 年版。

18. [法]保罗·利科:《弗洛伊德与哲学:论解释》,汪堂家、李之喆、姚满林译,浙江大学出版社 2017 年版。

19. [法]保罗·利科:《解释的冲突》,莫伟民译,商务印书馆 2017 年版。

20. [荷兰]约斯·德·穆尔:《有限性的悲剧——狄尔泰的生命释义学》,吕和应译,三联书店 2016 年版。

21. [美]伯纳德特:《道德与哲学的修辞术》,赵柔柔、李松睿译,华东师范大学出版社 2016 年版。

22. [美]斯蒂芬·特纳:《解释规范》,贺敏年译,浙江大学出版社 2016 年版。

23. [美]理查德·维克利:《论源初遗忘——海德格尔、施特劳斯与哲学的前提》,谢亚洲、杨永强译,华夏出版社 2016 年版。

24. [芬兰]冯·赖特:《解释与理解》,张华译,浙江大学出版社 2016 年版。

25. [澳]芭芭拉·波尔特:《海德格尔眼中的艺术》,章辉译,重庆大学出版社 2016 年版。

26. [美]成中英、冯俊主编:《为中国哲学立法——西方哲学视域中先秦哲学合法性研究》,中国人民大学国际中国哲学与比较哲学研究中心译,中国人民大学出版社 2016 年版。

27. [美]成中英:《成中英文集》,中国人民大学出版社 2017 年版。

28. [美]施特劳斯:《修辞、政治与哲学:柏拉图〈高尔吉亚〉讲疏》,李致远译,华东师范大学出版社 2017 年版。

29. [英]威廉姆·奥斯维特:《新社会科学哲学:实在论、解释学和批判理论》,殷杰等译,科学出版社 2017 年版。

30. [德]海德格尔:《黑皮本》之《思索与提示》(下)、《思索》(上),靳希平译,赵敦华主编:《外国哲学》第 33 辑,商务印书馆 2017 年版。

31. [德]海德格尔:《亚里士多德的此在与为真——对〈尼各马可伦理学〉第六卷的诠释》,罗雨泽译,《中国现象学与哲学评论》2017 年第 2 期。

32. [德]伽达默尔:《历史意识问题》(上)(下),王鑫鑫译,鲁旭东校,《世界哲学》2016 年第 4、5 期。

33. [德]伽达默尔:《怀疑的解释学》,何卫平译,《世界哲学》2017 年第 5 期。

34. [德]君特·菲加尔:《在辩证法前的畏缩——论海德格尔在〈论智者篇〉中的柏拉图阐释》,贺念译,《中国现象学评论》2016 年第 1 期。

35. [美]约翰·萨利斯:《聚集的语言:海德格尔与日本人的对话》,张振华译,《同济大学学报》(社会科学版)2016 年第 1 期。

36. [美]伯特·霍普金斯:《基础本体论的组合学预设:存在作为整体具有总体

意义》,黄蕾译,朱亚光校,《晋阳学刊》2016 年第 2 期。

37. [美]斯蒂文·希克斯:《尼采、海德格尔与福柯:虚无主义与超越》,罗久译,《德国哲学》2016 年上半年卷。

38. [美]托马斯·帕威尔:《批评的宽度》,潘雯译,《文艺研究》2016 年第 8 期。

39. [德]西格丽德·威格尔:《文学、文学批评及文本可读性的历史指数》,薛原译,《文艺研究》2016 年第 8 期。

40. [法]科莱特·卡莫兰:《源出"法国理论"文学批评的"强制阐释"》,涂卫群译,《文艺研究》2016 年第 8 期。

41. [俄]瓦基姆·波隆斯基:《作为"阐释病"的经院派文艺学——兼论学科界限的悖论性》,刘文飞译,《文艺研究》2016 年第 8 期。

42. [美]伯特·C. 霍普金斯:《统一性和多样性意义上的表象》,黄蕾译,《甘肃社会科学》2017 年第 1 期。

43. [美]威廉·欧文:《意图论与作者建构》,杨建国译,《社会科学战线》2017 年第 2 期。

44. [美]艾伦海·玛特:《话语诠释学:跨多学科的探索》,肖琳、何薇译,《长安大学学报》(社会科学版)2017 年第 3 期。

45. [德]海因茨·德吕格:《复杂性:关于一个古典美学概念的评论》,《中国社会科学》2017 年第 5 期。

二、论著与论文

1. 潘德荣:《西方诠释学史》,北京大学出版社 2016 年版。

2. 何卫平:《理解之理解的向度——西方哲学解释学研究》,人民出版社 2016 年版。

3. 赵卫国:《海德格尔思想的多维透视》,人民出版社 2016 年版。

4. 倪梁康:《海德格尔的希腊解释》,《中国现象学与哲学评论》第 18 辑,上海译文出版社 2016 年版。

5. 倪梁康:《胡塞尔与海德格尔——弗莱堡的相遇与背离》,商务印书馆 2016 年版。

6. 黄小洲:《伽达默尔教化解释学研究》,人民出版社 2016 年版。

7. 李永刚:《历史主义与解释学》,人民出版社 2016 年版。

8. 陈忠:《在历史与解释之间》,人民出版社 2016 年版。

9. 李孟国:《无蔽之真——海德格尔真理问题研究》,南开大学出版社 2016 年版。

10. 梅景辉:《生存解释学研究》,中国人民大学出版社 2016 年版。

11. 郭文成:《海德格尔晚期美学思想研究》,人民出版社 2016 年版。

12. 陈常燊:《彻底解释的知识论》,上海人民出版社 2016 年版。

13. 张振华:《斗争与和谐:海德格尔对早期希腊思想的阐释》,商务印书馆 2016 年版。

14. 沈清松:《从利玛窦到海德格尔》,华东师范大学出版社 2016 年版。

15. 曹志平等:《科学诠释学的现象学》,厦门大学出版社 2016 年版。

16. 许继红:《雷蒙德·威廉斯技术解释学思想研究》,人民出版社 2016 年版。

17. 杨乃乔:《中国经学诠释学与西方诠释学》,百家出版社 2016 年版。

18. 成中英、梁涛:《极高明而道中庸——四书的思想世界》,中国社会科学出版社 2016 年版。

19. 黄俊杰:《东亚儒家人文精神》,(台北)台湾大学出版中心 2016 年版。

20. 黄俊杰:《儒家思想与中国历史思维》,华东师范大学出版社 2016 年版。

21. 黄俊杰:《思想史视野中的东亚》,(台北)台湾大学出版中心 2016 年版。

22. 景海峰:《儒学的现代转化:景海峰学术论集》,孔学堂书局 2016 年版。

23. 景海峰:《经典诠释与当代中国哲学》,商务印书馆 2016 年版。

24. 景海峰:《儒学的历史叙述与当代重构》,人民出版社 2016 年版。

25. 吴汝钧:《从诠释学与天台学说起》,(台北)台湾学生书局 2016 年版。

26. 林安梧:《人文学方法论:诠释学的存有学探源》,上海人民出版社 2016 年版。

27. 康宇:《儒家诠释学研究》,黑龙江大学出版社 2016 年版。

28. 胡晓明:《中国文论的诠释学传统》,华东师范大学出版社 2016 年版。

29. 孙雪瑛:《聊斋志异:诠释学视域下的聊斋志异翻译研究》,三联书店 2016 年版。

30. 谢晖:《法律的意义追问:诠释学视野中的法哲学》,法律出版社 2016 年版。

31. 王明利、王叶刚:《法律解释学读本》,江苏人民出版社 2016 年版。

32. 亓光:《政治诠释学视域中的公正问题研究》,人民出版社 2016 年版。

33. 洪汉鼎、傅永军:《中国诠释学》第 13 辑,山东人民出版社 2016 年版。

34. 陈嘉映:《海德格尔哲学概论》,商务印书馆 2017 年版。

35. 彭启福:《理解、解释与文化——诠释学方法论及其应用研究》,人民出版社 2017 年版。

36. 王庆节、张任之:《海德格尔:翻译、解释与理解》,三联书店 2017 年版。

37. 赖贤宗:《实践与诠释——费希特、黑格尔与诠释学论康德伦理学》,人民出版社 2017 年版。

38. 闻骏:《不断追问中的人神关系——施莱尔马赫思想研究》,人民出版社 2017 年版。

39. 张东锋:《判断与存在:海德格尔早期判断学说研究》,社会科学文献出版社 2017 年版。

40. 师庭雄:《海德格尔的惟一之思:存在》,中国社会科学出版社 2017 年版。

41. 李承贵:《哲学的解释与解释的哲学》,中国社会科学出版社 2017 年版。

42. 刘晓枫:《海德格尔与中国》,华东师范大学出版社 2017 年版。

43. 黄俊杰:《东亚儒家仁学史论》,(台北)台湾大学出版中心 2017 年版。

44. 林安梧:《儒佛道三家思想与二十一世纪人类文明》,山东人民出版社 2017 年版。

45. 林安梧:《林安梧访谈录——后新儒家的焦思与苦索》,山东人民出版社 2017 年版。

46. 杨效雷:《诠释学视野下的易学》,华南理工大学出版社 2017 年版。

47. 曹志平:《科学解释与社会理解——当代西方社会科学哲学研究》,厦门大学出版社 2017 年版。

48. 洪汉鼎、傅永军:《中国诠释学》第 14 辑,山东人民出版社 2017 年版。

49. 倪梁康:《胡塞尔与海德格尔的历史问题——历史哲学的现象学—存在论向度》,《西南政法大学学报》2016 年第 1 期。

50. 邹诗鹏:《海德格尔的 Ereignis:人之"无"》,《现代哲学》2016 年第 1 期。

51. 黄旺:《作为论证、争执、虚构与深度的现象学》,《学术研究》2016 年第 1 期。

52. 李昕桐:《新现象学视域下的海德格尔早期"情境"思想探析》,《求是学刊》2016 年第 1 期。

53. 陈勇:《海德格尔论哲学作为元科学》,《厦门大学学报》(哲学社会科学版)2016 年第 1 期。

54. 王丽娜:《回到自身 回到意志——保罗·利科一直哲学视域中的自身诠释学探略》,《廊坊师范学院学报》(社会科学版)2016 年第 1 期。

55. 王骏:《〈斐莱布篇〉对伽达默尔哲学诠释学的影响——隐于"一体性"问题中的理解之路》,《西南科技大学学报》(哲学社会科学版)2016 年第 1 期。

56. 黄海峰:《从经验主义到效果历史——对伽达默尔哲学诠释学建构的一种解读》,《社科纵横》2016 年第 1 期。

57. 曲立伟:《论海德格尔与伽达默尔在诠释学问题上的分歧》,《齐齐哈尔大学学报》(哲学社会科学版)2016 年第 1 期。

58. 申晓旭、殷杰:《语境论视阈下的理解与解释之争》,《科学技术哲学研究》2016 年第 1 期。

59. 傅永军:《再论东亚儒学的建构逻辑——依黄俊杰的相关论述为中心》,《周易研究》2016 年第 1 期。

60. 康宇:《朱熹经学诠释视角下的工夫论》,《哲学动态》2016 年第 1 期。

61. 郭齐勇:《〈礼记〉哲学诠释的四个向度——以〈礼运〉〈王制〉为中心的讨论》,《复旦学报》(社会科学版)2016 年第 1 期。

62. 姜哲:《经典诠释与信仰重建——中国传统经学现代化的三种路向》,《湖南大学学报》(社会科学版)2016 年第 1 期。

63. 邢琳:《方法与意义:语用诠释学视角下的儒家法文化》,《原道》2016 年第 1 期。

64. 曹庆娣:《“后—”世界中的意识形态批判如何可能？——以齐泽克的先验想象力解释为视角》,《学术交流》2016 年第 1 期。

65. 吴三喜:《“历史自我”与“哲学自我”——论海德格尔与维特根斯坦早期思想的亲近性》,《内蒙古大学学报》(哲学社会科学版)2016 年第 1 期。

66. 韩晶太:《论“名句”呈现“境界”——中国诗学阐释学重构的一种模型》,《甘肃社会科学》2016 年第 1 期。

67. 张晶:《中国古代文论阐释的多元向度与价值判断》,《甘肃社会科学》2016 年第 1 期。

68. 杨果:《论阐释的有效性:“阐释循环”与钱锺书诗学》,《浙江工商大学学报》2016 年第 1 期。

69. 王林生:《“解释——接受反映批评范式”的出场和生成》,《学术评论》2016 年第 1 期。

70. 张江等:《关于“强制阐释论”的对话》,《南方文坛》2016 年第 1 期。

71. 王珊珊:《“诠释学翻译理论学派”的划分及其对西方翻译理论研究的“历时性”意义》,《外语教育研究》2016 年第 1 期。

72. 沈语冰:《艺术史的人文主义基础——再论海德格尔—夏皮罗—德里达之争》,《文艺研究》2016 年第 1 期。

73. 谢晖:《解释学法学与法律解释学》,《法学论坛》2016 年第 1 期。

74. 胡敏:《柯克解释学与〈大宪章〉神话》,《中国法律传统》2016 年第 1 期。

75. 郑震:《论实证主义与解释学的方法论争论》,《天津社会科学》2016 年第 1 期。

76. 王小燕、常红:《理解与诠释的辩证运动与哲学诠释学社会科学观发展》,《湖南科技学院学报》2016 年 1 月。

77. 邹诗鹏:《海德格尔“虚无的存在学”的三个进路》,《江苏社会科学》2016 年第 2 期。

78. 郭贵春:《科学研究中的意义建构问题》,《中国社会科学》2016 年第 2 期。

79. 何小平:《胡塞尔“意向性”:“审美无区分”的现象学思想基础》,《甘肃理论学刊》2016 年第 2 期。

80. 黄毅:《施莱尔马赫与安瑟伦的上帝存在本体论证明》,《武汉科技大学学报》(社会科学版)2016 年第 2 期。

81. 文晗:《存在的意义如何转向存在的真？——论海德格尔的思想转向》,《北京社会科学》2016 年第 2 期。

82. 田海华:《赛哥维亚的后殖民圣经诠释》,《宗教学研究》2016 年第 2 期。

83. 洪汉鼎:《横跨中外 通达古今——诠释学与中国传统哲学现代转型的反思》,《文史哲》2016 年第 2 期。

84. 马纳克:《詹姆逊后现代文化理论之语言哲学解析》,《求索》2016 年第 2 期。

85. 刘欣:《叙述的伦理性如何可能——评保罗 · 利科〈作为一个他者的自

身〉》,《文艺研究》2017 年第 2 期。

86. 董丽云:《限度与界线:三重维度下的文本阐释研究》,《科学技术哲学研究》2016 年第 2 期。

87. 张江、哈派姆:《多元阐释须以文本“自在性”为依据——张江与哈派姆关于文艺理论的对话》,《文艺争鸣》2016 年第 2 期。

88. 张叶鸿:《现象学、阐释学、接受美学和中国阐释理论建构》,《文学理论前沿》2016 年第 2 期。

89. 陈芸:《“神话诗学的回转”?——论伽达默尔对〈杜伊诺哀歌〉的诠释》,《浙江学刊》2016 年第 2 期。

90. 邱健:《猜测肖像与相信事物——萨义德流亡诗学的诠释学再现》,《东吴学术》2016 年第 2 期。

91. 邹定霞:《〈四溟诗话〉的阐释学思想探析》,《杜甫研究学刊》2016 年第 2 期。

92. 顾晓燕:《翻译的迂回——论保罗 · 利科的翻译范式》,《中国翻译》2016 年第 2 期。

93. 刘华文、叶君武:《刍议汉学域界内的哲学典籍译释学研究》,《中国翻译》2016 年第 2 期。

94. 周婧景、严建强:《阐释系统:一种强化博物馆展览传播效应的新探索》,《东南文化》2016 年第 2 期。

95. 吴迪:《国际法语境下的法律解释:服从与创造》,《北京邮电大学学报》(社会科学版)2016 年第 2 期。

96. 侯李游美:《伽达默尔“游戏”理论对高校艺术教育的启示》,《贵州大学学报》(艺术版)2016 年第 2 期。

97. 李颖:《哲学解释学对人文社会科学的启示》,《中共南昌市委党校学报》2016 年第 2 期。

98. 胥志强:《“生活转向”的解释学意图》,《民间文化论坛》2016 年第 2 期。

99. 潘德荣:《什么是“从诠释学的观点看”?》,《天津社会科学》2016 年第 3 期。

100. 陶永生:《阐释的边界——新阐释学视野下格林布莱特“文本阐释”论与利科“文本占有”论的间性弥合》,《东岳论丛》2016 年第 3 期。

101. 张沛:《阐释的僭政与意义的流亡Ⅱ:施特劳斯 vs. 伽达默尔》,《中山大学学报》(社会科学版)2016 年第 3 期。

102. 王宏健:《领会生活与具体哲学——海德格尔实际性解释学的发生史及意义》,《海南大学学报》(人文社会科学版)2016 年第 3 期。

103. 陈海飞:《理解标准析论》,《安徽师范大学学报》(人文社会科学版)2016 年第 3 期。

104. 刘欣:《保罗 · 利科的“话语事件”思想》,《安徽师范大学学报》(人文社会科学版)2016 年第 3 期。

105. 朱桃香:《翁伯托·艾柯读者理论的符号学解读》,《湘潭大学学报》(哲学社会科学版)2016 年第 3 期。

106. 陈通造:《康德美学的诠释学解读:伽达默尔美学思想渊源新论》,《新疆大学学报》(哲学人文社会科学版)2016 年第 3 期。

107. 张浩军:《Interpretation:对"诠释"的诠释》,《现代哲学》2016 年第 3 期。

108. 黄艳彬:《艾柯的符号学阐释观研究》,《安徽职业技术学院学报》2016 年第 3 期。

109. 李岩:《伽达默尔解释学中的精神科学方法论问题》,《经济与社会发展》2016 年第 3 期。

110. 饶静:《布道与神话:弗莱论信与可信性》,《文艺研究》2016 年第 3 期。

111. 黄俊杰:《"东亚儒学"的视野及其方法论问题》,《杭州师范大学学报》(社会科学版)2016 年第 3 期。

112. 景海峰:《经典的原义及其扩展性——以儒家经典诠释为例》,《湖南大学学报》(社会科学版)2016 年第 3 期。

113. 李清良、夏亚平:《从"诠释学"到"诠释之道"——中国诠释学研究的合法性依据与发展方向》,《湖南大学学报》(社会科学版)2016 年第 3 期。

114. 黄俊杰:《东亚儒学经典研读的方法论及其现代启示》,《史学集刊》2016 年第 3 期。

115. 彭启福、李后梅:《从"经学"走向"经典诠释学"》,《天津社会科学》2016 年第 3 期。

116. 刘梁剑:《论郭象〈庄子注〉中的"寄言出意"与"忘言寻旨"——以经典诠释学为视域》,《天津社会科学》2016 年第 3 期。

117. 耿芳朝:《论中国古代经典诠释传统的流与变》,《人文天下》2016 年第 3 期。

118. 张凯、彭启福:《从理论哲学到实践哲学——论新中国成立后劳动价值论诠释范式的走向》,《河南社会科学》2016 年第 3 期。

119. 张开焱:《经济视野扩张、种群视野缺失与叙事政治阐释的盲视——詹姆逊叙事政治阐释学主符码评析之七》,《武汉大学学报》(人文科学版)2016 年第 3 期。

120. 刘洋:《翻译批评的阐释学解读》,《外国语言文学》2016 年第 3 期。

121. 邱健:《音乐建构的原典与原野——施光南音乐的现象学诠释学反思》,《东吴学术》2016 年第 3 期。

122. 刘黎明:《西方自然主义教育思想当代价值研究的"解释学循环"》,《贵州大学学报》(社会科学版)2016 年第 3 期。

123. 尤泽顺:《哈贝马斯哲学社会学思想对批评话语分析的影响》,《话语研究论丛》2016 年第 3 辑。

124. 王庆节:《"先验想象力"抑或"超越论形象力"——海德格尔对康德先验想

象力概念的解释与批判》,《现代哲学》2016 年第 4 期。

125. 彭启福:《走出我国诠释学研究的“伽达默尔框架”》,《山东大学学报》(哲学社会科学版)2016 年第 4 期。

126. 谢文郁:《文本诠释与哲学史研究》,《文史哲》2016 年第 4 期。

127. 王建辉:《动态的身体:身体—身体化——海德格尔〈泽利康讲座〉中的身体现象学》,《世界哲学》2016 年第 4 期。

128. 朱松峰:《解析为什么〈存在与时间〉成了断简——以实际生活经验为视角》,《清华大学学报》(哲学社会科学版)2016 年第 4 期。

129. 岑亚霞:《论安贝托・艾柯的诠释限度》,《学术交流》2016 年第 4 期。

130. 李兆勇:《海德格尔论重提存在问题的必要性》,《湖北社会科学》2016 年第 4 期。

131. 魏琴:《当代德国思潮中的两种传统观——伽达默尔和哈贝马斯之传统理解》,《关东学刊》2016 年第 4 期。

132. 冯君妍:《伽达默尔与列奥・施特劳斯之争》,《荆楚学刊》2016 年第 4 期。

133. 刘磊:《双层范式与科学传统改变——库恩科学革命理论的新解读》,《自然辩证法通讯》2016 年第 4 期。

134. 王晨光:《从语境学走出经学危机——施莱尔马赫释经方法的启示》,《西安外国语大学学报》2016 年第 4 期。

135. 景海峰:《经典解释与“学统”观念之建构》,《哲学研究》2016 年第 4 期。

136. 杨东东、傅永军:《作为过程之东亚儒学的诠释学建构》,《山东大学学报》(哲学社会科学版)2016 年第 4 期。

137. 周光庆:《王夫之〈张子正蒙〉诠释方法论初探》,《宝鸡文理学院学报》(社会科学版)2016 年第 4 期。

138. 郭亚雄:《从“兴起”到“感发”:“兴于〈诗〉命题阐释的问答逻辑”》,《河北学刊》2016 年第 4 期。

139. 康宇:《论儒家“以心释经”方法的确立与变迁——以孟子、象山、阳明之学为中心》,《华侨大学学报》(哲学社会科学版)2016 年第 4 期。

140. 李有光:《不离〈诗〉亦不执〈诗〉——中国诗学“合法诠释”思想研究》,《华中学术》2016 年第 4 期。

141. 张四化:《解释学、实证化、形式化:马克思辩证法当代发展的三个新趋向》,《云南大学学报》2016 年第 4 期。

142. 朱荣英:《马克思实践诠释学的阐释定向及其存在论意义》,《河南教育学院学报》(哲学社会科学版)2016 年第 4 期。

143. 张洁:《阐释学视阈下阿瑟・韦利的诗歌译介》,《江苏社会科学》2016 年第 4 期。

144. 李有光:《悬象见义:古典诗歌意向的解释学旨归》,《深圳大学学报》(人文社会科学版)2016 年第 4 期。

145. 刘畅:《阐释学理论视野下译者主体性的彰显》,《上海翻译》2016 年第 4 期。

146. 李宝玉:《诠释学取径下的跨文化传播误读现象分析》,《文化与传播》2016 年第 4 期。

147. 李广德:《法律文本理论与法律解释》,《国家监察学院学报》2016 年第 4 期。

148. 王成军:《论“视域融合”与历史比较的关联和意义》,《四川大学学报》(哲学社会科学版)2016 年第 4 期。

149. 潘德荣:《作为理解之艺术的诠释学》,《哲学研究》2016 年第 5 期。

150. 吴晓明:《现代形而上学的本体论批判:马克思与海德格尔》,《现代哲学》2016 年第 5 期。

151. 吴晓明:《论阐释的客观性》,《哲学研究》2016 年第 5 期。

152. 张能为:《伽达默尔实践哲学中的“友谊”问题沉思》,《山东大学学报》(哲学社会科学版)2016 年第 5 期。

153. 陈治国:《洞穴比喻的三种解释方案及其一般方法论原理——以海德格尔的解释为重心》,《天津社会科学》2016 年第 5 期。

154. 杨生平:《论哈贝马斯对伽达默尔解释学的批判》,《哲学动态》2016 年第 5 期。

155. 李永刚:《论兰克历史主义的二重性》,《北方论坛》2016 年第 5 期。

156. 周光庆:《胡适〈墨子 · 小取〉诠释方法论新探》,《兰州学刊》2016 年第 5 期。

157. 陶清:《戴震哲学思想研究——以〈孟子字义疏证〉为个案》,《孔子研究》2016 年第 5 期。

158. 黎慧强:《诠释与过度诠释——以解经者的历史性视角检视方玉润〈诗经原始〉的诠释特质》,《湖北民族学院学报》(哲学社会科学版)2016 年第 5 期。

159. 张一兵、张琳:《作者—文本—读者》,《广西大学学报》(哲学社会科学版)2016 年第 5 期。

160. 段江丽:《〈红楼梦〉早期脂批的阐释学意义》,《红楼梦学刊》2016 年第 5 辑。

161. 单小曦:《从“反本质主义”到“强制阐释论”——中国当代文艺学的“本质论”迷失及其理论突围》,《山东大学学报》(哲学社会科学版)2016 年第 5 期。

162. 陈家晃、刘成萍:《不可译性:西方现代哲学的四个传统阐释》,《石河子大学学报》(哲学社会科学版)2016 年第 5 期。

163. 陈新坤:《音乐诠释学的三种意义取向》,《音乐研究》2017 年第 5 期。

164. 毛安翼、吴寒柳:《法律解释学的主观主义批评与哲学解释学的回应》,《北京理工大学学报》(社会科学版)2016 年第 5 期。

165. 吴辉:《论迪尔凯姆对实证社会哲学传统的批判性理解及意义》,《山东大学学报》(哲学社会科学版)2016 年第 5 期。

166. 赵全洲:《理解的实践与交往的实践》,《牡丹江师范学院学报》(哲社版)2016 年第 6 期。

167. 郭建莉:《解释学视域下的语言存在论》,《长白学刊》2016 年第 6 期。

168. 莫斌:《实践理性与启蒙精神的复归——以爱尔兰根学派的研究纲要及其方法论为例》,《华中师范大学学报》(人文社会科学版)2016 年第 6 期。

169. 李新:《经验性及经验的回归与超越——"历验""体验"与"经验"的比较辨析》,《东北师大学报》(哲学社会科学版)2016 年第 6 期。

170. 景海峰:《论"以传解经"与"以经解经"——现代诠释学视域下的儒家解经方法》,《学术月刊》2016 年第 6 期。

171. 韩星:《中国传统经典诠释与中国哲学史研究——以儒家为中心的考察》,《现代哲学》2016 年第 6 期。

172. 李有光:《知者不言 言者不知——论道家语言哲学与中国诗学多元理解之关联》,《福建论坛》(人文社会科学版)2016 年第 6 期。

173. 张亚东、杨栋:《"尽信〈书〉,则不如无〈书〉"——孟子经典阐释中的疑古精神》,《河北师范大学学报》(哲学社会科学版)2016 年第 6 期。

174. 王红:《"述而不作"与解构主义:经典传承的两种诠释路径》,《深圳大学学报》(人文社会科学版)2016 年第 6 期。

175. 杜敏:《语言传意视角下典籍注释活动的特质》,《陕西师范大学学报》(哲学社会科学版)2016 年第 6 期。

176. 马一冰、李晓进:《融合与创新:韦卓民论东西方文化交流——基于罗尔斯和伽达默尔哲学思想的一种解读》,《世界哲学》2016 年第 6 期。

177. 林子淳、欧光安:《中西典籍的"创造性相遇"——同济大学博士生导师林子淳教授访谈》,《社会科学家》2016 年第 6 期。

178. 刘宇兰:《主体性诠释:以意识形态为视角》,《理论月刊》2016 年第 6 期。

179. 董海滨:《复杂视角下的文化身份——跨文化传播学诠释学派文化身份理论》,《西北大学学报》(哲学社会科学版)2016 年第 6 期。

180. 李茂盛、尹小烽:《论伽达默尔的艺术观——从〈真理与方法〉谈起》,《文艺评论》2016 年第 6 期。

181. 陈新坤:《论音乐诠释学的起因、诉求与历程》,《南京师大学报》(社会科学版)2017 年第 6 期。

182. 宋小海:《论法律文本的结构性解释——以富勒"程序自然法"学说为视角》,《南京大学学报》(哲学・人文科学・社会科学)2016 年第 6 期。

183. 王彬:《"法律解释"与"法律诠释"之术语辨析》,《中国科技术语》2016 年第 6 期。

184. 王琳:《论我国指导性案例的效力——基于实践诠释方法论的思考》,《四川师范大学学报》(社会科学版)2016 年第 6 期。

185. 王成军:《同与异的对立与统一——论视域融合的历史比较的关联与融通》,《北京师范大学学报》(社会科学版)2016 年第 6 期。

186. 张中:《想象的辩证法——论后理论时代的文艺阐释学》,《南京社会科学》2016 年第 7 期。

187. 毛宣国:《强制阐释批判与中国文论重建》,《学术研究》2016 年第 7 期。

188. 韩振文:《分析法学与法诠释学的对垒破除及其反思——以德沃金的法律解释观为例》,《河北法学》2016 年第 7 期。

189. 李蒙、吴玉平:《科学的解释与解释学的逻辑》,《自然辩证法研究》2016 年第 8 期。

190. 曾春海:《论冯友兰、方东美对老子形而上学之诠释》,《哲学与文化》2016 年第 8 期。

191. 方汉文:《中国儒学的马克思主义阐释》,《上海文化》2016 年第 8 期。

192. 杜明业:《当代马克思主义阐释:詹姆逊如是说》,《上海文化》2016 年第 8 期。

193. 陶永生:《理论之后? 传统之后? ——间性视域下西方“新历史(后传统)”主义诠释观批判与反思研究》,《福建论坛》(人文社会科学版)2016 年第 8 期。

194. 张江:《强制阐释的独断论特征》,《文艺研究》2016 年第 8 期。

195. 熊海洋、周计武:《文学批评的阐释伦理》,《学术研究》2016 年第 8 期。

196. 朱清华:《海德格尔存在视野下的人的本质》,《哲学动态》2016 年第 9 期。

197. 曹沛权、王兴国:《徐复观诠释学思想探要》,《汕头大学学报》(人文社会科学版)2016 年第 9 期。

198. 杨乃乔:《口传注经与诠释史的真值性——兼论公羊学的诠释学传统和体例及其他》(上)(下),《学术月刊》2016 年第 9、10 期。

199. 桑明旭:《解释学与“理解马克思”的科学立场》,《湖北社会科学》2016 年第 9 期。

200. 蒋继华:《文本批评的“生产性”归趋——詹姆逊文学阐释学的话语模式》,《学术论坛》2016 年第 9 期。

201. 张江:《“意图”在不在场》,《社会科学战线》2016 年第 9 期。

202. 吴晓明:《历史事物中的主观意图及其客观阐释》,《社会科学战线》2016 年第 9 期。

203. 康太一:《隐形的翅膀——阐释学视域下的翻译》,《读书》2016 年第 9 期。

204. 李燕霞、曾文雄:《论“诠释熵”与诠释的开放性》,《广东技术师范学院学报》(社会科学版)2016 年第 9 期。

205. 姜永志、白晓丽:《论心理学历史的编纂与解读——基于解释学的立场》,《心理研究》2016 年第 9 期。

206. 陈志丹:《从文本到行动:利科自我诠释学的扩展与深化》,《哲学研究》2016 年第 10 期。

207. 宋阳:《伽达默尔诗性思想的古希腊渊源研究》,《乐山师范学院学报》2016年第10期。

208. 兰浩:《哲学解释学与朱熹诚信思想考论》,《海南师范大学学报》(社会科学版)2016年第10期。

209. 孔凡娟:《探究审美价值的生成——以阐释学理论为讨论视角》,《学术界》2016年第10期。

210. 曾军:《20世纪西方文论阐释中国问题的三种范式》,《学术研究》2016年第10期。

211. 高晓文、于伟:《狄尔泰为教育学"指明"了什么》,《教育理论与实践》2016年第10期。

212. 胡军良:《现代西方哲学的"对话"之维:从布伯、伽达默尔到哈贝马斯》,《浙江社会科学》2016年第11期。

213. 莫斌:《关于海德格尔的"存在论差异"问题》,《山东社会科学》2016年第11期。

214. 刘毅青:《讽喻:解构批判下的中国观建构是否可能?》,《文艺研究》2016年第11期。

215. 张江:《前见是不是立场》,《学术月刊》2016年第11期。

216. 何光顺:《解释即生成——强制阐释论的生存论指向》,《学术研究》2016年第11期。

217. 徐苗苗:《话语间性:商务话语实践的诠释学分析》,《学术交流》2016年第11期。

218. 林忠军:《清代易学演变及其哲学思考》,《社会科学战线》2016年第12期。

219. 杨生平、刘龙伏:《论利科对马克思主义意识形态理论的批判》,《江汉论坛》2016年第12期。

220. 黄莎、周计武:《游移的边界——论文学阐释学的开放性》,《南京社会科学》2016年第12期。

221. 李广德:《抑制与张扬:法律解释活动中的张力现象》,《法学杂志》2016年第12期。

222. 何卫平:《伽达默尔的解释学与康德的判断力》,《德国哲学》2016年下半年卷。

223. 姜韦:《布尔特曼"解神话"之"解"的三重解释学意涵——兼论"解神话"与启蒙运动和海德格尔的关系》,《德国哲学》2016年下半年卷。

224. 杨浩:《汤一介创建中国解释学的构想》,《儒家典籍与思想研究》2016年第00辑。

225. 赵中伟:《〈周易〉经传如何诠释与转化?——以"乾""坤"到"乾元""坤元"为例》,《周易文化研究》2016年第00期。

226. 陈辉:《法律的诠释学构造和价值——兼论"应然"与"实然"之间界限的消

融》,《法律方法与法律思维》2016 年第 00 期。

227. 梁慧:《孟子的经典诠释方法与圣经释义学——以民国儒家基督徒吴雷川的圣经解读策略为例》,《基督教思想评论》2016 年第 21 辑。

228. 黄筱慧:《当代诠释学视野下的存有与表诠》,《哲学与文化》2016 年第 1 期 1 月。

229. 汪文圣:《对生命反思所表现的“记号”与“信号”——胡塞尔与海德格的差异》,《哲学与文化》2016 年第 1 期。

230. 李京佩:《接受与诠释:元好问“论诗绝句”探析》,《远东通识学报》2016 年第 1 期。

231. 陆永胜:《王阳明“以心解佛”及其诠释学省察》,《鹅湖月刊》2016 年第 488 期。

232. 宋灏:《介于翻译和身体模拟之间的诠释学》,《东吴哲学学报》2016 年第 33 期。

233. 韩晓华:《论牟宗三对“哲学语言”的理解:从牟译〈名理论〉来看》,《台湾大学哲学评论》2016 年第 51 期。

234. 伍振动:《先秦〈中庸〉文本的形成及解读问题》,《台大中文学报》2016 年第 52 期。

235. 刘希珍:《论王昌龄〈诗格〉的三境——对中国学界两大诠释取向的检讨》,《中国学术年刊》2016 年第 38 期。

236. 潘德荣:《文本诠释与实践智慧》,《宗教哲学》2016 年季刊第 76 期。

237. 王志希:《道成肉身的政治诠释学:丁光训的福音书诠释、耶稣形象及挪用》,《成大历史学报》2016 年第 50 期。

238. 王佳琪:《政治诠释与情欲转移:论晚晴至 1940 年代〈牡丹亭〉的接受情况》,《清华中文学报》2016 年第 15 期。

239. 周大兴:《本体与实体:汤用彤的魏晋玄学诠释与西学》,《鹅湖学志》2016 年第 56 期。

240. 蔡家和:《朱子的孟学诠释特征》,《中正汉学研究》2016 年第 27 期。

241. 黄忠慎:《王安石〈诗经新义〉的诠经进路及其以礼法解〈诗〉析评》,《中正汉学研究》2016 年第 27 期。

242. 关启匡:《当代马来西亚儒家思想的批判与反思——论“实存历史性”的“解构”与“原初根源性”的“重启”》,《当代儒学研究》2016 年第 20 期。

243. 杨祖汉:《朝鲜儒者田良齐对朱子思想的理解——比较牟宗三先生的说法》,《中正汉学研究》2016 年第 1 期。

244. 汪文圣:《从“原初理性”生成“原初语言”来谈文化的再造——从海德格尔早期的讨论出发来看》,《哲学与文化》2016 年第 7 期。

245. 吴俊业:《循环与差异——前期海德格尔与现象学的隐蔽性问题》,《哲学与文化》2016 年第 7 期。

246. 曾春海:《论冯友兰、方东美对老子形而上学之诠释》,《哲学与文化》2016年第8期。

247. 钮则圳:《经典与诠释的互动——宋翔凤〈孟子赵注补正〉解经方法探析》,《鹅湖月刊》2016年第494期。

248. 江嘉丞:《论唐君毅诠释王船山人文化成之"即气言理"进路》,《鹅湖月刊》2016年第494期。

249. 罗圣堡:《胡渭〈易图明辨〉之论辩脉络及经典诠释》,《台大中文学报》2016年第54期。

250. 陈荣华:《罗逊的脉络重整与高达美的视域融合》,《台湾大学哲学评论》2016年第52期。

251. 廖启宏:《"知音"涵蕴新探——从两路传统诠释到现代认知神经科学的诠释》,《"中央"大学人文学报》2016年第62期。

252. 林乐昌:《论朱熹的〈西铭〉诠释模式——以"理一分殊"为标志》,《哲学与文化》2016年第10期。

253. 陆敬忠:《从信仰至体系:宗教诠释学之基源与发展》,《哲学与文化》2016年第12期。

254. 黄筱慧:《吕格尔之叙事认同与勾勒形构神圣者研究》,《哲学与文化》2016年第12期。

255. 田海华:《特雷波的女性主义圣经诠释及其神学》,《道风:基督教文化评论》2016年第45A期。

256. 方格正、李佩怡:《诠释现象心理学方法论之整理与补充》,《本土心理学研究》2016年第46期。

257. 严玮泓:《〈大智度论〉如何影响中国佛学的诠释?——以吉藏为例》,《哲学与文化》2016年第12期。

258. 李瑞全:《实践进路的哲学:儒学之工夫论与哲学诠释》,《当代儒学研究》2016年第21期。

259. 罗美溱:《〈周易〉"孚"与道教"符"义之创造诠释析论》,《逢甲人文社会学报》2016年第33期。

260. 钟彩钧:《诠释再诠释——谈刘述先先生的意义哲学》,《中国文哲研究通讯》2016年第4期。

261. 张庆熊:《诠释学与现象学的汇通之路:从"意识事实"到"此在的实际性"》,《复旦学报》(社会科学版)2017年第1期。

262. 李毓章:《施莱尔马赫哲学神学的两项成果及其意义——以其同康德哲学的关系为视域》,《云南大学学报》2017年第1期。

263. 朱清华:《海德格尔的遮蔽和真理》,《世界哲学》2017年第1期。

264. 尹兆坤:《Χωρα 与存在——德里达与海德格尔对于〈蒂迈欧篇〉的阐释之差异》,《中国现象学与哲学评论》2017年第1期。

265. 刘钟鸣、谢刚:《胡塞尔内时间意识理论对语言线性结构的解释学意义》,《东北大学学报》(社会科学版)2017 年第 1 期。

266. 王丽娜:《作为意志构造之意义创造的隐喻——一种对保罗·利科隐喻诠释学的解读》,《中国语言文学研究》2017 年第 1 期。

267. 叶琳:《如何解释"启蒙"——多维度的解释学探析》,《许昌学院学报》2017 年第 1 期。

268. 杨宇威:《回归文本——赫施对诠释学的批判与重构》,《平顶山学院学报》2017 年第 1 期。

269. 陈来:《从道德的"抽象的继承"转向"创造的继承"——兼论诠释学视野中的文化传承问题》,《文史哲》2017 年第 1 期。

270. 陈波:《哲学研究的两条路径:诠释与创新》,《中国社会科学评价》2017 年第 1 期。

271. 景海峰:《中国经典诠释学建构的三个维度》,《天津社会科学》2017 年第 1 期。

272. 刘泉:《张载"心解"诠释学的理论特质》,《长安大学学报》(社会科学版)2017 年第 1 期。

273. 洪晓楠、蔡后奇:《"美人之美"何以可能?——对"文化距离"的诠释学反思》,《社会科学战线》2017 年第 1 期。

274. 孙云霏:《存在与通向存在之途——论哲学诠释学对实践存在论美学的借鉴意义》,《鸡西大学学报》2017 年第 1 期。

275. 刘欣:《论保罗·利科的神话诗学》,《民族文学研究》2017 年第 1 期。

276. 张江:《开放与封闭——阐释的边界讨论之一》,《文艺争鸣》2017 年第 1 期。

277. 王建英:《〈易经〉思维与中国艺术本体阐释研究》,《艺术学界》2017 年第 1 期。

278. 苏宏斌:《无成见的直观与有成见的理解——梵·高画作〈鞋〉的阐释之辩》,《中国社会科学评价》2017 年第 1 期。

279. 谢晖:《论法律信仰与制度修辞》,《中国政法大学学报》2017 年第 1 期。

280. 胥志强:《语境方法的解释学传统》,《华中学术》2017 年第 1 期。

281. 黄旺:《为经验想象正名——利科想象学说的一次重构》,《中山大学学报》(社会科学版)2017 年第 2 期。

282. 邓刚:《永不停止的对话——德里达关于诠释问题与伽达默尔的对话与分歧》,《武汉大学学报》(人文科学版)2017 年第 2 期。

283. 代砚春:《存在的困境与艺术的突围——论海德格尔的艺术存在论》,《现代哲学》2017 年第 2 期。

284. 黄在忠:《从"解释"到"理解"——论现代哲学的问题转向》,《南方论刊》2017 年第 2 期。

285. 郭文成:《技术、艺术与语言的家园——论海德格尔晚期美学思想的三重边界》,《郑州大学学报》(哲学社会科学版)2017 年第 2 期。

286. 项秉光:《解释学的古典和历史主义之争——施特劳斯对伽达默尔的批判》,《科学·经济·社会》2017 年第 2 期。

287. 支运波:《以本有沉思诗歌:论海德格尔的诗学理论》,《浙江工商大学学报》2017 年第 2 期。

288. 潘德荣:《汤一介与“中国诠释学”——关于建构“中国诠释学”之我见》,《哲学分析》2017 年第 2 期。

289. 黄俊杰:《东亚儒佛论诤与会通的思想史考察》,《开放时代》2017 年第 2 期。

290. 黄俊杰:《孔子“克己复礼为仁”说与东亚儒者的诠释》,《孔子研究》2017 年第 2 期。

291. 傅永军:《论东亚儒学的经典意识及其诠释学效应》,《孔子研究》2017 年第 2 期。

292. 杜保瑞:《汤一介哲学概念范畴进路的方法论反思》,《深圳大学学报》(人文社会科学版)2017 年第 2 期。

293. 周光庆:《荀子儒学经典诠释方法论发微》,《宝鸡文理学院学报》(社会科学版)2017 年第 2 期。

294. 康宇:《论王学“后三变”中的经典诠释学建构》,《中国哲学史》2017 年第 2 期。

295. 李俊:《〈周易〉“天尊地卑”说探赜——朝向一种现象学的解释》,《中国现象学与哲学评论》2017 年第 2 期。

296. 李仁生:《返本与开新:试论〈论语〉诠释的两个面向——以〈子路篇〉“叶公语孔子”章为例》,《当代儒学》2017 年第 2 期。

297. 王金凤:《经典诠释的有效性何在——基于北宋理学经典诠释有效性要素的考察》,《上海交通大学学报》(哲学社会科学版)2017 年第 2 期。

298. 张玉梅、陆建猷:《训诂诠释兼综:古典生机与时代理解》,《上海交通大学学报》(哲学社会科学版)2017 年第 2 期。

299. 邹远志:《礼意重诠与制度开新——论先秦原始儒家对为旧君服礼制的层累诠释及其意义》,《青海社会科学》2017 年第 2 期。

300. 朱松美:《从〈孟子〉诠释看经典诠释的时代性》,《管子学刊》2017 年第 2 期。

301. 赵炎:《意义的意向性构成与性的日生日成——试论胡塞尔与王船山思想之间的一种同构性》,《中国现象学与哲学评论》2017 年第 2 期。

302. 陆玉瑶:《狄尔泰与马克思:在生命之思中相遇——基于精神科学与历史科学的比较研究》,《中共南京市委党校学报》2017 年第 2 期。

303. 宋展云:《师教传统与刘履〈选诗补注〉诗学诠释论》,《文学遗产》2017 年第2期。

304. 刘旭光:《论审美经验的“真理性”——对诠释学美学的再诠释》,《西北大学学报》(哲学社会科学版)2017年第2期。

305. 谢晖:《法律的模糊/局限性与制度修辞》,《法律科学》(《西北政法大学学报》)2017年第2期。

306. 赵春玉:《法律拟制正当性的诠释学思考》,《北大法律评论》2017年第2期。

307. 陈浩、叶会成:《法律是一种解释性概念吗?——德沃金法理学方法论批判》,《研究生法学》2017年第2期。

308. 王琳:《论法律原则的性质及其适用——权衡说之批判与诠释说之辩护》,《法治与社会发展》2017年第2期。

309. 彭文钊:《哲学阐释学视域下的政治语言学:哲学基础、语言观与政治观问题》,《外语与外语教学》2017年第2期。

310. 何卫平:《维柯〈论我们时代的研究方法〉的解释学意义》,《四川师范大学学报》(社会科学版)2017年第3期。

311. 姜韦:《论伽达默尔解释学经验的特征及其对他者问题的启示》,《四川师范大学学报》(社会科学版)2017年第3期。

312. 黄小洲:《德国古典美学中的诗与哲学之争》,《四川师范大学学报》(社会科学版)2017年第3期。

313. 李永刚:《黑格尔历史主义视域中的辩证法与解释学》,《武汉理工大学学报》(社会科学版)2017年第3期。

314. 王鑫鑫:《论激进解释学的范式转换》,《世界哲学》2017年第3期。

315. 魏琴:《伽达默尔“游戏说”的双重意蕴》,《武汉理工大学学报》(社会科学版)2017年第3期。

316. 赵勇刚:《“视域融合”的文本之“域”与“融合之途”》,《西华师范大学学报》(哲学社会科学版)2017年第3期。

317. 唐树生、张荣:《此在乃自我的根据——海德格尔对费希特自我与设定的存在论解读》,《江苏社会科学》2017年第3期。

318. 陈治国:《道论诠释学的基本构成与理论特征》,《学海》2017年第3期。

319. 顾明栋:《中国诠释学与文本阐释理论——跨文化视野下的现代建构》,《南京大学学报》(哲学·人文科学·社会科学)2017年第3期。

320. 徐洪兴、陈华波:《德性实践与德性之知——论二程经学诠释的转向》,《哲学研究》2017年第3期。

321. 曹海东、王爱华:《朱熹论经典诠释的切己性》,《福州大学学报》(哲学社会科学版)2017年第3期。

322. 毕景媛:《王弼的玄学〈论语〉诠释及其本体诠释意蕴》,《东岳论丛》2017年第3期。

323. 刘旭光:《论体验:一个美学概念在中西汇通中的生成》,《复旦学报》(社会科学版)2017 年第 3 期。

324. 顾明栋:《〈诗经〉阐释的盲点与洞见——兼论其对中国诗学理论的贡献》,《江苏社会科学》2017 年第 3 期。

325. 解永照:《论法律解释的目标》,《山东社会科学》2017 年第 3 期。

326. 薛晓阳:《解释学与教育:教育理论的解释功能》,《南京师大学报》(社会科学版)2017 年第 3 期。

327. 马俊亚:《文本意义与政治利益:历史阐释的边界》,《中国社会科学评价》2017 年第 3 期。

328. 洪汉鼎:《一个诠释学经典范例:伽达默尔对柏拉图的解释》,《河北学刊》2017 年第 4 期。

329. 陈定家:《狄尔泰生命阐释学的当代阐释》,《社会科学辑刊》2017 年第 4 期。

330. 萧净宇:《施佩特的诠释学—现象学》,《世界哲学》2017 年第 4 期。

331. 张兴娟:《海德格尔:哲学作为生命对历史的倾听》,《广西师范大学学报》(哲学社会科学版)2017 年第 4 期。

332. 马迎辉:《生活世界与超越论现象学——兼论胡塞尔对海德格尔"哲学人类学"的批评》,《安徽大学学报》(哲学社会科学版)2017 年第 4 期。

333. 成中英:《经典诠释的公理化方法与本体诠释学》,《九江学院学报》(社会科学版)2017 年第 4 期。

334. 傅永军:《作为儒家经典诠释学的东亚儒学》,《中国社会科学评价》2017 年第 4 期。

335. 李清良:《现代儒学与中华文明之"常道"——基于文明论视域的考察》,《天津社会科学》2017 年第 4 期。

336. 何大海:《漫谈经学与诠释学》,《原道》2017 年第 4 期。

337. 杨浩:《经典解释的层次性与向度性——以朱熹的四书解释为例》,《原道》2017 年第 4 期。

338. 张玉梅、申雨喆、朴秀智:《训诂与诠释的同异——兼论〈教要序论〉释词与近代中西方语言文化的融异》,《海外华人教育》2017 年第 4 期。

339. 李会玲:《"以色喻于礼"的解释及其诠释学分析》,《长江学术》2017 年第 4 期。

340. 荣国庆、王晓轩:《清代"折中"诠释思想的形成与实践——以〈四库全书总目 · 诗经〉为例》,《河北大学学报》(哲学社会科学版)2017 年第 4 期。

341. 毛宣国:《西方文论的阐释经验与中国文论的阐释立场》,《社会科学辑刊》2017 年第 4 期。

342. 张文琦:《物(Ding)与世界(Welt)之间的圆舞——论海德格尔对特拉克尔诗作的存在论式批评进路》,《科学 · 经济 · 社会》2017 年第 4 期。

343. 钱宗武、沈思芹:《从英译〈尚书〉看朱熹的儒家诠释学思想对理雅各的影响》,《海外华文教育》2017 年第 4 期。

344. 赵奎英:《艺术符号学基础的反思与现象学存在论重建》,《南京社会科学》2017 年第 4 期。

345. 叶会成:《实践哲学视域下的法哲学研究:一个反思性评述》,《浙江大学学报》(人文社会科学版)2017 年第 4 期。

346. 何卫平:《信心解释学与怀疑解释学——从保罗·利科谈起》,《哲学研究》2017 年第 5 期。

347. 高宣扬:《生命的实际性及其反思性诠释——纪念海德格尔著〈存在与时间〉出版 90 周年》,《学海》2017 年第 5 期。

348. 桑旭明:《如何看待"作者之死"》,《哲学研究》2017 年第 5 期。

349. 李河:《传统:重复那不可重复之物——试析"传统"的几个教条》,《求是学刊》2017 年第 5 期。

350. 徐向阳:《经验传统的颠覆:艺术经典化与文学解释》,《学术界》2017 年第 5 期。

351. 赵志阳:《论狄尔泰精神科学中是与价值的关系》,《理论与现代化》2017 年第 5 期。

352. 宋阳:《从〈哲学生涯〉管窥伽达默尔诗化思想之缘起》,《南阳师范学院学报》(社会科学版)2017 年第 5 期。

353. 文祥:《伊德:"技术诠释"是理解科学的基本原则》,《科学技术哲学研究》2017 年第 5 期。

354. 刘大均:《汤一介哲学思想与易学诠释申述》,《周易研究》2017 年第 5 期。

355. 林安梧:《"存有三态论"下的"本体诠释学"》,《船山学刊》2017 年第 5 期。

356. 李清良:《国学与中国之道》,《中山大学学报》(社会科学版)2017 年第 5 期。

357. 刘正正、高伟:《施特劳斯与现代性中的经典阅读》,《山东社会科学》2017 年第 5 期。

358. 郑伟:《儒学话语策略的调整与汉代经典解释学的形成》,《江西社会科学》2017 年第 5 期。

359. 张玉梅:《训诂学视角下〈教要序论〉的中西方修辞实践考》,《当代修辞学》2017 年第 5 期。

360. 崔金涛、李丽群:《黄侃训诂学与施莱尔马赫解释学之比较》,《广西师范大学学报》(哲学社会科学版)2017 年第 5 期。

361. 赵佳佳、赵新居:《试论马克思主义哲学中的诠释学逻辑》,《甘肃理论学刊》2017 年第 5 期。

362. 朱立元:《略论文学作品的意义生成——一个诠释学视角的考察》,《中国社会科学》2017 年第 5 期。

363. 傅守祥:《文学经典的诠释与〈卡门〉流传的千面》,《江苏行政学院学报》2017 年第 5 期。

364. 张中:《批评的批评——传统文论的观念转型与当代解释》,《天府新论》2017 年第 5 期。

365. 王进:《从"强制阐释"到"界面研究":一种文化分析的理论视角》,《暨南学报》(哲学社会科学版)2017 年第 5 期。

366. 张良丛、唐东霞:《阐释的边界:文本阐释的有效性问题》,《江汉论坛》2017 年第 5 期。

367. 王欣:《"缝中立法"抑或"建构性诠释"——哈特与德沃金的法解释学争议》,《山西高等学校社会科学学报》2017 年第 5 期。

368. 蔡玉莲、余闻靖:《论教学结构的解释性存在》,《江西师范大学学报》(哲学社会科学版)2017 年第 5 期。

369. 常红、曹志平:《超越理解:社会科学的当代哲学诠释学进路解析》,《哲学动态》2017 年第 5 期。

370. 潘德荣:《"德行"与诠释》,《中国社会科学》2017 年第 6 期。

371. 黄小洲:《海德格尔实际性解释学的两重突围》,《社会科学家》2017 年第 6 期。

372. 帅巍:《伽达默尔解释学"我—你"关系视域下的理解概念》,《四川师范大学学报》(社会科学版)2017 年第 6 期。

373. 魏琴:《论伽达默尔语言哲学的双重维度——现象学与辩证法的相遇》,《四川师范大学学报》(社会科学版)2017 年第 6 期。

374. 姜峰:《诠释学思想与调和性诉求》,《学术交流》2017 年第 6 期。

375. 孙琳:《论置身性解释学:在现象学与辩证法之间》,《社会科学辑刊》2017 年第 6 期。

376. 马红英:《略论女性主义圣经诠释之解构与重构批判路径》,《武陵学刊》2017 年第 6 期。

377. 张海晏:《阳明学研究的理论视域》,《浙江社会科学》2017 年第 6 期。

378. 朱松美:《也谈孔子"作"〈春秋〉——孔子"作"〈春秋〉的诠释学解析》,《济南大学学报》(社会科学版)2017 年第 6 期。

379. 杨立华:《诠释与体系:汤一介先生的哲学追求》,《中国文化研究》2017 年夏之卷。

380. 马慧:《西方现代戏剧的解释学转向》,《聊城大学学报》(社会科学版)2017 年第 6 期。

381. 张江等:《文本的角色——关于强制阐释的对话》,《文艺研究》2017 年第 6 期。

382. 张江:《公共阐释论纲》,《学术研究》2017 年第 6 期。

383. 郭歌、桂乾元:《当代德国翻译诠释学的三位代表人物——兼评拉瑞莎·

赛策尔的专著〈翻译诠释学〉》,《东方翻译》2017 年第 6 期。

384. 李卫民、蔡禹龙:《走向更有深度的阐释性史学研究——左玉河研究员访谈录》,《晋阳学刊》2017 年第 6 期。

385. 苏令银:《论机器人的道德地位:一种关系式的道德解释学范式》,《自然辩证法研究》2017 年第 7 期。

386. 吴震东:《民族志诗学与阐释学文论研究》,《西南民族大学学报》(人文社会科学版)2017 年第 7 期。

387. 赖大仁:《结构批评与文学阐释——张江与米勒的对话讨论及其理论启示》,《江汉论坛》2017 年第 7 期。

388. 贾如:《伦理与实践智慧:保罗·利科翻译哲学观的双重维度》,《学术交流》2017 年第 7 期。

389. 朱松峰:《哈贝马斯"生活世界"理论与海德格尔"实际生活经验"思想的一致性》,《求索》2017 年第 8 期。

390. 王桂芝:《解释学历史性的有效性探析》,《文艺争鸣》2017 年第 8 期。

391. 涂成林:《历史阐释中的历史事实和历史评价问题——基于马克思唯物史观的基本理论和方法》,《中国社会科学》2017 年第 8 期。

392. 王宁:《再论文学作品意义的形成及演变》,《社会科学战线》2017 年第 8 期。

393. 段建军:《作者意图与文本意义的众声喧哗》,《社会科学战线》2017 年第 8 期。

394. 常红:《理性空间的"弱化"与科学诠释的"共同语言"——论当代意大利诠释学语境下社会科学哲学的发展线索》,《自然辩证法研究》2017 年第 8 期。

395. 康宇:《从黄侃对〈论语义疏〉的解读看六朝经典诠释学之发展》,《社会科学》2017 年第 9 期。

396. 曹洪洋:《"浮士德"与诠释学的现象学指向》,《人文杂志》2017 年第 9 期。

397. 杨生平、李鹏:《唯物史观与解释学历史观的根本区别及其关联》,《哲学动态》2017 年第 9 期。

398. 李有光:《中国诗学"从变"与"从义"阐释思想研究》,《河南社会科学》2017 年第 9 期。

399. 徐亮:《〈艺术作品的本源〉的本源》,《文艺研究》2017 年第 9 期。

400. 张旭:《海德格尔的艺术作品本体论》,《文艺研究》2017 年第 9 期。

401. 徐英瑾:《伽达默尔的"成见"观、捷思法与人工智能》,《江西社会科学》2017 年第 10 期。

402. 姚云帆:《从真理的剧场到治理的剧场:福柯对〈俄狄浦斯王〉的解读》,《文艺研究》2017 年第 10 期。

403. 孙冠臣:《海德格尔与费希特:哲学史上的一个另类迂回》,《南京社会科学》2017 年第 11 期。

404. 尹曦雯:《施莱尔马赫的辩证法思想研究》,《学术交流》2017 年第 11 期。

405. 陆扬:《艾柯的困顿》,《文艺争鸣》2017 年第 11 期。

406. 宋伟:《艾柯反对艾柯——阐释的悖论与辩证的阐释》,《文艺争鸣》2017 年第 11 期。

407. 张江、迈克·费瑟斯通:《作为一种公共行为的阐释——张江与迈克·费瑟斯通的对话》,《学术研究》2017 年第 11 期。

408. 张江、约翰·汤普森:《公共阐释还是社会阐释——张江与约翰·汤普森的对话》,《学术研究》2017 年第 11 期。

409. 黄小洲:《"Sensus Communis":伽达默尔对常识哲学的重塑》,《学术月刊》2017 年第 12 期。

410. 崔发展:《乾嘉汉学的语言还原法探析》,《哲学动态》2017 年第 12 期。

411. 刘毅青:《作为建构性的跨文化误读——以顾彬为中心》,《浙江社会科学》2017 年第 12 期。

412. 马婧:《"异常"以何重建主体性? ——以权力为解释学的莫言小说考察》,《西南民族大学学报》(人文社会科学版)2017 年第 12 期。

413. 金元浦:《从解释学看〈诗经〉的"圣"与"俗"》,《山东社会科学》2017 年第 12 期。

414. 郭持华:《儒家以史解〈诗〉的解释学批评》,《山东社会科学》2017 年第 12 期。

415. 张江:《"阐""诠"辨——阐释的公共性讨论之一》,《哲学研究》2017 年第 12 期。

416. 李庆林:《意向的表达和阐释:人类传播的两大构成》,《现代传播》2017 年第 12 期。

417. 周启荣、程旺:《正统与异端之间:〈大学〉的诠释学契机》,《儒家典籍与思想研究》2017 年第 00 期。

418. 魏强:《出场学:超越解释学的文本理解新范式》,《当代中国马克思主义哲学研究》2017 年第 00 期。

419. 郝春鹏:《德国"理解"传统的启示——阿隆前期历史哲学的核心》,《当代国外马克思主义评论》2017 年第 00 期。

420. 刘剑涛:《阿尔弗雷德·舒茨对社会科学的理解方法的现象学阐释》,《当代国外马克思主义评论》2017 年第 00 期。

421. 黄筱慧:《间际化诠释学与哲学咨商方法研究》,《哲学与文化》第 43 卷第 1 期,2017 年 1 月。

422. 王俊:《从海德格尔的宗教现象学到哲学密释学——兼论信仰经验的密释学性质》,《道风:基督教文化评论》第 46 期,2017 年 1 月。

423. 郑希通:《唐君毅对孟子言"性"之诠释——以〈原性篇〉为中心》,《鹅湖月刊》2017 年第 499 期。

424. 蔡仁厚:《当代新儒家对汉语哲学之新诠释》,《鹅湖月刊》2017 年第 499 期。

425. 许家星:《理学范畴诠释之演变:以“字义”体为中心》,《哲学与文化》2017 年第 2 期

426. 邓朝顺:《密宗〈圆觉经大疏〉的释经策略及其新性本体论的诠释学转向》,《中国文哲研究辑刊》2017 年第 50 期。

427. 林柏宏:《谈港、台学者中国哲学方法论》,《东华文哲研究辑刊》2017 年第 3 期。

428. 李瑞全:《孟子之道德位阶之意义:工夫与道之诠释》,《鹅湖月刊》2017 年第 501 期。

429. 汪文圣:《叙事在鄂兰与吕格尔间的关联:从实践的意义出发来看》,《政治与社会哲学评论》2017 年第 67 期。

430. 林维杰:《程明道的经典诠释与人物想象》,《国文学报》2017 年第 61 期。

431. 王慧茹:《乾嘉经典诠释的方法与进路——以戴震、焦循为核心》,《当代儒学研究》2017 年第 22 期。

432. 魏月萍:《悟道之机——晚明儒者“屡空”“屡中”的诠释特色》,《汉学研究》2017 年第 2 期。

433. 张智、文碧方:《黄俊杰的中国历史思维》,《通识教育学刊》2017 年第 19 期。

434. 洪涛:《英国汉学家韦利与〈诗经〉诠释的变异》,《汉学研究》2017 年第 2 期。

435. 文碧方、高正乐:《黄俊杰孟学研究之初探》,《通识教育学刊》2017 年第 19 期。

436. 黄筱慧:《论象征的勾勒形构与宗教的向度——吕格尔诠释学视野下的叙事之虹与叙事认同》,《哲学与文化》2017 年第 7 期。

437. 陆敬忠:《从神圣语言出发:吕格尔诠释学之生成发展脉络之为神话循环或迂回》,《哲学与文化》2017 年第 7 期。

438. 邓元尉:《对话、理解与暴力:桑德斯与纽斯纳之论争对基督教的伦理意义》,《政治大学哲学学报》2017 年第 38 期。

439. 姜文斌:《人类学与有限性——论傅柯对“现代哲学”之诠释与批判》,《东吴哲学学报》2017 年第 36 期。

440. 蔡祥元:《创造性诠释与过度诠释的区别》,《哲学与文化》2017 年第 44 卷第 9 期。

441. 苏费翔:《从语言的角度分析郑玄与朱熹对“慎独”的解说及西方学者的诠释》,《师大学报》2017 年第 2 期。

442. 李海任:《韩元震对朝鲜朱子学未发论诠释之省察》,《哲学与文化》2017 年第 10 期。

443. 梅谦立、王格:《超越二元,迈向统一——耶稣会士卫方济〈中国哲学〉(1711 年)及其儒家诠释学的初探》,《哲学与文化》2017 年第 11 期。

444. 江日新:《陌生的哲学及其传入与接上——利玛窦的哲学视野之一试探》,《哲学与文化》2017 年第 11 期。

445. 林俞佑:《清代中晚期〈孝经〉的诠释与实践——一个学术史的观察》,《逢甲人文社会学报》2017 年第 35 期。

446. 谢昀儒:《〈老子〉思想中的"道"之体性底再省思——以袁保新先生之诠释为视域展开》,《东吴中文线上学术论文》2017 年第 40 期。

447. 李仁生:《返本与开新:试论〈论语〉诠释的两个面向——以〈子路篇〉第十八章"叶公语孔子"为例》,《鹅湖月刊》2017 年第 510 期。